领导力打造执行力的十个方略

——破解执行力问题的“道”与“术”

中国宇航出版社
·北京·

内 容 提 要

企业领导者的工作，从宏观上讲，归结起来无非两个主题：经营和管理。经营管理的全部活动归结起来也有两个永恒的主题：决策和执行，而执行力问题往往是企业的软肋和痛点。

本书提出流程管控法、机制治理法、慎度处置法、常策新用法、差异应对法、正负激励法、沟通协调法、教育引导法、作风培塑法、文化落地法这十个方略，旨在为企业领导者破解执行力问题提供一些基本招式，期待企业领导者在打造执行力的过程中，不断将其创造性地运用于领导管理工作实践，使之升华为自己的领导艺术。

本书适合大、中、小企业各层级管理人员阅读。

图书在版编目（CIP）数据

领导力打造执行力的十个方略 ：破解执行力问题的“道”与“术” / 龚银坤著. -- 北京 ：中国宇航出版社，2022.11

ISBN 978-7-5159-2124-2

Ⅰ. ①领… Ⅱ. ①龚… Ⅲ. ①企业管理—组织管理学 Ⅳ. ①F272.9

中国版本图书馆CIP数据核字(2022)第181734号

策划编辑 田芳卿
责任编辑 吴媛媛　　**封面设计** 王晓武

出版发行 中国宇航出版社
社　址 北京市阜成路 8 号　　**邮　编** 100830
（010）68768548
网　址 www.caphbook.com
经　销 新华书店
发行部 （010）68767386　（010）68371900
（010）68767382　（010）88100613（传真）
零售店 读者服务部　（010）68371105
承　印 北京中科印刷有限公司

版　次 2022 年 11 月第 1 版
2022 年 11 月第 1 次印刷
规　格 787×1092
开　本 1/16
印　张 26.25
字　数 439 千字
书　号 ISBN 978-7-5159-2124-2
定　价 69.00 元

前 言

笔者是一名退休老兵，在军队这所大学校、大熔炉里得到我党我军优良传统的哺育和熏陶。在担任部队初级、中级、高级领导职务过程中，得到领导和管理工作实践的磨炼，在如何带好班子、做好决策、抓好执行、打好基础、修好自身，怎样练好破解执行力问题的基本功并创造性地应用于实践，使之升华为领导管理艺术等方面积累了一些有益的经验。

2005 年退休后，笔者应老战友李凯城的邀请，投入对“红色管理”（即以毛泽东为代表的中国共产党人继承传统文化精华，用马克思主义加以改造，在治党、治军、治国的成功实践中总结提炼出来的管理思想）的研究和宣传。其间，笔者将我党我军的优良传统、领导艺术和自己在实践中的领悟与企业的客观实际特别是企业破解执行力问题的客观需求相结合，形成了《将军之道》《带兵要诀》《给力执行》《用领导力打造执行力》等主题课程，不仅在高校、党校和管理培训机构举办的企业家培训班上给企业领导讲课，还应邀担任多家大中型企业中高层领导管理专业内培的主讲老师。同时多次应邀深入企业做管理咨询，为企业领导管理工作把脉诊断，指出问题，提出破解问题的对策，受到学员的广泛好评。许多企业领导热情要求将所讲内容编写成书，以便随时参考。在大家的热情鼓励下，笔者历时数年，几易其稿，终于撰写出了本书。

书中提出的领导管理理念和提高执行力的十个方略，如同一块块粗陋的“砖”，笔者渴望抛出这些“砖”，能引出大量的“玉”。

编者

2022 年 9 月

目 录

绪论

第一章
流程管控法

将一系列领导管理工作环节、各环节内含的工作方略科学地整合到“事前—事中—事终—事后”这四个流程阶段之中，使之构成一个高效的“领导管理流程”，然后一个阶段一个阶段，一个环节一个环节地指导和推动下属将工作执行到位，这就是“流程管控法”，亦可称为“流程领导法”。

第二章
机制治理法

“机制治理法”，就是将机制理念引申到领导管理领域所产生的领导管理方法。它要求领导者在做一件事情、治理一个问题时，切不可只知其一，不知其二；只抓其一，不顾其余，而是必须将相互关联、互相作用的若干具有不同功能的工作要素，即若干工作任务和方法措施精准地整合在一起，使之形成一个能够产生耦合效应的治理机制，然后对问题实施多管齐下的机制治理。

第三章
慎度处置法

“度”既是事物保持其性质的边际线——底线，也是事物发生质变的转折点。凡事由下向上突破底线，就由坏转好，自上向下突破底线，就由好变坏。“慎度处置法”要求领导者做任何事情都把握好两个基本要旨：一是积极引导事物向上破度，促使事情由坏转好，好上加好；二是牢牢控制事物在底线之上，不使其向下破度，朝坏处转化。

第四章
常策新用法

常策，是在常识指导下形成的并经过长期实践检验证明成熟可靠的经验与方法，也就是人们在日常使用着的一些策略和方法。“常策新用法”要求领导者既在思想上尊重常识常策，行动上用好常识常策，并在运用过程中适应新情况，创造新经验，使常识常策常用常新。

第五章
差异应对法

“差异应对法”，就是遇事先弄清事实，在具体问题具体分析的基础上科学区别事物的差异性，然后依据差异实况，灵活采取处理对策，实行具体问题具体处理的方法。

第六章
正负激励法

“正负激励法”要求领导者按照（正向激励＋负向激励）×（物质激励＋精神激励）的激励机制，在用好正向激励方式的同时，切实运用好批评和问责等负向激励方式，确保激励方式和激励要素形成科学的机制，同向运转，有效运行。

第七章
沟通协调法

“沟通协调法”，就是通过及时有效的人际沟通，协调好执行人的思想和行动。其根本目标是促进“人、物、财、技、权”等各种要素的合理配置和上下级之间、各部门各团队之间、所有执行人之间在行动上的有效协同，促使企业形成 1+1>2 的整体合力。

第八章

教育引导法

“教育引导法”，就是运用一系列行之有效的思想教育方法做好人的思想工作，引正员工的思想意识、思想方法、思想情绪，使员工形成正确的信仰、积极的心态、优良的作风，自觉管理好自己的思想和行为。一句话，就是通过有效的思想教育引导人心，实行心本管理。

第九章
作风培塑法

作风，是由稳定的习惯性行为方式所养成的行为风格。作风培塑法，就是以培塑员工优良的集体作风，增强企业执行力和创造力为根本目标，遵循作风养成规律，从抓好“择需定规，严规固行，首脑先优”这三个重要环节入手，综合运用“思想教育＋制度规范＋环境陶冶”的治理机制，多管齐下地夯实企业作风基础的方法。

第十章
文化落地法

“文化落地法”，就是要求企业领导者在弄清企业文化应当落在哪块“地”里，实现文化落地必须具备哪些要素条件，这些要素条件之间内在的逻辑关系和矛盾状况怎样的基础上，确立起“以创造丰硕的文化成果为终极目标，以培塑优良的集体行为文化为中心任务，以推动企业文化五要素全面落地为永恒使命”的总体思路，找到推动文化落地的正确路径。

结束语

绪 论

企业领导工作，从微观上讲多得数不胜数，从宏观上讲，归结起来无非是两个永恒的主题：经营与管理。经营管理的全部活动，归结起来有两个永恒的课题：决策与执行。抓好经营管理中的决策与执行，始终是企业领导特别是企业老总永恒的使命。

无数实践表明，企业经营管理的成败输赢皆取决于：决策是否正确，执行是否有力！

如果说决策寄托着领导者获取成功的梦想，那么做好决策之后，就一定要从梦中醒来，以清醒的头脑、有力的举措，去抓好决策的执行，因为“执行”是将决策转入践行进而将其转化为成功现实的关键！无论决策多么正确，倘若执行不力、执行不当、执行不正、执行不和……经营和管理的成功也只能出现在梦中，这是众所周知的客观逻辑！所以，人们常说：成在执行，败在执行；赢在执行，输在执行。

然而，执行力却是许多企业的软肋和痛点！时下许多企业领导者，正在被无数个挥之不去的“为什么”困扰着：

- ❖ 为什么一个很好的决策，却没有收到应有的执行成果？
- ❖ 为什么一些必须落实的规定总是做不到，一些明令禁止的事情总是禁不住？
- ❖ 为什么下面答应得很好的事情，干起来却走了样？
- ❖ 为什么下面在执行中，应该请示的不请示，不必请示的老请示？
- ❖ 为什么总有执行人“做一天和尚撞一天钟”，甚至连钟也撞不响？

❖ 为什么执行过程中，团队间、人际间老是不能密切协作，无法形成应有的合力？

……

总之，许多执行宛若盲人抓鸡，鸡没抓着，只落下了一地鸡毛！

无数个“为什么”汇集成一道疑难题——“为什么会有这许多执行不力的问题，如何打造执行力？”这道疑难题对于企业领导者而言不是选择题，而是必答题，能否正确解答并解决这个问题直接关系到企业的生产力、创造力，关系到事业的成败，企业的兴衰。

破解任何问题，必须先找到问题的本原——根本原因，从治“本”入手。“打造执行力”亦如是，必须先深究造成执行力问题的成因“本原”，治本之道才会水落石出！

执行力问题的成因十分复杂，它既有可直观到的表层的直接原因，更有看不见的内在的深层原因，本原往往就藏在深层原因之中。表层的直接原因虽非问题的本原，却是通向本原的大门，探究执行力问题的本原，应先从表层的直接原因切入。

执行力问题的直接原因

但凡执行出了问题，可以看到、听到、感受到的直接原因全都集中在执行人（从事执行的个人或团队）身上，并且都集中地表现为执行人的执行能力不足、执行心态不好、执行作风不良，或是三者兼而有之。这是必然的，因为单从执行人维度上分析，谁都知道如下三个不争的事实。

首先，能力决定执行人的执行水准。执行人（从事执行的个人或团队）的能力主要由体能、智能、技能三个要素所构成。体能，是智能与技能的载体，具备了体能条件，智能与技能才有可能发挥作用。智能，主要指知识的拥有量和实际运用能力。技能，主要指专业技术操作能力、管理者的领导管理能力。执行人的体能、智能、技能直接关系到他在执行任务时会不会干，能够干到何种程度、何等水准。

有道是“没有金刚钻，揽不了瓷器活”。“瓷器活”是啥？是难题、难干的活！“金刚钻”是啥？是做事的能力、执行的能力。没有能力，干不成事情，还谈什么执行力！这如同“车轮只能是圆的，不能是方的”一样，是一个众所周知的常识！

其次，心态决定执行人的执行状态。执行人缺乏能力，想干不会干，无法形成执行力。但是有了会干的能力，却对执行持消极心态，会干不愿干，不肯出力干，甚至不往好处干，执行会如何？自然也不言而喻！

心态，集中表现为个人对某个客体所持的“心理倾向 + 行为取向”，即对客体的态度，它主要由“认知 + 情感 + 意向”这三个要素所构成。认知，指对某个客体是认识还是不认识，理解还是不理解，相信还是不相信等知觉状况；情感，指对某个客体是尊敬还是蔑视，是同情还是冷漠，是喜欢还是厌恶等情感体验；意向，指个体依据认知和情感，准备在行动上做出是积极还是消极反应的心理倾向和行为取向。正确的“认知 + 情感 + 意向”决定人产生积极的心态，积极的心态支配人积极地执行，遇到困难就会积极主动地去克服，没有成功条件会积极主动地去设法创造，最终很可能在艰难困苦中创造辉煌。反之，心态不正，其内心不愿干，不想好好干，执行条件再好，也会“瞎子点灯白费蜡”，劳民伤财，劳师无功！“执行心态决定执行状态，执行状态决定执行结果”，这是被无数事实已经反复证明并在继续证明的客观规律。

此外，作风决定执行人的执行效率。有了能力，也有积极的心态，就一定能执行好吗，那还未必！事实告诉我们：作风，是由稳定的习惯性行为方式养成的行为风格，它具有支配人习惯性地持续重复同一思维方式、行为方式的功能。

作风有优有劣。企业的执行人一旦养成“令行禁止的作风”“雷厉风行的作风”“精益求精的作风”“恪守规则的作风”“团结协作的作风”“顾全大局的作风”“勇于创新的作风”“说老实话、办老实事、做老实人的作风”等一系列优良的行为习惯和作风，那么执行中的许多问题就不会发生，发生了也很容易纠正，执行力就不成问题。相反，执行人即便有能力，也有执行好的意愿，可是养成了不良作风，做人做事总是习惯性地采取散漫任性、办事拖拉、粗枝大叶、不守诚信等低劣的行为方式和行为作风，执行的效率与结果可想而知！

总之，执行人的行为作风决定其会习惯性地采取某种思维方式和做事方式，不同的做事方式必定产生不同的执行效率和结果，这是无数事实告诉我们的真谛。

综上所述，执行力直接受执行人的“能力 + 心态 + 作风”这三个主观要素制约，执行人有了“会干的能力、愿干的心态、优良的作风”，客观条件就是欠缺一点，也能创造条件执行好；反之，客观条件再好，执行也难以获得理想的结果。

既然执行力直接取决于执行人的能力、心态、作风，是否就能将执行力的问题完全归咎于执行人呢？回答是明确而否定的：不能！因为执行力问题的形成还有其深层次的原因。

执行力问题的深层原因

执行不力的直观成因是执行人能力不足、心态不好、作风不良，那如何提升执行人的能力、心态、作风素质呢？

经验表明，提升执行人能力、心态、作风素质，既需要执行人自身努力，更需要领导给力，并且起主导作用的是领导给力。其所以如此，原因离不开以下几个方面。

首先，执行人执行能力的施展和提升，需要领导者从“善于知人善任 + 注重能力培训”双向给力。可是，有的公司领导心里喜欢百依百从的奴才，讨厌心气高、有个性的人才，因而在识人、用人方面总是无法与“知人善任、用人所长”合辙，以至于需要人才担当重任时，无人才可用，只好让奴才充任，其执行力与执行结果自然难以如愿。

欲使执行人增益智能、练精技能、多长才干，搞好能力培训是不可或缺的重要举措。然而，培训是一个见效缓慢而又成本昂贵的过程。正是由于“培训很贵”，见效又慢，不少企业领导舍不得“浪费”培训费用和时间。加之，又缺乏留住人才的自信，担心员工培训后有了“攀高枝”的资本，跳槽到别家公司，因而不肯下本钱对执行人进行系统性的、高层次的能力培训，结果难免缺乏有执行能力的人才，将一些本来可以做好的事情搞成一团糟，使公司遭受不应有的、远超于培训费用的损失。对此，日本松下电器创始人松下幸之助曾做过总结：“培训很贵，不培训更贵。”

有的公司也搞培训，但只有“快餐式”的培训，缺乏系统的、高层次的培训；只有“大锅饭”式的培训，缺乏有针对性的“传帮带”式的培训；只抓了认知培训，缺乏抓知行合一的培训，培训过的知识技能没有在实践中得到有效的应用，所以尽管也搞了不少培训，却难以获得增其智能、精其技能、长其才干的理想效果，无法有效地转化为执行力。

其次，执行人积极心态的形成和维持，需要领导者以自己“积极的心态 + 积极的教育引导”双向给力。可是，不少领导者自己心胸狭窄，无法保持积极的心态，有的对下缺乏“平等心”，一味高高在上，视下属为仆从；有的对下缺乏“尊重心”，一味颐指气使，盛气凌人；有的对下缺乏“信任心”，对部属疑神疑鬼，该放权不放权，嘴上放权，实际上只放责不放权；有的对下缺乏“公正心”，待人不能一视同仁，处理问题一味凭关系、凭好恶；有的缺乏“责任心”，见困难就避，见过失就推，见矛盾就躲；有的缺乏“共赢心”，有点名或利都想一个人独占……加之，在实际工作中既不重视更不擅长思想教育，不善于动员激励、沟通协调，自然无法及时有效地理顺下属的思想情绪。如此这般，势必导致上下之间矛盾丛生，员工对公司和公司领导无法产生良好的认知和情感，缺乏良好的认知和情感，就不可能对执行产生积极的意向和心态，于是士气低落，会干不愿干，不肯好好干，怎能形成应有的执行力？

此外，执行人优良作风的养成和固化，需要领导者从“优化自身作风 + 培塑集体作风”双向给力。可是，有些领导者既不能用实事求是、公平公正、处事精细、严守规则、尊重员工等一系列优良的领导作风引领人，又不善于倡导和培塑一系列优良的集体行为作风，企业怎么会有好风气、会有执行力？

总之，执行中的任何问题都是一果多因的，多种原因总是相互联系，因果相继，呈现为“链式反应”。顺着因果链追溯到最顶头，执行问题无不与领导者自身能力、心态、作风素质不高，心胸格局狭小，领导形象欠佳，领导魅力不足紧密相关；也无不与领导者对部属的能力培训、心态培育、作风培塑不力密切相关。一句话，无不是领导不力所致！

执行力问题的破解之道

正由于执行不力都是领导不力所致，所以领导者遇到执行力问题应当先刀口向己，认真检查反省自己的领导力问题，并在自省的基础上自纠自修。这如同“屋湿在下，止漏在上”一样，本是一个不难理解的常识！

令人遗憾的是，常识一进入实际工作，常常被人置于脑后。在现实生活中，只要执行出了问题，许多领导者总是像明末崇祯皇帝那样，一味悲叹：“朕非亡国之君，百官乃亡国之臣！”殊不知，崇祯虽是一个宵衣旰食的勤政皇帝，但在朝政决策中多次犯下大错，加之性格多疑，急功近利，将领只要有一次失败，不是处死就是遭贬。朝中忠良重臣摧毁殆尽，朝野人心惶惶，无人再愿为大明出力。他却又从不正视自己的过失，总是将一切罪过归于臣下，这才是造成他在歪脖子树上吊死的根本原因！

有的企业领导者或许要比崇祯皇帝好一点，但对上述常识，大多也是说起来清楚，做起来糊涂。一旦执行出了问题，最多也只是轻飘飘地说一句“我也有责任”，或是“主要责任在我”。其实并非真心承担责任，真正要解决自身领导力问题，而只是为责骂和处罚下属所做的一点点铺垫而已，接下去便是一味斥责下属这个“不敬业”“没有责任心”，那个“无能”“笨蛋”“没脑子”……结果执行力问题没解决，反而闹得企业上下不和，内乱四起！

结论毋庸置疑，领导力决定执行力，执行力问题的本原是领导不力！执行力问题的破解之道，是用领导力打造执行力！

然而，道，是反映客观规律的思想原则；术，是循道谋胜的路径和各种方法策略。破解任何问题既要明白道，又须掌握术，道与术缺一不可。明白了执行力问题的破解之道，只是认知了破解问题的“大门”在哪里，你想开门入室，取得成果，还必须既找到通向大门的必由之路，又掌握能够打开大门的那串“钥匙”——有效破解问题的一系列制胜方略。

打造执行力的路径和方略

如何用领导力打造执行力？一般认为，既然执行力直接取决于执行人的能力、心态、作风这三要素，用领导力打造执行力自然也要在提升执行人的“三要素”上下功夫，这是顺理成章的事情。但是，倘若以为只要单纯抓一抓“三要素”就足矣，那就未免想得过于简单了。其实，领导者解决所有问题包括解决执行人能力、心态、作风问题，都必须从“做好决策、抓好执行、打好基础、修好自身”这四项要务入手。“四项要务”紧密联系，缺一不可，抓好“四项要务”既是增强领导力的必由之路，也是领导力打造执行力的必由之路！

“做好决策”是打造执行力的第一要务。领导者无论做什么事情，包括解决执行人“三要素”方面的问题，总是决策在先。决策，既是领导工作的起点，也是执行的依据和指南，决策不当，决策失误，执行就会输在起跑线上。所以，“做好决策”是打造执行力的第一要务。

那么做好决策就够了吗？当然不够！

“抓好执行”是打造执行力的中心要务。在没有决策时，决策的重要性自然是居于首位，有了决策之后，执行的重要性便上升到首位。因为决策只是头脑中的东西，写在纸上、讲在嘴上的东西，要将头脑中的、纸上的东西转化为实际成果，必须经过有效的执行。执行中计划不周、方法不当，拖沓懈怠，以权谋私，欺上瞒下，勾心斗角……决策再好也难免“流产”的结局。所以，“抓好执行”是打造执行力的中心要务。

然则，做好决策，抓好执行，执行力就一定不成问题了吗？还不成！

"打好基础"是打造执行力的日常要务。"决策"与"执行"只有运行在坚实的组织基础、思想基础、人才基础、制度基础、作风基础、文化基础……之上，才有成功的可能。

一个企业，没有精干高效的组织结构体系和有作为的领导班子作为坚实的组织基础，没有上下公认并共同践行的奋斗目标、发展战略和核心价值观体系作为坚实的思想基础，没有建成一支得力的人才队伍作为坚实的人才基础，没有科学完善并且执行严格的规章制度体系作为坚实的制度基础，没有优良的集体行为作风和文化作为坚实的文化基础……"决策"与"执行"就犹如行走于薄冰之上，随时都有跌入冰窟窿里的危险。

企业打基础的工作不但是个庞大的系统工程，并且犹如推上坡球，一松劲，就会滚下来。你"闲时不烧香"，出了问题才"临时抱佛脚"，那就晚了。正如"罗马不是一天建成的"一样，打好基础亦绝非一事一日之功，企业领导者必须将大量基础性工作列入自己的日常要务，从点滴入手，天天做，持续做。

做好决策、抓好执行、打好基础如此重要，可是做决策、抓执行、打基础的是谁？是领导者！领导者依靠什么去做好决策，抓好执行，打好基础呢？单纯依靠手中的权力吗？肯定不够！历史已经一再证明并必将继续证明：领导力 = 权力 + 魅力。没有领导魅力加持的权力不仅缺乏应有的正能量，并且是极其脆弱的。然而领导魅力不会从天上掉下来，它全靠领导者通过不懈的自我修养修好自身。

"修好自身"是打造执行力的根本要务。领导者的人品、能力、作风素质欠缺，不但难以"做好决策、抓好执行、打好基础"，而且会在部属心目中形成心术不正、能力欠佳、作风不良的恶劣印象，丧失应有的领导魅力。领导者在部属心目中形象不好，魅力低下，上下之间势必失去互信，累积怨恨，部属在执行中自然不愿使劲，甚至暗中拆台。如此这般，其领导的团队还有什么合力和执行力可言？所以"修好自身"更是打造执行力的根本要务。

客观逻辑告诉我们："四项要务"是一个几乎涵盖了领导工作全部内容的巨系统。抓好执行人"三要素"的提升，仅仅只是这个巨系统中的一个子系统，是整体工程中的部分工程。孤立地就事论事地抓执行人的"三要素"，是很难奏效的，即便奏效了，效果也难以持久。

那么，领导者如何抓好“四项要务”呢？实践的回答是：必须创造性地学习和应用好一系列一招一式的制胜方略，提升领导艺术！

说到领导艺术，似乎很神秘！

的确，艺术是一种超常的，一般人难以企及的状态和境界。由于超常，它给人以神秘感。然则，如果你深入探究各种艺术的形成过程，则会惊奇地发现，艺术其实根源于一系列最基本、最简单的一招一式的方法与技能，攀登艺术高峰的必经之路是：以学习一招一式的基本方法，练精一招一式的基本技能为起点，在创造性地应用一招一式于实践的过程中，使其升华为艺术。艺术的形成过程并不神秘，更多的只是无比的艰辛。

正如在欣赏一只美丽的蝴蝶时，很少有人会想到它原来是由一只小而丑陋的虫蛹蜕变而成的一样，人们在赞叹艺术，感慨艺术高峰可望而不可即的时候，也很少会意识到原来艺术竟是从一系列最基本的一招一式的小方法、小技术升华而成的。

艺术因其“超常”而给人以神秘感，因其源于最基本的一招一式，升华于创造性地运用一招一式，则又并不神秘。一些最基本的小方法、小技巧，若能苦学勤练使之成为“得之于心，应之于手”的精湛的个人技能，然后将这些技能创造性地运用于实践，使其发挥出超常水平，取得超常成果，就能升华成为艺术。就以书法国画艺术为例，任何天才书法家、国画家都无不是从先苦练“一竖一横，一撇一捺，一笔一画”的基本笔法画法入门，然后将学到的笔法画法创造性地运用于书法国画实践才升华而成为书法和国画艺术的。掌握技法不仅要苦练于始，还须勤练至终。著名国画家齐白石晚年照样每天一笔一画地练习描红。儿子不解地问：“您早就盛名于世，怎么想起描红这般初级的东西？”他回答：“越是基础的东西越不能放弃！”书画艺术如此，舞蹈艺术、戏剧表演艺术、各种工匠艺术……皆概莫能外，一切艺术的产生都是从一招一式学起、练起的！

领导艺术亦如是！它也源于一系列最初级、最基本的领导管理方法，都是由一招一式的小方法、小策略“练而成能，能而生巧，巧而生艺”的！能否进入领导艺术的殿堂，关键就看你是否坚持走“学习基本方法，练精基本技能，升华领导艺术”的路径，除此之外，别无选择！

行之有效的方法策略，是引导人由问题的此岸通向成功彼岸的“桥”和“船”。正如著名科学家达尔文所言：“世界上最有价值的知识就是关于方法的知识。避开问题最佳的途径，便是运用方法将它解决掉。”

毋庸置疑，落实“四项要务”的过程是一个破解一系列实际问题的艰难过程，而破解问题的关键，则取决于能否创造性地运用好一系列最基本的而又行之有效的领导方法。不掌握、不精通、不能创造性地运用一系列破解问题的一招一式，就不可能抓好“四项要务”，成功地走向打造执行力的彼岸，相反很可能掉进江河里，呛你一肚子水。

为此，有志于用“领导力打造执行力”的领导者，就得耐住性子，沉下心来，坚持以问题为导向，系统研讨做决策、抓执行、打基础、修自身方面的各种实际问题，以及防治这些问题的有效方略，进而创造性地将一招一式的基本方略，运用于领导管理实践，使其升华为自己的领导艺术。

综上所述，可以得出三个紧密联系的结论：执行力问题的破解之道是“领导力打造执行力”！“领导力打造执行力”的必由之路是抓好“四项要务”！抓好“四项要务”的关键是创造性地学习和运用好一系列一招一式的制胜方略，提升领导艺术！

上述三个结论，第一个讲的是执行力问题的“破解之道”，后两个是执行力问题的“破解之术”。“道”是稳定的，“术”是丰富多彩、灵活多变的。不过，灵活多变的“术”也有一些相对稳定的基本招式，其中“流程管控法”“机制治理法”“慎度处置法”“常策新用法”“差异应对法”“正负激励法”“沟通协调法”“教育引导法”“作风培塑法”“文化落地法”这十个方略，都是打开执行力大门的那串钥匙的有机组成部分——破解执行力问题的制胜之术，亦是领导和管理工作中需要持续稳定运用的基本招式，皆有待企业领导者将其练成得心应手的基本功，再创造性地应用于打造执行力的实践过程中升华成为自己的领导艺术。

第一章

流程管控法

做事的流程，通常呈现为一个由“事前—事中—事终—事后”四个必经阶段和各阶段必须做好的若干工作环节，环节内含的若干工作要素（各种策略与方法）所构成的流程链条。“四个阶段＋若干环节与要素”是其最基本的结构形态。

将一系列领导管理工作环节、各环节内含的工作方略科学地整合到“事前—事中—事终—事后”这四个流程阶段之中，使之构成一个高效的“领导管理流程”，然后一个阶段一个阶段、一个环节一个环节地指导和推动下属将工作执行到位，这就是“流程管控法”，亦可称为“流程领导法”。

第一节
流程的规则与功能

一、流程的四个规则

流程无处不在，无事不需。即便炒个菜也须历经“事前—事中—事终—事后”四个阶段，并且在每个阶段中皆内含若干工作环节与工作要素，比如：事前阶段，要完成“买好蔬菜、调料，然后将蔬菜洗净、切好”等若干准备环节与工作要素；事中阶段，要完成“打开煤气灶，按照不同蔬菜的烹饪程序操作烹饪，并视烹饪需求适时加水加料、调整火力”等工作环节与工作要素；事终阶段，要完成“关掉煤气，将炒好的菜肴出锅上盘”等工作环节与工作要素；事后阶段，要完成“分享食用，总结评价，思考改进烹饪技术”等工作环节与工作要素。诚然，对于一个技艺精湛的厨师而言，也许事后阶段中的总结评价可以省略，但对于领导管理工作而言，总结提高永远是不可或缺的重要环节。

炒菜的流程，给我们揭示了四个流程规则：

第一，做事的过程通常都呈现为一条由“四个阶段 + 若干环节与要素”所构成的环环相扣的流程链。想做好事情，流程链中各阶段的做事环节、工作要素一个都不能缺漏，都必须一一做到位，确保全流程闭合，全要素落地。

无论掌勺的师傅烹饪技术多么高超，倘若事前缺了买菜这个环节，没有菜，他炒什么？买了菜，缺了洗菜这个环节，或者清洗工作不到位，菜里还夹带着不少泥沙，炒出来的菜能吃吗？事中烹调，不及时并且适量地投放油盐酱醋等调料，炒出来的菜有滋味吗？事终收官不关掉煤气，不会引发火灾吗？……

第二，流程中不同的阶段、环节、工作要素之间的交替衔接，必须把握好适当的时机与火候。把握不当，就有可能菜还未炒熟就出了锅，或者出锅时菜已经炒焦烧糊了。

第三，流程中的有些环节和环节内的工作要素具有不可变更的时空定位，不允许颠倒错乱，一旦颠倒，就会发生颠覆性的结果。

譬如，你颠倒了炒菜的流程：先打开煤气灶，再到超市去买菜，那你回到家里就有可能已经是一片火海，就不得不承受流程规则对你的无情惩罚。

第四，流程中有些环节和要素的位序可以任意调整，调整后并不会产生颠覆性的恶果，但位序一经变动，流程效应就会大不相同。所以凡事只要有两个以上的环节或方略，就须深入研究它们之间的因果关系，依据其必定产生的因果效应，寻求它们最优化的时空排列顺序，以此获取最佳的流程功效。

二、流程具有整合理顺复杂事务的功能

有人做过一个实验，他将一把珠子撒在桌面上，问：“谁有办法将这些散落的珠子一把抓起来？”显然，光用手去抓，不行！这样只能抓住一部分，抓不住全部。那怎么办？实验告诉大家，要将全部珠子一把抓起来，唯一的办法是：先将散落的珠子用一根线串起来。

处理一件复杂的事情，都会面对一大堆繁杂的具体事务，也必须找到一根能够将繁杂事务有机地串联在一起的“线”，这根线就是由“事前—事中—事终—事后”四个阶段串联起来的流程链。

“事前—事中—事终—事后”四个阶段，像是一个无处不在、无事不需的“填空题”，等着人们去一一填入必须做好的若干工作环节，以及各环节必须采取的若干工作要素——各种方法策略。填空题填得不完全，漏掉了一些不可或缺的工作阶段、工作环节、工作要素，或者填入工作环节、工作要素的时机不对头，填入的工作方略有问题，便犹如“雨过送伞”或是送来一把破伞，皆无法构成一个完善有效的流程链，

势必产生不同程度的负面效应。

有人也许会提出质疑：做一项重大工作需要实行流程管控，做一件小事也要流程管控吗？回答是肯定的，也需要！流程管控无事不需，即便是做一件像批评一个人的小事，也需要流程管控。若罔顾流程，张口就批，很难取得理想效果，这种教训不胜枚举。

有位长期做科学研究的专业技术领导干部，改任某军事科研单位的首长。首长要担负起对部队的全面管理工作，包括按照《内务条令规定》管理好军人的头发。《内务条令规定》：“军人头发应当整洁。男军人不得留长发……帽墙下发长不得超过 1.5 厘米。”可是，当年社会上正流行长头发。你若逛大街，看背影常常难分男女，进了男厕所，也会因为见到长头发，吓你一跳，以为走错了地方。这种风气难免渗入部队，有的青年战士也以头发长一点为美。为此，抓“长头发”问题一时成了部队军容风纪管理的重点。

一天晚饭后，首长在营区散步，突然发现迎面走来一名战士（大概是探家刚回来），发长超标严重，顿时气往上冲，心想：我已三令五申，你头发还这么长！一气之下，大喝一声：“你是怎么搞的，头发这么长！”战士见首长批评自己，心想反正首长不认识自己，于是转身就跑。首长追了几步没追上，回到办公室心里生闷气。

有位长期做行政管理工作的领导知道后劝说道：“这样的事以后还多着呢，不必生气。不过今后若遇此类问题，我有个建议不知你想不想听？”首长忙道：“快说快说！”

“今后若遇类似问题，是否采取如下处理方式会好一些：你先将心中的气恼压一压，不动声色地走过去。见面时笑眯眯地拍拍战士的肩膀，与他聊一聊家常。比如问他‘小伙子，吃饭了吗，连队伙食怎样’，然后问他是哪里人、哪个单位的、叫什么名字。在问清基本情况后，给他指出：小伙子，你的头发太长了，违反条令规定，快回去理发。接着，回到办公室传唤该战士所在部队的最高领导，对其问责，令其全面整顿部队的军容风纪，并且要特意关照：不要由于受到问责而对战士实行报复性处罚。最后，还可让主管行政管理工作的副职带领相关部门，组织全部队的军容风纪大检查、大整肃。”

这位领导建议的方法，从流程视角上讲，就是一个批评处理问题的领导流程：事前——谋划好接近他、批评教育他的方式方法；事中——用沟通的方法把他稳住，了解情况；事终——指出问题，解决问题；事后——抓头头，头头抓，推动全局性整改。

上述“事前—事中—事终—事后”四个流程阶段与各阶段若干必须做好的工作环节和工作方法结合在一起，构成了一个完整的流程链。毫无疑问，按照这样的流程批评处理问题，不仅能教育战士本人，还可推动全局整改。事先不谋划批评的流程与方法，见到问题就来气，气一上冲，张口就批，效果是好不了的！

第二节
流程管控需要把握的要点

根据流程规则，实行“流程管控法”需要把握好以下要点。

一、构建和实施多层次领导管理流程

人们做任何事情皆须历经“四个阶段+若干环节与要素”这一流程。流程中的各个环节和环节内含的各种要素（各种方法策略），有的在其展开时也要历经“事前—事中—事终—事后”四个阶段和若干环节与方略要素，从而形成若干个子流程、孙流程。因而，一项重大而复杂的工作常常呈现为：在一个总流程里面内含若干“子流程+孙流程”所构成的多层次的流程体系。

处理一件复杂的事情，就要认真谋划与构建好“子流程”“孙流程”，将它们有机地整合在“总流程”之中，使之形成行之有效的多层次的流程系统，然后按照流程顺序一个阶段一个阶段、一个环节一个环节地将所有工作要素做到位，这是事物“整体性”“系统性”原则对领导工作的客观要求，也是实行流程管控的基本要求。

领导者无论是做决策还是抓执行、打基础，皆要以“四个阶段+若干环节与要素”为基模，认真做好“填空题”。具体地讲，就是要将各个流程阶段中必须做到位的一系列工作环节，各个环节内不可或缺的工作要素，如必须配置的资源要素、必须采取的各种方法策略找准找齐，然后依据客观事物的运行机理，特别是整体性、因果性、有序性的机理，分别填入“四个阶段”之中，使之整合成为一个科学的领导管理流程，然后实行流程管控，才能将繁杂无序的工作理清头绪，做得井然有序，环环相扣，卓有成效。否则，做事无流程，见到什么抓什么，想到什么就干什么，弄得做事的阶段、环节、要素缺失，相关阶段、环节、要素的位序和时序颠倒错乱，工作势必忙乱无序，事倍功半，甚至事倍功负。

二、构建和实施两条平行的流程链

领导者担负着指导部属执行的重大责任，欲履行好这一职责，凡事皆须认真构建和实施好两条平行的流程链：

- 布置给大家共同执行的公用流程，即上下必须共同执行的“任务计划流程、生产操作流程、业务运行流程”，等等。
- 领导者内心把握实施的领导流程，即在各个流程阶段、流程环节，自己用于指导和推动下属执行的具体方法和策略。像上面讲到的“批评长头发战士的流程”就是属于领导管理流程，它大多是不对外公布的，是由领导者自己内心掌握的流程。

令人遗憾的是：时下领导者为强化企业管理，精心设计了“财务管理流程”“质量管理流程”“业绩考评流程”等许多业务流程，“按照流程办”也早已成为挂在他们嘴边的“口头禅”。可是，领导者自己的领导管理工作却常常处于无流程状态。比如：一冲动，就拍拍脑袋做决策，很少顾及事前调研，事中论证，事终拍板，事后跟踪决策；一生气，就张口批评人，很少想到要在批评前谋划流程，批评中讲究方法，批评完做好善后工作；一着急，就出手处理问题，不注意事前调研准备，事中随机应变，事终考评奖惩，事后总结经验教训……致使许多领导环节、领导工作要素常常没有做或者做得不到位。

总之，不少领导常常由于只重视公用的业务流程，忽略了自己的领导流程，导致他们的领导管理工作长期处于“见到什么抓什么，想到什么干什么”“脚踩西瓜皮，滑到哪里算哪里”的状况，缺乏秩序和章法。如此无流程的领导，犹如一个人断了一条腿，只好单腿走路一样，滑倒摔伤是必然的，掉进坑里爬不起来的也不少见。

为此，“流程管控法”要求领导者必须坚持“两手抓”：一手要抓好企业上下公用的生产流程、服务流程、业务流程……；另一手要抓好组织“做决策、抓执行、打基础”等各项实际工作时，自己具体实施领导管理的领导流程。

三、统筹优化时空排序

客观逻辑告诉我们，有些工作环节和方略的时空定位是不可颠倒的，一旦颠倒就会发生灾难性后果。但也有许多工作环节和方略的时空排序是可以任意调动的，只是不同排序会产生不同的效应，若能优化排序，便能产生出人意料的效果。

所以凡事只要有两个以上的环节或方略，就须深入研究它们之间的因果关系，依据其必定产生的因果效应，统筹优化它们在时空中的排列顺序。

有人做过如下实验：给你石块、沙子、水、小碎石这四样东西，要你装进一只广口瓶中，并且每样东西都必须装到最大量。

填装顺序有许多种可供选择：如果选择先倒满水再装沙子，不但水会溢得到处都是，并且在装了沙子之后，大小石块再也无法装进去了。如果选择先装沙子，水还能装进去，大小石块就没法装了。最优化的流程顺序只有一个：先装入较大石块，再装小碎石，再装沙子，最后再倒入水。

之所以这是一个最优化的流程顺序，是因为先装较大石块能为装小石块留出空间，装完小石块后还能为装沙子留出空间。最后装水，是因为水能够从大小石块和沙子中渗入进去。

实验效应告诫我们，要素排序决定流程功能！尽管你完全可以对沙子、水、大石块、小碎石的填入时机做任意排序，但是最优化的排序只有一个——先放较大石块，然后再放小碎石、沙子和水。

最优化排序的根本标准是，“前一事”能为“后面的事情”顺利展开并创造最佳效应提供最优化条件。

选择最优化排序的基本方法是“统筹法”。“统筹法”是著名数学家华罗庚在其著名著作《统筹方法》中提出的。他曾以烧水泡茶为例，告诉我们：即便泡一壶茶，也有若干具体事情要做，只要将这些具体事情统筹优化好了，就能节省时间，提高效率。比如，首先将茶壶洗好，注入适量的自来水，再打开煤气灶，将茶壶放上去烧。

趁着烧水的时间，去找茶叶，洗茶杯，并在茶杯里放好茶叶。待这一切都做齐全了，水也烧开了。这时，只要将烧好开水的水壶拎过来在茶杯里注满开水就行了。倘若不统筹优化各工作要素的排序，先去找茶叶、洗茶杯，最后才去洗茶壶、烧开水，效率就会显著降低。要是什么都未准备，先开煤气灶，就会浪费煤气，还有导致火灾的危险。

华罗庚在《统筹方法》一文中指出，统筹方法是一种安排工作进程的数学方法，该方法应用范围极为广泛，在企业管理和基本建设中，以及关系复杂的科研项目的组织与管理中，都要用到它。

运用“统筹法”对流程要素进行排序的基本要求是，必须在掌握全部工作要素及各要素特性的基础上，逐一研究分析各要素在不同排序条件下的因果效应，然后采取“排除法”，像在沙里淘金那样，剔除所有不达标的排序方案，在此基础上择取最优化的排序。

仔细研究各种成功的优化排序，不难发现都牢牢抓住了两个节点。

1. 坚持以结果为导向置好前因

因果规律告诫我们，流程链即是因果链。前因决定后果，前因不佳，后果难好。所以在设计流程时，必须首先设计好放置在前面的工作，即“置好前因”，就像上面讲到的实验那样，先放较大石块，再放小碎石、沙子、水；先洗好茶壶，注入水，打开煤气灶烧开水，然后找茶叶。

“置好前因”为后续工作打好基础、创造条件，这是做任何事情和设计任何流程时都需要把握的要则。北宋科学家沈括在《梦溪笔谈》中有一个“丁谓建宫”的故事，堪称把握“置好前因”这个要则的经典范例。

北宋真宗年间，内宫失火，楼榭亭台都被烧毁。宋真宗命晋公丁谓修葺宫廷。受命后的丁谓面临无数难题，特别是“三大难题”：首先，需要取用大量黏土烧制砖瓦，到远处取土烧制，得花费大量的运输费用；其次，大量大型石材、木材要从远处运来，在当时的条件下陆地运输十分艰难；此外，宫廷修葺过程中，势必产生大量难以处理的建筑垃圾，将它们运到远处去掩埋，又要花费大量的人力财力。

针对重重困难，丁谓按照“四个阶段＋若干环节与要素”的流程架构，以结果为导向——做好“填空题”，尤其是在工程设计阶段，不但精心设计了楼榭亭台的建设方案，并且经过实地考察，专门设计了一个破解三大难题的“首置方案”。这个方案就是：先把皇宫前的街道挖成一条大沟，给就近就地取土烧砖制瓦创造有利条件；然后将汴河水引入大沟，形成河道，为快速便利地运输大型建材创造有利条件；宫廷修复后，将建筑垃圾填入沟中，修复街道，为处理大量建筑垃圾创造有利条件。

丁谓先将宫前街道挖成一条大沟的决定，为整个修葺工程设置了一个极好的前因，真可谓是“做一备二想三”，一举破解了三大难题，被人赞为“一举而三役济”，既高效又省钱省力，不仅将工期由15年缩短为7年，还省下了一大笔费用。

案例告诉我们，领导者在设计流程时，必须始终坚持以结果为导向，既要慎重地确定好必须做好什么、不做什么、防止什么，还要慎重地设定好先做什么，后做什么，怎么去做。在此基础上优化前置工作，才能一通百通，一举数得，为最终实现预期结果铺平道路。否则，就事论事地决定和处理问题，难免要重演“割了牛头砸罐子”的笑话。

某村有位姓周的秀才，读了不少书，人们都认为他足智多谋，有点疑难事都来请教他。一天，李老三急吼吼地来找周秀才说：“我的牛喝水时，把头伸进水罐里弄不出来了。”

周秀才微微一笑说：“那还不简单，把牛头割了。”李老三一听急了：“那可不行，我还得用牛耕地呢。”周秀才给他分析道：“牛头在水罐里，吃不到草，早晚也得饿死，到时饿死了的牛，能有几两肉？还不如趁早，割了牛头吃牛肉。”

李老三一听有理，将牛头割了。

牛头割下来了，可还在罐子里拿不出来，他又去找周秀才。周秀才一听乐不可支：“这还不简单吗？水罐是泥罐，一砸就碎。水罐碎了，牛头不就拿出来了吗？”

结果，李老三被害惨了：牛杀死了，水罐也打碎了，一切都完了！

周秀才为何不一开始就教李老三砸水罐呢，这样只损失一只水罐，保住了牛，多好！原因很简单，因为“聪明”的周秀才没有将“保牛”确立为决策的目标导向，为“保牛”置好前因，而是习惯于就事论事地处理问题。

经验告诉我们，在执行过程中发生了不应发生的问题，原因常常与前面没有去做应该做的事情，反而做了不该做的事情，或者是没有将应该做的事情做好、做到位分不开。一言以蔽之，都与没有“置好前因”分不开。而没有置好前因的根本原因则与决策者的内心没有牢固确立以“保牛”为最终目标，总是习惯于就事论事地做事分不开。就事论事的工作倾向在现实工作中司空见惯，“割了牛头砸罐子”的结果在现实生活中也经常上演，需要领导者予以高度重视。

客观逻辑告诉我们三个真谛。

- ❖ 前面环节中所做的一切工作，皆是后续环节之因，亦是最终结果之因。从因果逻辑上讲，前面已经做过的事情，现在正在做着的事情，全都是“已经设置”或“正在设置”的前因。前因决定后果，前事没有做好，想获得好结果如同缘木求鱼！
- ❖ 人可以随便做事——随意设置前因，却不可能任意挑选做事的“结果”。“结果”好坏皆由前因所决定，这是不以人的意志为转移的客观规律。
- ❖ 想获得理想的结果，就得从四个方面“置好前因”：一要将能为后续工作创造有利条件的事项设置于前；二要将有利于后续事项的“前置工作”做完善，做到位；三要坚决不做对后续工作乃至最终结果有害的事情，即便做了之后可以得到许多眼前利益也不可为利所动！四要在内心牢牢确立做事的最终目标，始终以实现该目标为“置好前因”的导向。

“前因不佳，后果难好”，前面做了错事，迟早会带来不良后果，这是尽人皆知的常识，可为什么还会有许多人总是明知故犯地去做错事呢？究其原因，除了与当事人的智力、性格、作风、做事时的不良情绪等主观要素相关之外，一个极为重要的客观原因，是由于许多“苦果”“恶果”不会与错事发生在同一时空。发生在同一时空里的往往是许多可观的眼前利益，“苦果”“恶果”则要滞后数年、数十年甚至历经一两代人才会显现，因此许多人为了现得利，常常不计后患。

有位历史学家讲过“‘一道算术题’左右明朝国运”的故事，这个故事就是对“只贪眼前利益，不顾长远后患”情景的真实写照。

明隆庆四年，两广叛乱，平叛大军连吃败仗。为挽回战局，内阁首辅高拱决定，将江西按察使殷正茂升任广西巡抚，统军十万，远征两广。文官出身的殷正茂极具军事才能，却是个大贪官，做文官贪污赋税，管军队克扣士兵军饷。因此，这项任命遭到满朝文武的强烈反对。

为了说服大家，高拱拿出“一道算术题”算给大家听：我拨一百万两军饷给殷正茂，让他贪污一半，但以他的才能足以平定叛乱；如果改派一个清廉的人去平叛，他一两也不贪污，但办不成事情。于是朝廷就要多加军饷，这么拖下去几百万两也解决不了问题。

果如高拱所算，殷正茂上任后，几个月就平息了叛乱，当然他军饷也贪了不少。可是大家用高拱的算术题解之，觉得还是很合算的，因而殷正茂贪而无患，出将入相，以八十高龄得以善终。从此，“高拱的算术题”成了官场经典，大大小小的殷正茂便顺理成章地充斥于明朝的官场里、军队里。

到了崇祯二年，终于官逼民反，爆发了以李自成为代表的大规模农民起义，明朝军队士兵因军饷被层层克扣，经常哗变讨薪，丧失战斗力。清军挥师入关时，明军士兵有心降敌，无心抗敌。清军利用投降的明军组建了一支绿营军，不克扣军饷，于是绿营军斗志昂扬地一路南下，杀得南明军队丢盔弃甲。

后人评说“明朝亡于崇祯，其实亡于万历”，如果深究，万历朝的糜烂与前面隆庆年间高拱的那道“算术题”也有直接的关系。

事实上，对于“高拱的算术题”，至今还有许多人津津乐道。特别是在企业，不少老板总以为对于才能超常的人，让其贪一点，可用小利换取大利，是很合算的；有的甚至觉得“不让贪，人才便不安其位，无心创业，损失更大”。于是，许多企业不爱讲反腐防腐，很少要求有能力的领导和人才反腐防腐，觉得反腐防腐会得不偿失，似乎容忍人才贪腐是创业的必选题。正由于此，“高拱的算术题”便成了许多企业的潜规则，上下心照不宣地一直让其通行无阻。

可是殊不知，“高拱的算术题”只算眼前的利益账，未算长远的后患账；只算物质账，未算它对人心对企业的腐蚀账。历史已经证明并将继续证明，通行“高拱算术题”的企业，有可能一时做大，但绝不可能做强、做长，因为企业会像明王朝那样受到虽然滞后但必定到来的恶果的无情惩罚。

在因果关系中，既有“恶果滞后”的问题，也有“善果滞后”的问题。“恶果滞后”，会使许多人做决策、干事情只贪现利，不计后果地一意孤行；“善果滞后”，会使许多人都争着去做“短平快”、易见效的事情，对于做起来费力大、见效慢的大量基础性工作都避而远之，其结果势必导致企业基础不牢，逐渐变得像一艘久未修补的破船，最终难逃“船破必沉”的命运。

有鉴于此，“流程管控法”要求企业领导者在安排领导管理流程时，必须遵循因果规律，高瞻远瞩，切不可与常人一起陷于短视之中。

2. 突破思维定式，坚持以创新思维优化流程要素的排序

设计最优化要素排序并非易事，它要求领导者必须具备三个条件：一要对每个阶段所内含的工作环节、环节所内含的各种方略，做到一个不缺地胸中有数；二要对各工作环节之间、环节内含的方略之间的因果联系，以及在不同排序条件下或优或差的因果效应做到胸中有数；三要破除头脑中的各种思维定式，敢于并善于对要素排序进行再造和创新，这需要智谋和匠心。古往今来，用智谋优化要素排序，创新流程，出奇制胜的案例不胜枚举。

春秋战国时，齐国大将田忌数与齐国贵族赛马，屡赛屡输。军师孙膑献计曰：“臣能令君胜。”孙膑的计策是“以君之下驷与彼上驷，取君上驷与彼中驷，取君中驷与彼下驷”，即用你的下等马与他们的上等马比，用你的上等马与他们的中等马比，用你的中等马与他们的下等马比。孙膑并未改变赛马本身，只是改变了赛马出场参赛的排序，结果只输了以下驷对上驷这一局，却赢了两局，最终赢得齐王的千金赌注。

像这样通过优化要素排序、创新流程而取胜的案例还有很多。

20 世纪五六十年代，我们党提出了“多快好省建设社会主义”的总路线。这个总路线的本意是要加快社会主义建设，出发点很好，但在“多快好省”这四个要素的先后排序上出了问题。因为将“多快”置于前列，于是建设中便一味地求多、求快，忽略了“好”与“省”，结果生产了许多低质量，高消耗，成本很高的东西，得不偿失。后来，我们党总结了其中的教训，提出了“坚持以人为本、全面发展、协调发展、可持续发展”的科学发展观，在实践中将“好”与“省”放到“多”与“快”的前面，这么一调整，我国的建设就走上了稳步发展、可持续发展的轨道。

1770 年，英国的库克船长带领船队来到澳洲，发现了澳洲大陆，随即英国宣布澳洲为自己的领地，并且决定将判了刑的罪犯运到澳洲去开发这块不毛之地。

运输犯人的都是唯利是图的私营船主，政府按上船时运送的罪犯人数给船主交费。船主为了多赚钱，尽量多装犯人，并且克扣犯人的饮食费、医疗费，加之航程遥远，不少犯人死在途中。最严重的，一条船 424 个犯人，死掉了 185 人，死亡率竟达到 44%。罪犯的平均死亡率始终高居于 12% 下不来，英国政府不仅要为此承担经济上的巨大损失，还要遭到道义上的强烈谴责。

英国政府先后采取道德说教和派监察人员、医生上船监督和帮助等措施，都收效

甚微。因为说教对于唯利是图的船主们而言，完全是空话；委派上船的监察人员和医生，要么在船主的胁迫下与他们同流合污，要么被船主扔进大海，宣布不幸殉职。在万般无奈的情况下，不知是谁想出了一个绝招：让政府改变付款的时间地点！即将原先按上船罪犯人数付款，改成到达澳大利亚，按下船的罪犯人数付款。

这个规定只颠倒了付款的先后顺序，便将犯人的死亡率与船主的收入直接挂起钩来，船主必须保证犯人活着到澳大利亚才能有收益。在这种情况下，船主不再让太多的犯人上船，也开始改善犯人的饮食，并且请医生随船保健。这样一来，犯人在船上的生存环境得到改善，死亡率自然明显下降。

事实警示我们：

- ❖ 流程的优化创新是制胜的本原之一。许多低效、无效、负效的领导管理常常与流程内含诸要素之间的因果顺序不佳有关。凡事只要找到流程链中的关键要素，对它们进行优化重组，往往能有出乎意料的奇效。
- ❖ 流程要素的优化重组，只调整了一两个要素的先后顺序，却对领导者提出了“三个必须”的要求：一是必须深明“因果之道”，掌握因果规律；二是必须敢于和善于打破固有的思维定式和行为习惯；三是必须牢牢记住，尽管流程逻辑给流程的重组再造留足了自由发挥的空间，却绝不意味着流程创新可以脱离实际，任意妄为。任意妄为的必然结果是“画虎不成反类犬”！
- ❖ 创新流程要充分考虑人际关系之间的博弈因素。因为领导者领导和管理的主要是人。人，具有博弈能力，通常会根据对方的举措决定自己应对的方法。就像玩“剪刀、石头、布”一样，你出“剪刀”，他就出“石头”，用“石头砸你的剪刀”；你出“石头”，他就出“布”，“用布包住你的石头”。上下之间亦如是，往往会展开“上有政策，下有对策”的博弈。

人际关系的博弈是动态的、反复的、多轮的，并且以博弈主体的不同而不同。为此，领导者在构建和优化领导流程时，既要考虑到博弈须因人、因时、因势而异，不可简单化，不可僵化，更要充分考虑自己的领导管理方法能否对人性起到正向引导作用。

英国人通过颠倒付款的先后顺序，解决了奴隶的死亡率问题。这个案例既透视出掌控人际博弈规律的重要性，也充分显示出管理制度对人性的引导作用：好制度能让坏人变好，坏制度能让好人变坏。为此，领导工作需要把握好如下两点：一要将“激发人性之善，抑制人性之恶”永远当作设计领导管理流程、管理制度的根本目标；二要将一些在实践中行之有效的方法与程序及时固化为制度，以便充分发挥其对人性的正向引导作用。

四、确保实现“全要素落地，全流程闭合”

人们做任何事情，它的最终效益取决于是否将必经的所有阶段、阶段内的所有环节、环节内的所有工作要素实行全流程管控，以确保相关阶段、环节、要素首尾相贯，环环相扣，实现“全要素落地，全流程闭合”。

“全要素落地，全流程闭合”的根本要求有以下三点。

1. 流程环节和要素不可残缺

西方有则笑话，说有个美国人到欧洲某国去旅行，看到一个工人在马路上挖坑，每隔五米挖一个，挖得非常规整，后面有一个工人紧接着就把前面的坑填起来。

这个美国人很奇怪，问道：“为什么你们一个挖坑，一个将坑填起来呢？”

工人回答道：“我们是在绿化道路。根据规定，第一个人负责挖坑，第二个人负责种树，第三个人负责填土。不过，今天第二个人没有来。”

这则笑话启示我们：“种树者”是种树流程中不可或缺的要素，缺了一个种树者，做事的流程就无法闭合，其他环节做得再好，也会一起付之东流。可是，“缺了一个种树者”的现象在做决策、抓执行、打基础、修自身时屡见不鲜，这不能不引起领导者的高度重视。

2. 实施流程要稳步推进，不可粗枝大叶，急躁投机，偷懒耍滑

因果逻辑告诫我们，没有完善的过程就难有完美的结果。一个复杂的流程好比是一架设有许多台阶的云梯，你想登到顶端，必须顺着台阶一级一级地向上爬，等爬过所有台阶才能到顶。若是只爬了一两级台阶就想登顶，无异于痴心妄想。越过中间层级直接攀缘顶端台阶，则必失手坠落，把你摔个鼻青脸肿，伤筋动骨，甚至命丧黄泉。

有两句与“攀梯”同理的谚语说得好：“馍馍熟了再出锅”“没有进茅房，别解

裤腰带”。它告诫我们：流程内各阶段、各环节内的工作都必须按顺序一一做到位。若是还未做到位就扔下，急于去做后续环节的事情，就好比是馍馍还未烧熟，就急于进入揭锅食用的环节，那你只能“啃生馍”。“啃生馍”还好一点，倘若没有完成找到茅房、进入茅房的环节，就在大街上解开裤腰带，则必定大出洋相，弄不好会被人当作流氓抓起来。

总之，领导者抓一件事情，处理一个问题，切不可有“攀了一级阶梯，就想登屋顶”“撒了一把米，就想捡鸡蛋”“烧了一把火，就想吃猪头”的投机心理和急于求成的焦躁情绪，也不可因为受到各种诱惑或受到其他事情的干扰，将只做了半截子的工作丢在一边，去干别的事情。必须保持应有的定力，一个阶段一个阶段、一个环节一个环节地稳步推进，将每个环节内必须做好的工作全都扎实细致地做完善，做到位。否则，只要有一个环节不到位，就会给后续环节留下缺口、障碍和隐患，进而导致整个流程链的断裂和领导管理效果的逆转。

问题是，领导工作千头万绪，领导者很容易被新的事情所吸引，放下正在进行中的流程环节和工作，也很容易在某一环节碰到困难便停下来，过段时间再去“烧冷灶”。可是冷灶很难烧热。一个环节内的工作打打停停，不能一抓到底，其结果不但解决不了问题，反而会将一个小问题抓成大问题，将简单问题抓成复杂问题，许多管理中的“老大难”问题就是这么产生的。

为此，凡做一件大事难事，应当坚持三点：一是看不准的，不上手；二是流程未定，不动手；三是动了手的，不松手，一抓到底，直至登顶。

3. 做好打通“最后一公里”的工作

就流程而言，最后一公里的工作属于最终的闭环工作。常言道，“行百里者半九十”。流程到达终端都有个“最后一公里”乃至“最后一步”的“闭环”，凡事若不打通最后一公里，冲刺最后一步， 流程就闭合不了，句号就画不圆，封不了口，即便成功也不会圆满，即便胜利也达不到顶峰。“闭环”是对整个流程起最终闭合作用的重要环节，也是“善终”的最后一环。

可是在日常工作中，“闭环”最容易被人忽略。比如，在做好决策，布置下面执行之后，一般都会适时检查执行情况，检查发现问题后会“跟踪决策”，提出整改要求。提出整改要求后，应及时复查整改情况，“复查”就是打通最后一公里的闭合环节。然而不少领导者常常忽略复查这个闭合环节，结果，下面的整改常常不认真、不到位，从而给原本能够做得圆满一些的工作，留下许多不应有的遗憾。

还有不少领导在发现问题，严厉批评处理下属之后，总是不注意做善后工作。殊不知善后就是批评的“闭环”。做好善后工作能让下属更好地理解批评，消除心头的怨恨，恢复良好的心态。可是，不少领导者只批评不善后成为常态，致使下属被批评后心里的怨气没有及时消除。随着批评次数的增加，怨气便不断累积，最终上下之间难免形成隔阂，造成对立。

此外，当一项重大工作完成时，不少领导者总以为自己按照员工的业绩实施好奖惩，就万事大吉了。其实，在工作流程链条上还有一个十分重要的“闭环”：总结！

1965年7月26日，毛主席在中南海接见刚从海外归来的原国民党政府代总统李宗仁，会见期间，他向李宗仁的机要秘书程思远发问：“你知道我靠什么吃饭吗？”程一时茫然不知所对。毛主席意味深长地说：“我是靠总结经验吃饭的。以前我们人民解放军打仗，在每个战役后，总来一次总结经验，发扬优点，克服缺点，然后轻装上阵，乘胜前进，从胜利走向胜利，终于建立了中华人民共和国。”

的确，只有通过认真总结，吸取经验教训，在今后的工作中才不会再有“二过”。也只有通过认真总结，才能引导大家认清自身问题，把因成绩而生的骄气，因失败而生的沮丧，因人际矛盾而生的怨恨全部归零，从而放下包袱，轻装上阵，迎接新的战斗，取得新的胜利。可是，对于如此重要的“闭环”——工作总结，不少企业领导并没有将其认认真真地做到位，常常在事情结束时，只重视奖惩，却忽略总结。即便做总结，也只是做做官样文章，没有真正总结出实实在在的经验特别是教训，这种倾向必须改变。

第三节
用流程管控好决策过程

做任何事情，总是决策在先，执行在后，所以“四项要务”的头一项是做好决策。决策，既是领导工作的起点，也是执行的依据和指南，用流程管控“四项要务”，应当先从管控好决策流程起步。

一、完善决策要素和流程

什么是决策？若抛开中外教科书中的定义，给决策一个最通俗的表述，决策就是决定去做什么事情，怎么去做。

决策的动因与起点是“需求”，其终点应当是做出能够“满足需求”的决策方案。故而做决策的第一要务是以需求为导向“选定好决策事项”，即决定好去做什么事情。选定了要做的事项之后，还必须以满足需求为导向谋划并确定好“怎么去做”的方案，即谋划并确定好要求达成的目标以及实现目标的制胜方略。

始终坚持以“需求”和“满足需求”为导向，确定好“去做什么事情 + 要达成什么目标 + 采取什么制胜方略”三大问题，这是做决策的根本任务。“事项 + 目标 + 方略”是做任何决策都不可或缺的三大要素。

一个“事项 + 目标 + 方略”三要素完善的决策方案绝非拍拍脑袋就能做成，它必须经过严密完善的决策流程的锤炼才能产生。流程逻辑表明，一个重要决策，从起点到终点皆须以“需求”和“满足需求”为导向，历经“事前，选定好决策事项；事中，谋划好决策预案；事终，决断好决策选择；事后，持续做好跟踪决策”等四个阶段和各阶段内含的一系列决策工作，才有可能形成“事项 + 目标 + 方略”完善的决策。

1. 事前，选定好决策事项

选定决策事项就是决定去做什么事情，这是决策的起点。企业每天要做的事情很多，在所有事情中，既有必须做、允许做、能够做的事情，也有不必做、不允许做、不能够做的事情。决策事项选择不当，比如选择做了“不必做”的形式主义的事情，执行不仅会陷入劳而无功的泥淖，空忙一场，还会因此耽误真正“需要做”的事情；选择做了有违法规道义的“不允许做”的事情，企业和领导者会因此身败名裂，亲叛众离；急吼吼地做了眼下没条件做成的“不能够做”的事情，就会在实践中到处碰壁，劳民伤财。

总之，决策只能选择必须做、允许做、能够做的事项。选错了决策事项，就像穿衣服扣错了第一个扣子一样，后续的事情便会一错到底，所以决策事项的选定不可有误。

2. 事中，谋划好决策预案

预案的主要内容是可供决策选择的“预选目标 + 预选方略”，决策就是从预案中抉择最合适的“预期目标 + 制胜方略”。

决策的预期目标，是满足需求的具体指标，也是构成决策的要件。在选定决策事项之后，必须认真谋划几个预选目标，从中选定最合适的预期目标。

人的需求欲望是无限的，而需求的满足则受主客观条件的无情制约。人们的需求欲望绝不可能有超越主客观条件的无限满足，只能是在特定条件下的有限满足。所以，最佳的预选目标往往不是决策者最渴望和祈求的那个，决策者应当选择的预期目标只能是那个在特定条件下，既能最大限度满足需求，又通过付诸执行有可能达到的目标。一句话，决策要选择的预期目标唯有最有可能达成的，才是最合适最好的，不必非要“高大上”，更不可一厢情愿，好高骛远，脱离实际。

曾有一位高僧问求道者：“你觉得是一块金子好呢，还是一摊烂泥好？”求道者答曰：“当然是金子好！”高僧笑道：“假如你是一颗种子呢？”不言而喻，对于种子而言最需要、最合适、最好的绝非是一块金子，而是一摊烂泥！因为种子到了烂泥里，才有可能生根发芽结果！

在这个世界上，其实并无绝对的好坏，最适合的就是最好的，也是最需要的！决策的预期目标亦如是，唯有“合于利、合于道、合于力、合于时、合于变、合于久”，既不过高，也不过低，经过努力能够实现并且具有弹性的目标，才是最合适的决策目标。

设定的预期目标无论多么需要，多么合适，也不会自动实现。目标的实现，既取决于目标本身的合适性，还取决于进取目标的制胜方略的有效性。所以在选定决策事项、决策目标之后，最关键的决策任务便是谋划几个预选方略，从中选择出最有效的制胜方略，即能以最小的成本和代价获取最大效益的方略。

一个制胜方略，通常需要具备四个条件：一是能使效益最大化，成本最小化的方法策略，而不是事功参半、事倍功半甚至得不偿失的方法。二是人人都会操作的方法策略，而不是让人听不懂，或是听起来头头是道，做起来不知如何操作的方法。三是既有主干策略，又有配套举措的方法机制，不可只有一种方法，企图一招制胜。四是能够根据发展变化的客观实际灵活应变的方略，而不是形成定式的僵化过时的老经验、老框框。

与提出预期目标相比，提出实现目标的制胜方略更难一些。因为目标是客观需求的反映，一些摆在大众面前急切需要解决的问题及其需要达成的目标，常常像是“秃子头上的苍蝇”，明眼人一瞧就看得见。而要提出确保有效完成目标任务的制胜方略就难了，尤其是要提出能够“举小力成大功”“四两拨千斤”的良计妙策，则更是难上加难。

正由于此，不少决策者常常只提出目标，却提不出实现目标的方略，更提不出足以“举小力成大功”的良策，导致决策要素缺失，在执行实施时无法落地生根，开花结果，总是落到水里，付之东流。这是必须予以高度重视的问题。

有效的制胜方略是解决问题的“桥”和“船”。没有制订好有效的制胜方略，就让下属去执行，好比是没有准备桥和船就赶人下水一样，不把人淹死也会让人变成“落汤鸡”。故而，“没有准备好‘桥’与‘船’，不要轻易涉水”，应当成为决策者的座右铭。

总之，以“满足需要”为导向，谋划好可供决策选择的“目标＋方略”，这是“谋划决策预案”阶段的主要任务。

3. 事终，决断好决策选择

做同一件事情，可有多个目标，多种方法，因而要事先拟好多种备选预案。备齐了各种预案，决策便进入拍板决断阶段。所谓拍板决断，就是经过对多种预案的反复比较，在充分论证的基础上，从中选择出最优的决策方案。决策选择的基本要则是：选定“最需要的事项 + 最合适的目标 + 最有效的方略”。

拍板决断，要把握好两个游戏规则：“择一而断”“择优而断”。

首先，要坚持“择一而断”。一个人不能同时走在两条路上，同时骑在两匹马上。诚然，在出谋划策阶段，要尽可能多谋划几套计策和方案，而决策拍板时则必须“九九归一”，只能果断地毫不迟疑地选定“一条路”“一匹马”——抉择出一个方案，择一而断。唯有“择一而断”，下属才能紧紧地围绕这一个决策，心往一处想，劲往一处使。若是出现两个方案，就有可能引发下属思想上的分歧，甚至于组织上的内讧。

坚持“择一而断”，说起来容易，做起来难。因为各个决策方案难免各有利弊，当这个方案有“狼”，那个方案有“虎”时，会让人前怕狼，后怕虎，不敢决断；当这个方案“有鱼，没有熊掌”，那个方案“有熊掌，没有鱼”时，会让人因既要“熊掌”，又想得“鱼”而犹豫不决，首鼠两端。这就要求决策者必须遵照“两利相较取其重，两弊相衡取其轻”的原则，择一而断！

其次，要坚持“择优而断”。这个“优”并非完美无缺。完美无缺的决策方案只存在于理想之中。然而理想很丰满，现实很骨感，理想不能代替现实。决策方案的择优，自然也不能采用“理想化的最优标准”，只能采用“现实化的最优标准”，即“择大优，存小缺”。

所谓“择大优”，就是具有 60% 到 80% 的优即可。所谓“存小缺”，则并非什么“缺”都可以保留！你可缺点利，不可以缺一点儿德；你可缺点眼前的、局部的利，不可缺长远的、全局的大利，这是不可违背的基本原则！

实践反复证明：搭救一个溺水之人，不必非要金链条，最有用的是甩给他一根麻绳，将其赶快拉上岸来，不让其沉入水底；救助一个行将饿毙的人，不用山珍海味，只需给他一罐稀粥即可。解决问题的方案也同样，目标不必非要“高大上”，方略不必很时髦，只要它最有助于问题的解决即可。

4. 事后，持续做好跟踪决策

及时、正确、持续的“跟踪决策”，是指挥和督导决策执行落地的重要条件。原因显而易见：一是因为决策讲究“上粗下细”，最高层的决策一般不宜规定得过细，过细会束缚下面执行人的手脚。具体细致的执行计划应由下面制订。可是下面制订的执行计划有可能与顶层决策的要求不太符合，也有可能做得不够完善，不便操作，这就需要领导者及时做好“跟踪决策”，帮助指导下面做好执行计划。二是因为决策者不可能全知全能，料事如神，初始决策中难免会有一些没有预料到的事情，成为决策的漏洞，在执行过程中显现出来，需要及时做好补充性决策。也总会有一些预测预判不准的问题，造成决策偏差，需要及时做好修正性决策。还会由于情况不断变化，在执行中会遇到许多新情况、新问题，需要适时做好应对性决策。执行人也会由于受能力、心态、作风等素质条件的影响，在执行中发生诸如执行不当、执行不力、执行不正、执行不和等问题，需要领导者相机做好督导性决策，适时针对问题采取检查督导、协调沟通、思想教育、批评表扬、奖惩激励等一系列有效措施，去纠不当为恰当，纠不力为有力，纠不正为正确，纠不和为和谐，一一打通执行中的“堵点”，推动初始决策的落实。

跟踪执行过程，适时做出补充性、修正性、应对性、督导性决策，就是“跟踪决策”。“跟踪决策”既是决策流程中的最后阶段，也是抓执行的具体实施，这是推动决策全流程闭环，全要素落地，确保决策和执行取得预期目标不可或缺的保障条件之一。

总之，一个完善的决策流程通常呈现为“选定事项—谋划预案—拍板决断—跟踪决策”即“事、谋、断、跟”这四个阶段为主线，加上“各阶段内含若干流程环节和工作方略”为主要内容的流程架构。若略加简化，就是“事、谋、断、跟四个阶段 + 若干环节与要素”所构成的决策流程。按照这样的流程架构管控决策，做好决策才有可靠保障。可是在实际工作中，违反这个流程架构的决策却不在少数。

有一家以生产摩托车等机械设备为主的集团公司，摩托车一度是他们引以为傲的龙头项目，占有国内市场半壁江山。可是，在国内外大量摩托车品牌的挤占下，其国内市场占有份额持续下滑，一直跌至不到 2%，几乎成了公司的“鸡肋”。新上任的董事长经过与国内外同行业对比，发现产品的“三包索赔率”本田摩托车是 3%，大长江是4.5%，力帆是5.6%，而本公司竟达30%以上，认为改变现状的关键是提高产品质量，因而很快做出摩托车生产要“提质提值”的决策。

一时间，从上到下“提质提值”的口号喊得震天响。在公司的大墙上、在车间、办公室的墙面上，一切最醒目的地方都写上挂上了这句口号。可是，口号喊了大半年，“提质提值”的效果没有见到，“三包索赔率”却见上不见下。大家都十分着急，请来管理专家帮助诊断。

专家在公司最高层会议上向与会领导提问：“你们今年提质提值的目标数据是多少？时下影响提质提值的主要短板是什么？形成这些短板的主要原因有哪些？你们正在采取或准备采取哪些方略去克服？在座的各位领导就提质提值都分担了哪些具体责任？”

结果一问三不知，大家都面面相觑。何以如此？专家指出，根本问题就在于“提质提值”的决策没有走完它必经的流程，决策本身极不完善。

按照流程逻辑，重大决策必须历经“事、谋、断、跟四个阶段＋若干环节与要素”所构成的决策流程。提出“提质提值”仅仅只做了第一阶段“选定决策事项”的工作，后面还有三个流程阶段没有跟进。对于“提质提值的目标（战略目标、当年目标、岗位目标）是什么”“质量短板在哪里，造成短板的原因是什么，克服质量短板的方略是什么”等关键性问题，都未经深入思考和组织谋划，决策流程便中断了。于是一个“决策事项”被当作“决策本身”交付下面执行。

由于决策流程不完善，导致决策要素也不完善。一个完善的决策应由“事项＋目标＋方略”三个要素构成。可是“提质提值”的决策却是一个既无具体目标，又无实现方略，决策之后更无跟踪督导的“三无决策”。与一辆没有安装方向盘和引擎的汽车只能停在原地，不可能跑起来一样，只选定一个决策事项，既没有“目标＋方略”相配套，更没有跟踪督导的“三无决策”，也只能永远停留在口头上，不可能产生任何成效。

总之，一个科学的决策应当是流程完善、要素完备的决策。可是有人却说：“我就经常只确定一个‘决策事项’便交付下面执行，下面也执行得很好，你说‘决策流程、决策要素必须完善’是否有点言过其实？”

对此必须说明，选定的决策事项，执行中有难有易。你只确定一个“决策事项”便交付下面执行，下面也执行得很好，那是因为你交付执行的“决策事项”都是下属驾轻就熟的事务与困难不大的事项。像“提质提值”这样的决策则不然，它是公司质量管理中一直没有解决好的“老大难”问题。将解决“老大难”问题选定为决策事项并不难，因为它如同“秃子头上的苍蝇”既显而易见，又顺理成章，而最重要也最困难的则是在选定“提质提值”的决策事项之后，拿出对“提质提值”行之有效的方略与可靠的实施计划。

领导者为何常常将“决策事项”当成决策本身交付下面执行，致使“三无决策”大行其道？究其原因不外乎三个：一是经常这么做，习惯了；二是忙于其他事，无暇完善决策流程、决策要素；三是一时想不出制胜方略，只好搁置起来。

董事长对此深有感触，他说“提质提值”的决策之所以没有完善，三个原因兼而有之。当时，有一个重要项目需要我亲自去谈，加之对于如何破解质量问题也一时拿不出具体方略，就想先搁置一下再说。同时还心存侥幸，或许会像以往曾有过的那样，下面能把一个不完善的决策做圆满。

专家指出，将破解“老大难”的决策混同于一般性决策的轻率做法要不得，侥幸心理有不得，制胜方略的谋划缺不得。任何难题绝不可能通过轻率处置解决掉，也不可能将其搁置起来逃避掉，相反会由于轻率处置、搁置起来产生不应有的恶果。无数事实表明，难题大多难在不肯动脑筋，不会动脑筋上。只要你用心思考，善于集思广益，总能找到破解的方略。就以“提质提值”而言，其关键是先找准质量短板在哪里。但凡用心思考一下，找到质量短板的方法也不难，只要责成负责摩托车“三包维修”的工人准确登记维修项目，质管部门每月准确统计“三包维修”记录，就能马上找出维修频度最高的部位、部件，这时质量短板岂不一目了然？

找到质量短板，拿不出补短板的方略，还是白搭！要补短板，还要找到造成短板的原因，弄清主要是采购的部件不合格，是自己生产的部件不合格，或是总装时装配不精准、不到位……然后再分别探寻为何采购了质量不合格的部件，为何生产了质量不合格的部件，为何装配不精准，为何不合格的产品能出厂上市的原因，其中采购人员、质管人员、流水线上的生产人员分别应负什么责任，继而采取有针对性的措施一一对应整治，“提质提值”方有可能见效。

总之，领导者赢得威望、企业赢得发展的根本途径是带领员工赢得胜利，而带领员工赢得胜利的先决条件是所做的决策能够克难制胜，而能够克难制胜的决策必定是完善而科学的决策，绝对不会是“三无决策”。

无数教训要求领导者牢记一个真谛：你不想老是重演决策落到水里、付之东流的结局，那么你就别无选择，必须老老实实地按照“流程管控法”，管控好、完善好各种决策，尤其是“重大事项”“老大难”事项的决策。

二、细化优化决策方略

二战后期，美国科学家设计了一种新型的具有高精准度的飞机投弹瞄准器，国防部向社会招标制造商。底特律的企业家德雷斯塔特不顾高层反对，接下了这个“可怕”的大项目。

这个项目之所以“可怕”，是因为这是一个谁也没有制造过的先进设备，只有一本厚厚的操作手册可供参考。更让人挠头的是：底特律不但没有技术熟练的技师，就连一般工人都找不到，只有大量已经人老珠黄的妓女。如果将她们招为工人，势必遭到两大难题的狙击，一是难以将这些大多目不识丁、毫无技术，根本看不懂操作手册的人培训成为熟练技工；二是难以顶住必将招致的非议和必将引爆的社会舆论。所以众多的公司老板们皆视这个项目为“烫手山芋”，不敢接。

可是德雷斯塔特却敢接这个“烫手山芋”，敢招妓女做工。因为他内心已经形成了一个创建生产操作流程，创新培训技术工人的方略，并且将方略细化优化为如下行动步骤：

第一步，自己走到操作台前，按照厚厚的操作手册，亲手制作了十几个投弹器。等自己弄明白如何操作之后，让人用摄像机拍下他制作的全过程，然后把全过程分解为若干个操作环节，又将各个环节中的操作过程分解成为一个一个动作画面，再在画面上加进各种灯光信号。比如，红灯表示已经做完的部分，绿灯表示即将操作的工作，黄灯表示在做下一步之前应该注意的事项。

第二步，一口气招来2000多名妓女，将她们按流程环节分工，然后对她们做如下培训：要求每人只分工学练环节中几个简单的操作动作，并用放映机给她们反复放映这几个动作，让她们模仿画面动作，一个动作一个动作地练习操作。这些基本上目不识丁的妓女，虽然看不懂厚厚的操作手册，但要她们照着画面学习掌握几个简单的操作动作则绰绰有余。

果然，这些从未在操作台前制作过任何东西的女人，经过这种操作培训，她们很快生产出令人满意的产品。

第三步，当这个特殊的女工团队成了爆炸性新闻，轰动了整个底特律时，也产生了大量非议。有人说德雷斯塔特在工厂里搞了个“红灯区”，有人说“绝不能与令人不齿的妓女为伍”。对此，德雷斯塔特大张旗鼓地予以驳斥：“这些女人是我的同事，也是与你们共事的人。她们表现优良，而且尊重自己的工作。她们有权和我们一样获得他人的敬重。”德雷斯塔特坚决维护员工尊严的举动打动了特殊女工们的心，更激发了她们对公司的归属感和生产积极性。

成功的实践证明，德雷斯塔特制定的生产操作流程和员工培训办法是一个十分成功的模式，特别是员工培训方法是一个成功的创新，很快成为业界培训员工的重要模式，他所制定的灯光标识也成为很多生产线上的标准标识，一直沿用至今。

这个案例给了我们许多启迪：

❖ 世间不患无才，只患无育才用才之道。人才，大多是后天培育出来的。因人施教的科学培训能让庸人变成人才，谁掌握了因人施教的育才之道，谁就有用不完的人才！

❖ 尊严激励是不可或缺的最基本的激励手段。越是出身卑微者，越是遭受歧视和凌辱的人，你给予她（他）尊重和爱，越能使她（他）们产生归属感和工作的激情。

❖ 强将手下无弱兵。德雷斯塔特既能读懂掌握投弹器的制作流程，又能设计出因人施教的科学的人才培训方法，还能尊重关爱被人作践的妓女，善于通过尊严激励调动员工的积极性，的确是一员名副其实的强将，所以他能把一批妓女练成精兵，练成熟练的技术工人。

联系这个事实，我想提醒那些常叹手下没有精兵、没有人才的领导，最好先问问自己是不是像德雷斯塔特那样的强将。如果不是，就不要怨天尤人，首先为提升自己的领导素质“修好自身”吧！

❖ 细化优化好科学严密的操作流程、人才培训流程、领导管理流程十分重要。从流程视角上讲，制作投弹瞄准器的案例充分凸显出“在决策过程中拿出克难制胜的方略，并且将‘方略’细化优化成为科学而严密的执行操作流程、人才培训流程、领导管理流程，按流程一一抓好执行落地”的极端重要性。倘若拿不出制胜方略，或想出了方略却不能把方略细化为可操作的具体方法和流程，这都仅仅只是做了半截子的决策。将半截子决策交给下属去执行，其结果可想而知，必定又是落在水里，付之东流，绝不可能执行落地，开花结果，这是一个必然的客观逻辑！

三、持续做好“跟踪决策”

在“事终，决断好决策选择”之后，许多人会以为决策流程就到此终止了，其实不然，决策流程并未终结。因为这时拍板做出的决策只是一个“初始决策”，在“初始决策”交付下属执行之后，还必须坚持以初始决策为指导，以问题为导向，持续做好“跟踪决策”。

前面已经点到，“跟踪决策”既是决策过程中的最后一个阶段——闭环阶段，也是“抓执行”的实施阶段，其主要任务是适时做好“补充性、修正性、应对性、督导性”决策，指导执行，推动执行。它在“决策”与“执行”之间起着极其重要的承接、指导、推动作用，缺失“跟踪决策”，“初始决策”做得再好也会落到水里，难以落到地里开花结果。

某公司老总曾向咨询组的老师诉苦，自己将决策任务交付下面执行时，下面总是答应得很好，都拍着胸脯表态说：“保证完成任务！”可是在实际执行中却常常“一地鸡毛”，这让他十分挠头。

为弄清原因，咨询组对执行的全过程做了跟踪调查，发现下属在执行过程中存在如下问题：

第一，领受指令时，存在接受指令方式不当的问题。在接受口头指令时，不注意认真听，更不会边听边领会、边梳理归纳领导意图，对于没有听明白的事情，不询问清楚就囫囵吞枣。在接到书面指令时，不认真阅读，深入领悟，没有读懂的，也不向上级咨询请示，凭想当然行事。

第二，接受指令后，存在谋划执行计划不周的问题。受令后，各级领导不是紧密结合实际，认真谋划执行计划，而是将“照传”当作“照办”。特别是有关管理上的一些指令，贯彻中只当传声筒，将上级的指令向下一传了之，传过后原来怎么干仍旧怎么干，一切涛声依旧。有的连传达也未传到末端，中间梗塞，结果上面雷声很大，下面根本没有感觉。另有一些“传声筒”式的领导，自己没有听明白，记清楚，传达时内容缺漏失真。更有一些人出于不良动机，在传达过程中夹杂自己的私货，导致传到末端的上级指令变了味。

第三，布置执行中，存在对员工宣贯动员不力的问题。最常见的现象是，有的基层领导对执行上级指令虽有自己的计划，却“茶壶煮饺子，有嘴倒不出”，不能将上级的意图和自己的执行计划，变成简明通俗、规范易懂的语言向员工讲解宣贯，致使一些原本很简单的事情，经过他的宣贯，反而让人感到像跌进云里雾里一样。加之不善于有针对性地进行教育动员、技能培训，又致使大家在执行中动作难以协调，步伐难以一致。

第四，执行过程中，存在执行操作不当、不力、不和、不正的问题。有的愿干不会干，有的会干不愿干。有的员工之间关系不和，协作无法到位。有的甚至为求个人的、小团队的利益，不惜采取损人利己的不正行为。这些问题常常不能及时发现和纠正，导致一个很好的决策无法收获应有的执行结果。

第五，执行收官时，存在业绩考评、据绩奖惩、总结善后等方面的问题。业绩考评机制不科学、不严密，导致奖惩不公，造成员工进取动力不足。成功与失败都没有认真总结，致使经验不能汲取，教训不能记取，做事经常掉进同一个坑里。思想上的教育引导跟不上，有业绩的骄傲自满，有失误的灰心丧气，导致缺乏进取力、创造力。人际间的误会、矛盾没有及时疏导解决，致使人际关系上的矛盾问题结成团，涣散了凝聚力，削弱了执行力。

经过对上述问题的分析，不难发现：执行问题的产生，只有极少数是属于思想品质方面的原因，绝大多数并非是下级不想干好，而是很想干好却不知道如何去干所致。执行问题之所以不断发生与积累，根本原因是高层领导没有跟踪调查，跟踪决策，及时处理。坚持“跟踪决策”，完善决策流程，这是督导“初始决策”顺利执行落地的关键所在。

为此，咨询组建议公司采取双管齐下的措施：一方面要求高层领导加强跟踪调查，跟踪决策，及时地有针对性地处理问题。另一方面针对不少中下层领导想干好不知如何去干的问题，组织“五会培训”。

在领受任务时，会接受指令。要求受令者在接受口头指令、文字指示时，养成认真听讲，细心阅读，梳理归纳，深思理解，不明即问，迅速将上级意图转化为自己的正确领悟的优良习惯和作风。同时，要求下达指令的领导者养成放下架子，善于创造民主氛围的优良习惯和作风。

在接受任务后，会谋划执行。要求受令者在接受任务后，立即紧密结合实际，统筹兼顾，周密安排，迅速把上级指令转化成为本单位切实可行的执行计划，不可一传了之。

在形成计划后，会对下布置。要求在对下布置执行计划时，认真宣贯，深入动员，严密组织，迅速将执行计划转化为全员的共识和有效的行动。

在执行过程中，会督导落地。要求始终坚持：以目标为导向，认真检查，抓好两头（先进与落后），及时纠正执行中的各种偏差问题；以效果为导向，及时协调激励，迅速将执行行动转化为执行成果。

在执行结束时，会组织收官。要求组织科学全面公正的考评，公正公平地实施好奖励和问责。认真、科学地总结成功经验、失误教训，适时改进和创新执行方法，为有效提升执行的效率效益奠定基础。善于疏导矛盾，理顺关系，迅速促成“四个归零、四个放大”，即把成功归零，将经验放大；把失败归零，将教训放大；把矛盾归零，将友谊放大；把惰性归零，将责任放大。

经验告诉我们，“功夫在事外”。一些基础性的智能技能需要不断培训，尽早养成习惯，临到做事时再交代是来不及的。培训各级领导的“五会能力”，实质上就是打基础的工作。

一个企业必须具有牢固的基础。企业基础由组织基础、思想基础、文化基础、作风基础、智能基础等若干要素所构成。企业的智能基础取决于两块基石：人才智能+集体智能。选拔任用好具有各种智能技能的人才，是满足企业对高层次人才智能需求的关键，培训好集体的智能技能是满足企业普及性智能技能需求的关键。

“人才智能”与“集体智能”都是企业撬开成功之门的杠杆，领导则是杠杆的支点。因为人才需要领导去识别、去选拔、去任用，集体智能需要领导去培训、去巩固、去提高。“跟踪决策”的过程，理当既是领导者抓决策执行落地的过程，也是发现人才和集体智能缺陷等基础性问题，有针对性地做好“跟踪决策”，夯实企业基础的过程，这个过程十分重要，切勿忽略。

总而言之，“跟踪决策”是决策流程中一个不可或缺的重要阶段，若无及时有效的“跟踪决策”，对执行实施全流程指导，分环节组织，按方略实施，依实效考评，据业绩奖惩，流程链条中的工作环节、工作要素难免缺失错乱，执行就会走偏、滑倒，掉进坑里。

“做决策”有必经的流程，“抓执行”也有其自己的流程。一个重大事项、重大问题决策的执行，也必定要历经“事前准备—事中督导—事终收官—事后总结”四个阶段。每个阶段各有若干必须抓好的工作环节、工作要素。譬如：事前准备，要抓好“准备 + 布置 + 动员”；事中督导，要抓好“检查 + 督导 + 协调 + 激励”；事终收官，要抓好“考评 + 奖优 + 问责”；事后拓展，要抓好“总结 + 善后”。所有工作环节都内含若干不可或缺的工作环节和要素，像准备环节就内含计划准备、组织准备、物质准备、思想准备、智能技能准备等一系列工作环节和要素，每个工作环节和要素在其展开时，也要历经“事前—事中—事终—事后”四个阶段和若干环节与要素，从而构成子流程、孙流程。

总而言之，领导者无论是“做决策、抓执行”，还是“打基础、修自身”，皆必须按照“四个阶段 + 若干环节与要素”的流程模式实行全流程管控。不仅如此，还必须善于将一些因果关联的工作要素（具体方略）有机地整合在一起，使之形成能够耦合互动的治理机制，然后将“治理机制”科学地整合到流程阶段、流程环节中去，使之成为整个领导流程的有机组成部分。就像为了实现“提质提值”，必须将三包维修登记统计、零部件采购、生产和总装、质量检查把关、问责奖惩等一系列工作要素整合在一起，形成耦合互动的机制，然后将这个机制纳入整个“提质提值”的领导流程之中一样，切不可有企图“一环制胜”或者“一招制胜”的投机心理。

彻底摒弃“一环制胜”“一招制胜”的侥幸投机心理，坚持既谋划好领导管理流程，又谋划好实施领导管理的治理机制，切实将“机制治理”与“流程管控”科学地结合起来，这是升华领导艺术的重要环节。

既然如此，对于构建治理机制、实行机制治理就很有必要做一番认真的探讨了。

第二章 机制治理法

机制，是由两个和两个以上能够产生耦合效应的要素有机结合所构成的整体。耦合效应，是指当两种和两种以上具有不同功能的要素结合在一起时所产生的相互依赖、相互作用、相互制约的互动联动效应。

机制，原指机器的构造和工作机理。就构造而言，一部机器的内部皆有复杂的结构，即便是一个小小的机械钟表，其内部也是由齿轮、发条等许多大小不一，功能各异，通过精准结合便能互动联动起来的一系列零配件所构成。就机器的工作机理而言，无论是一部大机器还是一只小钟表，都必须将其所需的零配件一个不缺并且十分精准地按照设计全部装配起来，使之形成一个完善严密的有机整体时，才能正常运行，发挥作用，钟表也才能正常走时。若是缺少一个齿轮，或是齿轮装配不精准，齿轮之间无法有效结合产生互联互动的耦合效应，这样的机器是不会运行的，钟表也不会走时，即便走动了，也走不准。这就是机制的运行机理。

机制的运行机理表明，任何机制要产生理想的功效，必须具备三个要件：一是机制内含的各要素必须完善，不可缺失；二是机制内含的各要素必须能够在相互联系、相互作用中产生互联互动的耦合效应，不能任意凑合；三是机制内含各要素配置联合、前后衔接的时空位置必须科学精准，不可错乱，不可脱节。

机制，由于它具有确保机体正常运行、有效运行的重要机能，因而人们纷纷将机制原理引入不同领域，构建不同的机制。

“机制治理法”是将机制理念引申到领导管理领域所产生的领导管理方法。它要求领导者在做一件事情，治理一个问题时，切不可只知其一，不知其二，只抓其一，不顾其余，而是必须将相互关联、互相作用的若干具有不同功能的工作要素，即若干工作任务和方法措施精准地整合在一起，使之形成一个能够产生耦合效应的治理机制，然后对问题实施多管齐下的机制治理。

第一节
“机制治理法”是普适的领导管理方法

机制原理之所以能引入管理领域，那是因为机制现象具有普遍性。经验告诫人们，要做成一件事情，全靠多要素的共同作用，缺失一个，乃至削弱一个必需的要素，皆会导致整个事情的失败。所以人们常说：“没有刹车的汽车，切勿上路”“没有准备好降落伞，切莫跳出飞机”……这些话充分体现了要素在机制中不可或缺的极端重要性。

可是，人们常常只看到某一两个要素的作用，却想不到必须与其直接配合或与其间接配合的若干要素不可或缺的重要性。

有则笑话很发人深省。有个生在深山，长在深山，没有读过书的年轻人，从深山来到大城市。看见每到晚上天黑时，挂在空中的电灯泡就能发亮，比家里的松脂灯亮得多，也干净得多。于是，他买了一只灯泡带回家，挂在卧室中间。晚上，天早黑了，灯泡硬是不亮。为什么？他左思右想地找原因，突然顿悟：“原来是没有配开关！城里人是先摁开关，灯才亮的！”于是，跑到城里又买了一个电源开关，回家装上。可是，任他在开关上左摁右摁，电灯还是不亮。为什么？他想破脑袋找原因，终于又豁然领悟：“城里人的灯泡是挂在电线上的！”赶紧到城里再买一截电线，将灯泡挂在电线上。结果不言而喻，还是不亮！

万般无奈，他向人详询原因，这才知道：灯泡要亮，必须接在有电的电线上，而电线要有电，必须有发电厂发电，发电厂里要有发电机，发电机需要能源——或是水力或是烧煤或是烧油……发出来的电还必须经过输电网络分别输送到各家各户，等等。

总之，单个电灯泡是不会发亮的。要让电灯泡亮起来，必须将一些直接的和间接的具有不同功能的相关要素整合在一起，形成一个能产生耦合效应的有机整体——一个完善的机制，在这机制中缺少任何一个要素，电灯泡都不会亮。

电灯泡要发亮是如此，做其他任何事情亦如是！

有人向酒家虚心学习“酿酒技术”，酒家告诉他“用一升米，二两曲，五斤水，发酵二十天，便成为酒”。

那人回去后，学着酿酒。等到第二十天，他一品尝，毫无酒味。于是，很气愤地责怪酒家：“你为什么不把真经传给我？”

酒家说：“你一定没有照我教的方法去做，做了不会这样。”

那人说：“我就是照你的方法做的！我放了二两曲，五斤水，酿了二十天。”

酒家问道：“可有米么？”

那人答道：“忘记下米了！”

很显然，“一升米，二两曲，五斤水，发酵二十天”这四个具有不同功能的要素构成了一个酿酒的机制。缺了“一升米”的要素，酿酒机制就不完善，任你花多大的力气，也是酿不出一滴酒的。

电灯泡要发亮，需要将具有不同功能的相关要素整合成为机制，酿酒也需要将具有不同功能的相关要素整合成为机制。做任何事情都需要机制保障，机制现象具有普遍性！

机制现象的普遍性，决定我们分析问题要坚持机制思维——按照机制原理从整体上、系统上全面把握相互关联的所有要素。处理和解决问题更要坚持“机制治理法”，一般性工作是如此，领导和管理工作更是如此！正如哲人所言：“我们所遇到的问题，不在于我们做了什么，而是我们忽略了什么。”

某咨询公司为某火锅连锁集团引进一套“流程化操作服务系统”，服务流程设计得很好，实施效果却很不理想。咨询公司老总找老师咨询：“为什么？”

老师没有马上正面回答，而是连续提出四个反问。

一问：你们提供的“流程化操作服务系统”本身是否可靠？

答：服务系统是在其他火锅店经过实践检验的，只要执行好是能够有效提高服务质量的。

二问：实施新的服务系统前，有没有与各门店经理沟通，统一思想，取得他们真诚的支持？

答：连锁集团老总说“这件事我说了算”，因而只召集各门店经理开了一个布置执行新系统的会，没有与他们深入沟通过。其实，不少门店经理和员工觉得搞“流程化操作服务系统”是自找麻烦，内心对实施新服务系统并不理解，也不积极。

三问：有没有培训一支能够熟练地、准确规范地按照新系统操作服务的骨干技术队伍，让他们当师傅带徒弟，推动全员执行新的操作服务系统？

答：只在总店做过一次新服务系统的操作培训，没有形成得力的骨干队伍。由于大家对新服务系统都不熟练，日常的操作服务还是过去的老一套。

四问：有没有建立一整套与实施“流程化操作服务系统”相适应的考评奖惩管理机制并严格实行之？

答：因为经费有限，在协议中没有签订这方面的工作内容，所以没有做！

问答之后，老师给他讲了“只买一只灯泡”“酿酒不放米”这两则笑话作为铺垫。笑道：“你只引进一个‘流程化操作服务系统’，未做争取门店经理支持、培训操作骨干、设计并实施严格的考评奖惩等一系列必须与之配套的工作，就想‘一招制胜’，这与那个山里人只买了一只电灯泡，就想收到照明效果，与那个学酿酒者忘了下米，还想酿出好酒来，岂不如出一辙，同样可笑？”

类似只引进一个“流程化操作服务系统”，却忽略了必须与之配套的一系列具有不同功能的工作要素，就想“一招制胜”的现象，在做决策、抓执行、打基础、修自身的过程中屡见不鲜，已经成为职场上的通病。

近年来，有些大中型企业的老板们发现，随着企业规模不断扩展，像企业核心价值观、最高层的工作指令宣贯效率低下甚至失真；独把一方的部门老总、子公司老总权力运行缺乏监管，导致用权失控，造成严重损失等“大企业病”也随之产生与滋长。为了治理“大企业病”，阿里巴巴率先决定借鉴军队的“政委制度”，在组织架构上开始设立“政委体系”。接着有许多大型民营企业也开始仿效，但大多成效不够明显。

有一个大型集团公司为克服“大企业病”，也做出在集团内实行“政委体系”的决策，并于2017年“八一建军节”当日，郑重其事地行文下达两道指令：一道是《在集团内部建立政委体系的通知》，一道是任命各部门、各子公司老总兼任政委，董事长自任总政委的通知。文件中要求被任命的政委们履行好“一岗双责”。通知和任命下达了一年，期盼解决的问题“涛声依旧”，“大公司病”仍旧沉疴难起。董事长大惑不解地找老师咨询“为什么政委制度不见效”。

老师还是没有正面回答，而是按照机制治理的要求，做了一系列的反问：

“企业上下对实行‘政委体系’的必要性有没有形成共识？”

“政委们是不是知道并确认实行‘政委体系’的意义，是否知道政委是干什么的，应当怎么干？”

“有没有规范好政委的地位作用，建立好政委工作制度？”

“有没有明确政委工作的业绩评价标准？”

“有没有按照制度和评价标准对政委业绩进行应有的、严格的考评与奖惩？”

答案不出所料，集团做出实行“政委体系”的决策之后，只下了一个通知、一个任命。换句话说，只在各级老总身上贴了一张“政委”的标签，要求他们履行“一岗双责”，其他必须做好的配套工作一件也没有跟上。兼任“政委”的老总们，既不知道政委是干什么的，又不知道政委的工作怎么干，更不认为实行“政委体系”有什么必要性。其结果，“政委”只兼职，不履职，“一岗双责”只落实在公司的文件里，没有落实在实际工作中，“政委体系”的效果自然无从谈起！

针对问题，老师指出：实行“政委体系”是企业组织制度的重大变革，其实效取决于将一系列必须与之配套的具有不同功能的工作要素整合在一起，形成机制，一一抓好落实。仅仅只在各级老总身上贴一张“政委”的标签，就想取得成效，这与在二锅头的酒瓶上贴一张茅台酒的标签，便想将二锅头酒变成茅台酒一样可笑。你真心想酿造茅台酒，那就必须按照茅台酒对水质、原料、工艺的机理要求进行酿造，一个要素也不可或缺。

接着，老师按照“机制治理法”，就如何实行“政委体系”给董事长提出了“一个指导思想，三个方法步骤”的建议。

一个指导思想，就是从公司的实际情况和客观需求出发，借鉴军队的，学习他人的，创造自己的。三个方法步骤：一是统一思想，凝聚上下共识；二是建章立制，定好运行规则；三是提升素质，建好政委队伍。

老师还强调指出，政委队伍的素质决定“政委体系”运行的水平和效率，为此一定要用制度规范好政委责任、职权，然后从以下五个方面抓好政委队伍建设：

一要按照“内选 + 外聘”的原则选拔好各级政委。

二要按照“兼职 + 专职”的原则配置好政委体系。

三要按照“职责 + 标准”的原则规范好评价政委工作业绩的标准体系。

四要按照“物质 + 精神”的原则设计和规范好对政委的奖惩激励机制。

五要按照“特需 + 普需”的原则组织好政委素质能力的专业培训。

按照老师指点的“机制治理法”，该集团有计划地抓了思想教育、政委培训、制度研订、政委业绩考评等一系列基础性配套工作，“政委体系”才运转起来。

无数事实表明，机制治理是普适的领导管理方法。企业领导无论是做决策，还是抓执行，打基础，修自身，皆要确立机制意识，注重机制治理。

决策，是一切工作的先导。“机制治理法”要求我们在做决策时，既要按照“事前—事中—事终—事后”这四个阶段完善好决策的流程机制，又要按照“事项 + 目标 + 方略”这三大要素，完善好决策的内构机制；还要按照各类决策应当紧密配套才能确保企业平稳运行的客观需求，完善好决策的平衡机制。可是在决策现实中，决策流程机制不闭环、决策的内构机制不完善的问题屡见不鲜，各类决策之间失衡现象也不胜枚举。

就决策类型而言，企业决策类型很多。从决策任务上区分，有经营决策与管理决策、战略决策与战术决策、初始决策与跟踪决策、重大事项决策与日常事务性决策等；从决策条件上区分，有常态性决策与风险性决策、时间从容的决策与时间紧迫的决策、职权内决策与职权外决策等；从决策方式上区分，有个人决策与集体决策等。各类决策之间，像经营决策与管理决策、战略决策与战术决策、初始决策与跟踪决策之间，皆须相互兼顾，完善好“决策的平衡机制”，方能收获相辅相成的决策效果。

可是，在实践中完善相关决策之间的平衡并不容易，决策者常常由于缺乏机制思维，会自觉不自觉地发生“重经营决策，轻管理决策”“重战略决策，轻战术决策”“重初始决策，轻执行决策、跟踪决策”等厚此薄彼的倾向，从而导致相关决策的失衡和企业运行的紊乱。

考虑到人们对于“决策的平衡机制”不大熟悉，下面通过着重提醒企业决策者牢记“缺乏管理支持的经营是难以持续的，缺乏战略指导的经营管理是走不远的，缺乏战术配套的战略是容易落空的”这几句箴言，共同探索完善决策平衡机制的重要性。

一、缺乏管理支持的经营难以持续

经营与管理，这两者几乎涵盖了企业领导者的所有活动，做好经营与管理是企业赖以生存发展的前提。经营与管理相互依赖，其中经营是龙头，管理是基础。经营必须得到管理的有效支撑，方能保障其应有的效率与效益。忽视管理的经营是不能长久持续的，挣来的钱也会白白浪费，让你“竹篮打水一场空”。同样，管理必须服务于经营，并与经营耦合成为支持公司创造物质成果和精神成果的合力，才能成就其自身价值。所以，企业发展的客观规律要求领导者必须牢固确立机制意识，坚持在做经营决策时同时思考必须与之配套的管理措施，及时做好管理决策，在做管理决策时始终坚持以经营目标和经营原则为导向，努力确保管理与经营紧密配合，形成机制，实现平衡。

对于上述理念，许多企业老板常常一开始心中并不清晰，往往要待到公司被落后的管理拖入深渊时才有所省悟。

2011 年，笔者与一位民营钢铁联合集团公司总裁有过一次深入的交谈，他在回顾创业史时讲道，他是从创建一个轧钢车间起家的。当时正值国家基础建设如火如荼，房地产开发十分红火，市场上对各类建筑型钢需求量很大，让他赚了第一桶金，还被县里评为纳税先进、劳动模范。县里为鼓励他继续发展，陆续特批了一些土地和贷款，于是他便乘机迅速扩大生产经营。短短六年，企业就由一个轧钢车间扩大成为一个集烧结、炼铁、炼钢、连铸连轧、金属磨料为一体，并且有制氧、发电、石灰生产相配套的，拥有 3000 多员工，年生产能力达 200 多万吨钢铁的钢铁联合集团公司。

初创公司的实践让他觉得：任何创业都是从经营开始的，企业只有经营好，才能生存发展。故而他很长时间总是埋头经营，做了许多经营决策，不大关心管理。好在初创时企业很小，管理上事情不多，即便有问题，也大多是他一句话就能摆平。虽然当时他很少想那些管理上的道道，公司运行也还正常。久而久之，头脑中便逐渐形成一种思维定式：公司经营不当，有生命之忧，管理出问题，最多是跌一跤，还能爬起来。在这种观念的指导下，他像许多老板一样将经营捧上“高位”，倾注全力。对管理上的问题则常常一骂了之、一罚了之，很少从建立健全人才选用机制、薪酬管理机制、奖惩激励机制等入手认真解决管理问题。

随着公司规模不断扩大，员工增多，管理上的问题越积越多。而他还在习惯性地埋头经营，很少认真研究管理，及时做好管理决策，以至于许多事情缺乏有效的管理机制，缺少有作为的领导干部督导执行，尽管经营决策做了不少，也做得不错，却在执行中纷纷“掉链子”。

由于没有及时建立健全人才选用管理机制，在用人上一味把自己的亲属好友放在重要岗位上，结果管理设备采购部的儿子采购了一大堆不合格、用不着的设备和零部件积压在仓库里，浪费资金达3000多万元，不知如何处理。管理营销的小舅子公然贪污。一座刚引进的比较先进的炼钢炉，在基建安装过程中，外聘的懂专业的总指挥指挥不动，被气走。继任领导都是亲属，为争谁说了算，相互之间扯皮、使绊子。加之聘用的施工队凭关系入选，缺乏资质和技术能力，设备采购部采购的风机和有关配套设备不配套、不适用，高炉建设一拖再拖……原本半年应该完工投产的项目，实际用了一年多，损失上亿元。

由于薪酬制度不健全，有技术的老员工不能按技术级别和年资提级提薪，工龄三年以上学到了技术的员工，跳槽现象越来越多。有人戏说“公司成了别人企业的技术人员培训班”。生产中，由于工人技术不精，操作失误，加之安全管理、质量管理、技术管理跟不上，高炉连续发生冻结事故，损失巨大。

总之，由于“经营进‘高位’，管理不到位”，管理上的问题不断冒泡，并且越冒越大，公司像一叶严重倾斜的扁舟行驶在市场经济大潮中，险象环生。

直到这时，他方才领悟到：管理的权重与企业的规模是成正比的，企业规模越大，管理的需求越大。对于几人、十几人的小企业而言，管理似乎显不出它的重要性。可是企业一旦发展起来，规模大了，人员多了，老板再也不可能凡事都亲力亲为地一把抓了。那怎么办？唯一的办法是求之于管理，及时做好管理决策，建立好一系列行之有效的管理机制！即通过设置精干高效的组织架构、组织能级，选拔合适的人才，将他们放在各个组织能级上，让他们代替老板去管理；通过制定各种规范员工行为方式的制度机制，请居于各个能级上的领导，代替老板按照规章制度管理员工的执业行为；

通过提出一系列科学的思想理念，形成企业的核心价值观体系、发展战略、经营管理原则，用以凝聚人心，统一步调，等等。

一句话：必须分出足够的精力去学习和研究管理，认真抓好各种管理机制的建立、完善与执行。否则，你埋头经营的一切都会应验西方的一句谚语：播下的是龙种，收获的是跳蚤。

然则，我们的认识仅仅到此为止就够了吗？还不够！总裁的体会是企业的经营管理还必须有科学正确的战略作为指导，做好战略决策十分重要。

二、缺乏战略指导的经营管理走不远

对此，总裁也有极其深刻的感受。他说，在企业初创时期，有人讲战略，自己总觉得战略是空的，经营才能挣到真金白银。所以，一直忙于日常事务，并没有认真考虑过企业发展的长远战略问题。由于缺乏“着眼长远、统筹兼顾、均衡发展、机制治理”的战略思考和战略指导，在相当长的时间内，企业经营一直处于“面多了加水，水多了加面”的状态。

公司经营的起点是轧钢，轧钢生产规模扩大了，用于轧型的钢材供不应求，那就办炼钢厂；炼钢没有原铁不成，就建炼铁厂；炼铁需要先将铁矿石烧成结石，就建烧结厂，同时又建了石灰厂、制氧厂、发电厂等配套工厂。当公司初步形成配套的生产体系时，发现炼钢的产能大于轧钢需求，造成产能过剩，于是就再建轧钢厂。轧钢产能上去了，钢材供应就跟不上了，再建炼钢厂。炼钢、轧钢上去了，炼铁滞后，又建炼铁厂……就这样经过“面多了加水，水多了加面”的经营，企业不由自主地快速发展成为一个颇具规模的集团公司。

这时，外人看起来公司很红火，实际上却像一只快被煮熟了的“青蛙”，正面临着三个严重危机：一是公司内部各个生产要素之间极不均衡，相互掣肘，正在严重妨碍企业的正常运行。二是长期以来，在扩大生产、添置设备时只顾眼前急需，财力有限，采购了一些能耗高、环保不达标的高炉和相关设备，很快被国家强制列入淘汰行列，若对这些生产设备进行更新改造，公司就得伤筋动骨，损失极大。三是企业管理一直处于“头痛医头，脚痛医脚”的状态，高炉冻结了，就处罚厂长；基建出问题，就把主管基建的头儿撤掉，再从矮子里拔个高个顶上……始终治标不治本，同样的问题一出再出，管理如同掉进一个深坑里，爬不出来。

教训告诫我们以下两点。

❖ 碰上极佳的发展机遇，却没有正确的战略指导，企业是很容易在迅速发展的过程中跌入“盲目扩张 + 无效管理”的泥坑里爬不出来的。不少企业只是昙花一现，细究原因有很多，但都无一不与缺乏正确的战略指导相关联。没有正确战略指导的企业是走不远的，这是无数教训教给我们的真谛。

❖ 企业的发展战略应当依据时机条件的变化不断修正，但是“着眼长远，统筹兼顾，均衡发展，机制治理”则是以不变应万变的根本战略，永远不可动摇。

然则，我们的认识仅仅到此为止就够了吗？仍然不够！还必须进一步明白：光有战略决策还不够，战略决策的贯彻必须有行之有效的战术相配套，因而做好与战略相配套的战术决策同样十分重要。

三、缺乏战术配套的战略容易落空

时下，对于战略问题，大中型企业老板们大多比较重视，不少企业老板为了做好战略决策，不惜花重金请专家，下了大功夫。可是，却很少有人提到“战术”二字，好像战略是可以离开战术孤立发挥作用似的。其实，战略必须有行之有效的战术相配套，没有战术配套的战略是空洞无效的战略。这一点在军队是如此，企业也概莫能外。

当讲到战术时，常常有人会问“战略与战术谁重要”，也有人会说“战略是老总的事，战术是下面的事”。带着这样的疑问和观念，是做不好战术决策的。

“战略与战术谁重要”这个质疑本身就内含着贬低战术的思想倾向，很不恰当！其实，战略是对全局长远的规划，而战术的核心是“术”，即策略、方法、措施，它是实现战略目标的手段，两者都重要！

企业经营管理的战术，集中表现为四种形式：

一是表现为一系列管理制度和机制，比如“ISO9000 质量管理认证制度”“CEO 轮值制度”“任职资格管理制度”“赛场赛马机制”等。

二是表现为一系列普适性策略方法，例如“流程管控法”“机制治理法”等十个方略，还有像“走动管理法”“360 度考评方法”“标杆引导法”等。

三是表现为一些整治问题的具体举措，比如“开展批评与自我批评的方法”“专项思想作风整顿方法”“重大事故、重大问题问责方法”等。

四是表现为一些导向性的思想方法，比如强调“知行合一、令行一致的思想方法”“律己先于律人的思想方法”“领导要以思想领导为重点，管理要以理顺人心、凝聚人心为重点的思想方法”“把制度顶在头上，将丑话说在前头的方法”“用好激励这根指挥棒的方法”等。

战术，就其在运用中的特性而言，可分为两大类：第一类是一过性战术，主要是用于处理偶发性问题的措施方法，用完了就结束了，贵在随机应变；第二类是长效性战术，主要是用于处理普发性、多发性问题的制度机制，它具有长效性、稳定性，贵在坚持不懈，严格执行。

但总的来讲，战略战术的创造与应用皆要灵活机动。一般而言，处理偶发性问题要研究有针对性的方法措施；处理多发性、普遍性问题要提出一些导向性的思想方法，制定好相应的制度机制；处理一些比较突出的倾向性问题，则要采取例如“专项整顿”“问责”等具有强势作用的方式方法。

总之，战略与战术功能各异，却紧密联系，缺一不可。正像“秤杆离不开秤砣”一样，再好的战略，没有战术的配套支持，就会如同没有“秤砣”的秤杆，根本发挥不了“秤”的作用。所以战略与战术这两者并不存在谁更重要的问题。领导者应当坚持以企业发展目标为导向，做好战略决策，坚持以解决实际问题为导向，做好战术决策，将灵活的战术与战略紧密结合起来。

“战略是老总的事，战术是下面的事”，这个理念也是片面的。片面的理念很容易误导企业老总采取两种片面的行为方式：一是在制定公司战略时，常常一个人闭门思考，最多找几个认为信得过、有能力的人，关在房间里一起闭门造车，或者花重金请专家来帮助做战略。如此制定的战略难免受个人的见识和格局所限，水准不高，也会由于在战略制定过程中脱离员工群众，使得员工认为战略与己无关，对战略的制定与执行漠不关心。最终公司战略决策做好了，员工却不知情，不理解，不贯彻，自然无法转化为指导企业发展的动力。二是既然“战术是下面的事情”，老总自然对战术很少关心，于是战略决策花了很大的功夫和代价做出来了，与之相配套的战术却还是空白，战略的贯彻实施便成为一句空话。

必须指出，战略不只是老总的事，应当成为大家的事。制定公司战略不但要请专家出谋划策，还应当请员工建言献策，这样员工才能充分理解公司的战略决策，执行时也才会“身在兵位，心有战略”，能够自觉地将执行公司战略看作自己应尽的职责，贯彻到底。

战术也不只是下面的事，研究制定战术是上下共同的事情。事实上，各种形式的经营管理战术，领导者天天都在使用，也在创造。基层在实践中，也常常会创造出许多行之有效的新办法，这些办法如果无人置理，就会像泡沫一样很快破灭逝去。要是有领导去总结提炼，形成科学的理论原则，加以大力宣传推广，便能转化为闪光的长效管用的战术，普遍地生根开花结果。

淮海战役时，九纵司令员秦基伟得知属下81团班长牛盈连和两个战士在执行侦察任务时，匍匐至敌阵鹿砦跟前，靠着堆土包，挖交通壕，居然在敌火下生存了一天，欣喜地说：“这不就是我们战士的一大创造嘛！起名叫‘敌前近迫土工作业’吧。”然后在全纵队推广大规模的“敌前近迫土工作业”，一夜之间，堑壕、交通沟、猫儿洞遍布，一直延伸到黄维兵团的鼻子底下，既大大减少伤亡，又缩短了向敌发起攻击的时间，取得了极佳的战斗效果。上甘岭战役，沿用并扩展了这个战术，不但挖了交通壕，并且在山里建了坑道。据统计，上甘岭战场上，我志愿军修建了48条坑道，坑道工事只有雏形时，平均40至60发炮弹杀伤我1人，随着坑道工事日益巩固，平均600发炮弹才能杀伤一人，从而为我军保存有生力量、反击敌人打下了坚实的基础。可以说，上甘岭战役是“精神＋坑道”的胜利，也可以说是“精神＋战术”的胜利。

可见，成功的战术需要领导者深入到实际工作之中去发现、去总结提炼和大力推广。坚持以战略为指导，以问题为导向，以成功的甚至是失败的案例为标本，及时总结经验教训，提炼战术，指导全局，完全是各级领导干部包括高层领导毋庸置疑的责任。

不过话又说回来，创造与运用任何战术，皆须确立机制原则，坚持机制思维，实行机制治理，否则一个很好的战术策略就会走偏，产生消极效应。譬如：单一强调末位淘汰，竞争管理，结果“大锅饭”打破了，恶性竞争也多起来了；单一强调物质激励，不注重精神激励和思想管理工作，导致“没有奖金不办事，奖金不涨办不好事”；单一强调以法治企，发现一个问题，就规定一条“违反××，罚款××”，搞得下面怨言载道；单一强调对人才“欣赏管理”，见了问题不批评，不处理，做“老好人”，于是养出了骄兵悍将……

事实反复警示领导者必须牢记以下两点教训。

❖ 单一的领导管理方法再先进也不可能一招制胜。机制现象是普遍现象，做决策要坚持机制治理，抓执行也要构建好检查督导机制、业绩考评机制、沟通协调机制、奖惩激励机制、思想工作机制……多管齐下地实行机制治理；打基础、修自身同样要善于构建相应的机制，多管齐下地夯实组织基础、思想基础、作风基础、文化基础、物质基础，多管齐下地修好自身的思想格局、道德风范、行为作风、领导艺术。总之，“机制治理法”是普适的领导管理方式。许多原本做得很好的决策，定得很好的战略战术，干着干着便干不下去了，最终事倍功半，甚至前功尽弃，一个重要原因就是领导者没有实行机制治理。

❖ 机制治理的前提是：找齐相互配套的工作要素，并且将它们有机地“和”在一起，整合成为耦合联动的工作机制。

第二节
“和”是创建机制的入门钥匙

为什么单一的领导管理方法再先进也不可能一招制胜？为什么必须把若干相关工作要素“和”在一起，整合成为耦合联动的工作机制，实行机制治理？那是因为单一的领导管理方法都是相对真理。相对真理都具有局限性，只有在具备了若干特定的前提条件时，才成为真理，才行之有效。一旦离开若干特定的前提条件，就会变成谬误，不仅难以收到预期的效果，反而可能成为失误的缘由。

相对真理都有局限性，那就寻求绝对真理！那么，绝对真理是什么？辩证唯物主义认识论告诉我们，绝对真理是无数相对真理的总和。

既然“绝对真理是无数相对真理的总和”，自然领导与管理要取得预期成效，就得采取“和”的方法，在“和”上下功夫。具体地讲，应当将若干需要相互配合联动的领导管理工作、领导管理方法，即若干相对真理“和”在一起。这个“和”，绝非把若干领导管理工作、领导管理方法简单叠加，而是以提高整体功能效率为目标，以各要素内在的因果联系为纽带，为促成各要素之间互联互动的耦合效应所做的科学组织和集成整合。

简言之，“和”就是科学地组织与整合。若干砖石、水泥、钢筋、木材等建筑材料，经过科学地组织，“和”在一起，可以建成一座巍峨壮观的大厦；若干水泥、钢筋、沙石、水按比例“和”在一起，会变成比花岗岩还要坚硬的钢筋水泥混凝土；若干弦乐器、木管乐器、铜管乐器、打击乐器等各式乐器“和”在一起协奏，可以演奏出激动人心的交响乐；若干文字语言精妙地“和”在一起，可以创作出优美感人的诗词歌赋；若干味中草药“和”在一起煎熬，可以炮制出一味医治顽疾的良药。同样道理，将若干相关的具体工作和工作方法有机地“和”在一起，就能将各要素“聚零为整”，使之整合成为一个科学的领导管理机制，在经营管理中发挥出令人惊异的作用。

“和”不仅是创建机制所必需，也是日常学习工作所必需，客观实际要求领导者必须多在“三和”上下功夫。

一、博采而和

世间并无一个可以包打天下，一招制胜的管理秘笈，唯有博采古今中外、诸子百家的管理思想和管理方法之众长，将其“和”于自己的管理实践之中融会贯通，才是制胜之道，迷信于一两种管理“秘笈”乃是取败之道。

古今中外的先哲们，在探索领导管理科学的漫长历程中，总结了许许多多成功的经验方法，并且将其升华为理论，形成了门类繁多的学说。就我国传统管理思想而言，有“以仁义治天下”的儒家学说，有“以法治天下”的法家学说，有“以无为治天下”的道家学说……在这些学说中，又有许许多多的代表人物，比如孔子、孟子、老子、韩非子、王阳明、曾国藩等，各人都有各人的经验和思想理论。

西方的管理学派也很多，泰罗说“科学管理，提高效率”，约法尔说“计划、组织、指挥、协调、控制”，西蒙说“做好决策”，巴纳德说“做好组织管理”，斯金纳说“用激励管控人的行为”，卡内基说“用好人才”，彼得·圣吉说“创建学习型组织”，德鲁克说“目标管理，社会责任，五个习惯”，等等。

上述领导管理理论及其解决领导管理问题的方法，的确具有各自不可替代的真理性，但只用其中的一个原则或方法，都无法解决管理中的所有问题。因为，尽管管理理论、管理方法浩若烟海，却皆属相对真理，尚无一个学说是可以“一招制胜”的绝对真理。

可是，在网上，在培训课堂，在管理书籍里，却充斥着将某种管理理论、管理方法推崇到极端，夸大为唯一管理“秘笈”的言论。对此企业领导者切记不可轻信！必须明白：宣传理论与应用理论有着极大的差异！

宣传理论为打动人心可以“极而言之”。比如流传甚久甚广的“半部《论语》治天下”，就是一种极而言之的煽情。其实，历史上没有任何一个朝代、任何一个政治家是只靠半部《论语》治理天下的，这个典故的当事人赵普亦同样没有！

宣传理论为便于传播，强化记忆，可以经过高度概括，“简而言之”。如将儒家的学说概括简化为“仁义”二字，将法家的学说概括简化为“法治”二字，将道家的学说概括简化为“无为”二字。理论一经高度概括，高度简化，是好记好传了，同时也变成了无比抽象的原则，让人不知如何具体操作践行了。

应用理论与宣传理论则大相径庭，倘若真的只用半部《论语》去治天下，必定会使领导与管理走向片面性、极端化；倘若只用“仁义”“法治”“无为”二字去治天下，便会由于难以具体操作而变成一句“正确的空话”。理论应用者，必须博采众家之长“和”成机制，为我所用；必须将抽象的原则转化为一系列具体有效的操作方法、操作流程、行为细则，使之好操作、好检查、好问责、好奖惩，才能真正落到实处。

总之，宣传理论和方法的人与飞机发动机的推销者有些相似。推销者完全可以推销什么就突出讲什么，完全可以只讲“没有发动机的飞机永远飞不上天”这一事实，只字不提“只有一个发动机，永远成不了飞机，也永远飞不上天”这个事实。理论方法的宣传者，也可以只讲某一种领导管理方法的有效性、重要性，并且列举古今中外的许多案例来证明这是一个多么了不起的“秘笈”，只字不提这个“秘笈”要行之有效，还必须有许多领导管理要素与之配套这个事实。

可是，企业领导者则不然！企业领导者是理论和方法的应用者、践行者，他好比是要驾驶飞机上天的飞行员，绝不可能只靠一个飞机发动机起飞，必须驾驶所有零配件既完整无缺又组装精密的飞机才能飞上天。你若迷信一个管理“秘笈”，甚至于“只重秘笈，不计其余”，就好比是在驾驶一架缺了许多零配件的飞机，绝不可能飞上天！即便飞上天，也会掉下来！

所以，一个成功的领导者，必定是一个善于集管理思想、管理方法之大成者！善于博采众家之长“和”于自己实践的创新者！绝不会是只迷信一种管理秘笈，企图“一招制胜”的投机者！

二、适需而和

担负不同行业任务的企业，处于不同规模、不同发展阶段的企业，它们对于领导管理方法既有共同的需求，更有特异的需求。别人成功的经验，并非所有企业都需求，都适用。所以引进古今中外的成功经验不能随大流，跟时尚，必须适需而定，使之能够顺利地“和”入企业的领导管理实践之中，方会产生正能量，反之很有可能会事倍功半，甚至事倍功负。

三、集成而和

即便引入的某种管理方式方法很先进，并且完全适合于你的企业，也非只用一道一策能够制胜，更不可能用“一招”底定全局。任何行之有效的治理无一不是多管齐下的机制治理！坚持把相关必须配套的管理工作、管理措施“集成而和”，将其整合成为一个治理机制，实行机制治理，这才是不可逆转的制胜机理。

既然“和”是接近绝对真理的入门钥匙，也是整合机制的入门钥匙，那么在构建治理机制时，该用什么方法去“和”去整合呢？

第三节
用“整分合”方法构建治理机制

实行机制治理的关键，是先设计与构建好治理机制。设计与构建治理机制，应当采取“整分合”的方法，按照整体把握、要素分解、有机整合的方法步骤进行。

一、整体把握

坚持用联系和发展的观点从整体上把握局部，从系统上把握要素，使整体功能得到最大发挥，实现整体目标最优化，这是构建治理机制的基本原则和出发点。

整体，都是由若干部分（若干要素）按一定方式组成的统一的有机体。从时间和空间上理解整体，其含义有二：从时间上讲，整体是指事物发展过程中的全部阶段、全部环节，即全部过程。从空间上讲，整体是由事物内在的相互联系的各个部分所构成。一个整体就是一个系统，整体和部分的关系也就是系统和要素的关系。没有相互联系的诸要素构不成一个整体系统，要素不全也构不成一个完整的系统。从这个意义上讲，整体把握就是在整体上把握事物内在构成的所有部分，即所有要素。

整体把握的要旨有二：一是要从整体上把握事物发展的全部过程，即把握好构成事物发展全过程的各阶段、各环节及其内在的相互关系，认清在事物发展各阶段、各环节必须做好的相关工作，必须采取的相关方法，不可只顾一事一时的需要，不顾全过程的需要；只顾某一个阶段、一个环节的需要，不顾未来阶段和后置环节的需要。

二是要从整体上把握构成事物的全部要素及其内在联系，不可只知其一，不知其二；只知其表，不知其里；只知其果，不知其因。

归结起来，整体把握就是坚持“全过程＋全要素”地把握事物，这是设计和构建治理机制中必须始终坚持的基本原则。

从本质上讲，机制就是由耦合联动、协作配套的若干功能各异的要素“和”成的有机整体。构建治理机制必须依据全过程治理问题的客观需要，从整体上把握在治理问题全过程中不可或缺的全部要素，进而将全部要素整合到机制之中，使机制的整体功能得到最优最大的发挥。

古今中外的先哲们都十分重视事物的整体性。古希腊先哲亚里士多德有一句名言：整体大于部分之和。我国古代先哲对于整体的重要性也做过许多精彩的描述，比如“独木不成林，单丝不成线”“大鹏之动，非一羽之轻也；骐骥之速，非一足之力也”。汉代刘安在《淮南子·说山训》中有更为形象的描述：“有鸟将来，张罗而待之，得鸟者，罗之一目也。今为一目之罗，则无时得鸟矣。”意思是，有只鸟即将飞过来，张开具有许多网眼的罗网去捕捉，捕到鸟的只是一个网眼。如今你用只有一个网眼的罗网去捕鸟，那是永远也捕不到鸟的。为什么？因为“罗之一目”——捕到鸟的这个网眼，是置于罗网整体之中的一目，而非脱离整个罗网的单独的一目；而“一目之罗”——则是脱离了罗网整体，没有其他网眼与之配合的单独网眼，是单独的“一目”，虽然两者都是“一目”，却有着根本的区别。同样的“一目”，运用结果完全不同：前者“得鸟”，后者“失鸟”。

鉴于“得鸟”与“失鸟”的事实，先哲告诫我们：“禽虽一目罗中得，岂可空张一目罗”“凡事固非一道一策所能定也”。意谓就像捕到鸟的虽然是一只网眼，却不能用“一目之罗”捕鸟一样，做事情也不能希图只用“一道一策”制胜。

整体把握，就是要求领导者在构建与实施治理机制的全过程中，始终按照“万物皆联系、万事皆系统”的原则机理，依据全过程治理问题的客观需要，从整体上把握在治理问题过程中不可或缺的全部要素来设计机制、应用机制，彻底摒弃企图用“一道一策”去解决问题的投机心理和孤立片面地看待事物的思想方法。

二、要素分解

机制是由若干耦合联动、协作配套的要素“和”成的，自然在设计构建治理机制时，必须先将治理问题中不可或缺的一系列工作任务和工作方法，即一系列工作要素都分析梳理清楚。

做好要素分解梳理工作，是设计构建治理机制的中心环节。分解梳理要素的基本方法，是以解决问题为目标，依据事物关联性、因果性机理，采取连续追问、广泛联想、分类梳理的方法。首先要采取“追问法”，连续追问：在解决问题过程中，必将遇到哪些主客观制约因素？破解制约因素必须有哪些实际工作、具体方法相互配套，耦合联动？在破解问题的过程中，必将直接影响或间接影响执行人心态的因素是哪些？如何采取检查督导、沟通激励措施促使执行人保持良好的执行心态？等等。在连续追问的同时，对破解各种问题所不可或缺的工作和方法实行多侧面、多角度、多层次地广泛联想，在广泛联想的基础上对破解问题的各种具体方法进行分解梳理。分解梳理中既要注重梳理直接要素，还要注重分析那些在表面上似乎没有什么关联，实质上相互依赖、相互作用的一系列间接的相关要素和方法；既要注重分析梳理关键要素，还要注重分析梳理不可或缺的细节要素。

考虑到由于上下级之间信息不对称，决策指令太抽象往往会造成大家理解不一致，最终导致执行失误，领导者还应当像上面讲到的德雷斯塔特那样，要善于把复杂的操作技术分解细化为一系列操作规范，把复杂的操作程序分解细化成若干个操作环节、操作动作，把原则抽象的操作理念、生涩的专业数据、难做的专业技术分解细化成为形象生动的“图像说明”。

总而言之，在“要素分解”阶段应当完成好两大任务，一要善于统筹兼顾地展开连续追问，广泛联想，分类梳理，在此基础上将各具功能、相互耦合的要素找准配齐。二要善于把相关价值理念、原则要求分解细化成为一系列具体的行为规范和可操作的具体方法、具体动作。唯其如此，才能为整合治理机制奠定坚实的基础。

要素梳理的关键是克服“只见树木，不见森林”“只知其一，不知其余”“只重一招，不顾整体”的片面思维，力求全面，力避片面，以免重演类似在实施“流程化操作服务系统”和“政委体系”时，缺漏必须与其相配套的一系列工作要素的故事。

三、有机整合

有机整合的过程就是一个“和”的过程，这是构建治理机制的收官步骤。其根本任务是，在找准找齐一系列相关工作要素的基础上，依据客观事物的运行机理，特别是整体性、因果性、有序性的机理，通过科学设计，将一系列具有不同功能的工作要素做最优化的时空配置，将其整合成为一个所有工作要素能够在相关时空中耦合联动、多管齐下的高效率治理机制，一个好操作、好检查、好奖惩的治理机制。

总而言之，构建治理机制的根本目的是为了有效地治理实际问题。实施“机制治理法”的基本要求有二：一是在思考与设计治理机制时，必须统筹兼顾，科学完善地将具有不同功能的不可或缺的工作要素整合成为一个治理机制；二是在实施治理机制时，必须让配置在机制中的具有不同功能的要素，在规定的时空条件里多管齐下，耦合联动，形成合力，共同发挥作用。否则，既不可能设计出好的治理机制，即便设计好了也难以行之有效。

最后还须指出，作为领导者，掌握“流程管控法”“机制治理法”固然很重要，但在处置各种实际问题时，如果不能慎重地把握好“度”，经常发生或是“过度”或是“不及”的问题，那么领导流程、治理机制设计得再完美，领导管理工作仍然会跌入被动的陷阱。因而，凡事坚持“慎度处置法”，同样是领导者不可小觑的问题。

第三章

慎度处置法

“度”，是指事物保持其质的量的限度。在“度”的边际线内，量变不会引起质变。一旦突破“度”的边际，即使有些许量变亦会引发质变，就像只加一根稻草就能压垮一头骆驼一样。

“度”既是事物保持其性质的边际线——底线，也是事物发生质变的转折点。凡事由下向上突破底线，就由坏转好，自上向下突破底线，就由好变坏。“慎度处置法”要求领导者做任何事情都把握好两个基本要旨：一是积极引导事物向上破度，促使事情由坏转好，好上加好；二是牢牢控制事物在底线之上，不使其向下破度，朝坏处转化。

作为事物底线和转折点的“度”存在于一切事物之中，它是不以人的意志为转移的客观存在。所以，“慎度处置法”要求人们特别是领导者在“做决策，抓执行，打基础，修自身”的时候，必须强化对于“度”的敬畏之心，力求做到：事前，善于立度、明度，确立好做人做事的边界和底线；事中，不断检度、校度，纠错纠偏，努力引导事物只向上破度，绝不向下触碰底线；事终，认真地思度、严度，不断修炼“只向上破度，不向下破度”的素养与能力。

“放任”势必失度，它是“慎度处置法”的天敌！谁要是放任自己的贪欲、放任自己的错误、放任自己的违规行为、放任自己的不良习惯与作风……势必向下破度，产生危险的质变。故而有人将“放任”称为“自毁键”，谁按下“放任”这个键，无异于是在自我毁灭。作为企业领导者，无论在什么情况下，都切不可触动“放任”这个“自毁键”，都要时刻警告自己：无论是做人还是做事都要坚持“慎度处置法”，都要把握好一系列行为底线，确保只向上破度，不向下破度。

领导者做决策、抓执行需要谨慎把握的行为底线多不胜数，但最主要的是必须恪守“符合客观实际，注重实际效益”的底线。道理很简单，因为“做决策，抓执行，打基础，修自身”都有一个共同的特性，即主观性。任何决策，任何“抓执行，打基础，修自身”的方略都是思维的产物，都是领导者头脑中主观的东西，而它所要解决的问题却都是客观实际问题，因而出于主观的决策和“抓执行，打基础，修自身”的方略都要在客观实践中经受检验，都必须符合客观实际，才能在实践中取得良好的效益。

客观实际的内涵极其丰富，故企业在决策中需要慎重把握好的“度”不可胜数，其中最重要的是恪守好以下“三个底线”：决策选择要恪守符合“综合实力”的底线，决策设计要恪守符合“客观规律”的底线，决策营利要恪守符合“各方共赢”的底线。

做好了决策，接下来的任务是抓好决策的执行落实，这时必定要面对“无为与作为”“尽责与担责”“从宽与从严”“授权与控权”等一系列矛盾问题。处理这些矛盾问题也必须慎重地把握好度，始终坚持恪守“无为”与“作为”的底线，做到既有作为，又善无为；恪守“尽责”与“担责”的底线，做到既勇于担责，又善于担责；恪守“从宽”与“从严”的底线，做到既宽容关爱，又严格治理；恪守“授权”与“控权”的底线，做到既授好权，又控好权……如此抓执行，方有可能符合客观实际，产生良好实效。否则一旦失度，执行运行就难免有失控以至失误失利的危险。

下面着重研讨“做决策，抓执行”中七个方面需要慎重恪守的“底线”问题。

第一节
恪守“综合实力”的底线

决策选择能否符合客观实际，关键取决于是否符合“综合实力”。决策要符合“综合实力”，要先弄清企业综合实力的构成。

若对企业的综合实力加以剖析，不难发现，直接影响企业综合实力的要素有二：支持力、制约力。支持力是给综合实力加分的力量；制约力，则是给综合实力减分的力量。支持力、制约力都分别表现为以下形态：内部的支持力、制约力；外部的支持力、制约力；物质的支持力、制约力；精神的支持力、制约力；静态的支持力、制约力；动态变化着的支持力、制约力，等等。

上述这些力量要素若以是否可直观、好计量为标准加以区分，可分为显性实力与隐性实力两大类。

显性实力，主要是人力、财力、物力、厂房机器设备等，它们很容易被直观地看到，也很容易直接用数字计量，通常称之为“硬实力”。隐性实力，通常被称为“软实力”，它主要包括领袖人物的领导力、人才的创造力、集体精神的作用力、企业文化的影响力等。“软实力”的作用是悄然的，变化也是悄然的，其作用力不大容易被人直观地看到，也难以用数字直接计量，所以称为隐性实力。

隐性实力是“综合实力”的重要组成部分，一旦获得或者失去，都会使综合实力发生结构性变化。决策选择要恪守符合“综合实力”的底线，就必须符合正在悄然作用着并悄然变化着的隐性实力。

一、决策选择要符合隐性实力

决策选择必须符合正在悄然作用着并悄然变化着的隐性实力，可是由于领袖人物的领导力、集体精神的作用力、企业文化的影响力等不易被直观看到，也难以直接用数字估量，因而它在决策过程中常常说起来重要，实际上却容易被人忽略，或者在计算和评估时不能给予足够的权重，以至于出偏出错。尤其是那些占有强大显性实力的决策者，更容易目空一切，根本瞧不起显性实力薄弱，隐性实力雄厚的对手，于是对人对己的综合实力做出错误的估量，进而做出错误的判断和错误的决策。

美国在朝鲜战争中，对中国会否出兵朝鲜的判断一错再错，其根本原因就是美国高层政客、以麦克阿瑟为代表的美军高级将领都“眼睛长到头顶上”，只看到中美之间显性实力的“顺差距”，看不到隐性实力方面存在的“倒差距”。

的确，1950 年朝鲜战争爆发当年，美国纠集了 16 个国家，组织了所谓的“联合国军”。然而新中国当时成立还不满一年，南方还在剿匪，国家处于满目疮痍、百废待兴的极端困难的境地。中美两国两军的显性实力悬殊。

就综合国力而言，中国 GDP 总量只有美国 GDP 总量的 13%，工农业总产值美国是中国的 28 倍。钢产量美国是中国的 144 倍，原油产量中国不及美国的零头。若以人均计，中国少得更多。

中美两军武器装备方面的差距同样悬殊：当时美军在朝鲜已有 1100 多架飞机、300 多艘舰艇参战，拥有成熟的海陆空三军联合作战体系，而志愿军没有海空军掩护，是一军打“三军”（陆海空三军）。地面部队，美军全部机械化或摩托化，一个军拥有火炮 1428 门，汽车约 7000 辆，坦克 430 辆，并且还拥有世界上最强大最先进的军火工业和最具杀伤力的武器——原子弹。然而，人民志愿军一个军也没有一辆坦克，只有汽车约 120 辆，75 毫米以上火炮 198 门，仅相当于美军一个师火炮数量的 57%，并且火炮多由骡马驮载或由人员肩扛，机动性差。由于我军的武器装备都是从日军、国民党军缴获来的，型号不一，互不配套，枪炮与弹药脱节，后勤保障困难十分突出。合计下来，志愿军一个军的火力强度仅及美军一个师的一半。

中美两国两军之间显性实力如此悬殊，这使得美国政客和美军将领，特别是联合国军总司令麦克阿瑟恃强骄狂，绝不相信中国敢与美国交战。即便周恩来总理通过印度驻华大使潘尼迦向美国当局发出了严正警告：“美国军队正企图越过三八线，扩大战争。美国军队果真如此做的话，我们不能坐视不顾，我们要管。”美国中情局也仍然不以为然，反而将其解读为：这是中国在虚张声势，“恰恰说明中共不会采取激进的行动”。美军侵朝战争总司令麦克阿瑟更认为，从军事角度看，苏联和共产党中国介入朝鲜的最有利时机已经过去了，中国的警告声明“只是一种讹诈”，不应予以理会。美国政府高层人士都普遍认为：“中国在军事上不具备单独进行干涉的能力”，即使中国单独行动，也“不会造成决定性的变化”，“实际上倒有可能遭受丢脸的失败”。

总之，无论我们如何直言警告，他们的最终判断只有两点：一是中国不敢出兵；二是即便出兵，也必将“遭受丢脸的失败”。可是，最终遭受“丢脸的失败”的是美国，而不是中国。中国人民志愿军经过五次战役，迫使不可一世的美军和他们的仆从军——联合国军，从鸭绿江边一路败退到三八线，尔后又经过上甘岭战役、金城战役的失败，最终不得不与中朝签订停战协定。

美国之所以判断错误，一个主要原因就是他们只迷信自己的显性实力，既看不到也不想看到此时显性实力十分落后的新中国，却拥有四大非凡的隐性实力：一是新中国有一位深得全体军民忠心爱戴信赖的领袖——毛泽东。他在严峻形势面前具有敢于斗争，不畏惧任何敌人和任何困难的大智大勇；他在极其复杂严峻的危机面前具有卓越的洞察力、非凡的判断力、睿智的预见力；他在最高层意见分歧的时候，能以科学严密的客观逻辑说服其他中央领导同志共同做出“抗美援朝，保家卫国”的艰难决策；他在抗美援朝战争的全过程，能以高超的战略思维和丰富的战争经验，及时为志愿军制定一系列以劣势装备战胜强敌的战略战术。二是我军拥有一批以彭德怀为代表的经过长期革命战争血与火洗礼的高级将领和各级指挥员，他们善于灵活运用“近战、夜战、白刃战”“远距离穿插分割，各个击破”“在运动中调动敌人，集中力量打歼灭战”“零敲牛皮糖”等克敌制胜的战略战术，勇于带领部队英勇拼杀，敢打必胜。三是志愿军是一支用毛泽东思想武装起来的具有一不怕苦、二不怕死革命精神的革命军队，“钢少气多”。四是抗美援朝人心所向，我们无论是在国内还是在国际都得道多助，美军失道寡助。

可在此时，美国的军政各界对中国和中国军队的认知，还停留在对国民党和国民党军队认知的水平上。他们总以为人民解放军也像他们所认知的国民党军那样不堪一击。直到交手之后才意识到，中国人民志愿军在毛泽东的统帅下，已经是一群勇猛无比的“狮子”，而不再是蒋介石统帅下的“兔子”。最经典的例子是曾被蒋介石骂为

“60熊”的国民党60军，起义后改编为中国人民解放军第50军，在朝鲜战场上变成了令敌闻之丧胆的“50凶”。他们仅仅以3个步兵连的兵力，就成建制地全歼了英国皇家坦克营，还率先打过汉江，攻取汉城。

美第八集团军2师23团团长保罗·弗里曼，抗战时曾任美驻华助理武官，对国民党军队的作风和战斗力印象很深很差。时隔几年与志愿军在朝鲜交手，弗里曼的部队被志愿军打垮，团部也被攻占。美国记者问弗里曼有何感受，他回答：“他们不再是同一批中国人了！”

无数事实告诫决策者：只迷信显性实力，无视隐性实力，只记得过去的力量状况，不知道已经悄然变化以后还会变化的力量状况，在决策中势必发生或是“有过”或是“不及”的倾向，导致整个决策失误和失败，企业管理也同样如此。

二、尊重知识和人才是增强隐性实力的客观需求

无数事实已经证明还必将继续证明，知识和人才的创造力与领袖人物的领导力、革命精神的作用力一样，都是构成隐性实力的基本要素，选择尊重知识、尊重人才是增强隐性实力的客观需求。然而，知识与人才的得与失，主要取决于握有决策权的领导者特别是首要领导者对于知识与人才的态度。

我国生产印染助剂的旗舰企业传化集团董事长徐冠巨，讲过一则企业在初创时期的故事。他说，传化一开始最大的痛：一是没钱，二是没技术。当年做液态洗涤剂，配方掌握了，洗涤效果是好的，但是黏稠度不够。为此，他到处请教。后来找到一个掌握该技术的技术人员，对方要价4000元。由于他手上只有2000元，经过再三讨价还价，终于以2000元成交。

在交付2000元后，技术员终于揭晓了“使洗涤剂黏稠的物质是什么”的奥秘，原来是我们每天都在吃的“一勺盐”——氯化钠！它一直放在每家的灶台上。

传化公司的故事，充分证明了“知识”的力量及其在隐性实力中的价值地位。而“斯坦门茨清单的故事”，则进一步证明了人才的力量及其在隐性实力中极其重要的价值地位。

福特公司的电机出了问题，公司调来大批检修工人反复检修，又请了许多专家来察看，可怎么也找不到问题出在哪里。

正当福特公司领导万般无奈之际，有人提议请物理学家、电机专家斯坦门茨来解决。

斯坦门茨来到后，他在电机旁边铺了一张席子，聚精会神地听了三天，还要来梯子，爬上爬下地忙了多时。最后他用粉笔在电机的一个部位画了一条线，对工作人员说："打开电机，在画记号处把里面的线圈减少16圈。"

照此处理后，电机故障排除了，生产恢复正常了。

结账时，斯坦门茨要1万美元，公司上下顿时哗然。因为当时"月薪5美元"已经是很高的工资待遇了。

大家惊讶地问："只画了一条线，就要1万美元？"

斯坦门茨见大家迷惑不解，转身开了一张清单："画一条线，1美元；知道在哪儿画线，9999美元。"这张清单包含两个要素。

❖ "画一条线"，是指所耗费的体力，只值1美元。
❖ "知道在哪儿画线"，指的是掌握并能熟练运用科技知识的能力。能力的价值最大，是"9999美元"。

清单揭示了一个客观逻辑：没有高层次的人才，做不成高难度的事情，创不出高价值的事业。正是基于这个认识，老福特不仅照价付酬，还要重金聘用斯坦门茨。当知道斯坦门茨不肯离开在他最困难的时候曾帮助过他的老板和工厂时，老福特为了不使斯坦门茨为难，做出了以最优厚的条件收购那家工厂的决定。

董事会成员对此很不理解，福特先生意味深长地说："因为像斯坦门茨那样懂得感恩和有责任感的高智人才太难得了！"

价值2000元的"一勺盐"与价值1万美元的"一道线"的故事，给了我们许多有益的启迪。

❖ **难者不会，会者不难。**一个重大的技术难题，摆在一般人面前，它是一道神秘得无法逾越的障碍，而在高科技知识、高层次人才面前，则只是一层薄薄的窗户纸，一捅就破。这就是"知识与人才"的力量所在，价值所在，也是"知识与人才"之所以成为隐性实力、综合实力重要组成部分的根本原因。正由于此，领导者必须强化尊重知识、尊重人才的观念，在做决策的时候，更要充分考量到企业在知识与人才方面的力量状况。如若不足，就得像徐冠巨那样去努力学习求知，像老福特那样去努力延揽人才，用好人才，唯有如此，所做的决策方有可能合于客观实际。

需要指出的是，人才是指掌握知识和技能并能运用知识和技能做成事情、成就大业的人。所以，尊重知识应当注重落在延揽人才、留住人才、充分发挥人才作用上面。

❖ **“人才”与“领导”的关系好比是“杠杆”与“支点”的关系。**富有知识与能力的人才是帮助企业撬开成功大门的杠杆，他们是企业隐性实力、综合实力的重要组成部分。没有人才，决策做得再好，也无人帮你实现。

但是，杠杆不能没有可靠的支点！失去支点的杠杆只是一根普通的木头，无法产生巨大的杠杆力量。人才也必须有一个可靠的支点，才能在创业中发挥出不可估量的杠杆作用。人才的支点，主要是领导者特别是企业的最高领导者。斯坦门茨就是因为遇到了知能用贤的董事长——老福特，才得以建功立业，充分发挥其杠杆作用的。

所以，作为企业的顶层决策者，在做决策时既要充分考量人才的现状，更要充分考量自己是不是人才的可靠支点，如若不是，那你就先修正自己。否则即便你麾下人才济济，也只是一种潜在的力量，既难以充分激发其杠杆作用，更难以留住他们，长期发挥杠杆作用，对此不可不察！

❖ **许多人才与企业失之交臂或得而复失，不能见用，常常与以下两种状况相关：**

一是捅破“窗户纸”的知识与技能虽非人人皆有，然而当“窗户纸”被捅破时，许多人却会产生原来是“加上一勺盐的知识、拆掉16圈线的技术”——“这很简单”的心理。知识与人才的价值，很容易被“这很简单”的心理所抹杀。领导者倘若也产生这种心理，就会将人才当作一次性纸巾，用过就扔，不可能像老福特那样去珍惜，去保护，去延揽，人才失之交臂那是必然的。二是在企业无法捅破“窗户纸”，发展严重受阻的时候，老总对于人才会产生无比强烈的渴望，这时对待人才都能“重其长，容其短”，保持应有的尊重。一旦拥有人才，许多困难被他们一一破解时，则很容易产生“原来这很简单”“没有什么了不起”的轻视心理，于是尊重之心消退，“轻其长，嫌其短”，看不惯他们的“傲气”等不良心理会悄然滋长。不良心理若不及时制止，则有可能由对人才的轻视、讨嫌、看不惯发展到对他们的嫌弃打击，于是人才流失便不可避免，企业的隐性实力、综合实力就会严重受损。

总而言之，决策选择必须建立在全面科学地评估综合实力各要素的构成状况，尤其是认真评估隐性实力的基础之上。一旦发现自己的隐性实力有所不足，就要抓紧设法弥补，不可因为拥有较强的硬实力就盲目自大，就单凭硬实力“想当然”地演绎自己的主观逻辑，拍板做决策。

必须牢记，“想当然”的主观逻辑与客观逻辑往往相差十万八千里，可是“想当然”的主观逻辑总是比客观逻辑更迷人，更让人自信，这使得不少决策者总是沉醉于自己“想当然”的主观逻辑之中，一味地自以为是、刚愎自用，也使得不少决策者常常重演最可笑的一幕：做了一个愚不可及的决策，还在洋洋自得于自己的高明，活像全身赤裸的皇帝却自以为正穿着世界上最漂亮的服饰在游行展示一样。

第二节
恪守“客观规律”的底线

任何决策都是面向现实，更是面向未来的，所以决策还有一个重要特性——预设性，它要求决策者必须在决策过程中善于科学地设计未来。设计未来的主要任务有四项：一要设计好决策目标，例如近、中、远三阶段目标和任务，最高目标与最低目标，总体目标与岗位目标，等等；二要设计好实施方略，即设计好实现目标的主要策略、方针、方法；三要设计好计划流程，即在“事前—事中—事终—事后”四阶段流程中，各阶段各环节的相关任务与相应的方略；四要设计好应变预案，即应对各种可能发生的突然事变的方案，力求做到事情未变之前，有防患之策；事情已变之时，有治患之计。

科学地设计未来的先决条件是科学地预见未来。对未来的科学预见和洞察，只能建立在正确把握客观规律的基础之上。唯有认知规律，把握规律，才能科学地预见和洞察未来，唯有科学地预见和洞察未来，才能科学地设计有利于未来的决策。

有一句话很经典：谁能科学地预见未来，设计未来，谁就能引领未来，拥有未来！

北宋时，汴京失火，几乎烧掉了一条街。街上有个裴姓商人的店铺也被大火烧毁。正当人家忙于清理抢救出来的财物时，裴姓商人却扔下这一切，带着伙计走了。结果，他家的财物又损失了不少。许多人嘲笑他脑子进水了。

可是没过多久，人们突然发现裴姓商人又回来了，他在城边开了一个很大的建筑材料商场。大火过后，大家都需要购买建筑材料，他的商场火得不得了。他所赚到的钱不知超出被火烧掉的损失多少倍。

到了这时，人们才明白原来裴姓商人才是真正的聪明人！裴姓商人的聪明之处，就在于他能基于已然的经验、正然的事实，判断出大火之后未然却又必然的趋势——需要大量建筑材料！由此预见到未来的重大商机，并为抢占商机预设方略，做出了抢占先机的决策。

案例启示我们：

- ❖ **事情有“已然的”（已经发生过的）、“正然的”（正在发生着的）、“未然的”（未来可能发生的）三种。**你想创造未来，引领未来，拥有未来，就必须依据“已然之经验、正然之现实”以及蕴于其中的客观规律，科学地预测预见“未然之趋势”，正确设计好马上要做或未来要做的事情，制定既面向现实又面向未来，既利于现实又利于未来的决策。
- ❖ **决策，主要是用于解决正然和未然之事的。**一般人总是忙于解决正然之事，比如忙于清理从大火中抢救出来的财物，这是人之常情。能够撇开正然的事务，着眼于解决未然的大事，则需要对“未来的必然趋势”具有高超的预测预见能力和相应的预谋预设能力。唯有在思维上“先人一步”，能见到“未来的必然趋势”者，方能在行动上“快人一拍”，率先谋划和设计出高人一筹的制胜方略与决策，下好先手棋，打好主动仗。
- ❖ **“未来的必然趋势”是握在上帝手心里看不见的那张“底牌”，**决策者必须偷窥到这张“底牌”，才能正确地做好决策设计，打好自己的牌。然则如何才能偷窥到握在上帝手中那张底牌呢？经验表明，没有任何其他途径，唯有“预见”。

常言道“聪者听于无声，明者见于未形”，能看到已经大量地普遍地出现在世界上的事物，称不得“预见”。预见，所见到的是未来的前途趋向，是人们光凭直觉无法看见的刚刚萌生和萌动着的一些机会或风险。

说到预见，有人会说：事物是不断发展变化的，怎么预见？的确，世上没有不发展变化的事物，并且发展变化着的事物都是独特的、单一的。但这并不意味着事物发展变化的进程是杂乱无章的，其实事物的发展变化都是有规律可循的。正如马克·吐温所言，“历史不会重演细节，过程却会重复相似”。何以如此？那就是因为制约事物发展过程的客观规律是共同的、固有的。

规律，是满载着发展变化着的客观事物通向未来的列车，也是人们唯一能借以预见上帝手中“底牌”的工具。决策设计要符合客观实际，必须始终依据客观规律，恪守合于“客观规律”的底线！

什么是规律？规律，就是客观事物运动过程中固有的、必然的、稳定的、本质的联系。只要善于将具有固有的、必然的、稳定的、本质的联系的事物有机地联系在一起，合乎规律的现象就会重复出现。就以水为例，水的形态变化总是与温度和气压有着固有的、必然的、稳定的、本质的联系。在正常大气压条件下，只要温度达到摄氏100度，水就会由液态变成气态，温度下降到摄氏零度，水就会由液态变成固态的冰。但是如果改变气压，沸腾着的水也能结成冰！

2015年麻省理工学院新生第一节物理课上，校长莱夫教授提出“沸腾着的水能否结冰”这个问题，学生纷纷摇头表示怀疑。

这时，莱夫让助手搬来一台罩着透明玻璃的器械舱，用烧杯接了一杯自来水放进去。在助手的一系列操作下，一会儿，被烧至沸腾的水真的结冰了。

沸水为何能结冰？莱夫给出的答案是：水的沸点既取决于温度，也取决于气压。随着气压的降低，水的沸点也会降低。这台器械舱中的气压持续降低，因而当水还在沸腾时，水温却已降到了冰点，所以当器械舱恢复到标准大气压时，沸水就结冰了。

实验告诉人们如下两个真谛。

- **规律，给人们推测预见事物发展变化的未来趋势提供了科学的工具。**认知和掌握了客观规律，就能大致推测和预见到事物发展变化的必然过程及其必然趋势，以及在这个趋势中必将发生的机会与风险。
- **认知和掌握规律的前提是充分了解并全面掌握客观事物之间固有的、必然的、稳定的、本质的联系。**然而要充分了解、全面掌握客观事物的内在联系是一件很不容易的事情，因为事物内在的联系因素与联系方式是多样的、复杂的，复杂多样的联系因素和联系方式决定着事物的发展变化与发展变化的多样性。莱夫的试验之所以出人意料，就是缘于人们对事物复杂多样的联系认知不足，只想到温度因素与水的联系、对水的影响，以为水的沸点与冰点处于两极，必须经过漫长的加温或者降温过程才能实现转换，却不知道气压与水的联系，只要改变气压，沸腾着的水也能结冰。

由此可见，科学的预测预见有赖于对事物内在要素及其要素间的相互联系具有充分而又全面的认知，既不能局限于“只知其一，不知其二”的片面认知，更不能出自主观猜测。

猜测≠预测。猜测，出自个人的主观臆想或类似于“抛硬币”的占卜方式。科学的预测预见只能建立在“认知已然、了解正然、把握必然”的基础之上。首先要建立在“认知已然”，即对已然的历史经验和教训有了深刻认知的基础之上。其次要建立在“了解正然”，即对正在发生着的客观事物现状信息有比较全面、准确、及时、深刻了解的基础之上。同时要建立在“把握未然”，即对客观事物运动过程中，各要素之间固有的、必然的、稳定的、本质的联系有深刻理解与把握的基础之上，即对事物发展变化的客观规律有深刻把握的基础之上。

总之，科学地“预见未来＋设计未来＋创造未来”是决策设计的前提和目标，依据主导事物发展变化过程的客观规律，做好科学的推测和预见，获得先见之明，进而以先见之明科学地谋划和设计决策，这是决策者的根本任务。预测预见未来的具体方法很多，下面着重介绍五种。

一、依据事物的发展趋势实行顺向预测

裴姓商人之所以能首先看到握在上帝手中的那张牌，对于未来的商机能有先见之明，先机下手，完全得益于他善于依据“大火之后必将重建——重建必定需要大量建材——销售建材是个极好的商机”的发展趋势做出的顺向预测。

顺向预测的基本方法，是以已然事物的经验教训为借鉴，以正然事物的客观现实为起点，以正然事物与未然事物之间固有的本质的、必然的联系为依据。

顺向预测必须符合三个原则：一是已然事物的经验教训只能当作借鉴，不可成为思维定式，束缚人的思想；二是对于正然事物要有比较准确全面的实事求是的了解，不可只知其一，不知其二，只知其表，不知其里；三是对于正然事物与未然事物之间相互联系的认识，必须是符合客观实际、客观规律的，不是主观臆想的。把握好这三个原则，是所有决策者都必须高度重视的问题。

二、依据事物的因果逻辑实行先逆后顺的预测

坚持以决策目标，即决策的预期结果为导向，由果溯因地逆向推测“一果多因”的必然趋势，进而顺向预测“一因多果”的必然趋势及其公司从某个因素中能够收获大量“附加值”的必然趋势，这是决策预测中的重要环节，也是易被忽略的环节。

潜藏于未来某个因素中的“附加值”是握在上帝手中最深的那张牌，寻常人很难看得见。但只要能够偷窥到这张牌，就能做出令人意想不到的决策，并收获令人意想不到的成果。

1941 年 12 月 6 日，美国正式制订了研制原子弹的绝密计划，代号为“曼哈顿计划”。总统罗斯福责成陆军部全权负责，并赋予这一计划以“高于一切行动的特别优先权”。陆军部把全美有实力的公司罗列在一起，筛选出几家大公司，并将这个绝密计划通报给他们。然后要求各公司提出总体计划并编制预算，最终由总统确定承办者。陆军部最后呈报给总统的报告，只上报了一家公司——杜邦公司。

罗斯福不解地问：为什么选了几家竞争方案，只报了一家公司？

陆军部的回答是：杜邦公司提出，如果这项计划由他们来完成，政府除拨发规定成本之外，利润只收一美元。

这是为什么？难道杜邦公司是无私奉献的公司吗？非也！

杜邦公司在做出这个决策之前，曾先后召开六次会议讨论研究。研讨中先以总统和政府要求实现的预期目标和结果为导向，实行由果溯因的逆推测。经过一番逆推测，他们发现要完成这项惊天的计划，美国政府必定要网罗大批最优秀的科学家、工程技术人员、项目管理者参加该工程，这是不可或缺的必要条件，也就是实现预期结果所不可或缺的必需之因。这些顶尖人才一旦进入杜邦公司，则必定能产生“一因多果”的作用，即既能成为“曼哈顿工程”的创造者，也能为杜邦公司创造无比丰硕的附加值，公司即便不向政府要利润，光凭这些附加值也能挣个盆满钵溢。

然后他们站在总统角度，采取换位思考的方法，深入分析总统心理，认为在所有竞标公司都具有承担项目的实力，都想从这个项目中获取可观利润的情况下，唯一能打动一直在为战争经费发愁的罗斯福总统的是不要利润的公司！于是才设计了一个只向政府要“一美元利润”的标的，使自己在激烈的竞争中毫无悬念地胜出。

杜邦公司正是依据因果逻辑先逆向分析推测实现预期成果的必备因素，进而顺向

分析推测某个因素必将产生“一因多果”的客观趋势，从而偷窥到握在上帝手中最深的那张牌——无比丰硕的附加值。也正是基于这样的预测，才毅然舍弃工程本身的利润，提出只要“一美元利润”的标价。践行的结果表明：这个非同寻常的标价，看似不合商业规则，其实却最符合商业规则，最能赢得非同寻常的效益。

三、依据事物的共生逻辑实行多向预测

事物间普遍联系和相互作用的客观规律，造就了事物的共生现象。事物的共生逻辑告诉我们，许多事物之间具有内在的、固有的、必然的依赖性，因而实施一个决策项目，常常需要共生几个配属项目才能辅助其顺利完成。事物的“共生逻辑”要求决策者在做决策时，善于跳出本项目之外，站在大格局上广泛联想，多向预测本项目实施过程中不可或缺的多样需求，然后悄悄地将有关需求设计成为与之相配属的共生项目，通过抓好人们尚未想到的共生项目，为公司创造意想不到的财富。谁能依据事物的共生逻辑站在大格局上广泛联想，多向预测共生项目，谁就能广开视野，科学地预测到更多更好的价值源，从而更好地谋划未来，设计未来，最终拥有更好的未来，这是被反复证明并将继续证明的客观事实。

20 世纪 30 年代初，南洋一带大兴土木，房地产建设如火如荼。一些建筑公司趋之若鹜，竞争异常激烈。一次，一个大规模的公寓建筑群要兴建了，众多建筑公司都来投标，都想将这块肥肉揽入自家之手。时人判断：这么有油水的项目，不是被头脑灵活的日本人拿到手，就是被有实力的欧美公司夺走。然而出人意料的是：最终胜出的竟是华人公司。

原来在竞标过程中，日本和欧美的公司经过反复预算，拿出了只能获得较低利润的标价，可是华人公司的标价却更低于他们。结果出来后，一片哗然。日本和欧美的公司说：华人公司是在赔本赚吆喝。

连房地产老板也认为如此低的标价，不亏本公寓楼根本无法建成。在签合同时，老板对公司负责人杨尚华说：“现在反悔还来得及。”

“请放心！”杨尚华满有把握地说：“我们中国人讲究的是诚信。即便是这样的价格，也绝对保证质量和工期。”

老板问：“你有什么高招吗？”

杨尚华说：“高招谈不上，不过我有个小小的请求。”老板点点头，示意说下去。

“为了便于工人的工作和生活，我想在工地周边开设一些餐厅和百货店”，杨尚华提出了自己的想法后，接着说“这无碍于工程建设，我想你不会反对吧”。

原来公寓楼是在一片距城镇较远的荒地上兴建的，附近没有任何饮食店和商店。老板觉得这个要求很合理，就同意让华人公司专包专营。

于是，在主体工程开工之前，一家家餐馆和百货店拔地而起。

公寓楼开工后，工人们都到杨尚华的餐馆、百货店吃饭和购物，既节省了时间，又提高了工效。加之杨尚华还规定：工人吃饭、购物无须当场付款，该交的钱在发工资时一并扣除，这又给工人提供了方便，得到了工人的赞誉。

这个做法让老板佩服不已。老板想到公寓楼建成后，住进来的人也需要吃饭购物，于是对杨尚华说：这些商铺不要卖给别人，我全都要了，并且给你优惠价格，我们再来签个合同吧！

结果，从餐饮、销售百货，再到转卖门店所赚到的钱，成了华人公司利润的重要来源。加之华人公司赢得了人心，提高了工效，工程提前竣工，房地产老板又按合同给予奖励。多项收益加起来，华人公司最终获得的利润超出了人们的想象。

很显然，华人公司获得的利润主要不是来源于工程项目本身，大多来源于与工程共生的配属项目。其所以能如此，是由于杨尚华在竞标决策时并未囿于工程本身，而是能依据事物的共生逻辑，跳出工程之外，站在大格局上，科学地联想并预测到工程实施过程中必然产生的工人对吃饭、购物的需求，进而从这些必然共生的需求中预见到常人还来不及想到的重大商机和蕴藏于商机中的大量利润。

这个案例给了我们一个深刻的启示：

决策水平的高低往往取决于决策者思考谋划决策的格局，思考谋划的格局越大，越能整合决策事项之外的利益，从而创造更多更大的价值！所以，决策思维不可只关注项目本身的结果，应当依据事物的共生逻辑，跳出决策事项之外，站在大格局上广泛联想，多向预测。这是领导者预见未来、谋划未来、设计未来时不可或缺的领导艺术！

四、依据“实验+统计”得出的数据进行预测

通过先组织试点实验，依据试点实验中的统计数据进行预测预见的方法，对于没有经验、没有可靠信息情报的决策者最有效。

有个叫冯小荣的重庆人，想在孟加拉国的达卡市按当地人的口味开个餐馆。但是，苦于两大问题：一是不知道当地人的口味；二是当地人对中餐不了解，也不认可。

怎样才能既了解到当地人的口味，又让当地人认可中国餐馆呢？做广告吗？花了钱，人家也不一定相信，何况还花不起这么大一笔钱。

经过再三思考，他想出一个良策，先开个不大的自助餐厅，每餐制作40多种菜肴，以低价位招来许多当地客人。然后每天认真统计哪些菜吃光了，需要增添，哪些菜很少有人问津，剩下了。

经过一段时间的认真统计比较，便准确地摸清了当地人的口味。于是，一本适合于当地人口味的菜谱和受当地人欢迎的中餐馆便诞生了。中餐馆一开张就十分兴旺，冯小荣也在当地人中树立了良好的信誉。

成功的案例告诉人们：“实验+统计”的预测方法，是探索并印证规律密码的重要途径，也是预见未来、设计未来、创造未来的决策方式，更是提高决策力、领导力的重要一环。

五、依据“时机变化规律”预测和创造良机

决策设计不仅要充分考虑事物“已然与未然”“结果与原因”之间固有的、必然的联系，还需要充分考虑“时间与机会”之间固有的、必然的、本质的联系。机会只有在特定的时间范围内才有效，今天的机会没抓住，到了明天很可能消失而变成一张“过期的船票”，甚至有可能变成一个危险的陷阱。因而依据时机变化规律，预测机会发展变化的必然趋势，也是决策者必须把握的决策方法！

“时机变化规律”告诉我们，决策者欲预测和创造良机，必须具备以下三个基本条件。

一要建立健全灵敏的信息反馈机制，力求及时掌握比较准确、全面、鲜活的机会信息。如果信息反馈失灵，当良机出现时决策者还未得到相关信息，机会未曾谋面就

会失去。如果决策者得到的尽是一些误传的、片面的、过时的信息，就会对决策判断产生可怕的误导。

二要提升信息研究能力，善于对大量信息做由此及彼，由表及里，去伪存真，去粗取精的科学分析，才能从中剔除“信息淤泥”，筛选提炼出有利于决策的“信息黄金”，及时准确地捕捉到决策良机。否则缺乏信息研究能力，即便掌握了大量信息，也会让良机信息淹没在“信息淤泥”之中，被无数失真、混乱的信息所干扰，使得决策者无法做出正确的判断和预测。

三要增强决策者的才智和胆识。许多机会之所以与决策者失之交臂，从主观上讲，主要原因有三：一是决策者洞察机会的才智不足，因而对“风起于青萍之末”的良机浑然不觉，熟视无睹，白白让机会在身边溜走。所以，人们常说“机遇只垂青于有智慧、有准备的人”。二是对机会的期望值过高，总是“在心里立个‘小目标’，先赚它一个亿”，总是追求“有百利无一害”的良机。可是“能赚一个亿”的良机早已被实力强大的人抢走，根本没有捡漏的可能，“有百利无一害”的良机又千载难逢。于是就像一个一心只想捕捉大鱼的人，因将渔网的网眼开得过大，大鱼等不来，众多中小鱼儿也都纷纷从开得过大的网眼中逃之夭夭，最终一无所获。三是造势创机的主观能动性不强。不明白机会其实有两种，一种是自然发生的机会。它会随着事物发展变化的客观趋势而出现，具有必然性。这种机会透明度高，谁都看得见，因而竞争也十分激烈，常常只属于实力强大的人。另一种是人为创造的机会。就是依据“一切随时间、地点、条件的变化而变化”的客观规律，利用一定的物质基础去改变不利条件，创造有利条件而开创出来的机会。“有条件要上，没有条件创造条件也要上”的口号和“无能的人傻等机会，能干的人利用机会，高明的人创造机会”的箴言，就是依据这个规律提出来的。

正如有位艺术家所言：“世界上不是缺乏美，而是缺乏发现和创造。”世界上也不是缺乏机会，而是缺乏发现和创造。作为决策者，必须努力提高“发现机会＋捕捉机会＋抓住机会＋创造机会”的能力，力求做到：在“风起于青萍之末”时，能发现人家尚未发现的机会；在时机尚未成熟时，能“静如处子”，默默地“待机”和“创机”；在时机趋向成熟时，能“若猛兽鸷鸟之发”，迅即抓住机会，果断决策；在时机已经过去时，能果断地重新洗牌，另辟蹊径。

必须指出，对于企业领导者而言，没有机会的时候不可一味地消极待机，傻等着

“天上掉馅饼”。最佳选择是充分发挥自己的主观能动性，努力去创造机会，但是也切不可陷入“唯意志论”。应当明白，创造机会必须遵循规律，若将“机会”视为可以任凭自己随心所欲创造的东西，就难免亲手给自己创造一个陷阱，掉进去，爬不出来。

有人说得好，先见之明与先入为主，虽然都有一个“先”字，但前者讲的是基于客观规律、恪守客观规律的科学预见，后者是囿于狭隘经验和“想当然”的成见和偏见。许多聪明的决策者常常既有先见之明的一面，也有先入为主的一面。尤其是当他们取得了某些成功之后，一些成功的经验很容易变成先入为主的“想当然”。这些“想当然”会支配他去剪裁客观事实，代替客观规律，这正是许多人在成功之后难以卓越，难以保持成功的重要原因，不能不引起所有领导者的高度重视和防范！

总之，有人说决策如“下棋”，其实决策更像“打牌”。因为下棋开局时双方所布的棋子都一样，平等得毫无差别，对弈过程中棋盘上的落子与局面始终公开透明。而打牌则不然，发到手中的牌孰好孰坏都凭运气，牌的好差可以有天壤之别。况且在打牌过程中，各人手中的牌都是尽力保密的，各方都在表面上虚张声势，在暗地里相互较劲。更为重要的是：还有关于未来趋势这张牌始终握在上帝手中，让你捉摸不透。

既然决策如打牌，发到手中的牌全凭运气，那么，当你发到一副烂牌的时候，既不可怨天尤人，更不可自暴自弃，罔顾规律地乱甩牌、乱拍板。最明智的选择，是积极主动地去认识规律，依据规律，努力“打好手中的牌”！

第三节 恪守“各方共赢”的底线

企业是肩负着社会责任的营利性组织。企业任何决策的最终目标无不都是为了创造价值、创造利润。利润，是企业赖以生存发展的物质基础，所以企业决策最基本的特性是“营利性”。争取“利润最大化 + 成本最小化”是企业经营管理的基本目标，自然也是企业决策的基本目标，这无可厚非。既然如此，为什么还要强调企业领导在决策营利时必须符合与“各方共赢”的底线呢？那是因为恪守与“各方共赢”的底线，既由企业创利规律所决定，更是企业生存发展所必须。

一、恪守“各方共赢”的底线由企业创利规律所决定

无数客观事实表明，企业创造价值、创造利润必须得到各方协作，与各方共同创造！其中，既需要股东的投资，老板的经营运筹，还需要国家政策、社会资源的支持，客户和广大消费者的信任，员工的辛勤劳作。若是离开国家政策和社会资源的支持，离开客户和广大消费者的信任，离开员工的辛勤劳作，你有再多的投资，再高明的运筹也必定一事无成，一利难求！正如古人所言，“皮之不存，毛将焉附”，投资与运筹是“毛”，国家政策和社会资源的支持、客户和消费者的信任、广大员工的辛勤劳作则是“皮”，没有“皮”，你“毛将焉附”？

价值共创、利润共创的客观规律决定了企业所创造的价值和利润绝不只属于老板

和股东，其中包含着客户之利、员工之利、国家和社会之利。各方利益此消彼长，必须将利益分配保持在一个合理的度内，使之实现与各方共享共赢。所以企业争取利润最大化和成本最小化的“最大”与“最小”，也不可能由老板任意地无限度地决定，企业营利必须保持在合理的度和边际之内。这个度和边际，就是既不可通过降低甚至克扣员工应有的薪酬待遇，减低成本，谋取利润，也不能通过降低产品质量，以次充好，搞假冒伪劣，欺骗消费者谋利，还不允许通过违法违规、偷税漏税、破坏环境降本求利！

总之，价值共创、利润共创的规律决定了企业的性质不仅仅是一个单纯的营利工具，而是一个对客户和广大消费者、对员工、对国家、对社会都负有重大责任的社会组织，也决定了企业老板必须做一个对国家、社会、员工、客户极端负责任的人，做一个始终恪守“诚信守法，与各方共赢”底线的人，绝不能做只要自己和股东的利益，为了自己和股东利益损害国家、社会、客户、员工利益的人，这既是企业老板应尽的道德责任，也是企业赢得生存发展的必要条件。

客观规律一再证明并将继续证明，恪守“诚信守法，与各方共赢”底线只是践行了最起码的行为准则，努力先做多做“我为人人”的事情，才是应当持续践行的行为目标。“我为人人”难免要吃一点亏，但唯有甘愿吃亏，才能赢得“人人为我”的可喜局面。

2008 年 1 月，我国南方发生了 50 年未遇的连续不断的雨雪冰冻天气，公路运输中断。天津津荣集团公司给广州电装的一批货品被阻挡在半路，无法送达。客户告急：如果第二天晚上货品不能送到，广州电装生产线就得全线停产。

在此紧急关头，津荣集团公司孙兴文总经理毅然决定买飞机票，派出一批人背着货品乘飞机送货，以纾解客户停线停产的危机。对此，有的领导明确反对，下面也议论纷纷，说：“因天灾货品不能按时送达，公司是可以免责的，何必花费这么大的代价！”孙总不为非议所动，他说：“‘以客户为中心、与各方共赢’的核心价值观不只是拿来喊的，它是拿来做的！况且‘我为人人，才有人人为我’，这是一个最简明的客观逻辑，先做多做‘我为人人’的事情，应当成为津荣人永久的行为准则。”

结果，采取飞机送货，增大了公司的物运成本，却感动了“上帝”。到货时，客户员工夹道欢迎，一时津荣公司在电装行业传为佳话。加上津荣产品原本就有的 QCD（质量、成本、交付）优势，从此客户都将津荣视为自己的命运共同体，由衷地称呼津荣为“我们的战略核心供应商”。后来，由于市场条件的变化，制造业一度进入谷底，许多公司举步维艰，濒临破产，而津荣公司却由于得到客户的充分信赖而活力十足。

这个案例给了我们许多启示：

❖ 尽管“利润”是企业赖以生存和发展的物质基础，可是企业所要力争的“利”绝非只是“利润”，更要力争信誉之利、品牌之利、精神之利！信誉、品牌、精神是利润之根，只讲利润，丢掉了信誉、品牌、精神，必定最终丢光利润。

❖ 企业所创之“利”是由相关各方协作共创而非一家一人或几人独创，自然不可由“一己独享”，必须兼顾好各方利益，让各方都共享共赢。老总的责任，就是兼顾好“共赢”与“利润最大化”这两头。兼顾两头，好比是挑着一头装着“共赢”鸡蛋，一头装着“利润最大化”鸡蛋的一副重担。如果把“共赢”这头的鸡蛋都搬到“利润最大化”这一头来，担子就会因此严重失衡，“利润最大化”这一头的鸡蛋也会因为失衡而纷纷跌落打碎。

❖ 努力先做多做“我为人人”的事情，才有可能赢得“人人为我”的局面，给企业注入不竭的活力。一味贪利忘义，只要“人人为我”，不肯“我为人人”的企业是没有明天的，因为它突破了共赢的底线。恪守“各方共赢”的底线，多做“我为人人”的事情，既是企业创利规律所决定，更是企业生存发展所必须。

二、恪守共赢底线的关键是“精神上司”不可缺位

价值共创、利润共创的客观规律告诫我们，企业决策营利必须恪守符合“诚信守法，与各方共赢”的底线，坚持与共同创利的各方共享，一旦为贪利而向下破度，“利”就会向“害”转化。然则如何才能恪守这个底线呢？经验告诉我们，恪守这个底线外靠良法监管，内靠良心自律。

首先，要有科学完善的良法监管企业，这是不可或缺的外部条件。可问题是良法百密难免一疏，这就给了人们利用“一疏”逃避法规约束的机会。即便良法无疏，执法之人有良有莠，不良的执法人因受人贿赂，也会在执法时撕破良法，网开一面，于

是难免形成良法虽密，监管不密，执行不严，隐瞒造假文化通行的现实景况。

在外部监管不力，不良文化通行的景况下，靠什么恪守行为底线，靠上级管理吗？不能！因为在企业特别是民营企业老板的头顶上没有实体上司，即便有董事会，董事会也常常是老板的一言堂。那靠谁？只能靠老板内心对国家和社会、对客户和消费者、对员工的极端负责的责任心，对法规的敬畏心，对道德的崇敬心，融合而成的自律自控的良心！

企业老板唯有把责任、法规、道德融为良心，奉为内心的“精神上司”，自觉服从“精神上司”的指挥，才能将“利润最大化＋成本最小化”中的“最大”“最小”牢牢地控制在合理的度内，不使其超出共赢的底线。反之，内心的“精神上司”缺位，处于市场竞争十分激烈而外部良法监管不力景况中的企业老板，就很容易在侥幸心理的怂恿下，昧着良心大做投机取巧、损人利己的事情，其结果就会将得来不易的企业信誉品牌砸得粉碎。

美国波音公司一直是世界飞机制造业中响当当的品牌和龙头老大，可是 2018 年 10 月 29 日和 2019 年 3 月 13 日，印尼狮子航空公司与埃塞俄比亚航空公司航班先后连遭坠机厄运，346 人在两起事故中丧生，波音公司的名声因此一落千丈，业绩也一落千丈，元气大伤。何以如此？坠机事故调查报告得出的结论是“隐瞒文化”“成本削减”“监管严重不足”导致波音公司隐瞒了波音 737MAX 在设计和飞行培训上的缺陷，正是这些缺陷导致了空难事故。其实这只讲到了问题的客观原因，从主观上讲，则是波音公司决策者内心“精神上司”缺位的必然结果。

与波音公司相似，日本的神户制钢、高田气囊等一些著名企业，其产品“伪造检测数据”，隐瞒质量问题达十多年之久，一经曝光，便将吹得神乎其神的“日本制造”与日本人引以为傲的“匠人精神”毁得颜面丧尽。究其根源亦与波音公司相似，客观上是“隐瞒文化”“成本削减”和“监管严重不足”，主观上也是决策者内心“精神上司”缺位的必然结果。

在国内，有些企业老板也由于内心“精神上司”缺位，于是受资本驱使、欲望支配，出现了偷税漏税、违法违规、破坏环境等严重问题，制造了“三聚氰胺”、地沟油、毒胶囊等一系列丑闻事件，以至于一些具有非凡经营才能的企业家及其企业“其兴也勃，其败也忽”！

很显然，资本让人变得嗜利，嗜利让人变得投机。一旦外部缺乏良法的有效监管，内心又缺乏良心和“精神上司”的管控，隐瞒造假、损人利己的冲动就会变成行动。一旦隐瞒造假、损人利己的投机行为没有被人发觉，还能获取大量非法利益，“工匠精神”就会弃若敝屣，造假欺骗，投机损人的行为就会变得肆无忌惮。

然而，当良法被撕开口子，良心和“精神上司”又缺位时，损人利己的行为就无人管控了吗？不会，还有最后的管控者！那就是由恶劣行为造成的骇人听闻的“空难”“车祸”“环境污染”“危害健康”等严重事故及由事故所引爆的严重危机。无数惨痛的教训告诫人们，你尽可以昧着良心去规避法规和你应尽的责任，但是绝不可能规避掉因为规避而造成的严重事故，而严重事故势必引发能致企业于死地的严重危机。

正如鲁迅所言：“捣鬼有术，也有效，然而有限，所以以此成大事者，古来无有。”的确，侥幸投机，造假欺骗等“捣鬼术”无论干得多么巧妙，最终无不都要应验古人的老话：“竭泽而渔，岂不获得？而明年无鱼；焚薮而田，岂不获得？而明年无兽。诈伪之道，虽今偷可，后将无复，非长术也。”你用淘干河水的方法捕鱼，自然能捕到鱼，可明年就无鱼可捕了；用焚烧树林的方法狩猎，自然也会有收获，可明年就无兽可猎了。今天你偷偷地使用欺诈造假的投机策略、捣鬼之术，虽可侥幸得逞于一时，获利于一时，明天不但无法继续，还得加倍受罚。所以，造假欺骗，投机捣鬼绝非长久之计！唯有把责任、法规、道德融为自己的良心，奉为内心的“精神上司”，让“精神上司”管控住嗜利投机的心理冲动，才能恪守住“诚信守法，与各方共赢”的行为底线，确保企业顺利发展。

可是，经常听到有人说“良心能值几个钱”。殊不知，良心的价值是无法估量的！对于一个企业老板而言，“良心的价值 = 你人生命运的价值 + 企业命运的价值”。永远将责任、法规、道德融为自己的良心，奉为内心的“精神上司”，让“精神上司”成为自己内心永恒的指挥官、检察官，这是企业老板将自己修炼成为企业家的必由之路，也是企业稳步发展、基业长青的必由之路。

三、采取能赢的策略是实现共赢的基础

恪守共赢底线是以能够创造价值、创造利润为前提的，假如做了错误的决策，在经营管理中一再失利、失败，不能创造价值和利润，共赢便无从谈起。因而，要实现

共赢，不但要将责任、法规、道德融为良心，奉为“精神上司”，还必须采取一系列能赢的决策方法。关于决策方法，“决策学”有系统论述，这里不做重复，笔者要特别提醒决策者注意把握的方法是“杂于利害”的方法。

利益与弊害往往相互混杂交织，共存于同一个事物之中。面对大量利中有害，害中有利，利害混杂交织的复杂事物，决策者常常会被利害矛盾搅得心烦意乱，做出错误决策。英国就做过两个后来被写入教材的错误决策。

一是议会否决将电力引进千家万户。在电力刚刚兴起时，英国有识之士提出：伦敦应率先普及使用电能。可是，在议会辩论时，反对者说：“电插头简直就是杀伤性武器！如果一个哥哥让一个弟弟伸手摸一摸，岂不是立刻就没有命了吗？如果在全伦敦、全英国普及用电，就等于是给每个英国人都发了一把枪，会使每个人都具备把别人或者自己随便杀死的武器和能力。”

反对者的理由听起来的确很可怕！就连女王也站出来旗帜鲜明地表示反对普及用电。结果，普及用电的提议在几次表决中都没有通过。后来的事实表明，这是多么的错误，又错得多么可笑！

二是议会否决将煤气引进千家万户。在议会辩论时，反对者说：“如果把那么多个大煤气罐摆放在伦敦，那就等于放了无数个巨大的炸药包。一旦坏人把它点着，两千多年的文明古城岂不毁于一旦了吗？”就这样，英国上议院连续两次表决否定了在伦敦使用煤气的提议。

上述两个失误的决策，被英国的一些大学作为吸取教训的案例选入了决策学的培训教材，要求后人引以为鉴。

案例给了我们许多启示：

❖ 偏见比无知距离真理更远。偏见，主要表现为在面对“利与害”时偏执于一端，不能杂于利害地思考问题。世间事物大多会同时存在“利与害”两种可能，因而《孙子兵法》说“是故智者之虑必杂于利害”，意谓睿智的人思考问题必定采取“杂于利害”的方法，绝不会偏执于一端。

❖ “杂于利害”的思考方法，就是将“利与害”结合在一起，坚持“四思”而后行：一要“正思”利益有多少；二要“反思”弊害有几何；三要“合思”利与害相比较是利居多还是弊居多，分清两者孰轻孰重，孰主孰次，以便按照“两利相较取其重，两弊相权取其轻”的原则，选择“弊害相对最小，利益相对最大”的决策方案；四要“深思”如何除弊兴利，尽量找到促使弊害向利益转化的方法途径。

❖ 在任何时候，兴利除弊都是可能的，我们切不可用消极的心态对待弊害，尤其是对新生事物中的弊端，更不能夸大其危害，把自己吓倒。凡事应当按照事物在一定条件下会发生转化的客观规律，认真寻找能促使其由害转利的条件和方法，力争将弊害降至最低限度。

❖ 在现实生活中，任何商机总是有机会又有风险。面对夹杂着风险的机遇，决策者不但应当坚持在利思害，在害思利，以利而动，以害为止，“四思而后行”，更要敢于先抓住机会，然后再用胆略和智慧去化解风险，趋利避害，化害为利。如若不然，那你就只能眼巴巴地看着机会交臂而过了。

❖ 由于受种种主客观条件的制约，决策者只能做一个相对而言“最有利、最满意的决策”，苛求决策十全十美，完美无缺，只会贻误大事。

作为一个决策者，在面对弊害和风险时，要有敢于迎接挑战，兴利除弊的决心和意志，而在面对各种眼前利益、局部利益的时候，则要保持清醒的头脑。因为许多在表面上看很有利的事情，常常内部包藏着隐患；眼前看起来很有利的事情，长远却会产生后患；对局部很有利的事情会给全局造成伤害。更为重要的是，有些既得利益把握不好，会在一定的条件下转化为弊害，某些物质利益把握不好，亦有可能转化成精神上的祸害。这一切皆须领导者慎重把握，力避片面，方能做出“合于利、合于义、合于时、合于久”的决策。

做好了决策，在抓执行过程中需要把握的行为底线更多，下面讲四个需要着重恪守的底线问题。

第四节
恪守“无为”与“作为”的底线

领导者抓执行要力求多有作为，但是“作为”要有度，不可事必躬亲地做“每事管”，溺于事务。不做“每事管”，就得善于“无为”，而“无为”亦有度！

“无为”与“作为”都为了实现一个共同的目标——“治”。“治”既是共同的目标，也是需要共同恪守的行为底线！“作为”过头，就会突破“治”的底线，变成“乱”；凡事无前提地“只要结果，不问过程”，一味做“甩手掌柜”，也会突破“治”的底线，造成“乱”。“无为”与“作为”皆须以“治”为度，慎度而行！

可是，自从现代管理学将“领导”从管理中分离出来，大企业从组织结构上区分为决策层、管理层之后，管理与执行便与大公司的顶层领导脱离开来，一概成了下面管理层的事情。于是，“领导是决定做正确的事，管理是把事情做正确”，领导做好决策交付下面执行之后，应当“只要结果，不问过程”，便成为许多领导者的“顺口溜”。

毋庸置疑，这种现代分工是有利于顶层领导特别是老总集中心力抓大事的。但若由此以为当领导的应当无前提地“只要结果，不问过程”，则大谬而不然！因为抓执行、抓管理与干执行、干管理并非一回事！

诚然，大公司的顶层领导，特别是董事长、总经理不必要也不应该亲自动手去操作管理和执行的具体事务，即不必亲自干执行、干管理，但是这并不意味着可以不必抓执行、抓管理，可以无前提的“只要结果，不问过程”。

谁都知道，“结果”这颗瓜是长在“过程”这根藤上的，没有好的过程，怎么会有好结果？领导者无前提地“只要结果，不问过程”，对执行不抓不管，坐视执行过程中的问题堆积，还想“无为而治”，无异于是做白日梦！事实上无前提地“只要结果，不问过程”，已经被一些缺乏责任心的领导者当作“懒政”“甩锅”的借口，由此引发的不良后果早已有目共睹！

总而言之，抓管理、抓执行的“无为”与“作为”均非无度，皆需以“治”为底线，认真区别不同情况，慎重地把握好度。

一、“无为”与“作为”要依据组织规模的不同而不同

据说，1945 年 8 月 28 日，毛泽东赴重庆谈判，受到重庆各界人民热烈欢迎。蒋介石为了压制毛泽东，授意多位高级幕僚和几位美国军事顾问，事先精心炮制了一篇浓缩了当时世界上最先进的军事理论精要的论文，并将其默记于心。

在做好功课之后，蒋在自己的官邸宴请毛泽东。宴会后，安排了一个简短的记者招待会，蒋介石导演的论文“好戏”便开始上演了。

一名美国记者问：“蒋先生与毛先生都是杰出的军事家，请问，领军作战的精要是什么？”蒋介石预有准备，洋洋洒洒地讲了二十多分钟。一众国民党官员使劲地鼓掌，恭维之声四起。蒋内心窃喜：“我把精要都讲完了，你毛泽东还能讲什么？”

毛泽东见推辞不过，就用他那典型的湖南腔说道：“刚才蒋委员长讲得很好嘛，我呢，就简单讲一下，只有三句话。

第一句：在井冈山的时候，我带着两三千兵，这时，我就把自己当成一个‘兵’，每次打仗，都冲在最前面。士兵们受到了鼓舞，接连打胜仗。

第二句：长征的时候，我领着三五万人马。这时，我就把自己当成一个‘将’，每次打仗，我都藏在队伍中间，协调各部队机动作战。

第三句：抗日战争期间，我领导着几十万的军队。这时，我就把自己当成一个‘帅’，每次打仗，都躲在最后面。我整天只考虑一个问题，这些士兵中，谁可以当‘将’。

我用的都是土办法，不过，实践证明，都很实用嘛！”

毛泽东的三句话，不仅道出了领军作战之精要，而且直戳蒋介石一贯喜欢越级指挥的软肋，讲得生动幽默，通俗易懂。话音刚落，记者们就自发地鼓起掌来，一些国

民党的高官们嘴上不说，心里也在暗自点头。

事后，陈诚请示蒋："委座，这是《中央日报》对今晚宴会的报道文稿，您要不要过目一下？"蒋感到自己此次未占上风，没让报道，说："不过都是酒后戏言，且是私宴，通知各家报社，都不必报道了。"故而，此事并未见诸正史，毛泽东三句话的领兵精要却流传甚广，给各界领导者包括现在的企业领导者以深刻的启示。

二、"无为"与"作为"要依据执行运行的状况不同而不同

毋庸置疑，执行运行很顺利，很富有成果，自然不必过问太多，可多"无为"一些。可是当下面在执行中遇到了无依据、无权力、无实力解决的重大困难，你难道不应当给下面出主意想办法，不应当协调整合各方力量予以支援吗？当下面在执行中遭受重大挫折，士气低落时，难道不应当下去帮助下属总结教训，鼓舞士气，以利再战吗？当下面在执行中发生了重大事故，重大违纪事件，领导者难道不应当挺身而出，在第一时间亲临一线组织调查处理吗？

总之，当遇到上述种种状况时，你还能向下大吼"我不管过程，我只要结果"吗？答案是不言而喻的！

执行过程不顺利，困难重重，出错受挫，仍然安之若素，还在那里喊"我不问过程，只要结果"的领导者，也肯定能得到结果，只是这个结果必定是恶果、苦果，不会是领导者所期盼的胜利成果。欲获得胜利成果，就得适时适当地"过问过程，给力执行"，除此之外，别无选择！

三、"无为"与"作为"要依据领导层级的不同而不同

从领导机理上讲，抓执行的"作为"与"无为"是依领导层级的不同而不同的。一个大中型企业的组织结构，一般可分为基层—中层—高层—最高层（即董事长、总裁）等四个层次，各个领导层级抓执行的"无为"程度是不一样的。

基层领导要"抓干并举，边干边抓"。 就是全过程地带领员工干执行。我军连排干部，尤其是排长要与战士实行"五同"：同吃、同住、同操课、同劳动、同娱乐。在操课训练、执行任务时，连排长不仅要指挥好，更要带头干，没有任何可以"只要

结果，不问过程”的理由。

中层领导要“抓中有干，以抓为主”。 就是要以抓好执行过程中的检查督导、动员激励、组织协调为主。但要“抓中有干”，经常深入到实际中去带头干，在干中了解情况，在干中指导执行，在干中带动下属。

高层领导要“抓住问题，适时指导”。就是要通过为下面出主意、想办法，为下面协调关系，整合资源，帮助下面解决好他们无权处理、无力解决的困难问题；通过经常深入下去检查考评，及时抓住抓好正反典型，总结推广经验教训，具体指导下面的工作；通过及时有效的奖惩激励，组织有针对性的思想整顿、人事调整等，督导推动执行落实。

最高领导要“两种情况，两种对策”。就是总公司的董事长、总裁，要采取“两种情况，两种对策”。

一是在通常情况下：“抓大放小，节点指挥”。即自己着重抓大事，将具体事务下放给部属去干，但在执行的关节点上，要亲自指挥督导，就像毛泽东在辽沈战役的关键时刻一再力督林彪先打锦州一样。

二是在特定前提下：实行“只要结果，不问过程”式的“无为而治”。实行“无为而治”不可或缺的特定前提条件，主要分三大类。

第一类，各级领导和管理人员必须具备三个特定条件。

- ❖ 他们都是经过严格选拔、培训，并经实践证明是忠诚的堪负重任的人才。
- ❖ 他们都完全明白企业战略与任务目标，完全知道自己“应当干什么，不能干什么”“应当干的怎么干，不能干的如何防范”，即便离开上级，做事也不会走偏方向。
- ❖ 企业对权力管控已经形成完善的制度机制，各级领导业已养成“有规必守，违规必究，究规必严”的行为习惯、行为作风和行为文化。

第二类，全体成员必须具备四个特定条件。

- ❖ 上下都视执行企业战略、遵守规章制度、完成计划任务为己任。
- ❖ 大家对于执行完成上级赋予的决策任务充满信心，斗志旺盛。
- ❖ 一线领导能够独当一面，并与部属、与友邻和谐协作。

- ❖ 员工都已集体养成遵照制度规范、道德规范“自动执行、自觉协调、自我管理”的优良的行为作风和文化，不管领导在与不在都一个样，已无须领导监管督促。

第三类，事情进展过程中必须具备三个特定条件。

- ❖ 执行所必备的物质条件、技术条件、人才条件和相应的规章制度及操作规程都已完善到位。
- ❖ 一些事关全局、事关战略的重大关节点都已周密安排，并正在落到实处。
- ❖ 执行进展顺利，没有遇到重大的困难与挫折。

上述三类条件加在一起，总共是十个特定条件。试问：这些条件只要缺了一个，领导者能安心地坐视吗？更何况，这些条件会从天上掉下来吗？毫无疑问，天上永远不会掉馅饼，若有东西掉下来，必定是雨雪、冰雹，甚至是陨石。掉下来的雨雪会把你浇成落汤鸡，冰雹会把你砸个鼻青脸肿。如果掉下来的是陨石，那么不是在地上砸出一个坑，就是直接打破你的头！

客观逻辑告诉人们：上述所有特定条件只有在领导者做了大量有效的工作之后才有可能产生和形成，也只有在领导者持续有效的作为中才能得到保持，领导者无前提地“只要结果，不问过程”，无度地不作为或者作为不到位，是不可能会有好结果的。

总而言之：

- ❖ “无为”的实质是遵循规律，顺其自然，不做违背客观规律的事情，绝非“无所作为”！
- ❖ “无为而治”的目的是“治”！
- ❖ “无为而治”的前提是“先有为，再无为”“有所为，有所不为”。
- ❖ “无为≠不为”，“不为”必一事无成；“有为≠滥为”，“滥为”必然违反规律，适得其反。

结论很显然，从执行机理上讲，执行人的主要职责是干执行——操作具体的执行事务，领导者的主要职责是抓执行——采取检查、指导、协调、激励等一系列有效举措指导推动执行，两者既不可混淆，也不可替代。

高层领导理当在干执行上多“无为”，在抓执行上多“作为”。倘若以干执行取代抓执行，势必陷入事必躬亲“每事管”的境地，整天陷入具体事务中不能自拔。反之，以为领导者抓执行就是向下布置执行，布置后就应当“只要结果，不问过程”，势必造成领导者在执行过程中缺位，难免导致执行的低效率甚至负效率。

2014 年，重庆某国营机械制造公司在开发区新开设一大片厂区。厂区建成后，有一条公司连接主干道的 0.7 公里长的物运公路急需开通。老总请有关专业部门做了一个预算：需要 4 个月工期，经费 230 万元。

老总带着预算与区政府领导多次协商，达成如下共识：该公路属市政公路，但因受资金等原因的限制，区里规划在五年后建设。如果公司急需，可由公司承担 120 万元的建设经费，区政府负担 60 万元经费，并出面与共享该路的另一公司协调，请他们负担 50 万元经费。之后，区领导与公司老总一起走访了该友邻公司，该公司领导也表示完全赞成。

有了上述基础，公司老总便做出立即动工建路的决策。在办公会上，他确定修路工程由李副总负责，要求他抓好两件事：一是尽快完成筑路工程，确保工程质量；二是工程经费可先由公司垫付，但一定要收齐区政府和友邻公司答应的款项。同时宣布：他自己“只要结果，不问过程”。

李副总提出，自己对修路工程不在行，要求另换他人。老总说：“我们领导中没有懂行的，就你了！不懂，就在干中学。”

李副总硬着头皮接受了任务，下去后也学习老总的做法，将任务全权交给一位部门领导，甩下“我只要结果，不问过程，出了问题唯你是问”一句话，自己忙别的去了。于是，整个工程的组织与实施实际上变成全由部长一人说了算。部长经不起一个当包工头的老朋友的软缠硬磨，未经工程招标，就将工程包给了他。

包工头搭了一个草台班子，找了一些工人干了起来。其间，通过多次变更工程设计，提高预算。变更报告经部长报给李副总，李副总觉得其中有“猫腻”，卡住报告不批。报告被卡住，工地便停工，工期延误，最终李副总也拿不出足以驳回的理由，不得已全部签署批准。

区政府与友邻公司答应过的合资款项，由于区领导调整，老领导调走，后任领导因该工程违反基建规划，没有资金预算，拿不出钱。友邻公司则以“政府出钱，我们再出钱”为由，也未出资。

最终的结果是：

（1）工程完成了，但是工期延误五个月；工程总造价比预算超支120万元，达到350万元；区政府和友邻公司答应过的款项没有收到，公司原计划只负担120万元经费，实际上负担了全部350万元的经费。

（2）有人向上级写告状信，说“道路工程有猫腻”。上级派来调查组调查，结论是工程未经招标，属违规操作。有些工程变更有一定道理，有的属于“狗尾续貂”，徒增造价。有关控告贪污、行贿等问题，查无实据，不作结论。

（3）公司最高层认为，造成违规操作等一系列问题的直接责任人是部长，李副总负有领导责任。于是做出两项决定：一是对部长予以停职察看，取消年终奖金的处罚；二是李副总在高管会上作检查。

（4）李副总深感委屈和窝火。检查时，气吼吼地说：“总裁交给一个我不在行的项目让我管理，我说不行，非要我接。出了问题全怪我，我想不通。”总裁见此，又狠批了一顿，会议不欢而散。

（5）部长受到处罚后，大发牢骚，说：“所有的事情都是李副总签署批准过的，现在我当了‘替罪羊’，太不公道！”结果闹得上下离心，群众议论纷纷，人心涣散。

教训启示人们：

❖ 实行“只要结果，不问过程”式的领导方法，必须先认真权衡是否已经具备了必须具备的特定条件，在前提条件尚不完备的情况下就贸然采取“只要结果，不问过程”的领导方法，这是取败之道！

❖ “无为”的目的是要达到“治”，层层都“只要结果，不问过程”，势必造成层层下放责任，当甩手掌柜，无人抓执行落地的局面。这样的“无为”只能得到“无治”与“负效”的不良结果，它与“无为而治”的原则与目标正好完全相反！

第五节
恪守“尽责”与“担责”的底线

执行出了问题，作为领导者理当做好两件事：一要尽职尽责地做好善后工作和总结吸取教训的工作，切不可避得远远的，甩手不管；二要勇于和善于为下属担责，绝不可向下诿责，这是领导者应有的品格。作为领导者要明白：当执行发生失误，受到挫折时，下面无不渴望有一副勇于担责的肩膀作为依靠。如果你有勇于并善于担责的肩膀，你的部属就会有安全感、归属感，就会觉得有依靠而不会倒下，反而会愈挫愈勇，产生一往无前的执行力、创造力。这样的案例不胜枚举。

据《党史信息报》载，1954年7月，周恩来总理出席日内瓦会议。7月21日下午是最后宣言通过的日子，周总理嘱咐当时的新华社记者，下午不必去开会了，就在别墅里拿着最后宣言的初稿等通知，会上每通过一段就交给电台向北京发一段，会议对初稿有什么修改，就即改即发。

记者听从安排，每等来一个电话，就改正一段，然后用剪刀剪下送电台。由于记者的办公桌靠窗，原稿又打在极薄的纸上，剪成一段段的原稿有的被风吹走了，记者没注意到，以至于发回北京的电文比别的通讯社少了好几段。当发现问题时，《人民日报》已经印了24万份了。

周总理知道后非常生气，发了很大的火。可是当记者怀着极其惶恐的心情赶来接受处罚时，周总理却只是淡淡地说：“你来了，我气也生过了，火也发过了，不想再说什么了。你到机要室去看看我给中央的电报，然后赶快补救，北京还等着呢。”

记者看到周总理写给中央的电报里一个字也没有提到记者，只说他自己“应负失职之责，请中央给予处分”。看后，记者如释重负，铭记终生，从此工作更加专心勤勉，更加精益求精。这是周总理为下属担责的必然效应，也是人人敬仰周总理的一个重要原因。

但必须予以注意的是：周总理之所以为记者担责，那是因为他深知记者是在特殊情况下犯下的偶然过失，绝非有意为之，否则是一定会予以严肃问责的。所以，周总理的担责是有度“担责”，绝非无度地“揽责”。

领导者“担责”有度是创建有序高效工作秩序所必须，无度地“揽责”势必给企业带来更多更大的问题，这是客观规律告诉我们的真谛。

然而，有些人总是喜欢就“担责”夸大其词。在职场培训中，就流传着据说是美国领导学家柯维说过的话：“如果有哪件事做坏了，那是我干的；如果有哪件事做得一半好，那是我们干的；如果哪件事做得真好，那是你干的。”这听起来真像是“大胸怀，高姿态”！

可是试问：企业领导全都照此办理，行吗？

肯定不行！因为柯维的逻辑起点是“如果有哪件事做坏了，那是我干的”。这哪里是“担责”，完全是无度的“揽责”。其实，“担责”绝非“揽责”，“揽责”势必否定必要的“问责”！“只揽责，不问责”必将过犹不及，造成职责不清，是非不分，赏罚不公，加剧无规则、无秩序的状态！

既然“担责”绝非“揽责”，当领导的自然只能“担责”有度，只能坚守好以下基本准则。

- 可为在创新中犯错的下属担责，不可为做常态性工作犯错的下属揽责。
- 可为偶尔有过失的下属担责，不可为屡犯同一错误的下属揽责。
- 可为特殊情况下有过失的下属担责，不可为正常情况下犯错误的下属揽责。
- 可为缺乏经验做错事的下属担责，不可为懒惰渎职、粗心敷衍的下属揽责。
- 可为因为制度规定不明而违禁的下属担责，不可为故意令不行、禁不止的下属揽责。
- 可为知错、认错、改错的下属担责，不可为瞒错、饰错、诿过于人的下属揽责。

……

无数事实告诫我们：“揽责”与“诿责”皆属领导之大忌！领导者必须既勇于担责，又善于问责。力求做到：担责，不包揽责任，坚持实事求是地担当应负之责，分担可分之责；问责，不无限上纲，不诿过于下，坚持实事求是地“问当其责，罚当其过”。

第六节
恪守“从宽”与“从严”的底线

领导者抓执行有三项要务，即“抓住不落实的事＋追究不落实的人＋解决不落实的问题”。处理和解决不落实的事、不落实的人、不落实的问题，有的须从严处理，有的则要从宽发落。可是对于“何事从宽，何事从严；如何从宽，怎样从严”，却常常众说纷纭，莫衷一是。

持从宽观点的人会说：“水至清则无鱼，人至察则无徒。”人是感情动物，领导者对下属要宽容大度。宽容能激发人内心的情感，情感能激发归属感、报恩心、自律心。为说明从宽的有效性，还常常会引用“仙崖禅师的故事”来佐证。

据说，仙崖禅师夜里巡寮，发现有个学僧的铺位是空的，估计他是偷偷地翻过院墙到外面玩去了。于是便去巡查院墙，发现果然有一把高凳子放在院墙下。仙崖禅师顺手把凳子移开，自己站在凳子的地方，等候学僧归来。夜深时，玩罢归来的学僧，不知凳子已经移走，一脚踩在仙崖禅师的头上，跳下地一看是禅师，惊慌得手足无措！仙崖禅师却毫不介意地宽慰道：“夜深露重，小心身体，赶快回去休息。”

违规学僧心想禅师今天不责罚，明天必定会在大庭广众下责罚自己，来个“杀鸡儆猴”，所以彻夜惴惴，不曾睡好。哪承想第二天、第三天、第四天，禅师始终不动声色，如同没有发生过任何问题一样。这时，学僧领悟到禅师以其博大的胸怀宽容了自己，为此感动不已。从此一改往过，一心向佛，也修成为高僧。

仙崖禅师对违规学僧以宽容代替训诫，以关爱代替处罚，取得了教育人的良好效果。人们便常常借此说明“最好的教育是关爱，最好的管理是宽容”。

然则，禅师的方法能无度地应用吗？只要深思一下就不难发现，应用仙崖禅师的方法不是无度的，它必须具备以下前提。

❖ 违规学僧有“善根”——基本素质很好。

❖ 违规学僧只有一人——不是多人。

❖ 寺内风气很好——大家都学好不学坏，不会发生“破窗效应”。

这三个前提条件，就是宽容的边际条件——底线。客观逻辑表明，违规学僧没有“善根”，宽容会使其有恃无恐，更加肆无忌惮地违规；违规的学僧要是有多人，禅师就不可能一个个都在墙根接下来，示以宽容，施以关爱；寺内风气不好，一味宽容，违规不究，必定会引发大家争相仿效，导致“破窗效应”，使制度虚设，问责虚化，久而久之寺院秩序势必大乱。

既然如此，那就是说仙崖禅师的方法只是一个在特殊条件下产生的特例，而非通例，其所反映的真理只是一个在特定前提条件下的相对真理，而非普遍真理。将特例当作通例，把相对真理当成普遍真理，势必导致领导工作失度，从而走向片面和极端。

尤其需要强调的是：任何事物皆有两面性。人性，既有“性善”的一面，也有“性恶”的一面，两者同存于人心之中。无度的宽容会诱发人内心的侥幸心理，侥幸心理会诱发“性恶”变成不良动机，进而由不良动机变成恶行；也会使人善恶混淆，是非不明，以至于行错不以为错，行恶不以为恶，导致思想上和行为上的混乱。

有鉴于此，许多人对管理都持“从严”的观点，认为人性的特点是“宽生侥幸，严生畏”，故而每当发生问题，就会异口同声地说：“慈不掌兵”“徒善不足以为政”，必须“从严”治理！于是常常在“从严”的旗号下，对下“苛责重罚”，使得“从严”变为“从苛”，结果“苛政猛于虎”，使下属丧失安全感、归属心，使企业失去凝聚力和稳定性。一旦产生这些不良的副作用，人们又会将问题怪到“从严”的头上，悄然退回到不严的老样子。于是，企业管理便处于“时而过严、时而过宽”的不良循环之中，企业运行秩序难以有序高效。

教训表明，“过度宽容 = 纵容”“过度从严 = 从苛”，两者皆过犹不及，必适得其反！故而无论是“从宽”还是“从严”，皆须把握一个行为底线——“格”！凡事皆须以“格”为度，严“格”而行。

那“格”是什么？“格”就是国家的法律法令，社会的道德良心，企业的规章制度、操作规程等。“格”即是“度”，即是底线！处理任何有问题的人与事，都必须坚持做到“宽不失格，严不出格，宽严皆在格上”。

企业要做到处理问题“宽严皆在格上”，必须具备三个前提条件：一是企业要“立格在先”，建立起科学的完善配套的规章制度体系和职业道德规范，做到事事都有格可依，有格可严。二是企业上下要“立格于心”，自觉地敬格、畏格、守格。反之，心中无格，见格不敬，有格不依，违格不究，法再全、格再细也是徒劳。三是最重要最关键的一个前提条件，那就是老板作为企业立法、宣法、执法的主持人，必须率先做到“六立六严”，即立格于心，严格于行；立正于心，严正于行；立明于心，严明于行；立信于心，严信于行；立兼于心，严兼于行；立恒于心，严恒于行。

一、立格于心，严格于行

“立格于心，严格于行”在“六立六严”中居于首位，带有首要性和基础性。可问题是，在企业，尤其是民营企业，老板享有至高无上的权力，既是立法人又是执法人，其内心很容易充满“企业是我开的，员工是我雇的，制度是我定的，我想怎么样就怎么样”的傲慢心理，使“格”在其心中没有立足之地。由于心中无“格”，便对企业的规章制度缺乏应有的敬畏之心，在行动上常常习惯性地“一言以立法，一言以废法”，搞得企业的规章制度很不完善，即便有了规章制度也常常是“说执行就执行，说不执行就不执行”，使规章制度变成一纸空文。正如有人所说：在企业中最大的“法”是什么？是老板的“看法”“想法”“说法”。

纵观企业界，时下一些小微企业的规章制度不完善的现象较多，而一些大中型集团公司，表面上规章制度都比较完善，在实际运行中却常常“有法不依，有格不严”。究其原因，皆与企业老板总是将自己的“看法”“想法”“说法”视作高于规章制度的“天条”，下面的人将老板的“看法”“想法”“说法”奉为高于一切的“圣旨”分不开。

自己的话成了“天条”“圣旨”，这种境况自然能让老板很惬意、很享受。可是客观规律告诫我们，它也能让企业内部无秩序的混乱状态迅速加剧，进而将企业引入深渊。为此，自觉抵制“我决定法”“我掌握法”“我即是法”的傲慢心理，便成了企业老板和各级领导“立格于心，严格于行”的关键所在。

仅仅只抵制傲慢心理就够了吗？还不够！一些习惯性的、片面的行为作风，也同样会使领导者难以“立格于心，严格于行”。譬如：

片面地“以柔克刚”，会使人对犯错误的人一味“施柔从宽”，该问责的不问责，该处罚的不处罚。结果不但会引发“破窗效应”，还会由此养出一批骄兵悍将，难以管理。

片面地“批评从严，处理从宽”，会使人对一些严重违纪者“一批了之”，或只施以“蒲鞭责罚”。结果“处理从宽”变成“宽大无边”，造成了对规则的藐视，削弱了制度的权威性。

片面地“初犯从轻”，会使人对情节严重、影响恶劣的初犯也一味从轻从宽，结果初犯者得不到应有的教训，反而形成对再犯的诱惑，对他人的不良暗示。

片面地“法不责众”，会使人在处理群体犯规事件时，将大事化小，小事化了。结果，会给人“违规人越多越安全”的心理暗示，从而助长集体违规的歪风。

片面地“从严管理”，会使人在执法中“任意破格，滥施重罚”，动辄罚款开除，将“从严管理”变成为“从重处罚”“破格滥罚”。结果，破坏了企业凝聚力，成为引发上下冲突的导火索。

必须指出：“以柔克刚”“批评从严，处理从宽”“初犯从轻”“从严管理”等理念与方法都有其真理性。但它们都不是绝对真理，而是相对真理。任何相对真理都只在特定的前提条件下才具有真理性，故而都具有局限性。在运用时，都必须根据实际情况把握底线，控制好度，这个底线和度就是“格”。坚持“立格于心，严格于行”，做到“宽不失格，严不出格”，这是领导者处理问题时必须始终恪守的基本准则。

在日常管理工作中，领导者不仅要恪守以“格”为度的行为准则，还须做到“三有”：有一颗“菩萨心”，有一张“婆婆嘴”，有一副“铁手腕”。

“菩萨心”绝不表现为对严重的违纪行为心慈手软，而是集中体现于积极教育引导部属走正路、成人才、创大业。

“婆婆嘴”就是能够坚持不懈地教育大家什么是不能破的“底线”、不能踩的“黄线”、不能碰的“红线”，引导大家“依格而行”，坚持做正确的事，不做违规违纪的事。

“铁手腕”就是通过秉公无私地铁腕执法，使规章制度成为不可触碰的高压线和烧得通红的铁炉，让人们彻底打消侥幸心理，对规章制度产生高度的敬畏之心，由此打造出一个无须施用“铁手腕”就能自觉“严格而行”的氛围环境。

二、立正于心，严正于行

确立“公正之心”是实现“严正于行”的基础。企业领导者处理问题，难免经常会受到利益和亲情的压力与干扰。唯有“立正于心”——牢固确立秉公办事的公正之心，才能在遇到重大困难与压力的情况下，仍然坚持说公道话，办公道事，公正地“一碗水端平”。仍能坚持以“格”为底线，真正做到“宽在格内，严在格上”。反之，必然行事苟且，有失公正。

有个民营的钢铁集团公司董事长，掌管营销的侄子违反公司管理制度，贪污受贿的事情东窗事发。她既不想依法处理涉嫌贪污的侄子，又想借机吓唬他一下，让他老实一点。于是找到专门与政府部门对接的副总商量：“刘总，你能否与派出所商量一下，把他抓起来关几天，再放出来，好让他长个记性？”刘副总是从政府部门退休的工作人员，深知法律威严，直言回答道：“董事长，公司是你家开的，公安机关可不是你家开的，岂是你要他抓就抓，要他放就放的？”

见此计不成，她一气之下，跑到营销部，对着自己的侄子大骂一顿“白眼狼”，然后大喝一声：“你给我滚出去！”就将他开除了。接着，她家里就突然热闹非凡了，她的父母兄弟，她侄子的岳父母、亲戚好友，都纷纷上门来为其求情，说“规矩是死的，人是活的，总不能为了一条规矩，把亲侄子的饭碗砸碎了！”有的又哭又闹，赖着不走，弄得她无法正常生活。情急之下，她只好又打电话给侄子，骂道：“你还不给我滚回来！”

就这样，一会儿让人“滚出去”，一会儿又让人“滚回来”，顾了亲情，丢了正义，公司里议论纷纷，管理越来越乱。教训告诉人们：

- 在民营企业，任何规章制度在未颁布执行之前，也许是你老板的私事，一旦颁布执行，就变成了公共契约。作为公共契约的规章制度皆姓“公”不姓“私”。

老总有权主持制定规章制度，却无权违反。遵照规章制度公正管理、严正执法是老板应尽的职责。

❖ 老总随意违反规章制度，毁坏的不只是制度本身，更有你自己的信誉和企业正常运行的秩序与效率，它会给企业埋下重大隐患和祸根。

❖ 民营企业在其初创时期，往往都是与兄弟姐妹等家属亲戚共同打拼的，企业发展起来后，亲属子女、亲朋好友就会涌入公司，分居要津岗位，管理难免陷入“亲情困境”，难以公平严正。

老板要挣脱亲情困扰，对亲属公正管理，严正执法，有必要实行“双规制”，即不仅要制定好管理公司的规章制度，并且要建立“家管会”，共同制定好对家属成员的管理规定——家规家法。在明确规定家属成员及其子女和相关血亲后代在教育培养、生活照顾、入职公司工作等方面可以享受的优待条件的同时，在“家规家法”中进一步明确规定入职公司工作的亲属必须带头执行公司规章制度，一旦违反公司规章制度，既要接受公司的处罚，还要按家规家法降减其优待等级，直至取消优待。

创始于1888年的香港李锦记“酱料王国”之所以能度过两次家变危机，历经四代，从最初的家庭小作坊发展成为大型企业集团，蜚声于海内外，就是与他们率先实行“双规制”，在不断完善和坚决执行企业规章制度的同时，还建立了“家族管理委员会”和“家族宪法”，用“双规制”严格约束管理家族成员分不开。李锦记“双规制”管理经验很值得民营企业汲取和借鉴。

总之，把丑话说在前面，将“家族宪法”摆上桌面，并且亲属的事由“家管会”一起来管。如此一来，掣肘公正管理的亲情困扰就会减少一些，压力就会减轻一些，“严正于行”就会顺利得多。

三、立明于心，严明于行

具体地讲，就是要在内心牢固确立功过分明地处理问题的行为准则，将赏罚严明落实在行动上，实现“严明于行”。可是经验告诉人们：处理一件只有功或只有过，性质单一的问题，该赏则赏，该罚则罚，要做到“严明于行”并不难，若是遇到一件功中有过，过中有功，功过相杂的事情，要“严明于行”就不大容易了。

某公司业务员为公司争得了一份重要合同，但其间又发生了不应有的越权违规行为，造成了不良影响。老总在与其他领导商量如何处理时，有的侧重于他为公司争得重要合同的业绩，说“该奖”，有的侧重于要消除他越权违规的不良影响，说“该罚”，多数人的意见则是“既然有功有过，那就干脆功过相抵，不赏不罚，抹抹平算了”。大家各说各的理，老总一时拿不定主意，便找管理咨询组老师征求意见。老师没有直接回答，他说你面对的问题是一个“功过相杂”的问题，类似问题经常发生，处理起来的确令人左右为难，但有两则真实的故事可供你参考。

一是，我军某部连长，带领连队参加团里比武，获总评成绩第一名，本人得射击冠军。可在比武期间，该连一名战士严重违纪，连长负有直接领导责任。

二是，1983 年 5 月 1 日，以色列空军组织空中格斗训练。飞行员乔恩·艾斯利的战机与战友的飞机相撞，对方飞机凌空爆炸，飞行员跳伞，乔恩的飞机左翼撞飞，重伤失控。教官两次命令乔恩跳伞，乔恩拒不执行，他采取了一些紧急措施后勉强控制住飞机，在地面的配合下终于飞回机场，带险着陆。着陆后，乔恩大吃一惊，原来左边的机翼不见了，他是驾着单翼飞机飞回来的。

毫无疑问，乔恩两次违抗命令，为军纪所不容。但他能成功地处理危机，驾驶单翼飞机飞回来，这在世界飞行史上绝无仅有，功不可没。

很显然，上述两个案例都是“功过相杂”的案例，他们的上级领导既没有以功掩过，也没有以过否功，更没有将功过抹抹平就了事，而是在辩明功过的基础上做了处置。

团领导对该连长的处理方法是，上午给该连长披红挂花，予以奖赏；下午，责成连长在全团干部大会上检查自己管理不善的问题。

以色列空军先后下达了两道命令，首先下达的命令是：鉴于乔恩两次违抗军令，予以降一职处分。接着，又下了一道命令：鉴于乔恩临危不惧，驾驶着重伤飞机安全返回，给予破格提升两职的奖励。

两个案例的处理方法不约而同，都是在辩明功过的基础上将功过分开，各算各的账，真正做到了赏罚严明。

讲完故事后，老师说：“我相信你已经从案例中悟出了处理问题的对策和方法，这个方法的精髓是领导者在处理问题时，要始终坚持‘立明于心，严明于行’”。

董事长听后高兴地说：“我知道怎么办了！”他立即召开高层领导会议，会议决定下达两则通告，首先发出处罚该业务员越权违规的通告，要求所有员工引以为鉴。然后再发一则奖励该业务员为公司成功争得重要合同的通告，鼓励所有员工努力为公司创造业绩。两则通告一出，人人心悦诚服。

事实启示我们：

❖ 处理同一个问题，做出两个决定，分别发出两则通告，看起来似乎是在自找麻烦，其实这个“麻烦”不能省！省略它，采取“木匠斧子一边砍”的方法——“只奖”“只罚”，会给人留下处理不够公正的隐患，让人心生不平。采取“将功过抹抹平”的方法，既会由于该奖的未奖，挫伤人们的工作积极性和进取心，又会由于该罚的未罚，使得企业的规章制度、奖惩规则丧失应有的权威性和公信力。总之，上述处理方法皆会引发人们思想上和行为上的混乱，破坏企业正常的运行秩序，结果难免省了小麻烦，换来大麻烦。如此得不偿失的事情，千万做不得！

❖ 在现实生活中，功过相杂的问题很多，既不可以功掩过，也不可以过否功，更不可将功过抹抹平就了事。那怎么办？那就必须在辩明功过的基础上坚持“两个理应”的准则，有功理应按规定实施奖励，有过理应按规定实施处罚。具体实施方法就是“桥归桥，路归路”地将功与过分开处理，各算各的账。唯其如此，方能功过分明，赏罚严明，让人心悦诚服。

❖ 能否按照“两个理应”的准则处理好功过相杂的问题，关键取决于企业领导者特别是老总能否“立明在心”，即能否在内心牢固确立起必须功过分明地处理问题的行为准则。唯有“立明在心”，坚持“两个理应”，才有定力和对策，才能在严明事实的基础上严明赏罚，真正做到“严明于行”。

四、立信于心，严信于行

能否“严格于行、严正于行、严明于行”，这不只是个简单的方法问题，而是直接关系到领导者个人信誉的大问题。处理问题“失格、失正、失明”，实质上就是令出无信，失信于人，其结果不但问题处理不好，还会给领导信誉抹黑。

领导信誉，是构成领导威信和魅力的基础，而威信和魅力又是构成领导力的基础性要件。“领导力 = 权力 + 魅力”，这是领导力构成的基本公式。人无信不立！没有信誉的领导者是不可能立得住、立得久的！所以古今中外有作为的领导者无不都视信为命，努力做到“立信于心，严信于行”，始终坚持“言必信，行必果”“令出如山，令必有信”。诸葛亮第一次北伐，因马谡失守街亭，导致失败。诸葛亮便毅然挥泪斩掉与自己情同父子的马谡，同时因自己错用马谡而自贬三级。这就是最好的“严信于行，示信于人”。

华为公司创建人任正非要求各级领导干部都“面对客户，背对领导”，规定“不准到机场迎接自己，谁来接，谁就地免职”。令出之后，他到墨西哥区检查工作，该区的老总以为任总也像许多领导那样说说而已，违规跑到机场去迎接，结果被任正非当场免职。

任正非“严信于行，示信于人”的举动，既强化了令行禁止的强势气场，更强化了“面对客户，背对领导”的气场，这正是华为在美国超强压力下仍然生机勃勃的重要原因之一。

华为的事实启示人们：

行胜于言，信胜于言。一个理念，一项制度，当它在企业中被严格公正地执行时，它便不仅在行动上有效地约束人们，也会在精神上有效地影响人们，进而成为一种被所有人共认和信赖的企业文化。

可是，不少企业领导由于没有“立信于心”，平时做了许多规定，讲了许多要从严管理的话，一到需要他公正严明地执法时，便不能“严信于行”。常常因为违规者是自己的亲属亲信，就法不责亲；因为是居于高位的管理者，就法不责上；因为是惹不起的“刺头”，就法不责刺……而是借口“情有可原”“团结为重”“下不为例”“处理从宽”，不了了之。最多也只是大喝一声“你给我滚出去”，过几天又大喝一声“你给我滚回来”。一旦自己对问题负有重大责任，则更是法不责己，只是轻飘飘地说一句“我也有责任”或“主要责任在我”，就一言带过，一味苛责苛罚部属，致使严格管理流于“严嘴不严行”“严疏不严亲”“严下不严上”“严软不严硬”“严人不严己”。

所有这些行为都是失格、失正、失明的行为，更是言而无信、令而无信的失信行为。领导者的信誉、领导者的魅力、领导者的领导力，就是在这种一失再失中丢光的。

领导者的失信行为皆是人性弱点使然。正如法国著名思想家卢梭在《忏悔录》中所言：“人类似乎有这样的倾向，建立一项规则叫别人遵守，同时又极力使自己成为例外，不受它的约束。”领导者要时刻针对人性弱点，加强身心修养，这是做到“立信于心，严信于行”，进而做到“令出必行，令必有信”的关键所在。

五、立兼于心，严兼于行

“严兼于行”，就是要统筹兼顾好“法、理、情”和“刚与柔”，切实将“无情的执纪”与“有情的管理”有机地结合起来。

企业领导者常常会在“法”与“情”之间左右为难！

某员工，早晨父亲突发脑梗昏迷，忙于打电话叫救护车、送医院急救。直到中午，将父亲送进病房，才抽空向经理请假，造成了旷工的事实。

公司规定，旷工必须处罚。经理很同情员工的遭遇，便向老总请求：“该员工为抢救父亲，情有可原，是否免于处罚？”

请问：老总该怎么办？聪明的老总回答了三句话：制度必须执行，道理必须讲清，困难必须帮助！公司按照老总三句话的原则，做了以下三个方面的工作。

- 按“制度必须执行”的原则，依据处罚旷工的规定，扣除员工当月奖金，并通报全公司。
- 按“道理必须讲清”的原则，经理找该员工谈心，讲清公司的规定以及必须执行规定的原因。
- 按“困难必须帮助”的原则，在了解到员工正为不知如何筹措大额医疗费而苦恼时，公司赠予一笔医疗费为其救急，同时动员大家募捐，帮其解困。

经过三个方面的工作，将“法、理、情”和“刚与柔”兼在一起，有机结合，机制治理，真正实现了“严在兼上”。于是，收到了出乎意料的效果，当事员工受了处罚还感激老总和公司，全公司员工也从中受到了教育，由此打心里头明白了两点：老总对员工的关爱是大爱不是小爱；公司的制度比铁硬、比火烈，任何情况下都不可触碰。于是，规章制度的权威和执行制度“无例外”的气场得到了强化；员工对公司、对老总的归属感和凝聚力也大大增强。

事实给了企业领导两个重要启示：

❖ 处理“情法两难”事情的基本准则是兼顾好“法、理、情”与“刚和柔”，使之形成机制，实行机制治理。具体方法是做到做好“三个必须”，即制度必须执行，道理必须讲清，困难必须帮助。

❖ “法、理、情”这三者要有正确排序，即应当始终坚持“以法为先”，这个次序不可颠倒！然而，企业管理中常常把“情”置于首位，将“法”置于最后，这样做似乎也将三者“兼”起来了，实际上本末倒置，并且置于最后的“法”往往只是虚晃一下，并未真正执行，其结果必定适得其反。

“立兼于心，严兼于行”的实质是要将关爱员工与严格管理兼容在一起。毋庸置疑，老板对员工一定要善待、要关爱，没有善待和关爱就没有凝聚力，但是善待与关爱不能代替严格管理。

有位企业家讲过创业初期的一段经历。那还是他上大学的时候，因为做家教，帮老师编名片管理系统，帮集镇编电力系统管理程序，帮公司编程，到大四时手里攒了20多万元，心想：我该创业了！于是盘下一家川菜馆。

见到餐馆员工住在地下室里，一下雨就倒灌，宿舍里、走廊里都是水，臭烘烘的。便对员工说：“这不应该是我们餐馆工作人员住的地方。”于是租了两个院子，里面装了空调和土暖气，让员工住上了阳光充足、干净明亮的房子，接着还给大家涨了工资。

当时，他以为如此善待和关爱员工，一定会得到好报。事实上刚开始也的确不错，可是不到半年，餐馆就开始亏损了。

亏不下去了，就去查账，查了一天一夜都查不出问题。最后还是一个员工对他诚恳地说：“老板，你对我们这么好，我不能骗你，这餐厅你不能再开下去了，你投进去多少钱都得亏。”他问：“怎么回事？”对方说：“你规定菜单纸必须要用复印纸，一联给老板，一联给前台，一联给后厨。后厨拿单子出菜，前台拿单子收钱。每天晚上三联一对上，就认为无误；三联对不上，就要查。可是你一周才来前联后联地查一次，有用吗？你看前台跟后厨是什么关系？两人谈恋爱了，住到一块了，两人晚上三联一撕，都没了，反正当天也没有人管、没人查呀。于是两个人一起贪钱，最多只把一半钱交给你。再说买菜的，把所有的进货价格都翻倍了，涨到不能再涨了。你规定冰箱冻的肉不能超过3天，3天卖不出去必须扔掉。买菜的为了多贪钱，原本只有10元钱一斤的牛肉被他说成30元钱一斤，本来只需买20斤牛肉，就买50斤。这样买得越多，扔得越多，捞的外快也越多。”果然，他凌晨三四点钟去查后厨，打开垃圾袋一看，里面有七八斤牛肉正等着扔。

眼看办不下去了，他结清所有的债务，请员工吃了一顿散伙饭，给每人发两份工资，便结束了第一次创业。但他心里总是想不通：我对员工这么好，为什么他们会这样对待我呢？

毕业后没钱创业了，便到一家日企打工，职位是网管。当时该公司在华北的所有信息系统都由他管，所有信息都要输入电脑，各种单据数据每天都要传输给深圳总部。总部对账管理非常严格，非常精细，非常清晰，前后一一对应，保证数据精准，容不得一丝“误差”，因为日本人认为“误差”就是错误。这给了他很大的触动。

后来，又调他做库管，做销售，他总算把日企管理中一丝不苟的交接和检查监督流程摸熟了，这时才把餐馆经营失败的原因想明白。他恍然大悟地说：管理不能单靠人的自觉性，单靠老板有善待和关爱员工的好心。善待与关爱不可或缺，但必须与严格的管理相结合，才能产生理想的效果。餐馆倒闭不怨员工，那都是我的错！没有制定严密的管理制度、运行流程和相互监督的体系来防范漏洞，更没有进行严格的日常监督，出问题是必然的。我没有教育好员工，没有用很好的制度、流程制止员工犯错误，致使这些员工在餐厅倒闭后还要再去找工作，工资福利待遇下降，重新回到地下室居住，这是对员工最大的失责！

明白了开餐馆失败的原因，明白了物流运行系统，明白了管理方法，他无法抑制内心创业的冲动，开始了再创业。再创业的结果没有悬念，自然是成功了！

正反事实告诫我们，领导者必须“立兼于心，严兼于行”，善于将对员工的关爱与严格管理兼容在一起形成机制，实行有效的机制治理，这才是取胜之道，也是对员工的负责之道。单靠善待关爱或单靠从严管理，都是片面的，既有害于企业也有害于员工。

六、立恒于心，严恒于行

坚持以“严格”为行为底线，把握好度，不只是一时一事的要求，必须持之以恒，严恒于行。可是，在现实中，不少人在企业运行无序，发生重大问题时，都喊“要从严管理”，都强调“制度”与“严格”的价值。在企业运行正常时，就忘记“制度”与“严格”的价值，开始觉得“稍微违反一点也不碍大事”，结果自觉不自觉地开始不是在从宽上失格，就是在从严上出格。天天失一点格，出一点格，日积月累，把企业推入混乱状态，直至不可收拾。

这种状况，就像是一个远行的旅游者，下雨时找伞打伞，晴天背伞则嫌累赘，于是雨天打伞，晴天弃伞，最终难免会被暴雨淋成“落汤鸡”，引起感冒发烧并发肺炎和其他疾病。

总之，片面单一的宽容，势必走向纵容，片面单一的从严，势必走向苛责，都会将企业带入深渊。为此，科学管理必须始终坚持以下三点：一是以严格、严正、严明、严信、严兼、严恒为底线，将“刚与柔”“宽与严”“关爱与管理”有机地结合在一起，形成有效的管理机制，多管并济；二是将“多管并济”一以贯之，切不可像有的企业那样，问题多了就严一阵子、刚一阵子，问题过去了就柔一阵子、宽一阵子，像打摆子一样；三是领导者要努力修好自身，力求做到立格于心、立正于心、立明于心、立信于心、立兼于心、立恒于心，为严在格上、严在正上、严在明上、严在信上、严在兼上、严在恒上奠定坚实的基础。

第七节
恪守“授权”与“控权”的底线

无论是授权还是控权，皆须有利于企业领导干部养成优良的领导作风，有利于带动员工养成优良的集体作风，有利于防治官僚主义、滥用职权，确保权力有序有效运行，最终有利于提高企业经营管理的实效。“实效”既是授权与控权的底线，也是衡量授权与控权是否成功的唯一标准。

实行分权授权，这是企业发展到一定规模时的必然要求。企业在初创时，规模小得只有几个人，也没有组织层级，老板可以直接管到每个人、每件事，自然没有多少需要授权的事情。一旦发展成大中型企业，人员多了，有了组织层级，老板已不可能直接管到每一个人、每一件事，这时就必须授权给各级领导干部，通过他们代替自己去管理。否则企业要么失去指挥，要么多头指挥，势必打乱仗、打败仗。

总之，权力的本质是用于开拓事业的“杠杆”。企业做大了，老板一个人干不了也管不了所有的事，这时对下分权授权便成为不以老板意志为转移的必然趋势，关键在于你如何对下分好权、授好权。

说到如何对下分权授权，有人马上会说：“要因才录用，量才授权。”这无疑很正确，但还不全面，因为它对授权对象只强调了“才”的方面，没有关注到“德”的方面。

其实，实施分权授权必定要遇到如下问题：首先权力是授给人的，而人是“德”与“才”的复合体，不同的人有着判若云泥的德才状况；其次权力是中性物，它像一把菜刀，握在厨师手中就是切菜的工具，落到坏人手中会变成抢劫杀人的武器。权力亦如是，一旦落到德行太差的人手中，一经他们运作，便会发生腐败，产生负能量。

为此，以“实效”为行为底线的分权授权既要“量才”，还必须“量德”，并且在授权之后还须实行适当而有效的控权！具体地讲，应当着重把握好以下几点。

一、分清四类授权对象，因人授权

依据人的德才状况，授权对象大致可分为德才兼备、有德少才、有才少德、无德无才这四大类。在四类人物中，最差的是第四类，即无德无才者，这类人不多，对于他们根本不存在授权问题，必须淘汰出局。

最佳的是第一类——德才兼备兼优的人才。将权力授予这样的人才，这是最理想的！他们能运用权力帮企业干成大事业，却不会用权力去谋私利、干坏事。所以对于德才兼备的人才，最好的管理就是“少管理”，充分放权放手让他们去干。这种方法换作古人的语言，就是“将能君不御”。可问题有二：第一，德才兼备兼优、完美无缺的人才极难找到；第二，即便找到了德才兼备的人才，在客观外界不良条件的影响下，时间一长，也有可能变坏。所以对于他们既要“将能君不御”，充分授权，信任自律，但也不可放弃适当的应有的“他律”。

第二类是有德少才的人才。优良的品德能保证他不会私用、滥用权力，但缺少才能使他难以有效地履行职责，难免会错用权力，造成不良后果。对于这样的人，必须用心培养，在授权的同时“授之以渔”，帮助他提升领导管理能力。

第三类是有才少德的人才。他们有才能，做事情有智谋，有成功的章法，可是“少德”的缺陷，使他一旦握权在手，便有可能将权力私用、滥用。对于这一类人，首先要用“才能是否急需，缺陷能否控制”这个标准好好权衡一下。假如缺陷无法控制，当然不能重用。如果缺陷能够控制，事业又急需他的才能，便要大胆任用。但必须在扬其才能、警其自律的同时，通过加强制度管理，强化他律，控其缺陷。不能控其缺陷，就有可能成事不足，败事有余。

讲到选人用人的标准，有人会提出这样的质疑：自古以来选人用人都是以德才兼备为标准的，你说要以“才能是否急需，缺陷能否控制”为标准，行吗？我说，行！

道理很简单，因为人无完人，才无全才。真正德才兼备兼优的人才极其罕见，世上绝大多数人才都是存有一定缺陷的人才。所以总结量才用人的全部经验，最符合现实又最便于操作的标准就是两句话或者说是“两把尺子”：才能是否急需，缺陷能否控制。掌握了这两把尺子，我们选人的视野会更加宽广，用人的决策会更加稳妥，一旦在用人上发生争议，判断鉴定也会更加简便。

这“两把尺子”的标准，听起来有点新鲜，事实上都是领导者在选才用才中一直使用着的习惯性做法，只不过一直有人做没人说罢了。

不过需要注意的是，人的德行只能在实践中显现出来，不可能见一面、谈一次话就能洞察，所以无法完全做到先确定干部品质，再进行授权。最适用的方法是一边授权一边考察，在实践过程中及时把滥用职权，以权谋私，以权欺人、压人、损人的人识别出来，分离出去。

总之，全部分析表明，“授权”是企业发展到一定规模时的必然要求。但是授出的权力可用于干事业，也有可能被用于谋私利，干坏事，所以对于权力运行实行有效监控，防止权力失控，权力腐败，则是授权之后的必然要求。

不过，控权不可失度，不可将“控权”等同于“收权”。权力轻授轻收，势必“一授就乱，一收就死”，皆会导致权力运行秩序的混乱，造成严重后果，皆为领导之大忌！故授权控权皆须慎度，皆须注意方式方法。

二、把握三种授权方式，灵活授权

授权的具体方式很多，但归结起来主要有“体制授权＋随机授权＋析事授权”这三种方式。

1. 体制授权

“体制授权”就是以增强办事效率效益为目标，以企业的组织编制体制为脉络，按照分级授权、分岗设权、分事行权的原则，事先规定好体制内各个领导层级、各个部门乃至部门中的各重要岗位的职事责任与权限，让员工只要进入一个职级或岗位，就自然而然地得到体制授权。

体制授权要把握好三个要则。

一是构建好企业的编制体制，使之层级分明、分工明确、职事责任清晰，消除不应有的职责交叉、权力重叠。否则，“皮之不存，毛将焉附”？

二是在科学区分层级与分工的基础上，分别列出体制内各层级、各部门、各重要岗位应负的职事清单、责任清单、权力清单，以及与其他领导、其他部门的关系清单。然后依据权力清单明确划定各级、各岗、各事的权力边界——权力底线，特别是要划定好在紧急情况下的“临机处置权”和临机处置时“最高自行裁量权”的边界和底线。以免权力在行使过程中发生越位、缺位、交叉干扰、被用于谋私腐败等不应有的问题。

三是应当保持体制授权的稳定性。通常情况下，体制授权的具体细则都要明文列入公司的章程和制度，它只随编制体制的调整变化而变化，与编制体制共始终。特殊需要时，也可经企业最高领导机构研究决定，适当调整编制体制，或者在体制不变的情况下，临时调整某个职级、某个部门、某个岗位的职权。但原则上，临时调整不宜过频，更不可草率，以免引发权力运行的混乱。

2. 随机授权

“随机授权”就是在组织执行某项临时性的重要工作任务时，随机授予的专用权利。授权中要把握好四个基本要则。

一是必须同时交清四个底：一要交清任务底。使受令受权者明白应当完成什么任务、任务的目标和所要达到的标准。二要交清权力底。特别要交清在紧急情况下的“临机处置权”和临机处置时“最高自行裁量权”的边界和底线。原则上，所授权力要符合完成工作任务的客观需求，不可无度地迁就受权者个人的主观要求。三要交清责任底。使受权者明白自己必须承担的工作责任及奖惩条件。四要交清行为规则底。明白在执行任务过程中必须恪守的不可违反的行为规范。

二是要认真考量和预测授权事项的情势，实行“量势授权”。首先，在执行前要预测执行情势，经预测没有特殊情况的任务，要按体制内权限正常授权，不必特殊照顾。预测到执行任务过程中不确定因素很多，有可能发生特殊情势的，才视情额外授权，给予关照。其次，要密切关注执行情势，发现在执行过程中出现突发状况，需要调整授权时，要及时果断地调整，敏捷应对，不可僵化迟误。

三是所授专用权力只与专项任务共始终，一旦任务完成，所授专用权力也随之结束，上级要明确收回授权，不可放任延伸，成为个别人手中不应有的特权。

四是要将一些口头授权的重要指令迅速追记，形成文字。体制授权对于权力清单、权力边界通常皆有文字规定，一般很难作弊。随机授权则具有极大的随机性，难以事先用文字将权力边界、权力底线规范得十分清楚。并且常常由于时间紧促，领导者都采用口头授权的方法，很容易发生遗忘记错。有的人还有可能利用领导口说无凭，在执行中随意更改领导意图，或者在执行发生差错导致损失时，借口是完全按上级指示办的，将责任向上推卸。为此，在口头授权之后，要抓紧将口头下达的指示、授权情况追记，形成文字纪要，在将纪要发给执行人的同时收纳归档，留作备考。

3. 析事授权

“析事授权”就是要从两个方面分析“事权”，然后视事授权。

首先，要分析是大事还是小事，然后按照“抓大放小”的原则，自己集中精力抓大事，把一些小事授权于部属去做。

其次，要分析在处理事情的过程中，必将遇到哪些大大小小的权利问题，然后按照“大权独揽，小权分散”的原则，对下授权。

比如，在组织决策特别是重大事项的决策时，必将遇到“决策主持权”“最终决定权”这两个重大权利，以及对决策的“知情权、话语权、参与权、建议权”等一系列一般性权利问题。领导者理当独揽“决策主持权”和“最终决定权”这两项大权，同时将“知情权、话语权、参与权、建议权”等有关权利授予相关部属。唯其如此，方能集思广益，将决策做得比较圆满。

在执行过程中，必将遇到“检查督导权”“过错问责权”和“操作执行权”等若干权利问题，同样要独揽“检查督导权”“过错问责权”这两个大权，把“操作执行权”授予部属。

但是必须指出：“独揽”与“独裁”，只有一线之隔，不可多跨半步。有的领导者大权独揽，小权也不放手，这就突破了“独揽”的边际底线，滑入“独裁”的泥坑，必定会产生以下一些不良效果。

- 领导者整天溺于事务，并且总是忙中出错。
- 领导决策失误，还自以为是；下面明知决策有误，无处直言，不敢直言，只好眼睁睁地看着让失误变成恶果。

❖ 即便领导独自做了正确的决策，由于没有将决策的知情权、参与权等权利授予部属，部属一味被动地接受决策指令，很容易一时反应不过来，对决策不理解或理解上出偏差，给执行平添许多不应有的麻烦和沟通成本。

❖ 下面在执行中遇到不清楚的问题，不敢向上请示询问，只好机械地执行上级指令，或者凭自己的"想当然"执行指令，难免造成不应有的失误和损失。

❖ 有能力的部属，会觉得老总不信任自己，从此消极，甚至跳槽；缺乏事业心、责任心的下属，会养成事事等老总决策的懒汉习惯，更加平庸。

三、强化四个自知之明，自觉授权

有人问古希腊哲学家泰勒斯："你认为人活世上，什么事情是最困难的？"泰勒斯的回答是："认识自己难，认识自己的不足更难！"许多领导者之所以无度用权，不能量权行事，除了害怕大权旁落之外的重要原因是缺乏四个自知之明。

1. 对能力缺乏自知之明

有的领导者以为企业是全靠自己的能力打拼出来的，想当初那些常人难以想象的"火焰山"，也都凭着自己的才干翻越过来了，因而很容易过于自信自满，导致盲目自负，以至于"视自己为英雄，视下属为阿斗"，对"阿斗"们事事不满意，处处不放心，不敢不愿授权给他们。

其实，"一个好汉三个帮"，再大的英雄也不可能一个人包打天下，"打天下"靠的是上下齐心合力！合力需要齐心，齐心需要领导去凝心，凝心的关键是上下之间相互信任。授权放权是领导对下显示信任的重要表征，也是下面衡量领导是否信任自己的重要指标。当领导的总是揽权不授，或授权之后不放权，上下互信无从谈起，要求下面齐心合力地帮助自己干事业，也只能是一厢情愿！

2. 对精力缺乏自知之明

总觉得当初我事事躬亲，事事成功，现在交下去的事情，心里老不踏实，还不如自己亲自干。

殊不知，你有精力有能力做好一些事情，绝不可能有精力有能力做好所有事情！

企业规模大了，你不可能有精力掌握企业的所有情况，更不可能有精力有能力去处理企业的所有问题。这个时候，当领导的只能学习孙悟空的“分身法”，选配好各级领导，培育好人才队伍，将权力分授给他们，让他们代替自己去做事情，这是别无选择的选择。

3. 对权力缺乏自知之明

常常有人质疑：整个企业都是老板的，还有老板“不能管，不该管”的事情吗？老板也要量权行事吗？回答是肯定的：也要！只要企业达到一定规模，内部形成了有层级的组织结构，每个层级都授予了一定的权力，老板手中的权力也便成为有限权力，凡事就得先考量权衡一下自己手中的权限，然后“量权行事”。

只不过，老板量权行事的具体内容与下面领导会有所不同。下面领导在行使权力时，须着重考量“此事在不在自己的权限范围内”，凡属权限内的事情，可以依权行事；凡属上级权限内的事，就必须先请示，后行动。紧急情况下，可随机决定并行动，但事后必须报告原因与经过；凡属平级权限范围内的事，就要及时与平级沟通，在得到他们许可的情况下再行动。

老板行使权力要着重考量如下四点。

- **着重考量此事是大事还是小事**。凡属大事要认真过问，凡是小事则让下面自主执行。
- **着重考量此事是授过权的还是没有授过权的**。凡授过权的，要让下面按职权自主执行，一般不要直接代替下面决策指挥。凡未授权又需要授权的事情，要依据体制授权和随机授权的规则抓紧授好权，督导下面依权依规行事。
- **着重考量此事是事务还是问题**。凡属具体事务，应当责成下面按级负责；若是问题，则要亲自过问，一抓到底，以免再犯，切勿把“问题”等同于“事务”。
- **着重考量此事有没有必须直接干预的特殊情况**。在特殊情况下，领导者可越级指挥，如在末端检查工作，发现问题，需要当即处理时；情况紧急，来不及按级指挥，必须临机处置时；下级遇到无权力、无能力、无实力处理的问题时；发现下级领导错用、滥用权力，必须迅即制止时；下面发生重大事故或意外事件时；下级领导在执行中当断不断，久拖不决时；下属团队内部无法协同，各行其是时；下属团队主官不能胜任，又来不及人事调配时，等等。若非特殊情况，不可直接代替下面决策指挥，应当提醒和指导下级行使好自己的职权。已经越级指挥的事情，要及时通告下面的相关领导，否则，难免会引发不应有的误会和矛盾。

某团长，一天在营区散步，迎面遇上曾经给他当过公务员的战士小张。见他满面愁云，就问：“小张，怎么眉头打结啦？”小张报告说：“父亲病重，连里只批给我七天探亲假，不够用。”团长知道小张家在四川，当时交通不便，途中往返就得五天，批给的假期确实太短，便说：“给你增加三天假！”小张一听，高高兴兴地探亲去了，没有向连队报告，团长也忘了告诉连队。小张休满十天假回到连队，连长指导员就批评他无故超假，并且要按条令规定处罚他。小张傲气地说：“是团长增批了三天假，你们不能不认！”连长指导员说：“我们没有得到通知，不算数！”小张便去找团长。团长只好诚恳地给连长指导员做了解释和自我批评，这才平息了这场不该发生的矛盾。

案例启示我们：

❖ 团长虽然有给小张增批三天假的权力，但即便如此也要量权行事，把工作做到位！通常的做法，应当是团长提醒连队干部，让他们给小张增批假期。如果自己直接批了假，应当及时告诉连队干部。可是这些工作团长都没做，这就犯了“草率用权”的大忌，难免要引发不应有的误会和矛盾，还给自己造成不应有的被动。
❖ 一件小事草率用权尚且引发一个小风波，假若在重大事项上也如此，则可能掀起一场大风浪，可见，“量权行事”对于领导者而言是多么重要，岂可小觑？
❖ 权力能够决定事物的走向，却决定不了由此产生的必然结果。所以，作为大权在握的领导者，切不可只快意于用权力改变事物，更要预防用权不慎产生的必然恶果。
❖ 领导者草率用权，难免造成“上级揽权”。“上级揽权”与“下级越权”“平级侵权”一样，都是导致权力运行秩序混乱，引发企业内部冲突的重要根源之一。所以，领导者特别是老板必须养成“量权行事”的领导作风，才有可能使自己的授权、用权都始终恪守在“良效”这个底线之内。

4. 对生命缺乏自知之明

须知，一个人的生命周期是挺短的。你总有老、病的时候，如果不培养好接班人，事业就会中断。而培养接班人的基本路径就是放手放权，让他在实践中摔打。

据说，IBM 公司的总裁汤玛士·华生有心脏病，医生劝他住院治疗，他焦急地说：“我怎么会有时间住院呢？”

“我们出去走走吧！”医生拉着他来到近郊的一处墓地，指着一个个坟墓说：“没有你，你目前的工作还会有人接着做。你死后公司会照样运作，不会就此关门大吉。”

华生沉默不语。第二天，这位在美国商场上炙手可热的总裁就向 IBM 董事会递上辞呈，并住院治疗，出院后过着云游四海的生活。IBM 也真的没有因此倒下，至今仍是举世闻名的大公司。

医生的一番话很有道理，但他说“你死后公司会照样运作，不会就此关门大吉”，这倒不一定！人们常说“少了你，地球照样转”，对于地球而言的确如此，可是对于企业而言，并不尽然！

一个有作为的企业家，要是平时没有培养好接班人，他一病倒企业就会乱套。一旦去世，就可能人亡政息，企业垮台，这样的事情比比皆是，司空见惯。所以，如果想创建一个能够基业长青的企业，企业家就必须在平时着意培养接班人，就得大胆地给他们授权，放手让他们在实践中摔打锻炼。

总之，必须大声告诫领导者：你的能力是有限的，精力是有限的，权力是有限的，生命是有限的。强化“自知之明”，是做到做好“量权行事”、恪守行权规则的重要前提。

四、制订三份清单，定好权力名分，准确授权

古代著名政治家商鞅曾用一个生动的比喻讲到确定好权力名分的重要性，他说：“一兔走，百人逐之，非以兔可分以为百，由名分未定也。夫卖兔者满市，盗不敢取，由名分定也。故名分定，势治之道也。”意谓，上百个人追逐一只兔子，那不是因为一只兔可以变为一百只，而是由于这只兔子的所有权尚未确定的缘故。卖兔子的人满街都是，但是盗贼不敢随便去抓，那是因为这些兔子的所有权已经有了明确归属。

商鞅所说的那只“兔子”就是权力。授权，必须授到具体岗位、具体人，使其具有确定的名分与归属，才不会发生“百人逐之”的争权现象。确定好“权力”的名分——将权力授到具体岗位、具体人，这是实施有效管理的基本原则。

要确定好权力名分，必须在授权时列好以下三份清单。

- ❖ **权力清单**。即对于事权、人权、物权、财权、奖惩权等一系列支配权一一列出清单，分别明确划出它们的边界清单。特别是对于“自由裁量权”，要明确划出它的弹性幅度，确定好权力的弹性清单，以免给受权人无度使用权力留下不应有的空间。
- ❖ **责任清单**。明确划出与所授权力相关又相等的一系列必须承担的责任清单，职责边界，确保将责任与权力同时授到受权人手中，促其在运用权力时承担起应负的责任。
- ❖ **奖惩清单**。以必须实现的岗位目标、任务目标，必须遵守的行为规则为基准，明确好奖惩标准、奖惩规则，特别是“必奖”“必罚”的边界清单，使权力这只“兔子”不但有明确的名分，还有明确的“奖罚标的”，以免权力在运行时发生无序与失控。

三份清单必须明晰、稳定，既不可与上下左右之间的职责权力有交叉、有重叠，也不可存有模糊地带，给人留下随意弄权的空间。否则，在权力运行中难免发生不应有的矛盾冲突，甚至腐败现象，妨碍权力有序有效地运行。

五、构建一系列管控权力的制度机制

1. 建立并强化权力运行制度

要明确规定：老总和各级领导可依据职权对部属下达指令，指令通常要按级下达，情况紧急时也可越级下达。越级下达时，应将所下达的指令内容通告受令者的直接领导。指令下达后应当及时检查执行情况；如果情况发生变化，应及时下达补充指令或新的指令。

部属对上级指令必须坚决执行。如果认为指令有不符合实际情况之处，可提出建议，但在上级未改变指令时，仍须坚决执行。执行中情况发生急剧变化，原指令确实无法继续执行而又来不及向上请示报告时，应当根据公司的战略和上级的总意图，以高度负责的精神积极主动地机断行事，坚决完成好任务，事中事后迅速向上级报告。

2. 建立并强化请示报告制度

要明确规定：属于已经“体制授权”或上级“随机授权”范围内的事情，无须请示即可自行裁定，但“可以不请示≠可以不报告”。公司应当明确规定报告形式、报告时间、报告内容。各级必须按规定及时报告工作执行情况，主动接受上级检查督导。因故不能及时报告，应迅速补报并说明原因；报告内容必须实事求是，不得报喜不报忧。

遇到无明确规定和经验依据，自己把握不准的事情，或者无权力、无实力处置的问题，要及时向上级请示报告。情况紧急时，可临机处置，但要边处置边请示报告，或事后补报。遇到突发的重大事故、重大问题要实时请示报告，不得迟误。

请示报告，通常采取书面或者口头形式。重要事项在口头请示后要补办书面请示。

请示报告要逐级进行，一般不可越级。特殊情况下可越级请示报告，越级请示报告后，要及时向直接上级报告越级请示的情况与原因。

请示，要一件事只请示一个领导，不得在请示一个领导不同意时，找多个领导多头请示。

请示，要一事一请示，并且对于请示事项提出自己的看法和处理建议，不可采取“孩子哭了抱给娘”的方法，只有请求没有建议。所提建议一般不得少于两个，以便上级选取。

上级对于下级的请示要及时答复，答复要明确干脆，不可含糊其词或者过于原则，让人猜度。重大事项、复杂事项的请示与答复皆要形成文字，收纳归档。通常公司要制作规范的“呈批件”，下面一件事一呈报，上级一件事一批示。

3. 建立并强化民主管理机制

特别是对于重大事项的决策与实施，要建立领导班子民主决策制度和实施规程，按照“选定决策事项—准备决策预案—展开民主讨论—形成决策方案—布置决策执行”的程序，实行民主管理。民主讨论时，要先让班子成员和决策参与人员畅所欲言，充分发表意见。老总要在充分讨论的基础上集中归纳讨论意见，最终形成决定并布置执行。

4. 建立领导班子、基层班组民主生活会制度

有的公司针对“一言堂”容易造成决策失误、权力滥用的问题，在建立民主决策制度的同时，又建立民主生活会制度，明确规定领导班子每季度或每半年要召开一次民主生活会，基层班组每月召开一次民主生活会，特殊需要可随时召开民主生活会。

民主生活会的主要内容有二：一是大家平等地交心通气，说出自己的心里话，包括埋在心里的委屈、误会，心平气和地开展批评与自我批评，消除误会，增强团结；二是认真查找问题，总结经验教训。班子成员要着重查找决策指挥和领导作风问题、权力错用或私用的问题、懒政怠政等问题，相互开展监督检查和严肃的批评与自我批评。

5. 建立并强化民主监督制度和纪律检查制度

有的公司借鉴军队的领导体制，在相关领导层级设置政委，专门从事团队的思想工作，监察权力运行状况，及时纠正权力运行中的偏差。有的借鉴军队纪律检查制度和现代公司审计、各种考评经验，定期和不定期地对下进行审计检查考评，对于不执行上级决定、指令，造成严重后果的；工作失职、决策失误造成严重损失的；违反规章制度情节严重的；隐情不报，弄虚作假，造成不良影响的；对下级请示不及时答复，对下级反映的问题不及时处理，懒政怠治造成不良后果的；对打击报复举报问题的，严肃追究责任，依法依规处罚，收到了良好的效果。

6. 建立群众监督制度

让群众民主监督权力运行，揭发举报滥用权力、以权谋私的问题，这是管控权力的一个有效方法。但若企业风气不正，也会产生相反效果。必须注意引正风气，还要对群众揭发的问题注重调查，善于鉴别，慎重对待，不可听风就是雨。

欲将权力关进笼子里，必须建立健全一系列规章制度，但是“徒法不能自行”。有了严密的规章制度，只是有了一个意念上的“笼子”，必须有人大力推行，严格执行，并且必须是公正地执行，才会成为一个具有实质性作用的“铁笼子”。这是一个众所周知的常识性问题，可是常识往往不能常行，企业领导必须予以高度关注和防范。

六、营造正确强势的舆论气场

1. 大力营造“掌权者皆要量权行事”的舆论环境

让所有掌权的领导者特别是顶层领导都做到“四个自知之明”，既清楚我手中的权力是有限的——有边界的，又清楚我的权力边界在哪里，确保其在做事情时都恪守权限，“量权行事”。

2. 大力营造“用人不疑≠用人不管”的舆论环境

有些企业经常发生这样的状况：上级如果检查过问一下部属用权状况，被检查的部属会以为这是上级对自己不信任，因此产生抵触情绪，有的在心里嘀咕，有的则公开说“当领导的应当‘用人不疑，疑人不用’嘛”。似乎“用人不疑”就是授权之后，不应该再过问用权情况。于是，“用人不疑，疑人不用”常常成为下级抵制检查督导自己的借口，致使有的领导者在平时不敢大胆管理，懒于检查管理权力运行状况，等到出了大问题才去收拾烂摊子。这是极不正常，非常有害的。

为了改变这种不正常的倾向，必须大力营造正确的思想舆论环境，引正企业上下对“用人不疑，疑人不用”的正确理解，使大家对以下理念形成共识。

- 领导对部属的最大信任是什么？就是授权给部属，除此之外，没有别的！“疑人不用”就是对于德才有重大疑问的人不授权！“用人不疑”就是在授权之后让其放手大胆地工作。
- 下级在受权后，可以自主决定职权范围内的事情，但是“自主≠自流”，上级检查下级用权状况，这是上级的职责所在，与信任不信任不搭界。若以“用人不疑”为由，抵制领导对自己的管理督导，这不是要求得到上级信任，而是逼迫上级用“不管”取代“不疑”，对自己放任自流。凡是企图将“用人不疑”变为“用人不管”的人，大多是想把水搅浑，浑水摸鱼的人，绝不能让其遂心。
- “自主≠自流”“不疑≠不管”“授权≠弃权”“信任≠放任”！领导者检查部属用权状况，是领导者应尽的职责。为了表示自己“用人不疑”，对下属用权状况不管不问，这是将“不疑”变成了“不管”，把“授权”变成了“弃权”，把“信任”变成了“放任”，完全是取乱之道，绝不可取！

企业领导平时应当做到四个理直气壮：理直气壮地大讲“用人不疑≠用人不管”的价值理念；理直气壮地批判企图偷换概念，将“不疑”改成“不管”的错误倾向；理直气壮地对权力运行状况进行经常性的检查督导；理直气壮地处理权力腐败问题，努力造成强势的思想舆论，促使人们逐渐形成正确的价值共识。

总之，授出去的权力犹如放飞到空中的风筝，是绝不可断线的。断线的风筝必定失控，因而“放飞风筝，必须攥住线”，这条线就是“正确的价值导向+完善的规章制度+严正的法治环境+强势的舆论气场”。必须经常告诫大家：那些挂在树梢上，掉进江河里，甚至扎在粪坑里的风筝，再也不能在天空得意地翱翔，皆是因为断了那根控制线的必然结果。遗憾的是，只有当风筝一头扎进粪坑里时，人们才会省悟到那根令人讨厌的控制线竟是不可或缺的生命线，但那时已悔之晚矣！领导者的责任则是抱着对企业、对员工负责的精神，始终加固控制线，攥住控制线！

需要按照“慎度处置法”谨慎把握的事情还有很多，譬如奖赏处罚都必须施之有度。尤其是处罚，其目的是“惩前毖后，治病救人”。良医见到胆结石患者，只要能体外碎石就不做手术，能做微创手术的，不做切除手术。处罚也要像良医那样抱着“治病救人”的态度，慎度处置。

此外，领导工作、管理工作既要慎度，还要注重创新，创新是推动企业发展的动力。可是创新离不开“守正”的保障，日常大量的领导工作、管理工作皆须以“守正”为主，即皆须坚持按照常识常策办理。不能正确处理“守正”与“创新”的关系，把握不好其中的度，难免因失度而失策，削弱领导力和执行力。为此，非常有必要深入探索一下“常策新用法”。

第四章

常策新用法

常策，是在常识指导下形成的并经过长期实践检验证明成熟可靠的经验与方法，也就是人们日常使用着的一些策略和方法。“常策新用法”要求领导者既在思想上尊重常识常策，行动上用好常识常策，又在运用过程中适应新情况，创造新经验，使常识常策常用常新。

常识常策，没有深藏不露的天机，无非是一些像“天上不会掉馅饼”“没有规矩不成方圆”“凡事须谋定而后动”“做人做事要实事求是，诚实守信”等众所周知的常识和方法，都是平时应用最多、使用频率最高的一些策略和方法。它们无须权力、权威的认定和加持，是万事万物本身的客观规律与人类生活慢慢磨合达成的共识，是在历史长河里经过慢慢积淀和熔炼而成的知识结晶。它们听起来耳熟能详，说起来众所周知，并且似乎浅显寻常，却在浅显中包含着深刻的哲理，在寻常中包含着不寻常的铁律。历史与现实的经验一再证明并将继续证明，坚持以常识为基，常策常用，常策新用，这是成功企业的一大特点。

华为是我国著名的成功企业，许多人都追问其成功的秘诀。华为资深顾问吴春波写了一本书，回答了这个问题，书名是《华为没有秘密》，副书名是“华为如何敬畏和坚守常识”。书名直白地告诉人们：治企无奇计，管理无秘诀。成功企业最常用、最奏效的策略方法，主要是建立在常识基础上的众所周知的常识和常策。

华为的经验道出了一个真谛：如果说华为也有成功的秘诀，那么这个秘诀就是“敬畏和坚守常识”——始终坚持以常识为基，常识常用，常策新用。

常识常策寻常无奇，众所周知，可是要真正做到“常识常用，常策新用”却并非易事。无数经验教训告诫我们，众所周知的“常识常策”之所以不能坚持“常用常新”，最主要的原因是许多领导者在思想上、行动上存有三种偏见：一是“厌常逐奇”，视“常识常策”为“小儿科”，一心追逐奇计秘诀；二是对“常识常策”只满足于“知道了”，知行不能合一；三是虽然也将常识常策运用于实践，但“用其形，失其神”，陷入形式主义。为此，坚持“常策新用法”，自然必须坚持“三不可”：不可“厌常逐奇”，不可只满足于“知道了”，不可“用其形，失其神”。

第一节
不可“厌常逐奇”

有道是“天下之事，常则守经，变则从权”。领导者在实际工作中固然要注重“从权”和创新，但在平时使用频率最高的主要是常识常策，符合客观规律的行之有效的常识常策如同空气和水，是企业管理中须臾不可或缺的东西。

不幸的是：不可或缺的常识常策，却因其过于寻常，过于普及，用了难显高明而不受人待见，甚至屡遭“厌常逐奇”的人蔑视。特别是在一些自以为事业有成、经验有余的成功人士那里，“厌常逐奇”的倾向表现尤甚。

东汉时，有一位著名的军事家、外交家班超。公元 73 年，他投笔从戎，两次奉命出使西域，凭借大智大勇和“不入虎穴，焉得虎子”的精神，在三十一年时间里，收服了西域五十多个国家，为西域回归祖国做出了巨大贡献，官至西域都护，封定远侯。后因年迈奉命回朝，由任尚接替他管理西域。

任尚是一个“厌常逐奇”的人，他到任后就向班超请教治理西域的奇计秘策，对班超说：“君侯在外国三十余年，而小人猥承君后，任重虑浅，宜有以诲之。”

班超答道：“任君数当大位，岂班超所能及哉！必不得已，愿进愚言。塞外吏士，本非孝子顺孙，皆以罪过徙补边屯，而蛮夷怀鸟兽之心，难养易散。今君性严急，水清无大鱼，察政不得下和，宜荡佚简易，宽小过，总大纲而已。”

任尚听后，觉得班超所言没有“奇计秘笈”，皆是老生常谈的“常策常法”，事后对亲信说：“我以班君当有奇策，今所言平平耳。”正由于任尚将班超的告诫视为平庸，自然也不会改变“严急之性”，处事也不可能“宽小过，总大纲”，而是一味任性苛责。结果，只有四年时间，就激起西域各部落的叛变。

“厌常逐奇”的心理不只是任尚有，其实也是许多领导者的通病。每当讲到一些常识常策时，不少老总也常常会像任尚那样不屑地说：“这些‘小儿科’的方法，我早就知道了！”可在工作实践中，他们由于一心“逐奇”，总是将常识常策置于脑后，抛在一边，结果“早就知道了”的常识常策，非但没有照着去做，还屡屡违反，其实际效果是“知道了 = 不知道”，甚至于比不知道更糟糕。

教训告诫我们：

- 既然“天下之事，常则守经，变则从权”，于是做事情、解决问题的方法策略就有了“奇正”之分。《孙子兵法》云：“三军之众，可使必受敌而无败者，奇正是也。”“凡战者，以正合，以奇胜。”“正”指的是常策常法，“奇”则是从权创新之法。“常策新用法”的要旨，就是坚持“以正合，以奇胜”，将据常守正与创新出奇有机地结合起来，这是修炼和提升领导艺术的关键所在。
- 从权创新的“妙计奇策”常常能出乎人的意料之外，收到“四两拨千斤”的效果，令人惊叹。但是任何奇计妙策能够超出人的意料之外，却绝不可能超出客观实际和客观规律之外，自然也不可能超出符合客观规律的常识常策之外，而奇计妙策从来都是以常识常策为基础创造出来的。一味“厌常逐奇”，迷恋于追逐奇计秘策，试图以一条“奇计”安天下，其结果必定与逐奇者的梦想相反。
- “厌常逐奇”这个词似有贬义，不足与外人道。因而一心要“厌常逐奇”的人决不会承认自己在“厌常逐奇”，总是拿“创新”这个漂亮的说法掩饰自己的行为，并且振振有词地扬言“创新就是打破常规”，以此给“厌常逐奇”、违背常规的言行找一个绝佳的借口，用于增强自信，抵制批评。

为此必须指出，创新能为事业的发展开拓出新的更好更快的发展路径，极其重要。但是，创新绝非“逐奇”，亦非打破常规！创新所要打破的是“陈规”！“陈规”是指已经僵化过时了的规则，绝非在实践中行之有效的常识常规。行之有效的常识常规不是人们可以随意打破、任意否定的，因为它是客观规律的反映。客观规律是不以人的意志为转移的，否定和违反符合规律的常识常规常策，必遭规律的无情惩罚！

人们做事情、干事业可采用的方法很多，借用一句俗话来形容，那就是“条条道路通罗马”。能通“罗马”的道路虽多，归结起来则主要是两条路：一条是常规之路，那就是早已被人所熟知的既符合客观规律又行之有效的常识常规常策之路；另一条则是创新之路。创新之路也有两条：一条是“从 0 到 1”，从无到有的原创之路；一条是“从 1 到 N”的再创之路。纵观历史与现实，原创性的创新屈指可数，大量的创新皆属再创，就是在常识常规常策基础之上的再创造。再创造虽具有新意也高于常识常规常策，却并未脱离常识和常规常策。一味“厌常逐奇”，异想天开，难免跌入脱离实际、违反规律的陷阱，最终一败涂地。

必须强调的是：人们开拓的创新之路，无论是原创还是再创，皆须无一例外地符合客观规律。它们在尚未开拓之前无人知晓，一旦被人开拓出来，就多出一条通向罗马的新路。在新路上走的人多了，时间久了，这条路也便变成为常识常规常策之路。所以，创新并非打破常识常规，相反是在增添常识常规，常识常规常策就是由不断创新积累形成的。

第二节
不可只满足于“知道了”

一次，美国通用电气公司首席执行官杰克·韦尔奇应邀来我国讲授管理知识。有人听完演讲后提问：“您讲的那些内容，我们也差不多知道，可为什么我们之间的差距会那么大呢？”杰克·韦尔奇答曰：“那是因为你们仅仅是知道，而我却做到了，这就是我们的差别。”

案例启示我们：

- 常识常策，是经过长期实践检验的众所周知的成熟的经验与方法。尽管它寻常得像空气与水，却是产生一切高深理论、奇计妙策的基础，更是企业日常管理中须臾不可或缺的东西。你想获得成功，就得从常识常策学起、做起。
- 凡事知易行难，“知道了≠做到了”。许多常识常策虽然“说起来清楚，听起来明白”，自以为早都知道了，其实并未真正理解和领会，更未真正地掌握和运用，一直处于“做起来糊涂”的状态。
- 成功者如果有秘诀，那么这个秘诀就是对于常识常策能够说起来清楚，做起来明白，知行合一，善于践行，并且能在践行中常用常新，使之升华为自己的领导艺术，而非仅仅只是知道而已！
- 世界上最难跨越的山不是火焰山，而是从“认知”到“践行”、从“想到”到“做到做好”这道坎。认知了、想到了的工作思路与方略不能转化为有效的践行行动，这样的认知等于无知，这样的想到等于空想！

无数的经验教训告诉我们：古今中外的企业之所以做强做大做久的太少，一个重要原因就是，对于耳熟能详的常识常策总是满足于“知道了”，止步于“知道了”的老板太多，能持之以恒地将其付诸践行，并常用常新地将其升华为领导艺术的人太少。纵观现实，许多企业之所以干着干着便进入人才流失、经营困难、举步维艰的境地，究其根源，往往也与企业老板对于“诚信做事”“尊重人才”等常识常策一直处于“说起来清楚，做起来糊涂”的状态分不开。

20 世纪 60 年代，才能过人的麦克·利奇入职到菲利浦·所罗门公司工作。总裁杰尔森多次让他担任重要工作，每次都能出色完成任务，很快他就被提拔为公司驻马德里办事处主任。六十年代末、七十年代初，西方发达国家与石油输出国之间一度关系紧张。正当杰尔森打算收缩石油贸易时，麦克·利奇却主张利用自己与一些石油大亨的亲密关系扩大石油生意。杰尔森抱着试试看的心理，答应麦克·利奇去做石油生意，并承诺事成之后奖金按公司规定办理。于是麦克·利奇立即飞到德黑兰，通过关系签了几笔巨额石油订单。这几笔生意不但能使菲利浦·所罗门公司获得巨额利润，并且将一跃成为世界上最大的石油商之一。麦克·利奇个人按规定可获得 100 万美元的奖金。

可是，杰尔森却在奖金问题上失信了。他觉得：奖金数额如此巨大，麦克·利奇又没费多少力气。况且他是我一手培养起来的，这次做石油生意又是我给他的机会，“没有我，这小子哪有今天？”所以，杰尔森不肯兑现诺言，奖金的事一直拖着不办。

可麦克·利奇却认为“奖金是制度规定的，你也承诺过，任谁都是要给的，凭什么我给公司做了这么大的贡献，你却不给了”，于是便打电话向杰尔森催要奖金，杰尔森则总是支支吾吾地不答应。麦克·利奇一气之下从马德里飞到日内瓦，直接找正在度假的杰尔森当面催讨。

面对情绪激动的麦克·利奇，杰尔森安抚说：“你冷静点儿。你也明白，我年事已高，谁来接替总裁职务呢？我想交给你。既然你将担任这一要职，又何必计较这 100 万美元呢？所以我劝你干脆一分不要为好，将来上任，大家谁不敬佩你？”

杰尔森说得似乎很在理，可是他连公司规定的、自己承诺过的奖金都不肯兑现，新的许诺又能有几分可信呢？所以，麦克·利奇根本不为所动，他说：“谢谢总裁好意。如果你推荐我做总裁，我将感激不尽。但是，这与我应得的奖金是两码事，不能扯到一起去。我仍要这份奖金。”

由于杰尔森坚持失信，麦克·利奇当场辞职，并且下定了要与杰尔森斗争到底的决心。一走出杰尔森的度假地，他便连打几个电话，将前面签订的石油合同转给了别的公司，杰尔森的公司一无所获，麦克·利奇则获得提成200万美元。然后麦克·利奇用这200万美元开了一个公司，不断从杰尔森那里挖人才，撬项目，搞得杰尔森狼狈不堪，心力交瘁。

案例启示我们：

杰尔森之所以落入如此境地，就是因为他肆意违反“诚信做事”“尊重人才”等一系列本应固守的常识常策所致。然而，对于“人而无信，不知其可”“财聚人散，财散人聚”“赏罚不公，必有后殃”等一系列常识，对于企业总裁理当坚守言必信、行必果，坚守重人才、轻钱财，坚守要激励人不要激怒人等一系列常识常策，杰尔森难道会不知道不清楚吗？毫无疑问，他不但知道，并且一定能说得头头是道！可为什么做起来却背其道而驰呢？

问题在于他的内心已被如下不良心理、错误情结所占据。

（1）**嫉妒心理，惜财情结**。总觉得“奖金数额如此巨大，麦克·利奇又没费多少力气，这个钱也太好赚了”，因而心里酸酸地，极不情愿。

殊不知，这种酸酸的心理就是嫉妒心理、惜财情结。当嫉妒心理、惜财情结成为执念的时候，应有的待人胸怀和处事格局便大大缩小，企业的奖励制度、自己许下的奖励诺言，以及“人而无信，不知其可”“财聚人散，钱散人聚”等常识常策便统统被置于脑后，失信食言就势成必然。于是原先为激励人心而设置的奖励制度、许下的诺言，不但不能产生激励人的效果，反而变成了激怒人的因素。

（2）**赐恩心理，图报情结**。总觉得“是我一手培养了你，重用了你，给了你高级职位、优厚待遇，没有我，你小子哪有今天？你多做一点贡献是应有的报恩行为”。

殊不知，老板培养、重用、优待人才，给人才提供创造业绩的平台和机会，人才利用这些条件为企业创造价值和利润，这本是双方应尽的责任，更是双方互利的过程，并不存在谁赐恩于谁的问题。领导者将培养、重用、优待人才的应尽之责当作是对人才的赐恩，总以为“我既有恩于你，你就得报恩于我，即便我失信于你，你也应该唯命是从”，这实质上是将人才当成了奴才，是对人才最大的亵渎和侮辱，也是许多企业之所以造成人才流失的重要原因。

（3）**自负心理，弄权情结。**总觉得“公司是我管的，员工是我用的，奖金给不给是我的权力，你不应该跟我计较！”

殊不知，一个大权在握的企业总裁，执意要违反制度，食言失信，下属固然是无法制止你的，可是你也无法阻止下属对你的愤懑与反抗，无力阻止由此引发的一系列恶果的产生。事情发展的必然逻辑是：自负地失信，随意地弄权，最终都要由你自己买单，并且所买的账单绝非只有100万美元，而是一笔代价无比昂贵的“高利贷”，即自己丢失信誉，企业流失人才，亲手制造了一个与自己与企业作对的强硬对手，他会挖走你的人才，撬掉你的项目，整得你狼狈不堪，心力交瘁，甚至企业崩溃。

（4）**侥幸心理，投机情结。**总觉得对于自己培养过的人、“赐恩”过的人失点信和有点过头的行为无所谓，甚至天真地以为只要再给一句新的许诺，就可以掩盖和替代已经发生过的失信和过失。

殊不知，这种“侥幸心理，投机情结”在现实生活中很常见，但能够取信于人、获得善果的并不多见。因为人们都信奉这样的事实：一次“现在就给你”胜过一千句“以后会给你”。当原先的诺言尚未兑现的时候，你许下的新诺言就像是一张“冥币”，无论其票面币值有多大，也不可能吸引任何人。

令人十分遗憾的是：当事态发展到不可收拾的时候，迷于上述种种执念的杰尔森以及与其类似的领导者，也不一定能用“诚实守信”“尊重人才”等一系列最朴素的常识常策检查反省自己，大多会像怨妇那样一味怨恨诅咒麦克·利奇是“白眼狼”“不得好死”！因而也就不可能从中汲取应有的教训，改过自新，以至于在违背常识常策的泥淖里愈陷愈深。

人们正是因为不能正确吸取教训，所以总是跌入同一个陷阱或泥淖里爬不出来。对于这种景况，唐代杰出诗人、散文家杜牧在《阿房宫赋》里有过精准的论述：“灭六国者六国也，非秦也；族秦者秦也，非天下也。嗟乎！使六国各爱其人，则足以拒秦；使秦复爱六国之人，则递三世可至万世而为君，谁得而族灭也？秦人不暇自哀，而后人哀之；后人哀之而不鉴之，亦使后人而复哀后人也。”

这段论述也是对杰尔森们的生动写照。借用这段论述来类比杰尔森们，那就是：如同灭亡六国的是六国自己而不是秦，消灭秦王朝的是秦王朝自己而非天下一样，坑害杰尔森的是杰尔森自己，并非麦克·利奇。假使杰尔森们能够遵从常识常策，坚守诚信，尊重人才，那么麦克·利奇就能长期为其所用，不会成为他的对手和敌人，企业就能越做越好，越做越强，怎么会陷入如此境地呢？可是杰尔森不暇自哀，更不能总结吸取教训，只会责怪别人，后人也只对杰尔森哀之，为之叹息，却不借鉴吸取他的教训，这正是有更多的后人复哀后人，却总是无法杜绝同类问题发生的根本原因。

总而言之，欲使“后人不复哀后人”，关键是“哀之，更要鉴之”，即必须借鉴汲取其中的教训！

应当从中记取什么教训呢？其中最重要的教训就是：对于“诚实守信”“尊重人才”等一系列行之有效的常识常策既要知道，更要做到，绝不可只满足于“知道了”！许多做人做事的道德常识、管理常策，知道了不去做，任意违犯，那叫作“明知故犯”，其产生的后果比“不知道”更糟糕，而给“更糟糕”买单的还是你自己。当买单时，才发现这笔欠账竟变成了还不清的高利贷时，则悔之晚矣！

与其在买单时后悔，不如在一开始就坚守好常识常策，这是任何人都一目了然的事情，除非你被鬼迷住了心窍！问题是在领导管理过程中，迷人心窍的“鬼”很多，诸如逐奇心理、嫉妒心理、赐恩心理、自负心理、侥幸心理……一系列错误执念会像鬼一样迷惑人，让人知道了，却做不到；还有形式主义这个“鬼”也会迷惑人，会使领导者在运用常识常策时误入“只用其形，却失其神”的迷途，让人照做了，却做不好。

为此，领导者必须努力修好自身，先从思想意识上克服掉至少能够控制住盘踞于内心的种种错误执念，不让它们冲出来干扰坚守常识常策的行为，同时还应从思想方法上、领导作风上努力克服掉形式主义的倾向，力求做到“用其形，得其神”，切勿“用其形，失其神”。

第三节
不可“用其形，失其神”

任何领导与管理者皆须借助诸如“开会”“检查”等一系列工作形式和处理问题的“常法”去展开。这些常见的工作形式和方法，领导者人人在用，天天在做，可是从实效上看，有的事半功倍，有的却事倍功半，甚至事倍功负。为何运用同样的工作形式和方法，效果却有云泥之别？究其根源，皆与有的人是“用其形，得其神”，而有的人则“用其形，失其神”分不开。

“得神”与“失神”皆验之于实效，决之于运用。领导者运用工作形式和方法时能灵活机动，据实应变，获得应有的实效，甚至“四两拨千斤”的奇效，便是得其“神”。反之，机械套用，流于形式，则失其神，实效自然与前者判若云泥。实效是一切工作形式和方法的命根子。经常运用“开会”“检查”等工作形式和方法的领导者，不能不认真研究如何避免“用其形，失其神”，确保“用其形，得其神”的问题，借以提升自己的领导力和工作实效。

一、开会，要“用其形，得其神”

召开会议，这是一种最常见、最常用的领导管理方式。企业中的重大事项决策，像决定重大项目、重要规定、重要人事、重大奖惩，等等，一般皆要组织相应的会议研究决定。一些重要工作也需要通过开会去布置和协调，工作中遇到较大问题，也需要通过开会来研究解决办法。所以，天下没有不开会的企业，也没有不召集会议、不参加会议的领导，以至于有人说：“会都开不好，怎么当领导”。

“会都开不好，怎么当领导”，这句话可有两种理解：一种是觉得召开会议是企业领导实施管理的常用形式，所以“会都开不好，怎么当领导”，这样理解自然比较在理；一种是以为开会是很容易的事情，所以“会都开不好，怎么当领导”，这种理解未免偏颇。

诚然，开会是一种最常见、最常用的领导管理形式，只要你有权力，就能召集手下的人来开会，故而决定开会的确很容易。但是开会的目的是什么？其目的无非是要取得以下实效：通过开会集思广益，提高决策水平；通过开会布置工作任务，协调各方动作，提高工作效率；通过开会宣贯公司的核心价值观、规章制度、发展战略，强化企业精神、企业文化；通过开会迅速及时地交流信息，促使上情下达，下情上达，让下级及时了解和领会上情，准确执行上级指令，使领导者及时准确地掌握下情，有针对性地加强工作指导；通过开会适时交流工作中的经验教训，促使全员扬长避短，不犯二过；通过开会表扬和奖励先进，指出问题，借以激励先进，鞭策后进；通过开会将问题摆上桌面，相互交心通气，消除误会和矛盾，统一思想和步调；通过开会实行以会代训，适时补强管理上、技术操作上的薄弱环节，提高管理水平、技术水平……一句话，开会的根本目的，无非是利用开会这个形式促使企业节约时间成本、工作成本，更好、更省、更快、更多地创造价值。

开会的形式大家都在运用，然而开会的实效却并非皆如预期。会开过了，有的显著提高了决策水平、管理水平，收到了预期效果；有的却搞成文山会海，浪费了开会的时间成本和工作成本，滋长了官僚主义、形式主义的习气。

实效如此悬殊的根本原因，是召集开会的领导有的能“用其形，得其神”，会议开得很有章法，有的虽然也天天在开会，却并未真正掌握开会的基本章法。特别是那些将开会看成是“小儿科”、很容易的领导者，从来不关注和研究“如何开好会议”的方略，自然他们组织的会议常常“用其形，失其神”，难以收到应有的良好效果。

其实，会议形式很多，但归结起来无非有“例会”和“专会”两大类型，组织和主持不同类型的会议要有不同的章法。

例会，是依据约定的开会时间、参会人员、会议内容定期举行的会议。一般公司领导、基层单位都有自己的例会。基层班组有“晨会”“夕会”，“晨会”用于安排当天的工作，“夕会”用于总结当天工作。公司一级的例会更多，最常见的是每周或每月召开的办公会，等等。

组织和主持例会的基本章法：抓重点、抓两头。首先要“抓重点”，坚持有话则长，无话则短；人所共知的事则略，人所不知又需要知道的事则详。其次是“抓两头”，会议主持人要敏锐地抓住“先进与后进”“成绩与问题”“经验与教训”这两头，适时地表彰先进，鞭策后进；褒扬成绩，指出问题，推广经验，警示教训，借以推动全局。对于问题要着重于分析原因，总结教训，研究解决方法，不可一批了之。

可是，现实的例会，有的常常开成下面向老总“报流水账”的会，有话无话都报一遍账，没有重点，没有实例，没有详略，没有分析，一报了之。这时在听的往往只有老总和记录员，其余的人大多是身在其会，心在会外。有的则把例会开成老总对下的“念经会”“批评会”，不是听老总像老和尚念经那样长篇大论地“老调重弹”，就是听老总一会儿批评这个，一会训斥那个。其实，在例会上，老总更多地应当是表扬谁做得好，宣传其做得好的主要经验，这样才能引导人、鼓舞人、激励人，将例会开成批评会，很容易挫伤士气。当然，并不是说不能在例会上批评人，对于那些性质恶劣的问题，在较大范围产生不良影响的问题，带有普遍性、倾向性的问题，理当在会上批评，以消除影响，共同防治。但对于个别人的、影响面不大的问题，则不宜在会上批评，放在会后个别批评帮助效果更好。

“专会”是围绕一个专门问题召开的会议。企业的专题会议很多，有研究重大决策和重要工作任务的专题会议，有学习宣贯公司发展战略的专题会议，有传达公司决策指令的专题会议，有布置执行工作任务的专题会议，有整顿思想作风问题的专题会议……

不同的“专会”要采取不同的方法，不可能一一列述。下面着重探讨一下召开“研究重大决策和重要工作任务的专题会议”的方法。

组织和主持“研究重大决策和重要工作任务的专题会议”的基本章法是“流程管控法”。它要求领导者对于在“会前—会中—会终—会后”分别要“做什么，怎么做”了然于胸，努力做到会前有准备、会中有引导、会终有决议、会后有督导。

1. 会前，要有充分准备

会前，除了要认真确定好会议议题、展开会务筹备、发出会议通知之外，还要注意做好与相关人员的“议题沟通”，让他们明确会议议题，做好发表意见的准备。

2. 会中，要有适时引导

开会研究重大决策和重要工作任务的根本目的是集思广益，但是在研讨过程中，很容易发生偷懒、跑题、附势、从众、纷争、牢骚等现象，需要适时采取有针对性的措施加以引导。

（1）**偷懒现象**。有的参会者懒于动脑，不思考问题；有的思想开小差，心不在焉；有的怕说错话，等着别人说完之后再附和。对于这些人要及时点名让他发言，并且采取提问法，当场向他连续发问，让其因为偷懒、不动脑筋而当众出丑，促使大家开动脑筋，不敢偷懒。

（2）**跑题现象**。有的发言东拉西扯，话题“跑马”，大家中间随便插话，把研讨会开成了“聊天会”。会议主持人要及时强调会议议题，拨正会议方向。

（3）**附势现象**。当老总或个别具有强势影响力的人物提出某种方案之后，大家便会放弃自己的想法，纷纷趋附他的意见，于是便很难再听到其他有益的意见。为此，主持会议的老总应当在会前关照强势人物不要过早地发表意见，自己则要注意坚持“四不”：不过早暴露自己的主张，免得下面顺竿爬；不给下面划框框、定条条，启发大家敢于讲话，敢于创新；不随便打断下属的发言，只要发言不出格，不跑题，时间允许，都要让下属充分发表意见；不忙于对下属的发言做出肯定或是否定的表态，以免对下属产生意外的导向作用，扼制“百花齐放，百家争鸣”。

（4）**从众现象**。人都有从众的心理和随大流的倾向。当许多人众口一词时，本来有不同意见的人也会放弃独立思考，开始随大流，从而使得一些十分宝贵的意见往往被多数人的意见湮没。无数教训告诫我们，随大流的“从众决策”与刚愎自用的“独裁决策”，形式虽殊，结果常常殊途同归，都陷于失偏甚至失误。为此，主持会议的老总切不可盲目从众。

为了将大家的宝贵意见全部诱导出来，主持会议的老总可采取以下办法：一是及时设置反议题，对众口一词的意见提出质疑，引导大家展开多向思维，百花齐放；二是会后多与人个别沟通，善于将会上没有说出来的真心话诱导出来，以开阔自己的眼界和思路，丰富自己的知识与思想。

（5）**纷争现象**。持有不同方案、不同意见者，公说公有理，婆说婆有理，相持不下，无法取得共识。在意见纷争的情况下，作为主持会议的老总要注意“四忌”：

一忌自己没有主见。对于公说公有理，婆说婆有理的纷争，丧失判断能力，不知所措。领导者应当始终坚持独立思考，并默默吸收并融合纷争意见中的有益成分，借以形成和丰富自己的主见。

二忌因急于结束纷争，不合时宜地抛出并不成熟的方案，统一思想。结果争论平息了，许多有见地的好意见也平息下去了。领导者理当冷静地“一分为二”地分析不同意见的长处与短处，适时采取“如果这样做，会不会发生那样的问题……”的语气对争论加以引导，切忌采取肯定或否定的语气。

三忌不会把控争议的方向和秩序，放任争议跑题走调，甚至发生冲突。倘若争议过于激烈，在必要时可以采取暂时休会的方法，以稳定争论者的情绪。

四忌偏听偏信亲信人的意见，藐视其他人的意见。倘若你轻信离你最近的人的意见，就会扼杀别人的正确意见！一旦他们的意见出错或带有很大的片面性，就会把你带进沟里去。

3. 会终，要形成决议

在会议终结时，要注意做好两件事：一要注意做好会议总结，形成会议决策或决议，不可议而无决；二要注意在形成决议决策时使用好否决权。可以肯定，在形成决议决策时否决不同意见势所必然，但是否决并非否定！作为领导者必须明白以下几点。

（1）**你可否决不同意见，但不可否定不同意见中的正确成分。**“否决”与“否定”有着本质的区别。“否定”，是将意见一笔勾倒，全盘否掉。“否决”，则只是决定不采取这个计划方案，但对于计划方案中正确合理的成分要始终保持足够的尊重。

（2）**你可否决反对意见，但不可否定反对的理由。**长江三峡工程在论证阶段，有一些专家有理有据地提出了许多反对意见。最高决策层在决策时，否决了他们的反对意见，但并不否定他们反对的理由，相反非常重视这些理由，认真地有针对性地研究解决和防治这些问题的具体措施，从而给决策奠定了更加坚实的基础。

（3）**你可否决他人意见，但不可否定他人的劳动。**必须充分考虑到被你否决的方案都是人家经过反复思考推敲之后提出来的，他们为提出这个方案曾经付出了许多脑力和体力的劳动。所以，你可以否决他们的方案，却不可轻率地否定他们的劳动，更不可嘲讽他们的劳动成果。对于他们所付出的劳动同样要表示尊重、表示感谢，以保护他们的自尊心和工作的积极性。

（4）你可否决对立意见，但不可能否决对立的思想和情绪。被否决的对立意见，它包含并代表着一部分人的思想倾向，你有权否决人家的意见，却不能否定与制止人家的思想和情绪。对立意见被否决之后，难免还会有人不服气，甚至于议论纷纷。这时既要强调执行纪律，又不可随意打击压制，最好的办法是加强沟通，努力通过沟通协调统一思想和行动。

总之，在最终形成会议决定时，决策者一定要坚持“否决”不“否定”的原则，正确行使好自己手中的否决权，切不可将“否决”变成“否定”，以至于做出“连同洗澡的孩子与洗澡水一起倒掉”这样的傻事。

4. 会后，要决而有行

会后组织决策执行，要做好以下工作：一是以会议纪要的形式，将会议决定载入文件，迅速下发会议纪要给相关人员，作为执行和督查的依据。二是安排决议的执行计划，明确有关人员在执行贯彻决策过程中的具体任务和职责。三是检查督导执行过程，做好跟踪决策。

二、检查，要“用其形，得其神”

古人云：“事无察则乱易生”。任何成功都是在“发现问题—解决问题—又发现问题—又解决问题”的循环中取得的。

执行中，难免发生这样那样的问题。许多问题中高层领导者不去检查它，它不会主动来找你。当问题找上你的时候，必定是到了造成重大损失，需要“亡羊补牢”的时候了，此时往往“洞窟”已大，较难修补，更何况“羊已亡了”，岂不悔之晚矣！为此，对问题要力争早发现、早根治。

常识告诉我们，问题要早发现，就得勤检查，多督导。检查督导不仅是发现问题、解决问题的前提，还是督促执行的“指挥棒”，检查督导到哪里，执行力量就会朝着检查督导的方向集中。因而，抓执行必须善于运用“检查督导”这个常策！用好检查这一常策，使检查“用其形，得其神”，关键在于领导作风要实，不要浮。具体地讲，要特别注意以下几点。

1. 尽可能亲自下去检查督导，不要只浮在上面听汇报

高层领导的检查督导可取两种方式：间接检查、直接检查。直接检查，即亲自深入下去调查研究，掌握第一手资料，面对面地实施检查督导。间接检查，就是坐在办公室里看上报的文字材料，听下级口头汇报，或是组织检查组代替自己下去检查等，这是领导者特别是高层领导了解掌握下情的一个重要途径。但是，很可能有的上报材料空洞无物，汇报人胸中无数，给你一味念稿子，用大概、可能、差不多等一系列模糊概念糊弄你。更何况文字材料或口头汇报，都是经过汇报者头脑加工后的东西，并非原版的事实。汇报者有可能被利益挟制，报喜不报忧，甚至于编假话、用假数据。至于汇报者受所见所闻的局限，视事角度的约束，及其认识水平、好恶情绪的影响，尤其是受漂浮作风的影响，凡事不做深入调研，其汇报的内容很可能失准，或失之于肤浅。

某团为一个营修建水塔后，水管流水老是不畅，营区浇灌用水难以保障。连队向机关反映后，后勤部长连续派出两拨人去检查处理，回来汇报都异口同声，说是水压不够，需要更换机电设备。

后勤部长听取汇报后想不通，“刚建的水塔，新装的机电设备，怎么会这么快就出问题呢？” 于是，他带着前两拨人一起来到水塔边上检查。检查中，发现水泵处于污水区，便问：“你们下去检查过水泵没有？”大家都摇头说：“没有。”

部长听后，直接趟进污水中检查，发现原来是水泵阀门被污物堵塞。他只用了不到 5 分钟，没花一分钱，疏通了被堵塞的阀门，问题便迎刃而解。

很显然，派出调查的两拨人皆止步于污水区前，全凭“想当然”猜测问题原因，汇报情况，差一点误导领导决策，浪费钱财。

这个事实告诫领导者：

- ❖ 耳听为虚，眼见为实。所以，高层领导应尽可能抽出时间，亲自下去直接检查。如果你光在办公室里听取汇报，签批请示，就很容易被下级“想当然”的判断所误导，其结果不但多花冤枉钱，解决不了问题，还会带坏做事情的作风。
- ❖ 问题的原因，常常都藏在没人愿下的“污水区”里。领导者不但要亲自下去检查，还要有敢趟“污水区”的精神。缺乏这种精神，即便下去了也会与前两拨

人一样，无法找到问题原因。

❖ 必须指出的是，不能全靠领导干部自己下“污水区”，必须严肃批评处理不下“污水区”检查的工作人员，促使工作人员和各级领导干部都整改掉不下“污水区”的漂浮作风，工作才有真正落地落实的可能。

2. 尽量直插终端检查督导，不可浮在中间不到底

任何工作落实与否主要看终端！终端落实，才是真正落实。终端不落实，一切等于零。既然一切工作要落实在终端，执行中的问题自然也都集中于终端，暴露于终端，所以检查督导不能浮在中间，必须直插终端，才能真正发现问题和问题的真相，找准解决问题的办法。

某部野外驻训，有个连队物资摆放不合规定，后勤部长检查发现后，交代一名科长安排清理。科长很利索地答应“是”，很痛快地接受了任务。

第二天，后勤部长再次复查时，却发现问题依然如故。为什么自己布置过，下面答应得很好的事情不落实？经了解，原来事情是这样的：科长转身就将任务布置给助理员，助理员将任务布置给连长，连长将任务布置给一名战士，处于最终端的那名战士因为忙别的事情，没顾上执行落实。

一句话：各级都把部长的要求只做了“击鼓传花式”的布置，无人到终端抓落实。幸好后勤部长作风很扎实，不但亲自到终端检查，而且对整改状况进行复查，否则问题会永远梗在终端。

案例启示我们：

❖ 任何工作布置下去之后，没有终端执行人及时、准确、有力的行动，就不可能有真正的执行落实。企业的终端就是最基层的班组，直至班组中每一个执行人。上面布置的工作任务能否落地落实，完全取决于终端每一个班组、班组中每一个执行人的执行状况。

❖ 工作已经布置到终端工作人员手中，并不等于已经落实到终端。因为终端执行人很可能会由于忙于别的事情、能力不足、心态不佳、作风不扎实或者执行条件不足等种种主客观原因，不能将布置给他的工作有效地执行落地。

❖ 一个大中型公司，工作布置是一个层层下达，直至终端的过程。如果各级都只

满足于做“击鼓传花式”的工作布置，不做直插终端的检查督导，执行很有可能会浮在中间，梗在中间，即便已经将工作布置到终端的执行人那里，也不一定就真的落实了。

❖ 执行中的一切问题都会毕显于终端。所以检查督导必须一查到底，这个“底”就是居于终端岗位上的终端工作人员。任何工作如果不能检查到终端、问效于终端，促其落实到终端，做出的决策、布置下去的工作都是不托底的。所以，老总“检查工作”与“布置工作”必须采取完全不同的领导方法。

布置工作，要“尊重能级，按级布置”，尽量不要越级布置，以免打乱工作秩序。

检查工作，要“越过能级，直插终端”，在终端发现问题，再迅速向上问责，解决好领导不力的问题。

可问题是不少老总觉得终端的工作有下面各级领导在管理，自己没必要操心。其实不然！倘若你总是浮在上面，不检查不操心终端，那么各级都会不在乎终端，那种“击鼓传花式”的工作布置就会反复重演，终端的问题就会越积越多，许多工作便无法在终端落地落实，那时你就犹如“盲人骑瞎马，夜半临深池”了！

为此，企业老总应当特别注意两点：一要多到终端检查督导，通过亲自掌握终端情况，督导工作落实，将各级领导的注意力引到终端抓落实；二要制定一系列抓终端、打基础的规章制度，采取各种强势的激励督导措施，坚决杜绝类似“击鼓传花式”布置工作的官僚主义作风。

总之，必须通过多管齐下，带出领导干部的好作风。否则单靠老总一个人到终端检查督导，机关和各级领导的漂浮作风不改变，执行还是不可能完全落地。

3. 要注重检查无粉饰的自然状态

有预告的检查，看到的常常是经过粉饰的现象，这是趋利避害的人性特点所使然。不少人知道上头要来检查，会自觉不自觉地粉饰和掩盖问题，应付检查。这样检查督导中，所听到的往往是一些经过精心过滤后的汇报，所看到的是一些经过粉饰的景象，很难让人了解到完全无粉饰的自然状态和准确的问题信息。最终，难免误导领导者得出片面的甚至错误的结论，使得好不容易从百忙中抽出时间进行检查督导的领导，做了许多无用功甚至有害功。

所以，检查督导要尽量检查无粉饰的自然状态。要检查到无粉饰的自然状态，需要采取不定期、无预告的检查，以及组织“暗访式检查”。

有一天，上海肯德基有限公司突然收到了3份从远在美国的总公司寄来的工作质量鉴定书，对外滩快餐厅的工作质量进行了三次鉴定评分，分别为83、85、88分。公司中外经理都为之瞠目结舌：这三个分数是怎么评定的？原来，肯德基美国总公司雇用了一批专业人士，让他们佯装顾客潜入店内进行检查评分。

这些特殊顾客来无影、去无踪，专门进行暗访检查，使得遍布世界各地的门店都不敢随便降低工作标准。

事实表明，“暗访式检查”起码能比一般的检查多出两大效果：

（1）能够检查到无粉饰的自然状态，切实掌握下面的真情实况。

（2）能使领导与员工产生时时都有被检查的紧张感，在遵守操作规程和服务标准方面不敢有丝毫懈怠和疏忽。

企业除了实施制度规定的例行检查之外，随机性的检查皆宜取不定期、不预告的方法，必要时还须采取一些暗访暗查的形式，力求使被检者在接受检查时能够保持完全无粉饰的自然状态，以便能更多地掌握未经加工、过滤的原始信息，确保检查督导的效果。

实行不定期、不预告的检查和暗访式检查，弄不好也会使下属产生误解和反感。解决这个问题的方法是将“无预告的检查”“暗访式检查”列入企业的规章制度，并且公告于众，搞好宣贯，让大家形成共识，养成习惯，使之成为公司文化。

4. 要善于聚焦问题，抓好“两头”

《现代汉语词典》对“检查”的释义是“为了发现问题而用心查看”。因而有人说：“抓检查落实就是：抓住不落实的事+追究不落实的人+解决不落实的问题。”其实，查看问题、发现问题、解决问题固然是检查工作的重点，但并非检查工作的全部。检查理应聚焦问题，更要抓好“两头”。

检查中需要抓好的“两头”很多，譬如：

- **抓好“计划”与“变化”这两头**，既检查计划执行状况，又检查计划执行中发生的新情况、新问题。
- **抓好“正然”与“未然”这两头**，既查“已然之过去、正然之现状”，更查

“未然之可能”，既治“已病”更治“未病”。

❖ **抓好“下头”与“上头”这两头**，既查下面的问题，处理当事人，更要追查上头的责任，问责领导者。

❖ **抓好“形式”与“实效”这两头**，既查形式如何，更查实效怎样，不可重形式不重实效，为了面子伤了里子。

❖ **抓好“问题”与“原因”这两头**，既查已然和正然的问题，更查造成问题的原因，力求在源头上解决问题，杜绝问题。

❖ **抓好“显性问题”与“隐性问题”这两头**。有人说“发现问题是能力”，其实这是针对不易发现的问题而言的。有些问题，犹如停在白面馒头上的苍蝇，谁都看得见，发现这种问题并不需要多少能力，它所需要的是督导解决问题的魄力和能力。有些问题则不然，它距离高层领导较远或隐藏较深，不易发现，这种不易发现的问题恰恰是最容易发生祸乱的隐患。要发现隐性的不易发现的问题，不是一般性地检查一下能够奏效的，还必须在提高调查研究能力上下一番功夫。

❖ **抓好“先进”与“后进”这两头**。毛主席说过：“任何一种情况都有两头，即是有先进和落后，中间的状态又总是占多数。抓两头就把中间带动起来了。”检查也一样，应当着重于抓“先进”与“后进”这两头。基本方法是，对问题突出的后进个人或单位，要按照“发现—核实—总结—整改—复查”的流程进行检查督导，始终将工作重心放在有针对性地整改问题，总结教训，指导警示全局上。对业绩突出的先进个人或单位，要按照“发现—核实—总结—推广—关注”的流程进行检查督导，始终将工作重心放在树好模范、总结经验、组织竞赛、激励人人出彩上。

5. 要善于在检查中抓浮打假

上级下去检查，有些人平时工作不扎实，临到要汇报工作时请人代笔，写个空洞的汇报稿，靠念稿子汇报工作。有些人会说一些“任务已基本完成”“还有一些问题”“差不多了”等含糊不清的忽悠词“打马虎眼”；有些人害怕被查出问题，受到批评处罚，会粉饰遮掩外观，让你看不到真相。总之，下面有可能采取种种手段忽悠检查者。实施检查的领导者如果不能识破和制止，无异于在放任这种糊弄式的汇报，在为不负责任的工作大开方便之门，势必助长下面浮夸油滑、弄虚作假等不良作风，遗患无穷。

为此，检查督导中要善于抓浮打假，其主要方法是：发现心中无数、只会念稿子的汇报工作者，要突然打断其念稿，当场向他提问，让他下不了台，长个记性；对于在汇报中用“任务已基本完成”“还有一些问题”“差不多了”等含糊不清的忽悠词“打马虎眼”的人，要立马抓住他的一个“忽悠词”与其较真到底，连续追问他“除了你说的‘基本’之外，究竟还有多少没完成？”“你说的‘还有一些问题’，究竟是什么问题，问题出在谁身上？”“你说的‘差不多了’，究竟是差多少？”务必要求其讲出具体数据、具体责任人，迫使其露出马脚，出乖露丑，从此再不敢忽悠糊弄。

人们都知道周恩来总理素以温文尔雅、平易近人著称。可是那些国务院的部长们却最害怕向他汇报工作，因为周总理常常对许多事情的具体数据乃至细节情况了如指掌，并且凡事较真，你汇报时心中无数，只会照稿念不行。有一次他主持国务会议，到会百十号人，来自几十个部委。有位部长照稿念，还念错了数据。周恩来随口说出相关的数字，予以纠正，提醒他：“不对，看清了再念。”这位心中无数的部长越发紧张，竟越念越差，结果被当场点名罚站。

20世纪五六十年代的老部长们，不止一个说过“我这辈子只怕两个人：怕主席的威严；怕总理的认真”。

值得注意的是，当你要求“必须用精确数据汇报”时，有些心中无数的下属有可能临时杜撰一个数据糊弄你。于是事后查核汇报数据和实情，便成为不可或缺的重要环节，否则你还有被忽悠的可能。只要你凡事都毫不含糊地一问到底，并且查核到底，汇报人就糊弄不了你，也不敢糊弄你。“忽悠”现象就没有产生的土壤。

在实地检查时，发现问题要当场核实。据《解放军报》载：某团组织军事比武，有一个班表现得异乎寻常的突出。团领导没有急于表扬，而是拿来花名册，逐个点名核实。于是，事情很快漏底，原来这个班是连队临时抽调训练尖子拼凑起来的。

事发后，团领导严肃责成连、营两级领导分别就弄虚作假和对问题失察做公开检讨。同时总结教训，完善改进考评机制，此后比武考评开始采取“参考人员由主考官临机抽点，考题随机抽用”的方法。从而不仅在根本上杜绝了考评中弄虚作假的问题，还使其他方面的工作作风也更加扎实。

企业也会遇到类似现象，有的人也会用假账虚数制造“高业绩”，以获取领导的信任和奖励。假如领导信以为真，大加表彰和奖励，就会使“诈道”得逞，从而引发仿效，泛滥成灾，污化企业文化。

案例揭示了如下规律：

吹大的气球最怕“针”，弄虚作假最怕“实”。检查中发现异乎寻常的现象，一定要注重核实。经核实，确实有过人业绩，要舍得予以大奖。若是弄虚作假，则要严厉惩处，让弄虚作假者得不到任何彩头和好处，以后才不会有人再去做这样的事情。

发现工作敷衍者，设计警示也是抓浮打假中见效甚快的良策。皮定均将军在福州军区工作时，某岛守备团有一条连接码头和营区的公路，修了几年仍然坑洼不平。上级责成他们重修，重修后仍旧不达标准。皮将军得知后亲自来到该守备团，命令守备团团长端着一盆水坐在吉普车上，车子从公路这头颠到那头，又从那头颠回来，盆中的水洒了团长一身，而皮将军则看着像落汤鸡一样的团长一声不吭。浑身湿透了的团长深刻省悟到这是首长对他没有修好路的警告，下车后便迅速组织修路，这次路才真的修好了。

某团组织紧急拉动训练。有的连队干部认为每次携行的粮、水、柴都用不完，成了行军中的累赘。这次他们投机取巧，没按规定携足粮、水、柴，不少战士的水壶只装半壶水，米袋只装半袋米。机关参谋在暗访检查时发现问题，向团长汇报后，团长佯作不知，不动声色。

训练中，团长临时将一次野炊改为两次。傍晚，当部队人困马乏之际，突然下令在一处无电、无水的荒山野岭第二次埋锅做饭。

结果，那些没有按规定携足粮、水、柴的分队连稀饭也喝不上。接着，团长又命令饭后急行军奔袭某个目标，把投机取巧的连队折腾得狼狈不堪。

然而，事情并未到此为止。在进行训练讲评时，团长在全团干部大会上点名批评这些连、营领导，并责成他们在干部大会上作检查。

经过如此折腾和揭露批评，以后执行命令时，下面虽有投机取巧之心，亦无投机取巧之胆了。

三、治弊，要“用其形，得其神”

处理问题，治理弊端，是领导者的日常工作。治理中，许多领导者之所以想尽办法总是效果不佳，常常与其习惯于就事论事，不能坚持“追问本原，治本绝源”“着眼大局，抓小推大”“严防万一，抓细保周”“抓好上头，促上带下”，致使所用方法策略总是“失神”不能“得神”分不开。

1. 追问本原，治本绝源

“除患必先究其本，绝其源”，切不可“治标不治本”，这是解决问题的常识常策。可问题是“标显于外，本藏于内”，人们通常很容易见到标，却很难见到本——问题的根本与源头。领导者往往满怀“治本绝源”之心，却苦于找不到欲绝之源，欲治之本，结果只好在“治标”上做点文章，转个圈子，致使问题总是解决得不彻底。

无数实践经验表明，要“治本绝源”就不能就事论事，必须先追本究源弄清事物的本原。追本究源的基本方法是“追问法”，即凡事多问几个为什么，一问到底。

追问，不应先急于问“怎么办”，而要顺着事物的因果链，多侧面、多层次地针对问题的本原连续追问“为什么、为什么……”直至问到问题见底——见到问题的根本原因“是什么”的时候，再问“怎么办”。

常识告诉人们：绝源必先追源，治本必先究本！随着刨出问题的本原，找到了问题的源头，根治问题的方法也会同时显现在你的面前。

有则资料讲了一个故事。美国华盛顿广场有名的杰弗逊纪念大厦，墙面出现许多裂纹。专家们多次研讨，均因忽略了一些不该忽略的要素，没有找到损害大厦墙面的“元凶”。自然他们设计的一套套既复杂又费钱的治理方案，也无法根治损害大厦墙面的问题。

最后一批专家吸取了前人的教训，采取机制思维的方法，全面调研一系列互联互动着的耦合要素，才真正找到了损害墙面的元凶。

最初，有人提出损害建筑物表面的元凶是酸雨。可是，酸雨不会只针对一座大厦。

那为什么杰弗逊纪念大厦的墙面损害却比别的大厦严重呢？调研后的答案是：对墙面侵蚀最直接的元凶不是酸雨，主要是频繁冲洗墙壁所含的清洁剂对墙面产生了腐蚀作用。

那为什么要频繁地冲洗墙面呢？调研后的答案是：大厦墙壁上每天都会有大量的鸟粪。

那为什么每天会有这么多的鸟粪呢？调研后的答案是：大厦周围聚集了大量的燕子。

那为什么每天会聚集这么多燕子呢？调研后的答案是：大厦墙上有很多燕子爱吃的蜘蛛。

那为什么墙上会产生这么多的蜘蛛呢？调研后的答案是：大厦四周有蜘蛛爱吃的飞虫。

那为什么会在大厦四周产生这么多飞虫呢？调研后的答案是：大厦经常开窗，窗户上充足的光源引来了大量的飞虫。

调研至此，“元凶”露出真相，原来是充足的光源引来了大量的飞虫，大量的飞虫引来大量的蜘蛛，大量的蜘蛛引来了大量的燕子，大量的燕子在大厦墙面上拉了大量的鸟粪，大量的鸟粪需要用大量的清洁济频繁地冲洗，于是导致墙面损坏严重。

找到了“元凶”——光源，根治问题的办法自然也随之找到，并且出乎意料地简单，即关上窗帘，切断光源。

案例启示我们：

❖ 人们之所以处理问题老是“治标不治本”，一个重要原因就是，一遇到问题就急吼吼地只问“怎么办”，即便有时也问问原因“是什么”“为什么”，但常常只是问了一两个问题就终止了，不能一直问到问题见底——见到本原为止，以至于拿出来的办法总是远离问题的原点——远离问题根本成因的缘故。

❖ “治本”必先“究本”，“究本”犹如掘井，只掘了几锹就停止了，是见不到泉水的。“究本”必须采取“追问法”，一问一问地往下追根究源，直到问出问题的本原为止。倘若只提了几问就停止了，肯定查不到问题的本原，也无法从根本上解决问题。

为此，处理问题既要防止用“想当然”回答“怎么办”，还要防止浅问辄止的倾向，始终坚持采取“追问究本法”，沿着因果链条，由浅入深地连续追问“为什么、为什么……”在“打破砂锅问到底”——使问题的根本原因真相大白之后，再问“怎么办”。这时，“怎么办”的答案也通常会与问题的根本一起呈现在你的面前，“标本兼治”自然便顺理成章了。

“追问究本法”，要求领导者必须坚持“嘴问 + 眼问 + 脑问”三问齐下，才有可能“打破砂锅问到底”。首先，要用嘴巴询问，同时要深入实际调查研究，用眼睛查问。在“嘴问 + 眼问”之后，再用大脑分析追问其中的根本原因。仅仅局限于口头上问一下，是问不到底的。在这方面，一些成功的企业家都有成功的范例。

曾先后带领中国建材集团和国药集团跻身世界500强企业的企业家宋志平写了《笃行致远》一书，书中详细介绍了他破解石膏板生产线生产效率低下问题的过程，这个过程就是一个通过口问、眼问、脑问追本究源和治本绝源的过程。

宋志平当厂长之前，该厂从德国引进了石膏板生产线。生产线设计产能是年产2000万平方米，可是他们厂每年最多只能生产800万平方米。造成生产效率低下的主要原因有二：首先，生产线经常发生“堵板事故”“铸机事故”。一发生“堵板事故”，生产线就得停产，然后要把5米多高、400多米长的干燥机打开，将堆积在里面的石膏板清理干净。由于干燥机温度很高，清理起码要用两三天时间。一发生“铸机事故”，也必须全线停产。清理凝结在混合器里的石膏，起码要花一两天时间。其次，成型车间的工人们都说冬季生产的石膏板容易裂，一到冬季就停产。

宋志平就此咨询了德国专家。专家说“铸机事故”在德国工厂听都没有听说过，“堵板事故”也极少见。至于冬季生产的石膏板容易裂，理由不成立。

很显然，问题不在机器而在员工身上！可是，光知道问题出在员工身上，其实问题还并未见底。问题不见底就无法处理彻底。

于是，宋有时白天、有时半夜里到车间去实地查看，去的次数多了，就发现造成“堵板事故”的主要原因了，有的工人在后半夜脱岗或者在岗不尽责，导致一些在流水线上不规则运行的石膏板没有及时整理，都堆积在干燥机里造成的。造成“铸机事故”的主要原因也是因为当班工人脱岗和不尽责，导致管道口的石膏浆没有及时刮掉，在混合器中凝固结块所致。

可是当班工人为什么会随意脱岗和不尽责呢？难道仅仅是因为他们责任心不强吗？他在大脑里反复追问。经过深入地追问思考，宋志平终于发现：公司对当班状况没有实时监控，事故一发生，大家可以相互推诿，很难查到具体责任人是根本原因。

问题的根源找到了，破解问题的办法也就找到了。其实很简单，只要加强实时监控管理即可。于是他采用信息监控技术，在生产线的关键部位都安上摄像头，由车间值班室和总厂值班室进行双重监控。从此当班的工人再也不敢脱岗或不尽责了。一个简单的管理方法居然把工厂头疼了 10 年的常见事故消除了，生产线再也没有发生过堵板、铸机事故，产量一下子就上去了。

为了弄清员工为什么说“冬天生产的石膏板容易裂”，宋又多次深入车间了解实情，这才弄清真相：原来是石膏板成型车间没有暖气，工人不愿意在冬天穿着厚厚的棉大衣作业，“冬天生产的石膏板容易裂”只是一个借口。

可是为什么员工要制造这个借口呢？经过动脑分析，他得出的结论是：不能全怪员工不诚实，根本原因是领导没有关心员工，没有在车间安装暖气给逼出来的。所以他没有批评处罚员工，他的破解方法是：马上给成型车间安装暖气，改善他们的生产条件。从此，车间里暖烘烘的，工人乐意在车间干活了，之后大家告诉宋，“石膏板真的不裂了”。

就这样，宋志平没有批评处罚一个员工，而是通过口问、眼问、脑问，问清了问题的本源，从改进管理、关爱员工这个根本入手，彻底解决了生产问题。从此，石膏板产量一路攀升，终于达到了 2000 万平方米的设计水平。

宋志平究源治本之所以成功，从领导方法上讲主要得益于“三问”：一是“用嘴询问”德国专家，掌握设备状况；二是“用眼查问”员工的工作实况，发现实际问题；三是“用脑追问”问题本原。特别是当查实事故发生于员工上班“懒散”“冬天生产的石膏板容易裂”是一个借口的时候，没有像有的领导那样一味责罚员工，而是进一步在脑子里追问员工为什么会这样，从而由此及彼地追究到领导者在管理上、在关爱员工上的不足，真正找到了问题的本原，给彻底破解长期干扰生产的老大难问题奠定了基础。

案例启示我们：

❖ 除患必先究其本，绝其源。“治本绝源”必须首先“追本究源”，“追本究源”必须坚持“追问究本法”。“追问”的要旨是实行“三问”，即既要用嘴巴追问，更要深入实际用眼睛追问，在此基础上，再用大脑分析追问。唯其如此，才有可能追到本，究到源。

❖ 企业的许多问题和事故，从表面上看都是由于员工偷懒、散漫、渎职、说假话造成的。但若进一步追问员工为何如此，则会发现总是与领导对员工的管理和关爱不到位直接相关。所以，假如不从教育管理上、关爱员工上入手，是很难从根本上解决问题的。

❖ 人心是软的、活的，它需要教育，更需要关爱。当领导的光讲大道理糊弄员工，没有给予实际的关爱和帮助，员工就会在工作中找各种借口“糊弄你”，受损失的自然是企业。

❖ 在员工尚未集体养成“爱岗守责”的优良行为习惯、行为作风时，有些理由即便众口一词也未必可信，它很有可能只是一个糊弄领导的借口。领导若不能采取“三问法”，深入实际调查研究，弄清问题的根源所在，就会被各种问题和借口牵着鼻子走。

2. 着眼大局，抓小推大

企业在经营中不可唯利是图，见利忘义，却不可不“微利是图”。温州人就是秉持“微利是图”的理念，把不起眼的纽扣做成了大生意。可是不少人总是梦想一夜暴富，嫌弃微利，信奉那种“先立个小目标，挣它一个亿”的说法，于是“大利大干，小利小干，微利不干”，结果大钱挣不着，微利不去挣，到头来两手空空。

殊不知“微利不弃，微利是图”方是聪明之举。其一，人人都大利大干，微利不干，有大利的地方势必成为白热化的争利战场，成为风险最大，需要投入成本最多的地方，而“微利”因为无人问津，少人问津，则成了风险最小，需要投入的成本也最少的地方；其二，“小钱是大钱的祖宗”，稳赚小钱，积少成多，聚沙成塔，才能积累起做大事的本钱。

总之，企业经营不可“嫌微弃小”，应当坚持“微利不弃，微利是图”。同样企业管理也不可“嫌微弃小”，不可见到小问题就漫不经心地睁一只眼，闭一只眼，弃之不管。相反应当“着眼大局，抓小推大”。具体地讲，就是应当坚持从治理一个点上的小问题入手，由点到线、由线到面地推动全局性的整改，达成促进大局的目的。

“着眼大局，抓小推大”是我们军队领导工作的常策，用好了，它在工作中能够起到“四两拨千斤”的重大作用。

第三野战军解放南京后，野战军司令部进驻江苏丹阳进行休整，为进军上海做准备。1949 年 5 月 8 日下午，陈毅司令员在街上散步，发现光明大戏院门口有几个军人拿着解放区的纸币要买票看戏。戏院工作人员因为这里还未通行这种货币，不接受，由此发生争吵。

陈毅当场批评战士，解决了纠纷，围观的群众拍手叫好。可是陈老总并不认为问题已经解决完了，他由这件事立即联想到整个三野部队的群众纪律问题，更联想到部队进入大上海时的群众纪律问题。于是连夜采取了一系列措施：

❖ 立即指示所属部队检查整顿群众纪律，推动全面整改，放大辐射效应。
❖ 连夜召开野司直属队排以上干部会议，进行群众纪律教育。
❖ 随后向所属部队发出了《关于城市政策的通令》和《入城三大公约和十项守则》，把“不准入民宅”写入其中。毛泽东见后在电文中连夸：“很好，很好，很好，很好。”

陈老总所做的这一系列工作就是在“抓小推大”。通过“抓小推大”，三野官兵的群众纪律空前增强。后来，十万大军进入大上海时，纪律严明，官兵露宿街头，不入民宅，秋毫无犯。外电评论“这是红色中国的第一张‘上海公报’”。荣毅仁见状，决定不去香港，留在上海，其产生的政治影响无可估量。

案例启示我们：

❖ 高层领导对于事务性工作要“抓大放小”，对于问题则无论大小皆要抓住不放。要是发现问题虽小却具有普遍性、倾向性、多发性，则虽小亦大，皆须着眼全局，将其放到大局上考量，进而小中见大，抓小推大，切不可因其小而小觑之！
❖ “抓小推大”的具体方法，是像陈老总那样善于实行“三个推进”：一要由治理一个点上的小问题推进至全面全局的整改；二要由治理一个末端战士的小问题推进至解决干部问题、领导问题；三要由治理一个具体的小问题推进至解决政策制度问题。

一个优秀的领导者在处理一件事、一个人的问题时，总是首先站在全局的制高点上思考这个问题对全局和整个组织的影响，然后采取“抓小推大”的策略推动全局和整个组织建设。可是，不少企业领导者常常对“抓小问题”存有不同心态，有的高层领导会说“我是抓大事的，应当抓大放小”；有的中层领导则说“我别的事还忙不过来，小问题以后再说”；不少基层领导也说“为抓一个小问题得罪人，不合算”。这些心态和说法都是要不得的！

必须告诫高层领导，别以为“抓问题”与“抓事务”是一回事！其实，“抓问题”与“抓事务”是两种性质完全不同的工作，领导者应取的策略方法也大相径庭。

“抓事务”应当“抓大放小”，将一些具体事务下放给部属去做，自己不可溺于事务。见到问题则不同，即便是小问题也不可轻易放过，只是在处理时要注意区别对待。因为小问题有两种，一种是个别人的问题，一种则是带有普遍性、倾向性、多发性的问题。对于前一种问题，你可以当场批评教育，或交给下级处理。若是后一种问题，则必须像陈老总那样将其放到全局上进行考量，小中见大，然后采取“三个推进”的一系列有效措施，一步步推动大局，不可只满足于头痛医头、脚痛医脚地解决一个点上的小问题。倘若止步于解决一个点上的小问题，那你只起到了一个班组长的作用，只配做个班组长。唯有能够将小问题放到全局上考量，善于“小中见大，抓小推大”者，才是一个称职的高明的领导者！

必须告诫中层领导，别以为“小问题”可以“以后再说”！常识告诉我们，面是由线组成的，线是由点构成的。点上的小问题不及时解决，势必会影响线上乃至整个面上的工作。及时解决好点上的问题，才能完善线上和面上的工作。更何况，小问题就像一棵刚露头的树苗，只要用两个手指轻轻一掐，就能轻松地解决。倘若对其不以为然，就会长成大树——累积成大问题。那时，不但会给企业造成重大损失，处理起来也会像砍一棵大树那样需要花费很大力气。你也会被问题缠身，让你整天忙于处理问题，贻误大事。所以，问题虽小，绝不可以后再说，必须当场说清楚，立即解决掉。借口“我别的事还忙不过来”，对“小问题”坐视不理，那无异于是在给自己留隐患，挖陷阱。

必须告诫基层领导，别以为“为抓一个小问题得罪人，不合算”！事实上，抓小问题只是小得罪，并且只要注意方式方法也不一定得罪人，相反能增进相互之间的信任与友情。放任小问题，待小问题累积成大问题再处理，才真的要处罚一批人，得罪不少人，自己也难免被上级问责处罚，那才真的不合算了！尤为重要的是，对小问题坐视不理，既会损害企业的效率和声誉，还会使你在部属心目中形成“老好人”的平庸形象，从此大家就会越来越不拘小节，大错不犯，小错不断，管理工作会越来越难做！为此，企业必须采取“教育培训 + 严明奖惩”等举措，促使基层领导摒弃“为抓一个小问题得罪人，不合算”的错误观念，自觉强化敢抓问题的胆略，提升善抓问题的能力。

总之，无论是哪一级领导，见到问题你可以选择解决，也可选择无视。不过，问题不会因为你的无视而消失，只会因为你的无视而加剧！尤为重要的是，你有权选择无视问题，却无法拒绝因为无视所导致的恶果。因而正视小问题，以积极的姿态和方法处理和解决问题，这是唯一的选择！对于高层领导者而言，最为有效和有利的选择则是采取“着眼大局，抓小推大”的方法！

3. 严防万一，抓细保周

常识告诫我们：计划方案粗疏，下面犹如拿到一张有多处错漏的路线图，执行势必走偏方向，误入歧途；规章制度粗疏，执行起来就会如同“牛栏关猫”，给偷腥的猫打开方便之门；抓执行粗疏，有些工作抓不到位，执行就会变成一只由多块短板箍成的“木桶”，永远也盛不了多少水。倘若有关键性工作抓不到位，执行就会像一只短了一块底板的“木桶”，盛不住一滴水。一句话，事物的质变往往缘于毫厘的粗疏和缺失，全局性的损失也往往缘于一两个不起眼的个体误差。做任何事情严防万一，才能万无一失；谨慎抓细，方能保障周全。故而“抓细保周”理当成为领导者做决策、抓执行时必须常用常新的常策！

然而，人之常情是，做事情常常忽略细节，满足于“差不多”，这很容易导致“个体误差放大”，使得许多本可周全圆满的事情难以周全，无法圆满，甚至满盘皆输。为此，领导者不但自己要牢记，并且要经常教育部属共同牢记两个“个体误差放大”公式。

一失万无公式：$10000-1=0$

公式告诫我们：“万一”的可怕，就在于当缺“一”不可时，那个“一”就是一切，“万一”就等于“一万”，只要一着不慎就可能一失万无，导致其余 9999 个努力全部归零，满盘皆输！

2003 年 2 月 1 日，美国的“哥伦比亚”号航天飞机返回大气层时，在得克萨斯州上空解体失事，7 名宇航员丧生。事故原因就仅仅是因为外部燃料箱表面的一块泡沫材料没有安装好，在发射升空时脱落所致，即仅仅是由于工作没有到位的“万一”所致。正由于成功与失败就只差“万一”，只差“一点点”，因而中国航天人有句格言：“成功是差一点点失败，失败是差一点点成功”，他们做事情从不允许存在哪怕只占

“万一”的一点点误差，一点点问题！

1966年，我国在西北导弹试验靶场实施了导弹核武器发射试验，史称“两弹结合试验”。“两弹结合试验”是风险极大的试验。为严防“万一”，试验前靶场各专业、各系统既严格按“五定”制度，定人员、定设备、定岗位、定动作、定相互关系，又广泛深入地开展“思想预想与技术预想相结合、操作人员预想与技术人员预想相结合、训练时预想与测试操作预想相结合、战前预想与阶段预想相结合”的“四预想”活动，分析整理出各种可能出现的故障及异常现象1865条，并对影响全局的21条重大预想故障制订了处置方案，有的专业还准备了两三套预案。

在进行弹体内外检查时，操作员王长山发现弹体内部24号插头第五节点里有一根约5毫米长的小白毛，怕万一造成通电接触不良，就试着用镊子夹，用细铁丝挑，反复了好多次都没能取出来。最后灵机一动，他用一根猪鬃，费了很大劲儿才把这根小白毛挑了出来。在发射场组织领导试验的钱学森听说后，郑重其事地把这根小白毛要了去，小心翼翼地包好，对大家说：“我要把它带回北京去，这是作风细致的典型事例，是每个科技干部都应该受到教育的。”

时光荏苒，靶场官兵换了一茬又一茬，确保“不下错一个口令，不做错一个动作，不减少一个项目，不漏掉一个数据，不放过一个异常现象”已经固化为官兵的自觉行动。从“严肃的态度、严格的要求、严密的方法”的“三严”作风，到“严肃认真，周到细致，稳妥可靠，万无一失”的“十六字方针”，再到“严慎细实”和“零缺陷”，都是科学求实、严肃认真的优良作风在航天工程实践的具体体现，都是发展航天事业宝贵的无形资产。

积误无微公式：0.99的365次方≈0.025（0.02551796445229）

公式告诫我们：积误无微！一个人每天工作都达到0.99分，只差0.01分就是一个满分，可是经过365天的累积，得到的结果只约等于0.025分。很显然，一个人每天工作只误差0.01分，看起来只是差之毫厘，十分微小，可是“积误无微”，累积起来便谬以千里！所以，凡事要坚持“十分把握问万一”，在细致上较真较劲。

“十分把握问万一”，既是抓细促周的基本路径，也是我们革命前辈的传统作风，特别是周恩来总理的一贯作风。

1970年12月24日，周恩来总理为组织飞机投掷氢弹的大气层核试验，召开中央专委会会议。会上，专家汇报：“我们铺设了正常、应急、超应急三条投弹路线，并在推脱装置上安装了两颗燃爆弹，完全有把握投下氢弹。”

周总理没有为“完全有把握”所动，而是“十分把握问万一”，问道：“万一投不下去怎么办？”看到在座的人回答不了这个问题，周总理说：“要想到万一出现这种情况，国防科委负责做一些试验，能保证飞机安全地将核弹带回来。”

遵照周总理的指示，相关科技人员又研究了两套方案，用几个月的时间，做了几十次模拟实验，积累了万一核弹空投出现故障，让飞机带弹安全返航着陆的可靠数据。

1971 年 12 月 30 日，氢弹实投时，真的发生了“万一”，指挥员就是按照特别处置预案命令飞行员锁死装置，固定氢弹，安全地带弹返航的。当飞行员杨国祥驾驶飞机安全地带弹着陆后，大家的第一个反应是“周总理真神啊”！

可是，说到“抓细保周”，有些企业老总不免质疑：“公司里的事情这么多，要我抓细怎么抓得过来？”似乎“抓细保周”对他们而言是不可能的事情。

回答这个质疑，只要请他对比一下周总理，问一下自己：难道我的工作比国家总理还多吗？为什么总理都能“抓细保周”，而我却不能？就能不言自明。

有人还会质疑“领导者的工作不是应当‘抓大放小’，举重若轻嘛，怎么又要我们‘抓细’呢，这不是很矛盾吗？”提出这个质疑，主要缘于没有搞明白“抓细保周”的要领，将“抓细保周”与“抓大放小”对立起来了。

周总理常说：“从愿望上说，我更欣赏‘举重若轻’，但我这个人做不到这一点，我在工作上常常是‘举轻若重’。”可是实际上真正既善于“举重若轻”又精于“举轻若重”的一代宗师还数周总理。他对于哪些事要“举轻若重”，细抓细管，哪些事要“举重若轻”，抓大放小，有一个非常明确的原则，这个原则就是，坚持在事项上“抓大放小”，在人员上“远粗近细”。

首先，在事项上，始终遵照能级管理的原则，坚持“抓大放小”。对于下放给下级领导去做的事情，督导下属领导去抓细抓实，而不是自己越俎代庖地代替下级领导去“抓细”。但是属于自己直接抓的事项，则一律坚持“十分把握问万一”，均抓细抓严抓实。从而将“抓细促周”建立在“抓大放小”的基础之上，与“抓大放小”不但没有矛盾，反而相得益彰。

其次，在人员上，始终恪守从身边人细起的原则，坚持“近细远粗”。即对于职级距离较远的干部，采取“举重若轻”的领导方法，主要是责成和督导各级领导去抓细；对于自己身边的干部，比如自己的副职、直接管辖的部门主官，包括秘书等人，则凡事皆“举轻若重”“十分把握问万一”。

周总理抓核试验这个国家最高机密的保密就是这么抓的。首次核试验前，周总理在紫光阁主持召开中央专委开会研究，会议中间副总参谋长张爱萍上将站起来向周总理告假，说今晚外交部安排一个外事活动，要提前告退。

总理仰起头来，对外交部有关人员说，下不为例，以后再不要安排爱萍同志的外事活动。

张爱萍副总长站起身来，刚准备离去，周总理突然从沙发上一跃而起，说：“爱萍请留步。”上去堵住了张爱萍的去路，关切地说：“爱萍，你带核试验的文件了吗？”

张爱萍摇了摇头说：“总理，没有带啊！”

周总理指了指张爱萍的衣兜，说：“还是要搜一搜，看看里边有没有纸条，你参加外事活动，首次核试验的只言片语都不能带出去。”

在总理的督导下，张爱萍将自己几个衣兜都掏了一遍。没有搜出什么，总理才如释重负地说：“保密无小事啊！首次核试验除了中央政治局常委外，书记处也只有彭真知道，范围很小。一旦泄露出去，就会捅破天的。”

周总理抓保密细到要翻一下张爱萍的衣兜，这是在用表率行动向自己的直接部属示范“严防万一”的严细作风，目的是通过如此示范，产生辐射效应，促使下面一级抓一级，细化到全局，促使从上到下形成级级抓细抓实，人人做细做实的好习惯、好作风、好文化，以确保工作万事周全，杜绝“万一”。

正是在周总理带头从细从实从严抓保密的影响下，下面一级抓一级，使得有十多万人参加的核武器研制和试验工作，保密始终万无一失，还发生了许多感人的故事。

1964 年 10 月 16 日，我国第一颗原子弹爆炸成功时，时任全国政协常委的许德珩——邓稼先岳父，却根本不知道自己的女婿就是研制原子弹的领军人。他拿着一张《人民日报》号外去问物理学家严济慈：“谁有这么大本事，能造出原子弹？”严笑着对他说：“你回去问问你的女婿吧！”

工程兵某研究所副所长王汝芝接到去核试验研究所参加核试验的任务后，按照“上不告父母，下不告妻子儿女”，绝对保守秘密的保密要求，只对自己的爱人张相林说了一句：“我明天要出差去，时间会很长。”背起行李就出发。来到核试验基地后，她每天到一棵老榆树下等班车去试验场。有一天她正在等班车，发现前面来了一位扛着工具箱的男军人向班车点走来，一到跟前发现竟是自己的爱人张相林。这时，他俩才明白，原来他俩同时接到参加核试验的命令，但因为严守保密规定，谁都没有说，直到相聚在老榆树下，他俩才恍然大悟。主持核试验的张爱萍上将听说此事后，十分高兴地命名这棵老榆树为“夫妻树”以作纪念。

核试验的保密工作能落实到如此扎实的地步，都是从周总理开始，一级抓一级，各级领导者亲自抓细抓严抓实抓出来的。

遗憾的是，不少企业领导恰恰相反，他们常常为了照顾身边领导和工作人员的情绪，不敢像周总理那样对他们“十分把握问万一”，更不敢翻一翻他们的口袋，甚至已经发现他们工作中有问题也不敢当面纠正，常常为了照顾面子，木然置之。相反见到基层工作人员工作上有点问题，则大发雷霆。高层领导这种“严远不严近，细远不细近”的作风辐射到下面，大家上行下效，如法炮制，势必搞得整个组织和执行链松松垮垮，常常不是中间梗阻，就是中间断裂，这正是企业在执行中老是冒泡的重要原因。

大文豪伏尔泰说过：“使人疲惫不堪的不是远方的高山，而是鞋里的一粒沙子。”中国也有句俗话：“千里之堤，溃于蚁穴”。企业领导想在自己的工作中不留“沙子”，不留“蚁穴”，一定要学习周总理将“举重若轻”与“举轻若重”科学结合的领导艺术，在“抓大放小”的基础上，始终坚持“近细远粗”的原则，凡事采取“十分把握问万一”的方法，努力严防万一，抓细保周。

4. 抓好上头，促上带下

常识告诉我们：得了脑中风的人，手脚不听使唤，这是脑血栓堵塞了脑神经的结果。要让手脚灵活起来，必须从头上治起，疏通好脑袋里的血管，单纯治手、治脚是难以奏效的。同样的道理，执行出了问题，作为高层领导，不可只处理一两个末端的当事人，应当顺着“神经脉络”往上追查责任，问责于上面的头头，督导上面的头头去管理带领好下面的兵。一句话，要注重“抓好上头，促上带下”。

“抓好上头，促上带下”的具体操作方法是：发现兵的问题，要抓管兵的官；发现官的问题，要抓管官的官；发现下头问题，要查上头的责任。力求从“抓上入手，促上带下”，进而促成上下联动，形成“抓上头—头头抓—头头落实”的局面。

从抓上入手，促上带下，这是部队领导管理中的常策。

为不使排长脱离士兵，我军《内务条令》规定：“排长应当与士兵同住，不得单人居住”，要求排长与战士实现“五同”——同吃、同住、同操课、同劳动、同娱乐。

有的排长不习惯与战士一起睡通铺，擅自在本排放置物资的小仓库里安置一个床铺，晚上就“单人居住”在小仓库里。为此，上级三令五申“排长不准住小仓库”，要求按照条令规定立即整改。

机关对整改情况做了认真检查，发现有一个连队整改不力，就向政委汇报。听完汇报，政委不动声色地谋划了一个“促上带下”的方法。

第二天晚上半夜十二点带领机关工作人员直插这个连队。到连后，责成连长、指导员交出规定存放在连部的小仓库钥匙，将小仓库一一打开，将睡在里面的几个排长带到连部站立。同时叫来该连的直接上级——营长、教导员。

待人员到齐后，排长们以为政委肯定要拿他们开涮了。不料，政委却让他们站在一边，当着他们的面开始严厉责问连长、指导员：“排长要实行‘五同’，不准单人居住小仓库的指示你们是怎么贯彻执行的？”

“我们开了两次支委会传达贯彻。第一次不生效，又开过一次会，有会议记录。”

“问题解决了没有？问题没解决就是开上两千次支委会又有何用？如果你只会开会传达，不会抓落实，那你还不如一台录音机，录音机比你们传达得更详细！”

“解决不了问题的连长、指导员称不称职？不称职还能不能再干下去？”在一连串的责问下，连长指导员恨不得找个地缝钻进去。

批评到最后，政委对连长、指导员说：“从现在开始，你们必须彻底解决这个问题。还解决不了，你们就辞职吧，让能解决问题的人来干！”

接着，政委又责问营长、教导员：“这个连队是不是你们管理下的连队？你们为什么放任违规？你们称不称职？你们怎么办？”一连串的责问使营长、教导员无地自容，连连表示一定认真整改，抓好条令的贯彻落实。

过了十多天，政委又在半夜里突击检查了这个连队，排长们都按规定与战士睡在一起，违规问题得到根治。

案例启示我们，“抓好上头，促上带下”的策略起码能产生以下功效。

❖ 能促成上下联动齐心抓问题的正向效应。要是不采取“抓好上头，促上带下”的策略，而是抓住排长一顿猛批，甚至处罚，情况会怎样？一定会产生如下负面效应：连长、指导员，营长、教导员在一边偷着乐，因为政委替他们“剃了难剃的头”，以后遇到“难剃的头”，也会如法炮制，等着政委帮他们去剃头，但政委忙得过来吗？一旦下面产生对上级的依赖心理，以后遇到问题都懒于动脑、懒于动手，问题势必越出越多，岂不要忙死政委，还带坏部队？采取“促上带下”的策略，能使各级领导都受到压力，才能激发上下联动，大家都积极主动地抓问题，促落实。

❖ 能促使当事人产生愧疚之心，反省改过。事实正是如此，后来政委到连队了解情况，连长、指导员汇报说：“政委你走后，还未等我们说话，排长们就一致表示立即执行规定，决不再给连营领导添麻烦了。”

坚持“常策新用法”需要注意的问题很多，其中最重要的一点是：在处理问题时，要先弄清相似问题的个性差异，然后采取“差异应对法”，视不同问题、不同实情灵活应用常策。

第五章

差异应对法

哲学上有个经典命题：世界上没有完全相同的两片树叶。这个命题生动形象地说明了个性与共性、个别与一般、特殊与普遍的哲学道理。它告诉我们，尽管世界上有些事物具有无限接近的相似度，但绝不会完全相同，事物之间的差异是普遍的客观存在。正是由于意识到“世界上没有完全相同的两片树叶”，事物间的差异具有普遍性，所以现代企业都很注重“差异管理”。

“差异应对法”，就是遇事先弄清事实，在具体问题具体分析的基础上科学区别事物的差异性，然后依据差异实况，灵活采取处理对策，实行具体问题具体处理的方法。

第一节
区别认知，差异应对

“差异处理法”要求领导者遇事先叩问自己对问题成因认知几何，对破解问题的条件认知几何，倘若认知不足，就先深入调查研究，在具体问题具体分析的基础上厘清问题的差异，然后因异制宜地采取处理对策。

一、叩问自己对问题的成因认知几何

有句谚语说得好：下嘴之前，先确认一下咬的是面包还是石头。要是不管三七二十一拿来就咬，一旦错咬石头，岂不硌掉你的牙？同样的道理，处理问题特别是表面上很相似的问题，也要先叩问自己对问题的成因认知几何？如果确认自己对于问题的性质、成因皆已了然于胸，你自然可以当即按照规章制度进行准确的批评处置。要是对问题的成因还认知不足便匆忙处理，极有可能会错拿石头当面包，让你硌掉门牙。

领导者在日常工作中会经常遇到一些“事发突然”的问题。当问题突然摆到你的面前，需要你当即做出处理时，有经验且负责任的领导者一般不会只看到一点现象就着手处理，他会先叩问自己对问题的成因认知如何。若觉得认知不足，就会设法先将问题“冷置”一下，给自己腾出调查问题成因的时间，待确实弄清了问题的成因之后，再酌情批评处理。

某部研究所就发生过这样的事情。该研究所规定每周一、三、五早上全所会操。有一天会操，有个研究室无一人到操。主抓行政管理的副所长刚要批评这个研究室，所长马上“冷处理”说：“他们有特殊情况，我们出操吧！”其实所长并不知道有什么特殊情况，他这是在施缓兵计，目的是给自己调查弄清问题的成因腾出时间。

会操后，他马上去找该研究室主任。经了解是因为他们最近连续熬夜攻关，昨夜终于完成了科研项目，室主任觉得大家都很劳累，说：“你们回去休息，明天不要出操了，我会请假的。”可是自己也倒头就睡，忘了向副所长请假。

弄清了问题原因，所长首先表扬他们为科研攻关不辞劳苦的精神，并表示要对科研有功人员论功行赏。同时，严肃指出：科研劳苦不能作为废弛会操纪律的理由，忘记请假就是组织纪律性不强的表现，应当为此做出检查。室主任听了所长的一席话，心悦诚服，向副所长作了深刻的自我批评。从此，该室的组织纪律性更强了。

可遗憾的是，不少领导者并不像这位所长那样，他们遇到突发问题时的习惯性做法是，只依据所见到的违规事实，就“想当然”地照套规章制度进行处理，还满以为自己处理得“据事实，合规则”，无可挑剔。事实上，由于其只知违规，不知成因，处理中“据事不据因”，难免“合规不合则”，即貌似符合规定，实则违反公平公正的原则。其结果难免引发不应有的矛盾冲突，把事情搞错搞砸。

某公司有位项目经理，他带领项目组进行一项技术测试，连续工作了几天几夜。测试结束时，他对组员们说：“都回去睡觉，第二天也好好休息一下！我给大家请假。”可是由于实在太累，他自己也睡着了，忘了请假。

第二天，老总发现这个项目组人员未经请假，都没有上班。便“想当然”地以为这是与自己正在实施的“军事化管理”唱对台戏，心里很恼火，一气之下，便按处理旷工的规定罚扣所有人员本月奖金，并且把处理决定公告于众。

一天后，项目组成员上班时发现自己被公告处罚了，纷纷责备项目经理。项目经理就气冲冲地去找老总交涉，说：“你处罚我们拼死干活的人，公平吗？”老总则反问：“你们不请假，旷工还有理啦？”一来二去，双方的情绪愈加激动，言辞愈加激烈，最后项目经理气冲冲地说：“是我没有请假，不干其他人的事，要处罚你就处罚我一个人！”老总一气之下，就加大了对经理的处罚，免除了对其他人的处罚，并重新公告于众。这样一来，整个项目组的人员无不称赞项目经理很仗义，怨恨老总太绝情。结果，几乎整个项目组的人员都跟着项目经理跳槽了。

教训告诫人们：

- ❖ 严格依据制度规定办事是管理的成功经验之一。然而，严格依据规章制度办事并不等于机械地照套规章制度。首先弄清问题成因，实事求是地依据问题的成因区别对待，才是管理之本，学习军事化管理不可学标不学本。
- ❖ 认识和处理问题不能只认知其共性的表面现象，更要弄清隐藏其内的个性差异。同样都是“旷工”事件，其成因有的因为“懒散所致”，有的是由于连续加班，劳累所致。两者的共性表现别无二致，而内在成因却有本质上的差异。所以处理问题特别是表面上很相似的问题，要先叩问自己“对问题的成因认知几何”？倘若对成因认知不清，应设法先将问题“冷置”一下，待查明成因后再区别对待，差异处理。成因不清，就照套处罚旷工的规定做出处理，势必“开头容易收场难”，对此不能不高度警惕。
- ❖ 老总不能冷静地处理“旷工”事件，不能冷静地对待项目经理，导致问题处理失误，主要原因有二：首先是失于没有先调查研究，弄清问题的成因，就凭“想当然”，用“无故旷工”定性问题，处理问题；其次是失于带着“他与我的军事化管理作对”的心理定式和气恼情绪处理问题。不良的心理和情绪使其不能冷静地对待项目经理的申诉和责问，不能反省自己处理中的失误。这种现象从心理学上讲是犯了“确定性偏差”的毛病。

所谓“确定性偏差”是指人们在处理问题时，“先确定答案，再为答案寻找理由”的心理倾向。造成这种心理倾向的根源是两个直觉：一是由经验造就的直觉；二是由好恶与情绪造成的直觉。人们思考问题一般都习惯于首先启动直觉，只有当直觉无法解决问题时才启动理性。教训告诫我们，领导者必须努力锻炼自己养成“直觉＋理性”的思维习惯和作风。凡事要先理性地叩问自己对问题成因的认知，在调查厘清事实，区别问题差异之后，再理性地差异应对，以免被经验直觉和不良情绪带进沟里。

问题的成因是多维度、多侧面、多层次的，对于问题的调研也要多维度、多侧面、多层次地追问：是上级决策指挥不当所致，还是下面执行不力所致？是规章制度不健全所致，还是有法不依所致？是执行中的新情况、新问题所致，还是执行人能力不足、心态不佳、作风不良所致？是员工素质不佳所致，还是管理不到位所致？是技术不完善造成，还是操作失误所致？是过失所致，还是有意为之？等等。

然后，在确实弄清问题成因的基础上差异应对。譬如：属于上级决策指挥不当所造成的问题，要从改进决策指挥上下功夫；属于规章制度不健全所造成的问题，要用气力完善好规章制度；属于新情况、新问题，就要认真研究新的对策，做好跟踪决策；属于执行人能力不足、心态不佳、作风不良所致的问题，则要有针对性地采取诸如能力培训、思想引导、教育激励、作风整顿等相应措施……总之，一定要首先弄清问题成因上的差异，然后差异应对，分而治之。

二、叩问自己对破解问题的条件认知几何

有道是“巧妇难为无米之炊”，破解和处理问题没有必需的相关条件也不成。这就要求破解和处理问题的领导者在动手处理问题之前，先叩问自己对破解问题的条件认知几何？叩问之下，不难发现，不少领导者对于破解问题条件的认知是片面的，他们常常只关注既有的、现成的破解条件。要是没有现成条件，则会将其当作一个“无解”的问题，束之高阁。

殊不知，无现成破解条件的问题≠无解的问题！因为破解和处理问题的条件一般有两大类：一类是既有的、现成的条件；一类是需要运用智慧去主动创造的条件。许多看似“无解”的问题，只要善于开动脑筋，积极主动地创造条件，也是可以有解的。

宋人魏泰的《东轩笔录》中有一则“烧船称钉”的故事，说的是北宋官办船厂，工头总是虚报用钉量，中饱私囊。监管造船的官员明知他们在作弊，却苦于无法知道钉入船中的钉子准确数量是多少，因而无法制止虚报。于是这个问题便成了“无解”的问题，历任官员都束手无策，一直听任工头虚报冒领，公然贪污。

有个叫许元的人担任了发运判官（监管水运造船工作的官员）。面对这个历任都认为无解的问题，他绞尽脑汁，终于想出了一条破解问题的妙计。一天，他亲临造船工地，下令拖出一艘刚造好的新船，当众付之一炬，然后命人从灰烬中捡出所有的钉子来过秤，结果这艘官船的用钉量仅为申报量的十分之一。真相大白之后，许元当众宣布：从此将以称钉所取数据作为以后造船用钉的参照标准，违者以贪污罪论处。

面对长期无解的问题，许元采用“烧船称钉”之法，一下子就把工头们虚报船钉的真相暴露在光天化日之下。然后据实立法，加以治理，个个折服，官船制造业中存在已久的造假贪腐行径从此得以杜绝。

案例告诉我们：

❖ 任何事物的产生、发展、变化、消亡皆有其不可或缺的条件，破解问题也必须具备一定条件。条件有两类，一类是既有的现成的条件；一类是需要设法去创造的条件。许多问题之所以看似“无解”，主要是没有现成的破解条件，这时的关键就看你是否有智慧设法创造条件了。
❖ 能否创造出破解问题的条件，取决于领导干部的素质条件。具体地讲既取决于他是否具有许元那样强烈的责任心，还取决于是否具有足够的智谋胆略。强烈的责任心是驱动内心智谋胆略的原动力。“虚报船钉”的问题之所以长期“无解”，就是历任监管者只吃现成饭，既缺乏创造条件的智谋与胆略，又缺乏像许元那样决心整治贪渎的责任心的缘故。
❖ 不少领导者遇到问题总是采取**等、躲、推、降、拖、凑**的方法。等，就是等待有利条件出现时再解决。可是，许多条件要靠创造，守株待兔式的等待永远也等不来你想要的有利条件；等不来有利条件，有的就假借各种理由抽身躲开；躲不开，则想方设法把“烫手的山芋”上推下卸；推不掉，就千方百计找理由降低做事的标准；降不成标准，便能拖则拖，一拖了之；拖不了，只好敷衍应付，一味低标准地凑合，还怨声载道，不是怪客观条件太差，就是怪领导不体谅，怪同仁不配合，到处发牢骚，讲怪话。这是有的企业“老大难”问题成堆，企业运行越来越困难的重要原因。

为此，企业高层必须明白，领导干部的“能力＋责任心”是破解问题的根本条件。只要企业善于综合采取培训提高、制度约束、奖惩激励、教育引导等举措，下大力整治领导干部中“等、躲、推、降、拖、凑”等问题，全面提升他们的素质，企业就没有打不开的“死结”，也不会有“无解”的“老大难”问题。

第二节
区别性质，差异应对

对于问题，平常人们习惯于将其区分为“原则问题”与“非原则问题”两大类。其实不然，问题可区分为三类：原则问题、非原则问题、准原则问题。

众所周知，重大原则问题，必须按法规处理，非原则问题应当大度宽容地对待，两者处理起来皆有规可循，不难把握。准原则问题则不然，它介于原则与非原则边界的灰度中，你说它大，它就是重大原则问题；说它小，它便是非原则的小问题。处理准原则问题太较真，会导致人际关系紧张；不较真，会导致“破窗效应”，常常让人左右为难，最难把握！

其实，再难办的问题也有解决的办法。处理准原则问题就有一个屡试不爽的策略，不妨试用，这个策略就是“故作糊涂”。

宋朝第二任皇帝宋太宗赵光义，一日设宴北园，殿前都虞候孔守正与王荣在酒醉状态下谈及守边功劳，愤怒争执，动手打架，君前失礼。

这使宋太宗陷入两难境地，“君前失礼”是对皇帝“大不敬”，若依律处罚，属杀头之罪。可是好端端地请人家喝酒，却把他俩杀了，实在于心不忍。况且他深知即便杀之在理，也会让人心寒。可是，明知他俩“大不敬”不予处罚，今后怎么整顿朝纲？

两难之际，宋太宗采取了“故作糊涂”的策略，佯装醉酒退席而去。

第二天，打架的两个家伙想起昨天的事情，吓出一身冷汗，赶紧上朝向皇上谢罪。

宋太宗却故作惊讶地说：“朕亦大醉，漫不复省。”意谓“当时我也大醉，不知道还有这样的事情！”

言下之意很清楚，朕不知道有打架的事情，“君前失礼”就不成立。一句故作糊涂的话语，不仅保护了两名功臣，同时还向众大臣明确示意：朕若知道“君前失礼”，还是要开刀问斩的。于是，恰到好处地将管理的主动权牢牢地握在手中！

类似的问题在军营也有发生。有一个入伍不久的新兵，随队参加野营训练。一次利用帮厨之际悄悄顺走一块肉，卖给驻地老百姓换烟抽。指导员接到炊事班长的报告后，处于两难境地：若是批评处理，新战士就会大丢面子，从此很可能就破罐子破摔，成为不安定因素；如果不管不问，他有可能更加放肆地犯错误，造成大问题。

为此，指导员故作糊涂，不动声色地找这个新兵下棋，并且故意连出昏着，总是输棋。指导员原本是全团的象棋冠军，今天连连输棋，新兵都感到好奇，问道：“指导员，你这么好的棋艺，今天怎么老出昏着呀？”指导员马上答道：“是啊，下棋不能出昏着，一着不慎，满盘皆输。做人做事也一样，切不可因为恶小而为之，小过多了会酿成大祸啊！”

新兵听出了言外之意，知道自己的行为已经败露，马上向指导员表示坚决改过，永不再犯！指导员故作糊涂，既教育了新兵又保护了新兵，取得了出人意料的好效果。

案例启示我们：

- 企业所发生的问题既有原则问题、非原则问题也有准原则问题。可是不少领导者常常对问题秉持“非此即彼”“非黑即白”二元对立的观念，以为除了非原则问题，都是原则问题，有意无意地忽略准原则问题的客观存在，于是把大量准原则问题不是都当作重大原则问题严肃处理，就是都当作非原则问题，一宽了之、一笑了之，处理的结果不是走向左的极端，伤了人心，就是走向右的极端，放纵错误，缺乏应有的灵活性和艺术性，效果自然是难好的。
- 面对不较真也无碍大局的准原则问题，最佳的选择是“看破不说破，故作糊涂”。“故作糊涂”的根本目的是既能宽容人，又能教育人，更能牢牢掌握领导的主动权，能使自己的领导工作进退自如！
- 实施“故作糊涂”的策略，既要有宽容待人的大胸怀，更要有灵活应变的大智慧，不可滥用。运用不当很容易“画虎不成反类犬”，造成姑息养奸的不良后果，对此不可没有警惕。

第三节
区别特征，差异应对

从特征上区分问题，要着重于弄清是偶然性问题，还是具有屡发性、必然性的问题；是常态性问题，还是突发事件；是一过性问题，还是会引发连锁反应的问题；是不起眼的小问题，还是“老大难”问题，等等。

一、偶然性问题还是必然性问题

遇到偶然性问题，只要有针对性地采取必要措施应对处理即可。遇到普遍性、屡发性问题，就必须着重在规章制度上找原因，然后通过完善制度，用制度治本理标，问题方有杜绝的可能。

但是，事故问题很特殊，它看似偶然，实则必然。正如“海恩法则”所示：每一起事故的背后，必然有 29 次轻微事故和 300 起未遂先兆以及 1000 起事故隐患。

事故虽非天天发生，造成事故的各种先兆和轻微事故却是屡发的。一个看似偶然的大事故，皆由一系列屡发的轻微问题积累所致。我们处理事故问题，应当在处理事故本身的同时，认真排查各种先兆和一系列屡发的事故苗头，以及造成这些先兆和苗头的根源，然后有针对性地逐个加以排除。唯其如此，方能防止屡发性问题的累积，进而消除发生事故的根源，从根本上破解事故问题。

大庆会战初期，由于生产建设大干快上，管理跟不上的矛盾越发尖锐，各类问题不断出现。1962 年 5 月 8 日 1 时 15 分，建成不久的中一注水站失火。然而在灭火的紧急关头，有两个灭火器失效，水龙带被截断，水枪头也不知去向，无法灭火，致使注水站全部烧毁。

当时担任大庆油田会战总指挥的康世恩，对此次事故没有就事论事地处分几个人就了事，而是采取了以下一系列举措：一是召开工委扩大会议，会上就这场大火的问题一连问了“为什么灭火器会失效？为什么水龙带被截断？为什么水枪头不知去向？”等 14 个为什么，要求大家以注水站被大火烧毁为爆发点，统一解决管理问题的思想认识；二是组织全油田 1717 个基层单位，联系日常管理中的一系列问题，开展“一把火烧出的问题”的大讨论，分析事故根源；三是成立调查组，由会战副总指挥兼生产办公室主任宋振明担任组长，组织 160 名生产管理干部，分别到 10 个不同类型的基层单位蹲点调查，要求在尽快查明火灾事故原因，总结经验教训的基础上，搞出一个“能把千千万万个在生产岗位上的人，同千千万万件必须做好的事联系起来，使千头万绪的油田日常生产能管理得井井有条的办法”。

宋振明来到刚建立不久的北二注水站，他启发大家联系从注水站成立以来设备、工具一大堆，到底有多少谁也说不清楚的问题入手排查原因。于是，灭火器失效、水龙带被截断、水枪头不知去向等问题的根本原因渐渐浮出水面，那就是因为“岗”“责”“人”三要素分离，导致对于大量物资器材的管理出现岗位责任不清，管理无法到位的问题。

针对问题根源，大庆会战工委总结 10 个试点单位的做法，构建了“岗位责任制、交接班制、巡回检查制、设备维修保养制、质量负责制”五项制度。之后又在实践中陆续补充了“岗位练兵制、安全生产制、班组经济核算制”，进而完善成为“岗位责任制八项制度”。与此同时又构建了“基层干部六项制度、领导干部七项制度”。

“岗位责任制八项制度”与“基层干部六项制度、领导干部七项制度”一起构成了职责清晰、简洁高效、管控有力的一体化的“岗位责任制体系”。这个“岗位责任制体系”成为大庆石油人的行动准则和管理铁律。

从此，大庆的全部生产任务和管理工作，都具体落实到了每个岗位和每个人身上，做到事事有人管，人人有专责，办事有标准，工作有检查，有效地实现了严格运行控制，严格巡回检查，严格属地管理，深化了“干部走动式管理、工人不间断巡检”，确保了在生产运行过程只有“规定动作”，没有“自选动作”，大大提升了安全运行和生产效率。

1962 年 6 月，周恩来总理到北二注水站视察，高度评价了岗位责任制，他连连说：“好！你们这样做很好。”有了这一基础保障，会战取得了成功，生产管理井井有条。1964 年，毛主席发出“工业学大庆”的号召，使大庆精神、大庆管理走向全国，成为我国工业战线的一面旗帜。

案例启示我们：

❖ 事故并非偶然性事件，自然也不可只当作偶然性问题处理。处理事故，应当在排查和消除事故根源上下功夫。

❖ 发生事故通常皆与责任制不完善，责任没有到岗到人有关，亦与责任人缺乏责任心有关。处理事故，应当在完善责任制、提升责任人的责任心这两个方面双管齐下。

二、常态性问题还是突发性事件

一个不合理的问题，大家见怪不怪，习以为常，天长日久就会产生“习惯性忽视”，变成常态性问题。常态性问题更容易被人习惯性忽视，从而相沿成习，成为痼疾。

常态性问题被“习惯性忽视”相沿成习的现象很普遍。管理界有个流传很久的案例，一位年轻的炮兵军官上任后，发现炮兵操练时，总有一名士兵纹丝不动地站在大炮的炮管下，不做任何事情。他问原因，回答是：“炮兵操练条例就是这么规定的。”

事后，他翻阅了大量军事文献，终于发现这是在马拉大炮时做出的规定，这个士兵的任务是拉住马缰绳，防止放炮时惊吓了拉炮的马。

可是，在改用汽车拉炮之后，条令却没有改变，大家都相沿成习，于是便多出一个“不拉马”的士兵，长期被“习惯性忽视”，成为常态。直到被这位年轻军官发现后，向上提出了取消“不拉马的兵”的建议，问题才得到解决。

无独有偶，1903 年的一天，俄国沙皇在散步的时候发现了一个奇怪的现象，在克里姆林宫空地中央，总有一名哨兵笔挺地守卫在那里。沙皇怎么想也想不出有什么理由要在此地设岗。于是找来卫队长询问，卫队长说：“上任队长就是这么安排的。”

沙皇责成卫队长务必搞清原因。卫队长经过数天调查，终于弄清楚事情的来龙去脉。1770 年初春的一天，叶卡捷琳娜女皇在克里姆林宫散步时，惊喜地发现在空地上有一朵迎春的小花，她高兴地命令："在这里设一个岗哨，好好守护，别让任何人踩到这朵小花。"

从此，这块空地上便有了一个岗哨，并且相沿成习，连续存在 133 年。

案例启示我们：

❖ 为因应一时之需而下达的指示，之所以相沿成习，变成常态；一些早已过时的指示、规定，过时的经验、理论，过时的业务流程之所以一直在机械地习惯性地沿袭并被视为理所当然，成为常态性问题，根源皆在于上下都对问题产生了"习惯性忽视"，无人质疑其正确与否，必要与否。

❖ 产生"习惯性忽视"的原因有三：一是思维僵化造成思维定式，思维定式导致行为定式，以至于见到问题习以为常，不以为然；二是思想懒惰，遇事不能像那个年轻军官那样多问一个"为什么"，导致对常态性问题反应不敏锐；三是眼界不宽，见识不足。有位炼钢厂的老总对于粉尘污染问题早已习以为常，下面提意见也不以为然，总说"炼钢哪有无粉尘的"。后来参观了一个设备条件相仿，通过加强现场管理有效治理了粉尘污染的企业之后，才领悟到原先不以为然的常态性问题竟是一个能够治理、早该治理的问题。

❖ 对问题"习惯性忽视"是管理的大敌。防治这个问题要从三个方向使劲：一要多用与时俱进的目光审视一切，多对那些习以为常的指示命令、制度规定、方法流程等提出质疑，破除思维定式，增强敏锐性；二要多培养勤于思考、敢于质疑，高标准、严要求做事情的企业文化，破除低标准混日子的懒汉习惯；三要多学习新鲜知识，多走出去参观先进企业，学习先进的管理知识，增加见识，开阔视野。

一旦发生突然性的重大事故或事件，原则上中下层领导要在全力组织控制事态的同时，实时向上报告，不可迟误！高层领导则要"猝然临之而不惊，无故辱之而不怒"，冷静应对。

1978 年春，"红箭-73"导弹在北京附近某靶场做实弹打靶定型试验。徐向前元帅亲临指导，主席台上坐满了各总部的首长。试验中，前两发试射都精确命中目标。

第三发发射后，飞出不到几百米突然来了个 180 度的大转弯，朝着主席台左侧飞来，碰到主席台左上檐，掉在地上。因为是试验，不装弹芯，不会爆炸，有惊无险。

研发人员赶紧跑来向试验主持人汇报事故情况，主席台上的首长都问是怎么回事，主持人说是“故障弹”。有位首长指着主持人责问说：“你咋知道是故障弹？为什么不事先检查好？”主席台上一时气氛很紧张。

这时，徐帅向主席台的人们招招手，让大家都坐下，然后慢条斯理地说：“没有关系，没有关系。试验嘛，发生点事故很正常的，常有的。”接着问那位主持人：“还有几发？”答曰：“还有两发。”徐帅和蔼地说：“接着打，接着打。”

徐帅镇静淡定地应对直接威胁自己生命安全的突然事故，大度地认为，一个正在试验定型中的武器在技术上不稳定，出点故障是难免的。于是给试验主持人和科研人员解了围，做完了定型试验，没有造成任何风波。

案例启示我们：

❖ 面对突发事件，领导者要冷静思考，慎重应对，切勿动怒，也不可惊慌。动怒会导致失策，惊慌会导致失措，失策失措好比是火上浇油，雪上加霜，会使事件变成事故，由小问题变成大问题。

❖ 突发事件处理不当，极有可能引发人际间的矛盾冲突，造成危机外溢，领导者不可不察，不可意气用事。

三、一过性问题还是会引发“蝴蝶效应”的问题

有人说亚马孙河谷的一只蝴蝶扇动一下翅膀，就可能在美国的得州掀起一场龙卷风。这种由一个看似小小不然的问题所引发的连锁反应，管理学称之为“蝴蝶效应”。

“蝴蝶效应”揭示了一个事物运行发展的客观规律：在一个动态系统中，一个初始条件的微小变化，能引发整个系统长期且巨大的链式反应。一系列的“链式反应”，会造成一连串新问题，弄不好有可能让你应接不暇，陷入被动。

某部安排军官转业，有位正团职军官，家属是该部队内部职工，随丈夫回地方没有接收单位。该军官上有老下有小，四个老人都在农村，还病了三个，光靠他一个人的工资支撑这个大家庭的确很艰难，于是他逐个找领导反映。领导们很同情，大家一

商量，觉得反正只有一个人，照顾一下吧！就给他的家属办了一个提前退休。他高高兴兴地到地方工作了，而他家属“办提前退休”则成了大家的榜样。于是，后面的转业干部都要求将自己的家属办提前退休，往年转业回地方家属没有安排好的也回来找领导，要求将家属补办退休。很显然，都办提前退休既为政策所不许，也是财力所不济的，领导们只好苦口婆心地劝说。可是无论怎么说，大家都不满意、不服气，把领导搞得焦头烂额，十分被动。

案例启示我们：

领导者处理一个问题，就是给大家树立了一个榜样。“榜样的力量是无穷的”，它难免引发许多人仿效，从而产生“蝴蝶效应”，让你应接不暇。因而，领导者处理问题必须充分考虑其是“一过性”的问题，还是“前有古人，后有来者”的问题。属于“一过性”问题，处理完了就了结了，你可以特事特办，灵活应对。倘是“前有古人，后有来者”的问题，则切莫大意，必须谨慎地统筹兼顾，以防后患。

四、小问题还是“老大难”问题

关于小问题，前面已经讲过不可小觑，应当“抓小推大”。那么遇到“老大难”问题怎么办？经验告诉我们：“老大难”问题都是多因素合成，长时期积累，成因很复杂、影响很广泛的问题。处理的基本要求是，坚持在“调查研究—洞悉原因—找到本原”的基础上，谋定方案，形成机制，多管齐下，一抓到底。应当采取的基本策略是，坚持“两个不动手，一个不松手”，即成因不清不动手，谋划未定不动手，动了手就不松手。

宋志平在《笃行致远》一书中讲了不少克服“老大难”问题的故事，很值得企业领导者学习借鉴。

1993年春节前，宋志平担任北京新型材料总厂厂长时，他面临四个“老大难”问题。

第一个“老大难”：职工纪律涣散，每天早上总有不少人上班迟到，上班时间还有员工外出买菜。如何治理？通常的处理方法是马上发出必须按时上下班的规定，并且按规定处罚迟到早退的员工。这种方法治理几个人尚可，处理已经成为群体性的“老大难”问题，则有可能激起群体性对抗事件，效果适得其反。宋志平没有这么做，他谋划了一个与众不同的治理方法。

首先，他连续六天与人事处长一起提前到厂，站在工厂大门口清点迟到人数。这一招，既摆脱了“法难责众”的困境，又营造了检查劳动纪律的强势气场，效果极好：第一天清点，迟到的有 280 人之多。之后，逐天减少，到了第 6 天，迟到人数减到了零。

这时，宋志平说：“可以发通知、贴告示了！”告示宣布：上班不许迟到早退，谁要迟到早退就罚扣工资，并且还宣布“执行这个规定先从我厂长做起”。

规定合情合理，加之厂长带头，大家都一致遵守，结果没有处罚一个员工就破解了上班迟到早退这个“老大难”问题。

第二个“老大难”：当时工人情绪浮躁，法制意识淡薄。有一次石膏板车间上夜班，食堂送餐的三轮车在路上翻车了，饭送得晚了些，夜班工人竟一哄而散。也有职工长期不上班、不请假，在外干私活。还有的动手打分厂厂长耳光，把厂长眼镜打掉在地上，别的职工还在一边起哄。对于这些乱象，宋厂长采取了三项举措。

一是按制度规定把长期不上班的、打人的 10 名工人予以除名，每周除名一个。“每周除名一个”的方法，内含“分而治之”的大智慧，既避免了被除名者抱团对抗，又在企业内造成了“持续警示”的强势气场，起到了“四两拨千斤”的作用。

二是做好说服教育工作。有个在外开出租车的职工被除名后来责问宋厂长：“你都不认识我就把我除名了？”宋厂长据理说服，讲了两点：第一，出去开出租车，自谋职业挣钱多，这种情况我理解；第二，如果全厂 2000 名职工都这么做，不除名是否行得通？对方听完，站起来走了。

三是坚持原则不动摇。那个打了分厂厂长的职工是领导干部子弟，被除名后，托了好多人找宋厂长说情，宋始终坚持原则，不为所动。

从此，规章制度的权威确立起来了，管理起来也就顺畅了。

第三个“老大难”：厂区和生活区环境严重脏乱问题。建厂 13 年，垃圾堆在办公楼后面的一大片空地上，日积月累堆起了一座垃圾山；厂区道路被一层厚厚的石膏覆盖，看不出原来的模样；厂房的窗户玻璃也碎了许多。

宋志平认为：环境问题影响生活，影响员工情绪。企业有个良好的环境，大家才会有愉悦的心境。只有心情好，劳动效率才会高，才会少出事故。因此下定决心要整治环境。恰巧此时，上级通知美国的黑格将军要来工厂参观，他就以此为契机，动员全厂职工打扫了一星期的卫生。

可是，后来黑格因故没来，职工很有意见，认为厂长糊弄大家。宋召开干部会议，问大家：干净的工厂环境是为了给黑格看的，还是为了满足自身生活工作需要的？在统一大家思想的基础上，他提出要将工厂改造成花园式的工厂，把家属院改造成花园式的家属院的“两园工程”设想。

按“两园工程”设想，修了新的工厂大门和喷水池，把办公楼和厂房都重新刷了一遍涂料，把所有缺少玻璃的窗户都补上新玻璃。然后花了三个月时间清理完办公楼后面的那座垃圾山，在腾出的空地上修建了小花园和职工食堂，还有足球场、篮球场和网球场。

接着，把厂区南边一个5万平方米的大水坑修建成一个可以垂钓的“爱心湖”，围着湖的周边建了一条小路，湖边种了不少柳树、槐树。在湖的西南端建了一个湖中亭，湖中放了一条小船，可以泛舟湖上。过去无人愿去的大水坑，成了职工家属休闲时最爱去的地方。

在推行“两园工程”的同时，又陆续建起北新家园幼儿园、职工医院、培训中心以及运动场等配套设施。

从此，工厂面貌焕然一新，职工精神也为之一震，大家觉得这个年轻的厂长真的有两下子。宋志平觉得“做企业，很重要的是要让职工有归属感，真正以厂为家”，要让大家产生归属感，企业必须“关心大家的生产环境和生活环境，既让职工有好的收入待遇，也要让职工有好的精神世界”。

第四个老大难：职工好多年没调工资，住房相当紧张，员工对企业很冷漠，内心也不大相信宋能改变现状。为了激发大家的信心，宋志平又采取了三项举措。

一是处处以身作则，要求员工做的，自己首先带头做好。

他当厂长十年，和大家一起住在工厂生活区的职工宿舍楼里，每天中午和员工一起在食堂排队打饭。

在企业还不了银行贷款，银行不续贷，工厂资金周转十分困难的情况下，宋先回家劝说妻子把婚前积存的一万元存款拿出来，接着再动员员工集资帮助企业共渡难关。因为宋志平带头献出存款，大家对他、对企业有了信心，纷纷把存钱罐里的钱也拿了出来，总共集资了400万元，使企业运转并发展起来。

他当厂长的第二年，由于企业效益好，中新集团一次性奖励他27万元人民币，宋把这笔钱交给财务，用作职工奖金；中关村园区奖励给宋10万元，他用这笔钱给工厂幼儿园买了一些书和玩具。有两次北京市给予企业一把手住房奖励，宋都让给了管理骨干和技术骨干，那些房子现在已升值到几千万元了。

他说：有人觉得我这样做是冒傻气，但正是这些冒“傻气”的举动赢得了员工的信赖，提升了领导魅力！

二是他一个车间一个车间地给职工们开动员会，和大家座谈，统一思想。

有的车间没有会议室，他就站在车间的空地上把职工集合起来做动员。在与职工座谈中，大家埋怨“分不到房子，工资也很久没涨了”。宋志平问大家：房子的钥匙在谁手中？只要大家努力，企业有效益，盖一两栋楼算什么。

针对大家的需求，宋提出了“工资年年涨，房子年年盖”的口号，并把这句口号做成条幅，用气球挂在厂区上空。

三是不但提出口号，做出承诺，而且说到做到，兑现承诺，实现口号。

他当厂长10年，真的盖了10多栋宿舍楼，员工工资也比周边企业高出不少。员工被宋的真诚打动了，大家对企业的冷漠不见了，取而代之的是他们对北新强烈的归属感和自豪感。从此，企业走上良性发展的轨道。

案例启示我们：

- ❖ 宋志平破解“老大难”问题的经验，归结起来无非有四靠：一靠智慧，二靠表率，三靠奉献，四靠思想教育引导工作。有了这四条，没有破不了的“老大难”。
- ❖ 需要特别指出的是，他连续六天与人事处长一起提前到厂，站在工厂大门口清点迟到人数，等到没有一个员工迟到时再公告规定；他一个车间一个车间地给职工们开动员会，和大家座谈，统一思想等方法，看起来都是小小不然的一招一式，有人会觉得都是雕虫小技，不以为然。殊不知，正是这些不起眼的一招一式破解了大难题，没有处罚一个员工就实现了“软着陆”，这其中既有大智慧还有大仁义，皆是出色的领导艺术，切勿等闲视之！

第四节
区别原因，差异应对

执行问题的产生，原因是多维度、多侧面、多层次的，需要区别原因、差异应对的问题自然也很多。领导者在实际工作中，由于对“是上级布置执行不到位所致，还是下面执行不当所致”“是技术不完善所致，还是操作失误所致”“是下面无条件解决所致，还是不去解决所致”“是实际困难所致，还是思想问题所致”“是过失所致，还是有意为之”，不能准确区别，差异应对，从而导致工作被动的现象屡见不鲜。

一些管理上的问题，在有些企业领导看来，与企业经营上的大事相比似乎不在一个级别，因而常常被人忽略，导致应对不力，应对不当，造成不应有的麻烦，很有必要在此做一些拾遗补阙。

一、上级布置执行不到位所致，还是下面执行不当所致

布置执行，就是对下布置任务，下达执行指令，故也称为“出令”。不少人总以为，对下布置执行是很简单的事情，不就是下个命令的事嘛！所以，尽管决策做得很好，进行到布置环节，常常粗心大意，结果“大意失荆州”！无数经验教训告诫我们，许多执行问题表面上看是由于执行人执行不当，实质上却常常与上级布置不周分不开。为此，布置执行要特别注意以下几点。

1. 要把布置的任务落实到具体人

布置工作大呼隆，任务没有交到具体人，很容易产生“旁观者效应”，导致执行不力。有位领导曾经做过一个实验，他看到大厅里的大钟有时间误差，故意在一群人面前下达一个指令：“你们把这个表调准了！”

过了一天，也没有人去调。于是，他叫来一名工作人员，说：“你把这个表调准了。”结果只花了几分钟，表就调准了。

“为什么任务布置到‘你们’落不了地，去掉一个‘们’字，交给了一个人，任务就执行落地了？”在管理培训时，他向大家提出这个问题，并从心理学的角度做了深刻分析。

心理学原理告诉我们，一件事情，如果要求一个人单独完成，因为无任何依赖，其责任心通常很强，会马上做出积极反应。要是交给一群人，群体中的个体很容易产生“这么多人，不缺我一个”“天塌下来，有高个子顶着”的心理。于是，大家都期望别人去做事情，自己却成了“旁观者”。这种现象，在心理学上叫作“旁观者效应”，也叫“社会懈怠效应”。

人群中的个体之所以产生“旁观者效应”，原因在于“责任没有落到具体人”！因而，对下布置工作任务，一定要“将责任定到具体人身上”，使其彻底打消“对他人的依赖心理”和“期待别人替自己承担责任”的念想。

具体操作方法：中高层领导对下布置任务时，要将任务布置到执行团队，将责任明确到团队主官；基层领导在对下布置任务时，要将任务和责任布置到各个执行岗位上的执行人。

2. 要依据任务的难易程度采取不同的布置方式

创新型任务困难大、风险大，要采取“兜底式”的布置方法。“两弹一星”研制工作刚开始，周恩来总理向科学家宣读了毛主席就“两弹一星”研制的指示：严肃认真，周到细致，稳妥可靠，万无一失。学习中，大家反映其他都能做到，就是“万无一失”很难做到，一时气氛有点沉闷。周总理说：“什么叫万无一失？把想到的、发现的，都认真解决了，就叫万无一失。没发现的、解决不了的，是吃一堑长一智的问题。打枪还有卡壳的时候呢，别说导弹了。放心吧，只要认真做了，出了问题，领导来负责，我周恩来负责。”一句“兜底”的话，就把大家的后顾之忧解决了。

企业领导遇到类似情况，也要说出兜底容错的话，并且还应建立容错机制，让执行人无后顾之忧。

布置关系重大、风险极大、压力巨大的任务，可采取“激将式”或“授权不授责”的方式。常言道“遣将不如激将”。“激将”，有“正激”与“反激”两种方式：正激励，主要是以义激，以利激，将“义”与“利”紧密结合起来激励人；反激励，主要是采取“对勇者说其无勇，对能者说其不能”等方法，刺激他的自尊心，从而激发他的勇气与潜能。

“授权不授责”，就是在布置任务时向执行人宣布：成即有功，败则无责，以示绝对信任、绝对授权。在特殊情况下采取此法，有利于形成上下同欲的氛围，激发下属忘我的精神。赤壁大战前，孙权就采取了这个方法，他对主动请求带五万精兵抗击曹军的周瑜说：“卿能办之者诚决，邂逅不如意，便还就孤，孤当与孟德决之。”这就是向周瑜表明：我授予你打的权力，而不会追究你打败的责任。如果你打败了，就回来，我们一起与曹操决战。如此充分授权，更激起周瑜的忠肝义胆，他用计火烧赤壁，最终战胜曹军。

不过需要注意的是，实行“授权不授责”，必须把握好两个重要环节：一要授当其事，只用于特殊事项，不适于正常的工作任务，并且要坚持“一事一授，事毕则止”；二要授当其人，只能授予既有能力又有忠心的人，能力与忠心缺一不可。

3. 要依据部属的不同特点采取不同的布置方式

原则上，对于能干、愿干并且善于苦干、巧干的部属，宜依据“将能君不御”的原则，采取示任务、示目标、不示手段的“委托式布置”；对于愿干不大会干的人，要边布置、边帮助指导；对于向你拍胸脯作保证的人，要考问他贯彻执行的具体方法，了解其是否真的有信心、有办法、有把握，发现是在盲目地拍胸脯，说不出具体方法措施的，要警示并责成其认真做好谋划工作；对于受任后提出一大堆质疑意见的部属，要认真与其沟通，不可将人家的意见一概斥为“借口”，拒人于千里之外。须知：“借口”是为推辞执行而借来的不是理由的理由，倘若下属质疑的问题确实是客观存在的必将妨碍执行的问题，那就得与其认真研究，力争将问题破解在执行之前；对于执行指令缺乏信心，疑惑不定的人群，则要采取示信出令的方法，春秋战国时的商鞅就是这么做的。

商鞅在秦国推行变法，不但遭到来自上层的重重阻力，老百姓对于变法的推行也多有疑虑，信心不足。在这种情形下，商鞅在拟好变法方案后，没有急于出台布置，而是先采取“立木示信”的方法取信于民。他在南门外竖立一高约三丈的木杆，下令：“谁能将它搬到北门外，赏金十两。”大家只围观，不相信。商鞅又下令：“赏金五十两。”此时有一人见利心动，将木杆背至北门。商鞅当众奖赏其黄金五十两，大众由此信服商鞅能真的说话算数，令出必行。有了大众信服的条件后，商鞅才将新的法令布置下去，付诸实施。在变法过程中，太子犯法，商鞅曰：“法之不行，自上犯之。”于是，将太子的两个师傅，分别依法处罚。如此严肃执法，更强化了“示信”作用。经过如此一系列的行动示信，秦人奔走相告：“父母之命可以不听，商君之命不可不行。”从此，变法大行，秦国大治。

经验告诉我们：

- ❖ 许多重要工作，特别是困难重重的制度改革，没有得到上下的充分信任就布置执行，是很容易流产的。这时不可急于布置执行，应当首先采取示信策略，争取大家对你的信任。
- ❖ 示信的方法有二：语言示信、行动示信。通过口头语言或文字语言宣示自己言必信、行必果，固然十分必要，但更为重要的则是行动示信。行动，才是领导者对下属最具影响力的语言！人们不会只是听你言，而会更注重于看你行，没有实际行动的语言是空洞无力的。
- ❖ 示信，绝非演示一个“说到做到”的行动就够了。如果只是演示一下，那叫“作秀”，作秀与示信相差不啻万里。始终不渝地坚持“言必信，行必果”，始终不渝地令行一致，即便是太子犯法也同样秉公执法，这才是真正意义上的示信，才是真正有效的示信。

4. 要保证布置时只有一个声音、一个指令

布置执行只有一个声音，执行人才会心往一处想，劲往一处使，拧成一股绳。倘若政出多门，多头发声，“一个将军一个令”，各吹各的号，各唱各的调，执行便难以形成合力，赢得胜利。

对于企业而言，最糟糕的局面是：大家在讨论问题时，噤若寒蝉，鸦雀无声；形

成决议后，背后议论，说三道四；布置执行时，多头发声，令出多门；进入执行时，牢骚满腹，消极怠工。这样的企业是没有希望的。

为了确保布置执行时只有一个声音，除了要从组织上解决政出多门的弊端之外，还须遵循“民主集中”的原则，坚持做到以下三点：在谋划决策时，实行“百花齐放，百家争鸣”；在做出决策时，形成“一个意志，一个决策”；在布置执行时，只有“一个声音，一个指令”。

那有不同意见怎么办？对于不同意见，要实行“三允，四不允”的规则。“三允”，即允许有三次建议权；允许保留个人意见；允许向上反映意见。“四不允”，就是不允许因不采纳其意见便与领导纠缠不休；不允许背后散布自己的反对意见和不满情绪；不允许随意猜疑，曲解上级指令；不允许各吹各的号，各唱各的调，自行其是。

为落实“三允，四不允”，一要将其立为制度，严格督行；二要经常向下属宣贯“三允，四不允”，使之在思想上形成共识，在行为上形成习惯。

5. 要确保布置时“领导说明白，下面听清楚”

布置执行要确保“领导说明白，下面听清楚”。这个要求是不是太“小儿科”了？其实，这种小儿科的要求，在现实的领导管理工作中也不一定是都能做到、做好的。很多管理人员在给下属布置工作时，常常习惯于简单地对下说：“××，你去把这件事情搞定。”就算布置完了。这种布置缺乏具体标准，要求大而化之，加之有的还口音不准，口语不规范，常常导致下面听不清楚，执行失误。结果不是闹出笑话，就是造成重大损失。

军中有则笑话，说有个连长正在洗脚，营里给他打电话。连长匆忙起来接电话时，给站在旁边的通讯员下达了一道指令：“去，把洗脚水豁（倒）了！”通讯员一听，愣在那里没动。连长很生气，大喝一声“还不快去豁了！”通讯员这才端起洗脚水往外走。连长接完电话，需要通讯员去营里送一份报表，回头一看不见通讯员，又大喝一声“通讯员，豁不完了？”只听通讯员委屈地答道：“太多了，实在喝不完。”连长一听不对头，跑到外面一看，原来通讯员把“豁了”听成“喝了”，正在仰着脖子喝洗脚水呢。

笑话不是事实，却折射了现实。在现实生活中，因为上级布置执行没有说明白，下面没有听清楚而导致“糊涂执行”的事实并不鲜见。1907 年，孙中山先生领导的同盟会决定聚集饶平、揭阳、浮山等地的会党起义，定于“4 时”起兵，合攻潮州。由于当地的方言“4”“10”不分，起义时，浮山一路将“4”时起兵误听为“10”时起兵，结果未能按时会合，致使起义失败。几天后，浮山一路召集人薛全福等，也全部被清吏捕杀，后果十分惨重。

笑话和血的历史都揭示了一个同样的规则：上级布置工作必须“说明白”，说不明白必成“糊涂令”。下级接受指令必须“听清楚”，没有听清楚必成“糊涂行”。“糊涂执行”的必然结果，重则全军覆没，轻则“上下都喝洗脚水”！为什么会“上下都喝洗脚水”？因为当部属大喝“洗脚水”的时候，领导者也绝无幸免的可能，相反需要为糊涂执行“擦屁股”的领导者，喝的比谁都多，这是必定无疑的事情！

要确保“领导说明白，下面听清楚”，关键是领导者要把握好以下几点：

- 布置用语和语音要力求准确、规范，以免产生歧义。同时用语还要力求通俗简明，切不可为彰显自己有学问，用语故作高深，故弄玄虚；也不可生怕讲不清，说“车轱辘话”。
- 为防止不应有的差错，口头布置工作，要按照“布置—复述—校正—再复述—再校正—确认”的布置规程，让受令者当场复述一遍布置的内容与要求，经核对发现复述不准确、不完善，则当场纠正或补充，然后再让其复述，直至确认受令者已经完整准确地掌握为止。其间不可嫌麻烦，须知“喝洗脚水”最多的人就是那些嫌麻烦的人。
- 要营造良好的沟通环境。有的领导者官气太重，总以为“我讲得很明白，你应该听明白”。下面没有听清弄懂，提出疑问，就会斥责人家“你怎么这么笨”！久而久之，下属即便没听清弄懂也不敢吱声，只好不懂装懂，嘴上一个劲地表态说“对、对、对！”“是、是、是！”“知道了，坚决照办！”这种不懂装懂的状态，一进入实践就是“糊涂执行”。“糊涂执行”的必然趋势无非有二：要么束手无策，一拖了之；要么凭着“想当然”，盲目蛮干。两种趋势都只有一个结果：大家一起重演“喝洗脚水”的故事！
- 必要时应取“文件＋会议”的方式进行布置，但是切不可因此搞出文山会海。原则上，“文件＋会议”主要适用于下列情况：一是任务重大，需要引起执行者高度重视时；二是任务牵涉面广，需要各方联合协同时；三是执行的任务复杂或持续时间较长时；四是下面意见分歧，需要统一认识时。

❖ 布置重大的单项任务应当采取书面交接机制，即对下发出《任务通知单》。《任务通知单》要有规范的格式，严明“五个规定”：规定必须达到的任务目标，规定执行任务的起止时间，规定可供使用的资源及数量质量，规定应当达到的各项质效指标，规定必须遵守的行为准则。

对于执行状况，要进行严格细致的检查考评，考评后也要发出《任务执行状况评估单》，对检查中发现的需要整改的问题，要发出《问题整改通知单》；对整改情况要考核验收，考核验收后要发出《整改状况评估单》；对于考核不合格的要发出《继续整改通知单》。以此环环相扣，确保布置与执行准确到位。

6. 要做到已布置的事不朝令夕改

已经布置的工作要“令出如山”，不可朝令夕改，变成“一阵风”。经验告诉我们：倘若领导在具体事务上朝令夕改，就会将一件简单的事情搞复杂，使下面不胜其烦；在人事上朝令夕改，就会破坏领导之间的信任，甚至引发矛盾冲突；在制度上朝令夕改，就会导致企业运行失据，发生混乱。“言多变则不信，令频改则难从”，领导者经常朝令夕改，下属为避免陷入被动，便会养成做事总要观望一阵的习惯，造成执行中不应有的拖沓贻误。这些都是众所周知的常识，可是在不少企业，常识在日常工作中常缺。

某集团公司董事长做出调整某子公司总经理的决定之后，他派集团刘副总去找子公司领导谈话，当面宣布调动决定。刘副总宣布决定之后，子公司领导表示自己熟悉并热爱本公司，不愿离开。刘副总苦口婆心地做了大量说服工作，子公司领导才勉强同意。接着，刘副总就出差到外地去了。子公司总经理便缠着董事长恳求不要调动，董事长经不起软缠硬磨便改变原来的主意，同意他继续留任。

刘副总出差归来，听说自己苦口婆心所做的工作被董事长一句话就废了，并且在事先事后均不与自己通气，觉得自己被董事长耍了，让自己丢了威信，非常恼火，便与董事长大吵一场。

案例启示我们：

❖ 纵然在人事上董事长握有决定权，但已经布置副总去执行的人事调整岂可朝令夕改？即便要改，也应当通知副总，通过他去改。以为“用干部是我董事长的权利”，就不尊重、不顾及副总的感受，自顾自地朝令夕改，难免引发领导之间不必要的矛盾冲突，这不能不引起企业领导的高度重视。

❖ 已经布置执行的制度更不可朝令夕改，因为保持制度的稳定性是保持企业有序运行的重要条件。制度的“改”与“废”必须坚持两个原则：一是在尚无更好的制度可以替代旧制的情况下，绝不轻易改动旧制，即便旧制有弊端也只好忍受；二是制度的“改”“废”必须坚持先立后破，不可搞先破后立，在新的规章制度尚未研究成熟，没有颁布实施之前，旧规必须照常执行。

❖ 发生朝令夕改的原因，无非有四。

一是领导者脑子转得太快，常常一个指令刚刚发出，又有了新的想法，于是“计划跟不上变化，变化跟不上他的想法”。

二是领导者耳根太软，缺乏定力，有人在耳边一嘀咕，或是软缠硬磨，便改变了主意。

三是领导者总以为决策大权归我，我想咋干就咋干，于是独断专行，草率决定。许多决策指令常常未经充分论证，统筹谋划，就下令布置执行，自然一接触实际就到处碰壁，不得不马上改变。

四是过分追求完美，布置执行后看到一点小问题、听到一些议论就坐不住了，想马上改过来。

❖ 要确保布置过的事情不朝令夕改，领导者须遵循以下四个原则：

一要遵循“民主决策，充分论证”的原则，杜绝草率决策。

二要坚持“小过无更，小疑无审”的原则，保持领导定力。

三要把握“兴利勿急，革弊勿骤”的原则，坚持深思熟虑。

四要实行“先立新规，后破旧制”的原则，强调破立有序。

7. 要坚持边布置、边督导、边解决实际问题

天津津荣集团公司魏利剑副总给笔者讲过一则她亲历过的案例。为了提高冲压工的标准化作业水平，由公司教育学院牵头，组织了一期有相关管理人员和技术人员参加的“冲压工标准化作业法”（简称“作业法”）培训。

公司要求培训后全面推开“作业法”，参训人员皆满怀信心地向魏副总表示：没有问题！魏副总也觉得胜券在握。可是，事后的点检却让人大跌眼镜：有70%以上的员工没有按“作业法”标准进行操作。魏副总问员工“是什么原因”，答曰：“没人教我，不会做”“工具没配齐，做不了”。问管理人员：“为什么不解决员工说的问题？”答曰：“事情太多，还没来得及解决。”

针对问题，魏副总立即采取三项举措：一是召开管理干部现场会。会上，通报点检结果，强调了推进“作业法”的步骤、时限、标准，明确了各级的责任和奖惩措施。二是从学院抽调专业人员到工厂，在现场手把手地对员工进行操作技能培训。三是依据“作业法”操作需要，标准化配置相关工具，解决实施中的实际问题。

之后，再去检查，布置推行的“作业法”已完全落到实处。

案例启示我们：

❖ 领导者别天真地以为，自己布置工作时，下属信心满满地表态“没有问题”，工作落实也肯定没有问题了。其实，凡有些许创新的工作，在执行中必定会遇到诸如员工技术培训不足、操作工具没有配套等许多实际问题。实际问题不解决，执行是难以落地的，对此，领导者必须要有充分的预测、预见、预防。

❖ 下级领导人员在领受任务时决心很大，可是一回到岗位上，就会受到其他工作的干扰，分散注意力；还会因为在执行中遇到各种困难，滞迟不前。领导者布置工作之后，若不及时检查督导，下级领导很可能由于注意力的转移、困难的阻滞，将你布置过的工作搁浅。

❖ 抓执行需要历经“布置执行—检查督导—解决问题”等一系列工作环节，不能止于“说过了”。你“说过了”，仅仅只完成了“布置工作”这个环节，后面“检查督导—解决问题”的工作环节同样不可或缺。缺失一个环节，势必造成执行流程链断裂。

二、技术不完善所致，还是操作失误所致

二战时，美军B-17轰炸机和B-25轰炸机落地滑行，收起侧翼时，常常误将轮子收起，发生“起轮事故”。为了防止“起轮事故”，军方对飞行员千叮咛万嘱咐，要

提高警惕，防止操作出错，可是见效不大。

于是，请来心理专家阿方斯·查帕尼斯中尉调研处理。一开始，中尉从飞行员身上找原因，提出了许多疑问：为什么飞行员如此粗心？是过于疲劳还是完成艰巨任务后放松了警惕？抑或是培训中出了什么“岔子”？问来问去，就是找不到答案。

接着，他展开了对轰炸机与运输机的“比较调研”，很快发现一条重要线索：开运输机的飞行员不会犯类似错误。有了这条线索，他决定不再从飞行员大脑中找原因，而是去察看一下他们的驾驶舱。

经认真察看对比，发现运输机的“机轮控制杆”与“侧翼控制杆”是分开布局的，不容易发生误操作；轰炸机的“机轮控制杆”和“侧翼控制杆”则紧挨着，并且两者一模一样，很容易误用。

原因找到了，但大规模改装轰炸机机舱布局已无可能，中尉的办法是：在机轮控制杆末端安装一个橡皮圈。从此一握上去手感完全不同，从而杜绝了误操作和“起轮事故”。

案例启示我们：

- 任何问题的构成皆有主客观两个方面。技术设计不当、不完善是客观原因，操作不当是主观原因，处理时既要找主观原因，也要找客观原因。
- 很多操作失误并不都是人的主观原因引起的，常常与一个不起眼的技术环节设计不当有关，只要在设计上稍作改善，就能杜绝。所以凡属与技术设备有关的问题，不可只在人的大脑里找原因，还要注重分析技术设计上的原因。
- 问题的原因很复杂，根本原因就在复杂的内因之中，要找到问题的根源，最可靠的办法是“调查＋研究”，努力深入到复杂的内因中去。

三、下面无条件解决所致，还是不去解决所致

某公司距离火车站20公里，行政管理办公室每月都有好几次晚上21:00的火车接送站任务，但只有一名专职驾驶员，他家在本地，下班就回家，遇有执行夜间接送任务总是推三阻四，很不情愿。办公室工作人员找主任解决不了，只好去求采购部、质检部的司机帮忙。时间长了，办公室人员就觉得这样不是长久之计，于是就向老总反

映了这个问题。

一个驾驶员的问题反映到老总这里，老总的通常做法有二：一是用“这个问题找你们主任去”一句话，就将反映问题的人打发掉。殊不知，人家正是由于找主任不管用才来找老总的。你让他们再回去找主任，等于是将问题踢回去，踢回去的问题必将永远搁置在那里，继续贻误工作。二是把办公室主任叫来，呵责一顿“为什么不管好驾驶员”，其结果是，办公室主任很可能一方面向老总连连认错，一方面记恨告状的员工，回去便明里暗里地整治告状人。于是不但问题得不到解决，反而又激化员工上下之间的矛盾。

有鉴于此，这位老总没有这么做，他认为员工来向我反映问题，大多是“他们无条件解决”的问题，自己理当认真调查处理。

他首先调查的问题是“为什么员工会越过办公室主任直接向老总汇报一个驾驶员的问题”。调查后的事实表明，问题出在办公室主任处事缺乏公心，因为驾驶员平时给主任出车很积极，还经常给他办私事，所以总是袒护他，放任他，工作人员因此对主任失去了信任和信心。结论很显然，问题出在驾驶员身上，根子在办公室主任身上。

接着调研的问题是“晚上接送站是偶然性工作还是经常性工作”。经调研，机关各部门夜间到车站接送人是一项经常性工作，接送工作做得怎样不仅影响企业内部关系，还会影响公司与客户的关系，影响公司的声誉。结论很显然，偶然性工作可以临时安排，经常性工作就不可总是临时安排，应当用制度将其列入员工必须履行的岗位职责。没有将“夜间出车”列为司机必须履行的岗位职责，是导致驾驶员可以顶着不出车的根本原因！

根据调研结果，老总采取了一系列举措。首先选拔一名有公心、有能力的干部担任办公室主任，然后开始建章立制，做出如下规定：

- 将夜间出车列为驾驶员的岗位职责。根据夜间出车量给驾驶员相应的补贴或奖励。
- 考虑到夜间出车不只是一个部门的事，而是公司机关各部门都有的事，因此决定将原先各部门分管的车辆由办公室统一管理，也由办公室统一安排驾驶员轮流值夜班，以此减少出车量，减轻驾驶员负担和公司成本。
- 按照“准时接送、严守交规、确保平安、举止礼貌、服务周到”五条服务标准，建立对驾驶员的履责考评机制，采取请用车人员当场填表打分、机关工作人员定期无记名问卷打分的方法，考评驾驶员的履职状况。然后，根据考评结果，对驾驶员实施奖惩，确定去留。让驾驶员明白：他的奖惩、去留完全取决于大家对他实际工作的评价，不是办公室主任一个人说了算。

经过如此这般的一番整治，不只解决了办公室夜间出车的问题，公司车辆管理、人员管理都更上了一层楼。

案例告诉我们：

❖ 一个看似小小不然的问题竟反映到老总这里，其中必有蹊跷，当老总的理当引起重视，切不可因为其小而一推了之。

❖ 事物是普遍联系的，发生在一个驾驶员身上的问题，表面上看似乎只是他缺乏敬业素质的缘故，其实却与管理人员素质低下、管理制度不完善等大问题有着深层次的因果联系，岂可小视？

❖ 作为统大局、抓大事的老总，处理任何问题都不可就事论事。倘若就事论事地将办公室主任叫来呵斥一顿，就有可能发生“问题外溢”，导致一连串不良后果。理应像这位老总那样，始终站在企业管理的制高点上，着重从解决管理人员素质、完善管理制度入手，才能根治问题。

四、实际困难所致，还是思想问题所致

布置执行之后，常有下属来找领导诉苦。不少领导者往往会采取两种处理方式：一种是用一句“我只要结果，不听废话”，将人拒之千里之外；一种是采取不置可否的态度，或是用“我考虑考虑，我们再研究研究”，或是用“以后再说”等含糊词，将人打发回去，其结果难免引发许多不应有的负面效应。必须指出，下属找领导诉苦的现象很常见，其中情况很复杂，必须区别原因，差异应对。

从原因上区别，来诉苦的人大致有五种情况。

❖ 确实遇到了超权力、超实力、超能力的客观困难，凭其主观努力克服不了，必须上头帮助解决，不得已才来诉苦。

❖ 心中有苦衷，想找领导倾诉一下，说完了也就释然了、痛快了。

❖ 有困难，能克服，害怕失手，先给领导诉个苦，给自己留条后路。

❖ 有困难，能克服，想诉个苦，讨点额外资助，好让自己干得更轻松。

❖ 想通过诉苦，渲染困难，为日后争功争奖打个伏笔。

无论属于哪种情况，处理时均应注意以下几点：

一要耐心倾听。既不可用“我只要结果，不听废话”一句话将人拒之千里之外，也不可“王顾左右而言他”，不好好听，否则会让人家很反感，造成不应有的隔阂。

二要认真研判。在倾听的同时，细心分析研判其所诉困难是真实的还是夸大的，是其有权力、有实力、有能力解决的，还是超权力、超实力、超能力的，进而研判他是否为争照顾、留后路、打伏笔而来。

三要明确答复。对于确需上级帮助解决的问题，要明确全力帮助支持的态度并立即付诸行动。若是领导也有困难，则要向他摆明困难，共同商量解决的办法。对于为倾诉苦衷而来的，要在认真倾听之后，给予充分的鼓励。对属于后面三种情况的，要用委婉的语气和坚定明确的态度告诉他，“这些问题皆应由你们自行解决，做好了依律奖赏，做不好依律处罚”，不可用“我考虑考虑”“以后再说”等含糊词搪塞。如果含糊搪塞，他会以为还有获取额外好处的余地，老是来找你，搞得你不胜其烦。

四要清除隐患。明知其诉苦的动机不纯，既要充分谅解，又要采取或是“明指”或是“暗示”等方式点破他内心的“小九九”，以免留下不应有的“隐患”。点破对方内心“小九九”的最佳办法是“细节追问法”。

某公司有个新电器零部件需要与其他零件做匹配试验。老总将任务交给主管部长，问：“要用多长时间？”部长叫苦连天地说：“这项工作太复杂，起码得做一个月。”

老总知道其中有“猫腻”，追问道：“你说具体点，试验须历经多少个环节？每个环节要做哪些事情？分别要用多长时间？”部长一听，答不上来，便随口说：“半个月总是要的。”

老总紧追不舍，说：“半个月要做哪些事，分别要多长时间，也得详细讲一讲。”在一再追问下，部长从一个月退到半个月，从半个月退到一星期，最后从一星期退到两天。

这时，老总说：“就两天吧！”试验时，老总亲自到现场，结果只用了半天，就完成了匹配试验。

事后，老总没有训斥部长，还是继续向他提问：“你将半天的工作量说成一个月，是什么原因？”“是你没有脑子，不用脑子，还是你存心忽悠我？”“如果是‘没有脑子，不用脑子’，你这个部长还称不称职？”“如果是‘存心忽悠我’，那属于什么性质的问题？该如何处理？”

在老总的一再“追问”下，部长被搞得无地自容，只好连连认错，发誓决不再犯！

试问：倘若老总不采取“细节追问法，揭穿猫腻”，匹配试验的效率和成本会怎样？更大的隐患，是从此会在部长和其他人的心里留下“老总很好忽悠”的印象，于是难免引发“破窗效应”，致使忽悠成风，毁掉企业的正气与执行力。

五、过失所致，还是有意为之

对于因为懒散或是有意造成的事故或问题，要严肃问责；对于无意造成的过失，要冷静大度地处置。

中央警卫部队进驻北平后，人员扩编。当时任务重、新人多，中央警卫团的领导反复强调“这里是前方的前方，战场的战场。我们保卫党中央和毛主席，就是睡觉时也要睁一只眼”。并规定不管在什么情况下，值岗时一律上红子（子弹上膛）。指战员都忘我地工作，战士们长期超时间值岗，得不到很好的休息，始终处于疲劳和高度紧张的状态之中。

一天夜间，在周恩来副主席处执勤的战士小张，由于精神高度紧张，手里的驳壳枪走火，弹头穿过周副主席住房的窗户，打在屋里的墙上。警卫班的同志们被这突如其来的枪声惊醒，一个个冲出房门，不由分说，七手八脚缴了小张的枪。警卫连长何有兴带人赶过来，小张一见连长，悔恨而痛心地蹲在地上，抱着头呜呜哭起来。

这时，周副主席同邓颖超同志一起走出房门，若无其事地上前把小张拉起，拍了拍他的肩头说：“好了好了，不要哭，没有事了。”然后对同志们说：“今天我们就当作一次实战演习。大家演习得很好嘛，都回去休息吧！”周副主席还叫住何有兴说：“不要过重地批评小张，他出了事故，够难过了，回去要多做安慰工作。这一点，也告诉同志们。”

发生如此严重的事故，团领导大为震惊，赶紧向周副主席做检查，说“这件事我们一定要严肃处理”。周副主席说：“怎么严肃处理？我看，你们不能光从战士身上找原因，更要从你们干部身上找问题。现在的形势没有那么坏嘛，你们搞得那么紧张干什么？他们都是人，又不是机器，他们休息不好，不出问题才怪呢。现在形势发展很快，全国的解放只是个时间问题了，以后你们的警卫工作怎么搞，也要考虑一下啦。不能再用从前那样的方式来搞啦，要根据形势的变化，你们也要改变。警卫工作怎么搞好，你们要搞个东西出来，要让部队的干部、战士都知道怎样做，这样才能做好警卫工作。”最后谈到枪走火的战士时，周副主席说：“不要给他处分，不要对他歧视，也不要调动他的工作，让他认真总结吸取教训就行了。”

团领导为此专门开会，认真学习领会周副主席的批评和指示，一致认为遵照周副主席指示“搞个东西出来”，提高部队业务素质是当务之急，只有部队业务素质提高了，保卫党中央、毛主席安全的工作，才能落到实处。于是立即组织力量编写了《武装保卫教材》。教材编写出来后，实用性很强，部队经过一段时间的学习训练，执勤能力有了显著提高。

案例告诉人们：

- ❖ 当一个重大事故特别是威胁到自己重大利益甚至生命安全的事故突然降临时，领导者要镇定冷静地区分是过失所致，还是有意为之，然后差异应对，切不可意气用事。能否如此，直接关系到领导者的形象和威信，关系到团队的向心力和凝聚力。
- ❖ 处理方法要学习周副主席采取的三点举措。一是将过失造成的事故当作一次训练，把过失造成的损失当作交一次学费，着重总结汲取其中的教训，而不是追究责任。二是对背着沉重思想包袱的过失者要着重于保护和帮助，促其记取教训，放下思想包袱，更加努力地工作。三是引导下级领导从管理方法上找发生过失的原因，推动他们深刻反省管理中的缺陷和问题，自觉加以整改；推动他们从实际出发，搞出规范化的培训教材，加强职业培训，促进整个团队的业务工作。

在日常的领导和管理工作中，需要应用“差异应对法”处理的问题很多。处理中应当灵活应用的具体方法也很多，其中最常用的一种方法是激励，因而掌握和运用好“正负激励法”便成为提升领导艺术的重要条件。

第六章 正负激励法

激励，主要有两种方式——正向激励与负向激励。正向激励主要是通过表彰、奖赏等方式，对执行人积极的心态和行为做出正向肯定，激励他们产生高昂的执行士气。负向激励主要是通过批评、问责、处罚等方式，对执行人消极的态度和行为予以否定，促其打消侥幸心理，激其改弦更张。

无论是正向激励方式还是负向激励方式，运用的激励要素归结起来无非是“物质”与“精神”两个要素，即物质激励与精神激励。正向激励的物质要素主要是奖金、提成、股权、带薪休假等；正向激励的精神要素主要是口头表扬、通报嘉奖、立功授勋、授予荣誉称号，以及充分信任，委以重任，提拔职级、授予权力，等等。负向激励的物质要素主要是扣除奖金、罚款、降薪、取消期权等；精神要素主要是批评警告、依律问责、公开检查、停职反省、降职收权、责其辞职、撤销职务直至开除等。

正向激励和负向激励这两种激励方式，与物质激励和精神激励这两个激励要素共同构成一个完整的激励机制：（正向激励＋负向激励）×（物质激励＋精神激励）。如果将这个激励机制比作一辆汽车，那么正向激励方式与负向激励方式、物质激励要素与精神激励要素就是这辆车的四个轮子。这四个轮子必须个个齐全，同向运转。倘若有一个缺位，或有转有不转，或运转方向不一致，“激励”这辆车就会走偏方向，甚至翻车。

可是客观现实告诉我们，实施正向的物质激励势必增加企业成本、削减企业利润和老板利益，所以它既取决于企业物力财力的承受能力，又取决于企业老板的内心意愿，受到主客观的双重制约。正向的精神激励，像提拔职级，委以重任也受到编制“天花板”和履职能力等相关条件的限制。负向激励则不然，它不受物质资源和编制“天花板”等客观条件的限制，完全取决于领导者手中的管理权。各级领导者特别是最高领导者，都天然地握有批评处罚下属的管理权，想用就能用。正由于此，许多企业不仅总是负向激励远多于正向激励，致使正负两种激励方式长期失衡，而且经常发生因为领导者轻易动用批评处罚权而导致批评处罚失当的倾向，给企业造成许多不良后果。防治这种现状的基本方略是认真研究和把握“正负激励法”。

“正负激励法”，要求领导者严格依据实施正负激励的一般原则，按照（正向激励＋负向激励）（物质激励＋精神激励）的激励机制，在充分发挥正向激励作用的同时，科学运用批评和问责等负向激励方式，确保正负激励方式和多种激励要素紧密结合，均衡运作，有效运行。

第一节
实施正负激励的一般原则

实施正负激励的具体手段很多，但归结起来无非是表扬奖励和批评处罚这两大类。表扬奖励，能对本人和员工产生励志励行的作用，才称得上是真正有效的激励。倘若没有起到励志励行的作用，却引起了对奖赏非理性的贪欲，引发了内部的相互嫉妒和矛盾，则事与愿违。批评处罚，能使本人和员工们都引以为戒，才是最佳的激励。如果没有引以为戒，相反记仇了、结怨了，恶化了人际关系，则适得其反。所以领导者实施正负激励，必须始终坚持以“励”为本，以“戒”为本，将“奖则励志，罚则戒行”确立为根本目标和检验激励实效的根本标准，把“奖为励志，罚为戒行”确立为指导思想。

“奖为励志，罚为戒行”的指导思想，“奖则励志，罚则戒行”的根本目标和根本标准，要求领导者在实施表扬奖励、批评处罚时，必须始终坚持好以下五个原则。

一、恪守公正，力求公平

世上并无绝对的公平，表扬奖励、批评处罚要做到绝对公平也很难。但是只要领导者始终本着“奖为励志，罚为戒行”的指导思想，排除私心，恪守公正，力求公平，在实施表扬奖励、批评处罚时坚持用同一把尺子量到底，将“一碗水端平”，真正把奖牌挂在有功人的脖子上，将板子打在有过人的屁股上，就能实现或接近于实现应有的公平，从而达成“奖则励志，罚则戒行”的激励目标。这个道理无人不知，可是知易行难。在实际奖惩中，特别是在中下层领导干部的日常工作中，经常见到的却是如下景象。

小A能力弱，为了完成任务，主动加班，因而得到加班费，还获得表扬，被赞誉为“老黄牛”。小B能力强，与小A做同样的工作，三下五除二，很快就干完了。领导见他有空，又给他增添许多事。小B心里很憋屈，难免口吐怨言。领导一听很生气，本想表扬奖励的，也不表扬奖励了，反而一再表扬小A如何如何敬业，暗批小B不敬业。若是发现小B有可能“功高盖主”，那么他立了大功也不向上报告，不在大庭广众中表扬。即便表扬也只在两个人时说一说，当着大家的面总是轻描淡写地一带而过，有时还会语气一转，大讲“不过……”，数落他的问题。或者在表扬之后，大讲自己在其中的“重大领导作用”，将功劳揽于自己名下。

小C平时工作常“掉链子”，但因为他上头有背景，领导不敢批评，偶做一件像样的事，就开始“欣赏教育”，大加表扬。小D是普通员工，勤勤恳恳地做成了99件事情，都认为理所当然。做错一件事，就在“依法管理，严格要求”的名义下，没完没了地挨批评，甚至受处罚。

如此这般地拿着多变的尺子定奖惩，导致的必然结果是：能力强的“千里马”跑光了！挣加班费的“老黄牛”越来越多；勤勤恳恳的工作者变“油”了，“掉链子”的人越来越多。

更为糟糕的是，不少领导者还常常利用手中的奖惩权，把“奖励”变成自己向亲近者支付感情债的“信用卡”，将“处罚”当成自己泄愤解气的工具。他们想奖则奖，想罚则罚；想许愿便许愿，许愿后想不兑现，就不兑现。于是奖惩便成了老板手中的面团——想怎么捏就怎么捏。久而久之，激励只剩下一个名义，实质上成为某些领导特别是老板手中的玩物。

为什么老板能如此随心所欲地玩弄奖惩？答案只有一个：因为手中有权！权力给了他实施奖惩时过多的自由度。

为此，必须告诫所有领导者，尽管你“一朝权在手”，便可“就把令来行”——就能随心所欲地玩弄奖惩，但是玩弄出来的恶果，则由因果规律所决定，绝非手中权力能控制。正如“种瓜得瓜，种豆得豆”一样，你想获得“奖则励志，罚则戒行”的激励效果，除了坚持“恪守公正，力求公平”的原则，提高激励艺术之外，别无选择！

二、注重慎度，力戒片面

领导者对下实施正负激励常常因为有过或是不及，导致事与愿违。究其根源，有的是源于领导者心底有私，有的是源于领导者认知有偏。所以“奖为励志，罚为戒行”的指导思想要求领导者在实施正负激励时，不但必须克服私心，“恪守公正，力求公平”，还必须坚持“注重慎度，力戒片面”。

在现实生活中，领导者由于思想观念、思想方法片面导致正负激励失度的现象不胜枚举。

有些领导者满以为表扬是无成本的激励，表扬过点头没关系。于是表扬时，常常任意拔高、放大事迹，或者有意无意地把集体功劳归于一两个人。让别人听后很反感，并因此怀疑是被表扬者谎报“军情”，由此导致领导表扬谁，谁就被孤立；表扬到哪里，哪里就产生矛盾和冲突。结果，无成本的表扬，到头来却让企业支付了不菲的成本。

有的领导者遇到不好对付的“刺头”，不是首先想到如何刚柔并济，而是首先想到“以柔克刚”，于是一味用“柔”哄着，该批评处罚的不批评、不处罚。结果“柔”变成了“懦”，不仅没有克掉“刚”，反而让刺头更横，更肆无忌惮。

有的领导在处理群体犯规事件时，不是采取“瓦解群体，罚其首要，安抚多数”的方针有区别地做工作，而是一味想着“法不责众”，于是将大事化小，小事化了。结果，给大家形成一种不良的心理暗示：违规的人越多越安全。于是助长了集体违规的歪风。

还有一些领导片面理解“批评从严，处理从宽”“初犯从轻”的理念，在处理一些严重违纪的人与事时，也“从宽”“从轻”，结果引发了不应有的不公平。必须指出，“从宽”“从轻”绝非将应有的处罚也“从无”。将应有的处罚“从无”不仅有失公允，还会引发不应有的“破窗效应”，有百害而无一利。

另有一些领导者不仅常常迷惑于“没有功劳也有苦劳，没有苦劳也有疲劳”，在表扬奖励中将“苦劳”混同于“功劳”，实行“论劳行赏”而非“论功行赏”，并且还常常将“论功行赏”变成了“论职行赏”，不是功高者给大奖，功小者给小奖，无功者不给奖，而是功小职高者给大奖，功大职低者给小奖，凉了“有功之臣”的心。

某公司应标国外某知名公司的项目，派遣一名副总经理、一名项目主管经理、一位姓李的工程师，保障某产品的应标演示。

因为产品的很多功能都属于首次开发，为确保应标演示万无一失，头天晚上三个人一起进行了项目演示测试。测试中，副总和主管经理都来指挥李工，副总说这不行，主管经理说那不行，到了凌晨1点，未能顺利推进。为了确保第二天的演示，李工只好顶住他俩的瞎指挥，坚持按照自己的思路进行调试。一直干到早晨6点，李工才完成调试，躺在现场睡到早晨8点，8点半顺利地给客户做了演示。

后续一周，每天副总与主管经理都早早回宾馆休息，留李工一个人调试到凌晨4点以后。一周后，所有演示项目均顺利通过，得到某知名公司的认可。

回国后，公司拨出10万元奖金实施专项奖励，分配如下：副总经理5万元，项目主管经理3万元，李工程师2万元。奖励实施后，李工程师带着几个技术人员辞职了，其他技术人员也开始人心不稳。

在现实生活中，“论职行赏”的现象其实很普遍，所以有一线工人在微博中写道：“苦活累活是我们干的，受到奖励却是领导的，最后的成果都落入领导的口袋，太不公平！”

无数事实告诫我们：奖金与薪酬的功能有很大的不同。薪酬需要“论职分配”，因为职级越高，责任越重，薪酬自然要高一些。奖金，特别是专项奖金则不然，理当先弄清谁是真正的有功者、主要的建功者，然后再“论功行赏”而非“论职行赏”。“论功行赏”若被“论职行赏”所取代，这是极不公平的事情！不公平的环境是留不住人才的，而留不住人才的企业是没有前途的，这都是不以人的意志为转移的客观规律。

还有不少领导者常常片面信奉“重赏之下必有勇夫，重罚之下必能禁行”的理念，试图一味用重奖重罚激励员工。

殊不知，重奖重罚只适用于特殊的个例，不可取为常法。因为重奖，必须有财力，有职位可奖才行，而企业的财力和职位是有限的。把重奖取为常法，不但为财力物力、编制职位所不允，并且重奖不与有效的思想教育引导相结合还会刺激人们对奖金和职位的非理性欲求，其结果激出的常常不是“勇夫”而是“贪夫”。由于重奖会增加企业成本，还容易发生偏差，一些企业领导便冷落重奖，热心重罚，以至于偏上加偏。重罚，能提高违纪违规的成本，吓阻一些违纪违规者。但一味重罚，则会引发上下之间的矛盾冲突，造成团队不稳定。据美军自己公布的统计数字，在侵越战争期间，美军阵亡了5600多名军官，其中有1013名是被自己的士兵打死的，占了军官死亡总数的18%。为什么竟有这么多的军官被自己的部下打死？原因有很多，最主要的是军官对部下滥施处罚，管理不当，造成官兵关系紧张的缘故。

实践告诫我们：奖惩必须慎度！将重奖特别是重罚当作常法，是一种片面的思维方式和行为方式，乃是取乱之道。人非圣贤，孰能无过。领导者对下应有宽容之心，能够容得下话、容得下事，容人之短、容人之过。但是宽容失度则会造成对错误思想和行为的纵容，亦是取乱之道。因而宽容要谨记一句箴言：容错要合理，合理在适度！合理容错的前提是慎重地做好“五个区分”。

- 将“为公”还是“为私”区别开来。如果是一心为公做事，由于缺乏经验犯错，可容；若是犯了为私谋利的错误，则不可容。
- 将“无心”还是“有意”区别开来。若是无心犯错，则可容；有意为之，则不可容。
- 将“无禁”还是“有禁”区别开来。若是犯了无明文禁止的事项，可容；犯了有明文禁止的事项，则不可容。
- 将“初犯”还是“屡犯”区别开来。若是初犯且影响与危害不大，可容；屡犯，则不可容。
- 将做“常态性工作”与做“创新性工作”区分开来。在做创新性工作时有过，可容；做常态性工作犯错误，一般不可容。

以“五个区分”为前提建立容错机制，差异处置，这是慎度处理员工错误，防治处罚片面性的重要举措，必须引起企业领导的高度重视。

三、奖罚协调，力防失衡

实践告诉我们，“正向激励”与“负向激励”“物质激励”与“精神激励”这四个轮子一般大、一起转，才能达成“奖则励志，罚则戒行”的目标。所以，领导者实施激励必须坚持“奖罚协调，力防失衡”的原则。可是在不少企业中，却都程度不同地存在着将“禁止”和“处罚”当作管理的法宝的倾向。在他们那里“法规＝罚规”“执法＝执罚”。笔者曾看过一个中型民营企业的规章制度，发现总共217条规定，几乎都是“违反 ××，罚款 50 元以上，直至开除”，导致奖惩严重失衡，员工心理失衡。

某酒店为贯彻“顾客是上帝”的服务宗旨，强调服务人员在任何情况下，都要对顾客保持微笑服务，不得与其争论，违者罚扣当月奖金。

可是，在酒店服务工作中，时不时地会遇到一些素质不高的人。他们有的缺乏良好的卫生习惯，有的无端指责人、怀疑人，服务人员难免会吃上一些“冤枉官司”。但是按照规定，服务员不能与客人据理力争，辩个是非曲直，必须将“正确”让给客人，致使服务员常常蒙受委屈，代人受过。

对此，有的员工气愤地抗议：“顾客是上帝，我们也不是奴隶！”有的则一气之下辞职不干了！于是，领导者便陷入“执行规定气走员工，不执行规定气跑客户”的两难境地。

怎么办？领导层经过反复研究后认为，作为酒店，客人是“上帝”的服务宗旨万万丢不得，但也不能让员工整天“哑巴吃黄连”，白白受委屈。员工受委屈为的是维护酒店利益，酒店应当给他们以必要的补偿。于是，决定加设一项“甘受委屈奖”：对于在顾客无理纠缠情况下能甘受委屈，始终保持微笑服务的员工予以奖励。

这个决定公布一个月后，第一张红榜贴出来了。被表扬者是客房部服务员小晏，她被一位客人指责偷酒。事实是这个客人喝醉了酒，打电话给大堂经理，说他下午放在旅行袋里的两瓶好酒不见了，并且一口咬定是服务员小晏拿走的。小晏没有与其争执，却为此哭肿了眼睛。第二天客人酒醒后，回忆起两瓶酒已于昨天送给朋友了，于是又向小晏道歉。宾馆领导鉴于小晏为维护宾馆形象，忍气吞声地承受委屈，特发奖金 200 元，并张榜公布事迹。

从此，奖惩趋于平衡，员工的心理也趋向平衡，“甘受委屈，微笑服务”的作风便慢慢地形成风气。

然则，问题是否根治了呢？还不见得！

实践中，还会发生如下问题：个别员工在月初与顾客发生争执，被罚扣当月奖金之后，便带着情绪做服务，很容易再次与顾客发生矛盾。

针对这个问题，他们又把制度做了如下设定：员工与顾客争吵一次罚扣当月奖金，如果本月剩余时间微笑服务，得到顾客好评，月底奖金补发一半。这一规定进一步弥补了制度中的漏洞，效果很好！

事实启示我们：

- ❖ 员工为了企业的利益牺牲了自己的尊严，其牺牲的价值理当通过“物质奖励+精神奖励”所构成的正向激励得到应有的补偿。奖惩制度不健全，只有“罚则”，缺少“奖则”，无异于卸掉一只正向激励的轮子。实施的结果，势必造成奖罚失衡，进而造成员工心理失衡、行为失控，将领导者自己置于极其尴尬和困难的境地，使“微笑服务”变成可望而不可即的“空中阁楼”，这是必然的也是自找的。
- ❖ 人心都是肉做的，喜欢正向激励，排斥负向激励，这是人性使然。故而没有正向激励相配套的单一处罚的负向激励会刺伤人心，导致与目标相悖的结果。为此，设计激励制度应当以“奖为励志，罚为戒行”为指导，按照“奖罚协调，力防失衡”的原则统筹设置奖罚机制，使制度更加人性化，更能产生激励人心、引导人心向上向善的作用。

四、准确及时，力避迟误

无论是正向激励还是负向激励，皆须确保其准确性和时效性方能有效达成“奖则励志，罚则戒行”的目标。所以，领导者在实施正负激励时必须始终坚持“准确及时，力避迟误”的原则。

“准确”，就是任何表扬奖励、批评处罚都必须建立在科学考评的基础上据实而行，实事求是地论功授奖，论过处罚。为此，领导者必须克服私心和思想方法上的片面性，认真防治只凭个人印象、个人好恶和只凭关系亲疏实施奖惩等不良倾向，以及片面地“论劳行赏”“论职行赏”等不当偏向。

“及时”，就是要做到像古代兵家要求的那样“赏不逾时，罚不迁列”。“赏不逾时”，就是奖赏在时间上要及时，不可逾时迟误，逾时越长激励功效递减越大。因而，只要发现员工做出值得奖励的事情，不仅要在第一时间给予一个赞赏的眼神、肯定的点头、竖一下大拇指，并且及时给予当众表扬和奖励；一些临时性的重要任务，则要事毕即考，考毕即评，评毕即奖；日常工作应在定期考评（半年或一年的考评）之后，尽快实施奖励。“罚不迁列”，就是在队列里发生的过错，不等其走出队列就要实施处罚，一旦脱离当时当地的时空条件，处罚效果就会随之递减。因而对于任何错误现象一经发现就要当即批评纠正，重大错误则要立即起动问责程序，及时给予应有的处罚，以确保激励效果。

五、依律奖罚，力祛任性

既然是“奖为励志，罚为戒行”，那么无论是奖励还是处罚，皆不可逢场作戏，张口就来，更不可任性弄权，都必须按照“依律奖罚，力祛任性”的原则，在完善好奖惩机制的基础上，坚持以事实为依据，以法规为准绳，依律奖罚。一提到奖惩制度，马上会有领导者说：“我们早就有制度了！”可是细加调研，不难发现，大型企业的规章制度常常流于“繁”而“空”，中小型民营企业则常常流于“缺”而“粗”。笔者调研过一些小型民营企业和刚刚发展到中型规模的企业，发现他们的规章制度程度不同地存在以下两大问题：

- **没有一部统一的、稳定的、成文的规章制度，既有的规定大多零零碎碎地不完整、不系统、不规范，有的相互交叉甚至冲突。**有些规定没有形成文字，执行全凭印象和习惯，既不规范，也不统一。即便有文字规定，也都散落在各部门领导的抽屉里，没有一个部门统一管理。调研时，一个部门一个部门地搜集，搞了好几天。
- **奖惩规定“罚项多，奖项少”，内容几乎全是“禁止”“不准”。处罚方式也大多是“罚款50元以上，直至开除”。**由于奖惩规定“罚多奖少”，难免在实践中造成“罚”与“奖”一手硬一手软，奖罚严重失调的问题。加之处罚规定过于原则，处罚方式过于单一，给任意操弄处罚留下了很大的空间，很容易导致实际上的不公平。

构建内容科学、程序严密、配套完备、行之有效的规章制度，特别是构建科学完善的薪酬制度、业绩考评制度、奖惩制度，这既是领导者坚持依律奖罚，力祛任性，确保“奖则励志，罚则戒行”的需要，更是试图向上、向大、向强发展的中小企业在管理上必须跨越过去的第一级台阶。

激励的实践经验还告诉我们，正向激励与负向激励都能给人的心理产生重大影响，而负向激励产生的影响力往往更大一些。例如，一个因过错被处以罚款 1000 元并公告于众，受到当众批评的人，他的物质损失是有限定的——1000 元，精神损失则是在众人面前丢失面子。“面子是中国人的精神纲领”，丢失面子造成的精神损失是很难估量的。

所以，就人性需要而言，人们总是喜欢正向激励，害怕甚至排斥负向激励。可是就企业管理而言，恰恰需要利用人们害怕批评、处罚的心理，在必须运用负向激励时将它用好。唯其如此，才能与正向激励一起激发出“让石头飞起来”的动力。否则，不但不可能“让石头飞起来”，反倒有可能让石头绊一跤。

经验告诉我们，对一般问题的负激励，最常用的方式是“批评”；对重大问题的负激励，最常用的方式是“问责”。所以非常有必要对如何开展批评、实施问责多做一些有益的探索。

第二节 批评——常用的负向激励手段

无论是军队还是企业，“批评”都是管理者教育人、引导人的基本方法之一，更是管理者在纠正和处理问题时最常用、最基本的方式之一，它早已成为管理工作中的“家常便饭”。

遗憾的是：“家常便饭”也并非人人都能做香，烧成“夹生饭”的批评屡见不鲜！究其原因：皆缘于管理者常常见到问题就生气，气一上冲，就批评人，既没有注意把握批评的条件、场合、对象，因势制宜地批评处理，又不善于在实施严厉批评之后做好善后工作。

一、把握条件，营造条件

做任何事情都需要一些相应条件的保障，方能取得理想的效果。批评要起到激励人自省改过、奋发向上的作用，需要一系列主客观条件的保障。就领导者的主观上讲，要先弄清问题的成因，谋划好批评的流程和方法。如果成因不清，谋划未定，则说明批评处理的条件不成熟。要是匆匆忙忙地实施批评处理，常常会事与愿违。因而批评之前要先叩问自己：我对问题的成因清楚了吗？我批评教育人的流程和方法谋划好了吗？倘若对问题成因认知不清，则要先“冷处理”，待弄清问题的成因之后再批评。尚未谋划好批评流程和方法，就要沉住气，待谋划好“事前—事中—事终—事后”四个阶段的批评流程再批评。这些在前文的案例中已有交代。

批评需要把握的条件还有很多，其中有一个人们不很熟悉却很重要的条件，叫“势能”条件。所谓势能，就是由特定情势所造成的能量。最形象的势能是兵法上讲的“转圆石于千仞之山”的势能，即一块巨大圆石从一千仞高的山顶滚下来时那种无可阻挡的势能。

如同治疗顽症要用猛药一样，要根治容易复发的“老毛病”问题，批评治理时也要有“转圆石于千仞之山”的势能条件。有了这样的势能，被批评者的心灵才会受到强烈的震撼，老毛病也才能得到根治。可问题是，但凡被批评者还有一个借口可借，批评的势能就会被借口消减，从而无法使其心灵受到震撼，也难以根治老毛病，“你批评一下，他好一点，过后老毛病又重犯”的情景就会反复上演。要震撼被批评者的心灵，必须先具备让被批评者无借口可借的势能条件。

批评的“势能”没有现成的，它需要领导者用智慧和胆略去营造。营造势能的过程，与将一块静躺在山脚下毫无势能的巨大圆石一步步搬到千仞高的山顶上去，再让它从高山顶上滚下来的过程相仿。

先造势，再批评，早已被无数实践经验证明是批评治理“老毛病”问题的良策。

某工程兵部队长期以营为单位分散执行工程施工任务。坑道施工中使用大量金属模型板，俗称“钢模板”，上级三令五申要求及时回收，认真维护，以利重复使用，降低成本。指令下达后，机关对执行状况做了全面检查，发现有个营执行不认真。机关向政委报告后，政委没有马上批评该营领导，因为他知道该营领导有一个“老毛病”，即执行工程施工方面的指示不打折扣，而执行其他方面的指示不大认真。你一批评，他肯定会借口“这段时间实在太忙，来不及安排，我马上抓落实，保证完成任务”来对付上级领导。为此，政委采取“先造势，再批评”的策略，耐住性子，先不动声色地为批评治理他的“老毛病”营造势能，创造条件。

第二天，他亲自来到该营，若无其事地找到营长，与其一起查看该营施工的坑道。当看到钢模板在坑道里横七竖八地丢得到处都是，有的成了铺在坑洼不平的地面上、架在沟坎上的跳板，踩得变了形时，也不批评，只是问营长：“你把坑道里的钢模板全部回收起来要多长时间？”

“一天，不，半天就足够了。”

“那从今天起，我给你三天时间，将坑道里的钢模板全部回收起来，没问题吧？”

"肯定没问题！"营长的回答很干脆。

过了五天，政委不打招呼地进入坑道检查执行情况，只见坑道两头的钢模板已经全部收光。而在坑道中部，大概搬运的路远了一些，仍有几十块钢模板乱七八糟地丢在那里，无人问津。

为了累积势能，他仍不发作，而是来到营部，命令营长："通知全营干部，跑步进入坑道中部集合！"

"政委，快到了吃中午饭的时间了！"大惑不解的营长提示道。

"立即执行！"政委对营长的疑问和提示根本不予理会，大声发布命令。说完，自己便向坑道走去，站在坑道中部等候。不一会儿，全营干部都跑步进入指定位置。政委瞅准营长刚刚整理好队伍，向自己报告后回到队列位置，还立足未稳，便发出了一道威严的指令："营长出列！"

听到口令，营长又从队列中跑出来向政委敬礼请示："政委同志！请指示！"

这时，政委说："今天没有指示，只是要问问你，这地上横七竖八地躺着的都是什么？"

"钢模板！"

"回收'钢模板'，是不是我当面交给你的任务？"

"是的。"

"那天我问你'需要多少时间'，你是怎么回答的？"

"我说只要半天。"营长嗫嚅着回答道。

"那我给了你几天时间？"

"三天。"

"现在第几天了？"

"五天了。"

"半天的任务，给了你三天时间，五天还没有完成好，这是个什么性质的问题？是不是玩忽职守啊？""一个玩忽职守的营长还称不称职？"

政委的责问一个紧逼一个，声音也一浪高过一浪，语调一次比一次严厉。

这时，营长才如梦初醒，但发现已无任何借口可借，只好张口结舌地回答说："是的……我失职，我接受处分。"

见营长已经受到震撼，政委又提出了新的问题："你把回收钢模板的任务交给谁了？”

“交给了二连。”

“二连连长出列！”

营长话音未落，政委又发出指令。

见到严肃追究责任的场面，二连连长慌了神，出列时的步伐都乱了，来到队列面前，一开口就检讨，连连表示甘愿接受处理。

见蓄势已足，火候已到，政委便说道：“今天不讲令行禁止的重要性，因为这些谁都明白！今天只重申一点：军中无戏言！今后谁要再把上级的指令当儿戏，执行不坚决、不认真，谁就得被铁的纪律淘汰出局！请大家切记！”

说完后，政委又宣布了一个决定：“鉴于二连没有完成好任务，剩下的钢模板由营长带领二连干部背回去！”

这件事情的批评处理，撼动了大家的心，不仅在该营，也在全部队产生了轰动效应。事后，官兵纷纷相互告诫“军中无戏言”，部队的执行力大大提高。

政委的批评之所以如此有效，就是因为他采取了“先造势，再批评”的方法。

❖ 政委听完汇报后不批评，第二天故意拉营长一起查看坑道。见到钢模板，问营长回收钢模板要用多长时间。当营长说“半天就够了”时，故意给他三天期限。到了三天不去检查，非要待到第五天才去检查，目的是让他们在不经意中发生“半天的任务，三天的期限，五天还未完成”的错误事实，从而营造出使其没有任何借口可借的势能条件。

❖ 当他们果真发生执行不力的错误事实时，政委没有马上抓住营长狠批一通了事，而是命令他集合全营干部，当众批评，以扩大教育面。批评场合故意不安排在会议室，而是安排在躺着钢模板的坑道现场，借以增添强烈的现场感和震撼力。批评方式不是开口就训，而是采取“设问批评法”连续提问，通过一系列问答，将其玩忽职守的错误，一层一层地揭开，摆上桌面，让其在错误事实面前汗流浃背，无地自容，无言以对。这一切都是政委营造批评势能的有效举措。

❖ 在营造批评势能条件的过程中，政委自始至终沉住气，保住密，始终内紧外松，从而避免和排除了许多不必要的干扰。等到终于将“巨大的圆石搬到了千仞高的山顶”，蓄足了势能，方才实施批评处理。于是，一批评便产生了撼动人心的轰动效应。

❖ “先造势，再批评”通常适用于批评治理“老毛病”问题。领导者遇到问题时，要先审视行将批评处理的是不是一个容易复发的“老毛病”问题。如果是，就要认真分析他有哪些借口可借，然后先耐心地默默地有针对性地营造让其无借口可借的批评势能。待营造出“转圆石于千仞之山”的势能条件，再乘势批评治理，切不可操之过急。

二、把握场合，用好场合

批评在场合上需要注意的问题很多。

第一，当领导的不要在品茶喝酒的场合，在背后随便议论批评不在场的下属。几乎人人都明白，大凡当面说人好有可能是刻意的，背后说人好是出于真心的。因而背后表扬人的话传到当事人耳中，往往比当面表扬他更有效，而背后批评人的话传到当事人耳中，其负能量则会大于当面批评。所以，除非有意要通过第三者传话警示对方的特殊需要，通常情况下领导者要多在背后表扬人，别在背后批评人。

第二，原则上，在多大范围内造成消极影响，就在多大范围内进行批评处理，消除影响。影响面不大、性质不很严重的问题，为保护对方的自尊心，批评要控制知情面，尽量个别批评或在小范围内批评，不要在公众场合点名批评，搞得满城风雨。假如需要通过当众批评警示大家，扩大教育面，也要事先与当事人打个招呼，讲清楚这样做的必要性，让他有思想准备。

第三，问题稍重或严重的，要选在办公室、会议室等正规工作场所进行批评；一般性问题，宜选在非工作场所批评指导。

第四，批评处理问题的时间，一般都放在白天。有时反其道而行之，夜半追责，效果更佳。

有一次，周恩来在怀仁堂宴请印度总理。当两国总理正要碰杯时，大厅忽然断电，灯灭了。但只片刻功夫，灯又亮起来，宴会继续。宴会结束后，周恩来像无事一样，回到西花厅，照样批文件。到了凌晨3点，突然要工作人员下达通知，让中央办公厅、外交部、北京市电力局等部门负责人立即前来开会。

相关领导接到通知后，纷纷爬出热被窝，赶到西花厅。会上，周总理严肃责问："中南海怀仁堂的电力都没有保证，这个问题到底出在哪个环节上？"与会者这才明白为什么被深夜召来。接着，周总理一个部门一个部门地追究责任，并一起研讨杜绝此类事故发生的措施。

会开到天光大亮时，周总理说："你们没少打哈欠。知道吗？我有意在这个时候把你们找来！是要让你们印象深一些！你们都是从被窝里爬出来的吧？"这一问，大家都不由得笑起来，一夜的疲劳顿时全消，留在脑子里的只剩下总理不乏严肃的笑容和这次事件带来的教训，真正起到了抓事促心的效果。

周恩来处理此事有三绝：

- 出人意料地夜半追责，让人一辈子也忘不了。
- 逐个追究责任，严肃较真，让人心愧口服。
- 事毕之后，说明意图，巧妙善后，不留后遗症。

三、把握对象，因人而异

1. 对于悟性好、自觉性强的人，宜取"指点迷津法"

中国工程院院士、计算机科学家汪成为年轻时，曾在钱学森的直接领导下工作过。有一天，钱学森向汪成为建议："我觉得你应该写篇文章谈谈软件是什么，讲讲它将来的影响。"汪成为回去后便洋洋洒洒地写了一篇关于软件工程和发展的文章交给钱学森，第二天便迫不及待地询问钱学森的看法。

钱学森笑眯眯地说，我送你一首诗怎么样？接着念道："爱好由来下笔难，一诗千改始心安。阿婆还似初笄女，头未梳成不许看。"汪成为听罢，便明白钱学森是在告诉自己：写文章要改掉急于求成的毛病。后来，在钱学森的指导下，汪成为逐步提高自己对软件的认识，最终提出了"电子计算机软件也是语言文学工作"的超前观点。

汪成为回忆道：批评指导多种多样，用写诗指点迷津，真是太儒雅，太让人难以忘怀了。

2. 对于缺乏经验，力不从心而出了问题的人，宜取“以帮为主的方法”

在现实生活中，有不少听指挥、肯吃苦、很想把工作做好，却由于处理特殊情况的经验不足、力不从心而出了问题的人。对于他们，批评帮助时需注意以下几点。

❖ 既要批评他们的问题，又要为他们承担责任，减轻他们的压力。

❖ 表扬他们的长处，帮助他们提高自信心，消除自卑感。

❖ 多帮助他们总结吸取教训，必要时亲自传帮带，既提高他们的能力，又激发他们的向心力。

❖ 给缺乏经验者安排任务要先易后难，尽量先找些他比较拿手的事让他干，以便于让他出成绩，树立信心。布置他干不熟练的工作时，既要交任务又要教方法，多给一些具体指导。

❖ 如果发现确实是由于用其所短造成问题，则要当机立断，给他调换合适的工作岗位，扬长避短。

3. 对倚老卖老的人，宜取“点穴批评法”

某研究所直属工厂的老厂长犯了滥用职权的错误，研究所领导责成他在办公会上做检查。可会议还没开始，他便倚老卖老，摆开了自己的功劳、苦劳，大发牢骚。

针对这一状况，主持会议的领导没有批评他的不良态度，而是采取“点穴批评法”，说了以下几句话：“××同志，因为你是一个老同志，所以我们都很尊重你！但绝不能因为尊重老同志而尊重你的错误！错误是必须检查的！”几句话，点破了他想通过摆老资格摆脱检查的企图，一下子打破了僵局，端正了会风，老厂长只好老老实实地认错、改错。

经验表明：

❖ 一些有资历、有功劳的人犯了错误，常常会倚老卖老，抵制批评，让领导者很难办。这时，如果直接批评他倚老卖老，态度不好，或者直接指出他的错误事实，对方必定会与你顶撞起来，给你造成被动。

❖ 最好的办法是采取“点穴批评法”，找到他问题的本质，先用几句有分量的话点住他的“穴位”，打掉他的锐气，然后再展开批评。

4. 对于坚持不合理意见的人，采取“反证批评法”

对于一些不合理的意见，如果直言批驳，很容易引发一场唇枪舌剑的激烈论战，这时如果采取“反证批评法”，效果就有云泥之别。

据说，在一次制定美国宪法的会议上，有位议员说：“在宪法里要规定一条：常规部队任何时候都不得超过5000人。”

华盛顿没有直言批评，而是平静地说：“这位先生的建议的确很好。但我认为还要加上一条：侵略美国的外国军队，任何时候都不得超过3000人。”话音一落，那位议员便哑口无言。

华盛顿明知意见不合理，却不直言批驳，反而先赞扬他的意见，然后顺着被赞扬的逻辑提出一个更加荒唐的意见，以反证其意见根本站不住脚，这种批评方法就是“反证批评法”。

毫无疑问，从减轻国家税收负担的角度上讲，将常规部队额定在5000人的确很好，在当时会得到一些人的赞同，如果直言批评，很容易引发不必要的争论。华盛顿采取“反证批评法”，既巧妙地避开争论，又充分揭示了对方逻辑上的荒谬性，使得这位议员哑口无言，效果极佳。

经验告诉我们，领导者遇到一些不合理的意见，应避免直言批评，尽量采取“反证批评法”，这是引导人辨明是非的最佳良方。

5. 对“刺头”式人物，实行“设问批评法”

“设问批评法”，就是事先设计好一系列提问，让被批评人通过回答提问，一一确认错误事实，最终不得不承认问题实质，然后再实施批评处理的方法。

这一方法可以广泛应用，本书所引的批评案例也大多采用“设问批评法”，效果显著。遇到有些“刺头”式人物，他们能言善辩，强词夺理，你训不得，哄不得，软不得，硬不得，更要采取“设问批评法”，将其一步步引入无可置辩的境地，促使其认错改错。

某科研试验基地每年组织一次篮球比赛。参赛的工兵团实力最强，已经是连续三届的冠军。该团政委一心想“四连冠”。不料，事不遂人愿，在一场关键性比赛中，尽管实力强过对手，却由于他们发挥不好，竟连连败北，输得团政委急红了眼。在比赛过程中，他就不停地发火，说“裁判不公”。当距离终场不到两分钟的时候，裁判又一次判了他们团的主力队员犯规。这时，他终于按捺不住，站起来说，“裁判不公，不打了！”说完，真的带着球队走了。主持比赛的领导上前批评制止，他反而责备其安排的裁判员素质太差，根本不服气。比赛因此受阻，部队上下议论纷纷。

问题反映到基地首长那里，首长针对这个“难剃的头”，采取“设问批评法”，认真谋划了一个“设问批评流程”。

第二天，他请当晚主持比赛的领导和这位团政委来到办公室。

还未进办公室，这位团政委就先发制人地大声嚷嚷：“今年这球没法打，裁判不公。”为了给设问批评扫清道路，首长当即向他宣布一个决定：“裁判问题由裁判仲裁委员会仲裁，这里不谈裁判问题！”然后，对团政委说：“今天先了解实情，下面我提问，你简单明了地回答！”

“昨天球队是不是你带走的？”首长问。

“是我带走的。”这是一个众所周知的事实，团政委只好老老实实地承认。

“当时比赛结束了没有？”

“快结束了。”很明显，他有搪塞糊弄之意。于是，首长迅速截住他的话头，追问道：“距离比赛结束还有几分钟？”

“只差两分钟。”面对严厉的追问，他极不情愿地回答道。

在确认了以上事实之后，首长提出了第四个问题：“昨天的球赛是谁组织的？是基地组织的还是你们团里组织的？”

“是基地组织的。”

“基地组织的球赛，你有没有权力擅自带走球队？”

“我没有这个权力。”

他这个回答，既承认了错误事实，也道破了错误的要害。于是，首长便顺势连续发问：

“你没有权力，却擅用权力，这是什么行为？”

“是不是严重的无组织、无纪律的违纪行为？！”

“这种行为，该不该处分？应当给予什么处分？”

问到这里，团政委发觉大事不妙，就又开始嚷嚷：“我是因为裁判不公，才将球队带走的！”企图重新纠缠裁判问题，打一场外围战、拉锯战。

首长料到他会来这一招，早已准备了一个与之针锋相对的提问：“即便真的裁判不公，你有没有权力带走球队？”这一问，像一记当头棒喝，使他终于明白：自己的“死穴”已经被牢牢地点住。于是，他像一只泄了气的皮球，垂头丧气地回答：“我没有这个权力”“我违反了纪律”“我该受处分”。到了这个时候，首长还没展开批评，团政委已连连认错，并表示认罚。

看到他已经认错、认罚。考虑到他是一位团的主官，又是为了团队的荣誉，真给他一个纪律处分有点于心不忍，于工作不利。于是，首长便开始“出梯”援接，故意问他：“昨天的事情很不正常，你是不是喝酒了？”这一问，出乎他的意料，有点答不上来。

“喝酒了吧！不然你这个团政委能如此糊涂吗？”首长故意又说一遍。

这一说，将其点醒了。他吞吞吐吐地说：“是喝了一点酒，失态了，对不起！”

见他已经顺着“酒梯子”走了下来，首长便顺势说：“看来真是酒后失态了。但恶劣影响已经造成，必须消除。现在我责成你下午在基地召开的各团站主官会议上做检查，并向比赛对手道歉。做好了免予处分，做不好给予纪律处分，行不行？”团政委一一答应，心甘情愿地在大会上检查了错误，消除了不良影响。

回过头来，我们设想一下，假若不采取“设问批评法”，而是一上来就逮住他狠狠地批评：“你怎么搞的？”“你破坏比赛！”那会怎么样？毫无疑问，他马上就会以“裁判不公”为理由与你吵起来，闹得不可开交。

为此，批评下级要尽量避免短兵相接，尽可能采取“设问批评法”。只要设置的提问和方法得当，一般都能占据主动，置被批评方于被动境地。

“设问批评法”，实质上也是“摆事实，讲道理”的批评方法，操作的首要环节是“设问”。“设问”的目的，是将他的错误事实通过设置好的提问一一摆上桌面，并让其一一认领，最后不得不承认问题实质，接受批评处理。实操中要把握好以下七点要领。

❖ **要着力找出错误的要害所在，针对要害问题设计系列提问。**很显然，这个团政委犯下的错误事实只有一个，但可抓住批评的问题，一抓一大把。你可以批评他破坏比赛赛程，也可以批评他不尊重裁判，不尊重比赛对手，还可以批评他输不起球，球风太差，等等，但都不能击中要害。唯有批评他擅自带走球队属于“擅权”行为，才能点住“要穴”，击中要害。所以，应当瞄准“擅权”违纪这个要害，设计好能一步步引导他确认这个事实的系列提问。

❖ **在设问批评前，要先为提问扫清道路，不可让他在其他问题上纠缠不休。**所以，基地首长一开始就宣布：“裁判问题由裁判仲裁委员会仲裁，这里不谈裁判问题！”

❖ **提问要从无可置辩的基本事实起步，按照步步深入的原则编好程序。**所以，第一、第二个提问是：“昨天球队是不是你带走的？”“当时比赛结束了没有？”

❖ **提出的问题不能有多种答案和解释，一般只许有“是”或“不是”，“有”或“没有”这样的答案。**当事人在回答提问时，也只允许他做“是”或“不是”，“有”或“没有”的答复，不能让他作解释，防止纠缠到别的问题上去，改变批评的大方向。

❖ **发问速度要快。**迫使他顺着你提问的思路走，从而一步步地“引水归渠”。

❖ **事先要准备好应急提问。**批评前，基地首长已经预测到问到最后他必定又会反过来纠缠“裁判问题”，所以事先准备了“即便真的裁判不公，你有没有带走球队的权力”这一问。这个问题一提出，就将他给问住了，从此再也无法为自己的错误辩解，只好老老实实地认错。

❖ **当被批评者已经真心认错、认罚时，要在不违背原则的前提下，帮助他过关。**

四、把握策略，灵活运用

批评的方法策略直接影响到批评的实效。前面讲到的“设问批评法”，还有不批评违规住在小仓库里的排长们，专批他们的连长、指导员，营长、教导员的“批上促下法”，都是行之有效的批评策略。

批评中可采用的策略方法还有很多，比如，对于需要正面指出问题的，可采取“诫勉式批评”，直接提醒警示；对需要保护积极性的人，则采取暗示的方法、幽默的方式进行“点化式批评”；对需要震撼对方心灵，促其改变心态的，要在认真谋划好批评流程的基础上，有意发火，实施“火爆式批评”，造成声势，给对方以压力；对于个别人的问题，则要采取“三个一”的策略开展批评。

- ❖ **一件事批评**。批评一件事，就只讲这件事，不可将其他的事情、过去的事情都牵扯进去。
- ❖ **一次性批评**。一件错事，一般只批评一次。如果今天批、明天批，批个没完没了，当事人就会产生极大的反感。
- ❖ **一分钟批评**。批评要言语简洁，点中要害，尽可能在较短的时间内结束，不可缠来绕去、啰哩啰嗦地说个没完没了。

不过，“三个一”的策略通常适用于批评个别人的偶发性问题和已经知错、认错、决心改错的人。如果是批评处理屡发性、倾向性问题，或是不认错改错的人，则要抓住问题小题大做，甚至要组织开展集中整顿，以扩大影响面，增强影响力。假若也机械地套用“三个一”的策略，就会适得其反。

除了要注意把握上述策略方法之外，还有两个策略方法需要牢记。

一是领导者若用自己的肢体行动批评错误，比用语言批评更加有力。海尔集团老总张瑞敏抡起大铁锤，当众砸掉 76 台质量不合格的冰箱，就是在用自己的肢体行动批判低质量生产的思想与行为。这一锤，彻底砸碎了质量管理上的思想瓶颈，比开十次大会，讲十火车的批评话都有效得多。

没有人不关注领导者的动作。有一位老总深入车间与工长讲话时，装成“心不在焉”的样子，从地上捡拾一块块小碎砖、小垃圾。他一离开，工长就马上带领全体员工清理车间卫生。因为，尽管老总没有批评车间卫生问题，但从他捡拾垃圾的行动让工长已经明白：老总对卫生状况不满意。老总这样做，既保住了下属的面子，又向下属传达了自己的工作要求，让身体语言发挥了独特的作用。

据“两弹一星”元勋科学家孙家栋回忆，20 世纪七八十年代，我国研制的一种新型火箭要运往发射基地，其中惯性制导系统有一个平台，要安装四个陀螺。在总装车间，第一个陀螺顺利装上了，工人师傅对孙家栋说，四个陀螺是一批生产的，精度很高，第一个能装上，其他三个也应该没问题。时间这么紧，是不是可以不试装了？孙家栋想，工人师傅说得有道理，就同意了。

没想到，到了基地发射场装配时，有个陀螺怎么也装不上去。第二天导弹就要发射了，孙家栋赶紧向钱学森报告。钱老听后没有批评孙家栋，只是让他组织工人师傅赶紧仔细研磨后再安装，把问题尽快解决好。紧接着，钱老也来到现场，搬个板凳坐在那里。孙家栋和工人师傅从下午1点一直工作到第二天凌晨4点，钱老始终没有离开，看着他们排除故障，坐累了就在车间走几圈。

看钱老陪着熬夜，孙家栋心里很愧疚。孙家栋后来说，这件事给他的印象太深了，虽然钱老没有批评他一句，但他感受到的“无声的力量”使他觉得比批评更严厉。从此，哪怕一点小事孙家栋都认真办理，不敢有丝毫松懈。

二是用事实和表率行动批评引导，比用嘴巴批评更为有效。有许多事情，只要将事实在当事人面前一摆，再牛的人也会哑口无言。有一次，某师教导大队组织手枪实弹射击考核，一位军医打了个“光头”。在他走下射击位置时，很不满地嚷嚷“什么破枪，没法打”！见此情景，教导大队的领导没有用嘴批评，而是让射击教员上去处理。教员笑眯眯地走上前去，接过手枪，在军医的靶位上打了三发子弹，得了两个10环，一个9环。射完后，又笑眯眯地将手枪还给军医，扬长而去。这期间，没人批评军医一句话，却使他羞愧得低下了头！若是教导大队的领导或者教员用嘴批评，这位极要面子的军医很可能会当场顶起牛来。

某日，粟裕大将来到射击训练场，见几个老兵边练射击边聊天。粟裕知道，这些老兵自以为枪法很好，口头批评一下，很可能“口服心不服”。为此粟裕没有批评他们，而是来到老兵旁边，取一枚铜钱置于枪之准星，命一老兵曰：“击发！”老兵扣动扳机，铜钱“当啷”一声落地。随即，将军取枪，卧姿趴下，复置铜钱于准星，击发数次，铜钱纹丝不动。将军站起，随即离开。众老兵看到了自己与将军的巨大差距，羞愧不已，开始埋头苦练。

批评的策略方法很多，需要把握的要旨有二：一要端正批评的根本态度，力求做到以理服人，有尺度；刚柔并济，有力度；热情帮助，有温度；循循善诱，有风度。二要善于随机应变，因人、因事、因势地灵活运用好批评的策略方法。

五、把握善后，消除隐患

批评人的目的是帮助人认识错误，记取教训，激励人知耻而后勇，改进工作。可是批评毕竟属于负向激励，是苦口的良药，被批评者难免会因此产生一些负面情绪。例如担心自己掉了价，灰心丧气，对一两句难听话、过头话接受不了，嫌领导态度太火爆，耿耿于怀……因而批评到最后或者事后，要注意与其沟通，做好善后工作，不可一批了之。

善后主要采取适时沟通的方法。沟通要充分运用好信息、思想、感情三个要素，抓住三个重点：一是引导其认真总结经验教训，记取教训；二是帮助其化解误会和负面情绪，增进团结；三是激励其放下思想包袱，振奋精神，轻装上阵。

善后要伺机而动，不可过早亦不可过晚。过早，有可能降低“火爆式批评”的效果；过晚，对方有可能怨气打结，不易化解。故而无特殊需要，一般应在批评结束时，设法当场缓和气氛，做好善后工作。若有特殊需要，也可将善后放到批评之后的适当时机，一切皆须以保障批评实效为底线。

善后有直接与间接两种方式。直接善后，就是领导者直接找被批评者沟通，亲自做化解负面情绪的工作。间接善后，就是请对于被批评者有影响力的亲朋好友出面做沟通化解工作。采取何种方式，皆应以确保效果为前提，视情而定。

需要指出的是，批评人要注意态度，一般不应发火。但有时为了让下面感到震憾，记住教训，也需要发火，甚至要故意发大火，实施“火爆式批评”。但是“火爆式批评”会增加被批评者的负面情绪，若不及时做好善后工作，容易造成隐患。为此，实施“火爆式批评”时应注意把握两点：一是注意适度，特别是话语不可出格，不可恶语伤人。须知只把心里的火气发出来，那叫本能，能把火气发得恰到好处，那才叫本事。总之，发火也是一种技术活，必须善于把握分寸，把火发得恰到好处。二是要善于通过及时有效的善后沟通，灭掉落到被批评者心里的“火种”，这是不可或缺的领导艺术。

第三节

问责——坚持六先六后，三个注意

问责，就是发生重大问题后，依律追究责任人的责任，这是负向激励的重要形式。领导者敢于问责又善于问责，方能产生应有的激励作用。不敢问责，企业就会是非不明，好坏不分，赏罚失准，从而导致员工心理失衡，企业运行失调。不善问责或问责不当，很容易引发上下关系紧张，甚至内讧内乱。敢于问责与善于问责，两者缺一不可！

欲使问责产生应有的激励作用，首先要坚持“自责在先，问责在后；定责在先，问责在后；查责在先，问责在后；量责在先，问责在后；申辩在先，问责在后；教导在先，处罚在后”的策略，与此同时始终把握好三个注意。

一、自责在先，问责在后

一个位高权重的领导者，想揽功诿过简直易如反掌，正由于此，揽功诿过的现象屡见不鲜。然而必须明白的是，当你把自己的过错推给别人时，你又创造了一个新的更大的错误——无担当、无信义的错误。工作上的过错，属于经验问题、能力问题，可以谅解；无担当、无信义，诿过于人的错误，则是品德问题，人家无法理解。你将自己的过错推诿给他人，只能说明你既缺才，又缺德。

因而，领导者凡事不可把下属当“替罪羊”，应当为下属做“遮雨伞”。出了问题，要先自审“我”有哪些失职之处，如：

- ❖ 我决策、指挥有没有失误？
- ❖ 我布置工作任务是否清楚？
- ❖ 我配置资源是否恰当？
- ❖ 我统筹协调是否及时并且有效？
- ❖ 我检查督导是否到位有力？
- ❖ 我用人是否得当，授权控权是否合适？
- ❖ 我抓组织制度建设、人才队伍建设、企业文化建设等一系列基础性工作是否扎实？

……

自审要落于自省自责，自省自责要落于担责。担责，不可只是空洞地说一句“我也有责任”或“主要责任在我”，便敷衍过去。

1994 年，宋志平领导的建材集团，旗下有个分厂出口岩棉吸音板到韩国，没想到有个集装箱内的一块吸音板上有个明显的脚印。韩国公司要求退货，公司领导都认为韩国公司小题大做。宋志平既不认为这是韩国公司小题大做，也不认为这只是分厂的问题，而是集团上下对质量的态度问题，不可小觑。于是他专门召开会议，首先宣布自罚 500 元，然后宣布罚分管生产的副厂长 300 元，罚分厂厂长 200 元。

接着，他亲笔书写了一份通报，向全体员工通告处罚决定，强调了“质量和信誉是我们永远的追求”的价值观。这件事在厂里引起轰动，让全体干部职工都受到了教育。之后，他又引进了“现代管理 18 法”“ISO9000 认证”等具体管理措施，强化了质量管理。

不过，需要注意的是“担责”绝非“揽责”，两者不可混淆，不可替代。关于这一点前面已经讲过，不再重复。

二、定责在先，问责在后

定责，就是依岗定责，明确典守者的责任，以及与责任相关的奖惩规则。定责在先，方能让人“知责于心、担责于身、履责于行”，出了问题才能问责有度，查处有据。岗位职责不清，是履责、问责之大忌！

定责的基本要求有二：一是规定好各个岗位的责任，列出岗位责任清单，并制定与完善好履责考评机制；二是在执行重大任务时，要定好任务责任，列出任务责任清单，必要时可与下属签订“任务责任书”。

需要指出的是，签订“任务责任书”，是一种最实际的定责管理方式。责任书一旦签订，相当于下级向上级立下了“军令状”，上级给下级戴上了“紧箍咒”。这种定责管理方式，可以实现分解责任、传导压力的目的，运用得当，效果不错。

但是，弄得不好也容易引发两种倾向性问题：一是由于责任书只对下级定责，没有对上级定责，很容易使下级的“责任书”变成上级的“免责书”，出了问题，给“甩手掌柜”向下推卸责任打开了方便之门；二是由于上述原因，很容易使一些领导者患上“签责依赖症”，把签订责任书当成落实工作的“万能药方”，事事都签，从而导致工作分不清大小轻重。这些倾向性问题必须谨加预防，才能确保签订“任务责任书”的实际效果。

三、查责在先，问责在后

某单位摔坏了一架价值不菲的摄像机。领导在大会上声色俱厉地批评这是“败家子行为”“不负责任的渎职行为”，还大声强调“必须严肃追责问责”。可是，会后查责追责却没了下文，最后不了了之。

这种“大呼隆”的虎头蛇尾的问责现象并不鲜见，其效果无非有三：与此事无关的人无动于衷；与此事相关的责任人无人过问；最终得到的是第三种效果，那就是给人们造成问责就是将大家都训斥一顿，就是“雷声大，雨点小”印象。从此，大家就会将问责看轻了，应有的负向激励作用都付之东流。

教训告诫领导者：问责不可“大呼隆”，不可虎头蛇尾，必须坚持查责在先，待查到具体责任人，并且量准相关责任人应负的具体责任，然后再向责任人问责，这样的问责才能产生应有的激励效果。

四、量责在先，问责在后

量责，就是在查到相关责任人员之后，坚持以客观事实为依据，以规章制度为准绳，以岗位定责为基准，以失利原因和认错改错的态度为考量，准确衡量相关责任人应负的责任等级和应当施予的处罚等级。

查责量责要采取“复盘”方式，全过程地考查在各个环节中相关执行人的作为，从中准确找出失利的成因和失责的个人。对于失利失责的事实状况，能量化的要力求精确量化，不可凭意气、凭权力、凭想象随意定性和模糊定量。通过查责量责，要实事求是地做到以下“七个确认”。

- 确认问题性质、影响范围、危害程度。
- 确认产生问题的主要原因是“主观”还是“客观”。
- 确认是无意的过失还是故意为之。
- 确认是偶犯还是屡犯。
- 确认直接责任人、间接责任人，主要责任人、次要责任人。
- 确认责任人是知错认错决心改错，并甘愿担当应负之责，还是否错、掩错、推卸错责。
- 确认事件本身有哪些经验教训，如何吸取经验教训。

“确认原因”不可忽略！凡事有因才有果，而问题的成因是多种多样的。有的是客观原因为主，完全是因为条件所限或经验不足所致。有的是主观原因为主，完全是因懒散、渎职甚至谋私所致 。原因不同，处理也要随机应变。原则上，客观原因为主的问题，处罚要酌情从轻，反之从严。

可是，在现实问责中“问责不问因”“一刀切”地处罚人的倾向比较普遍，结果难免留下两大后遗症：一是难免有失公正公平，不仅难以让人心悦诚服，反倒有可能引发上下之间的矛盾冲突；二是难免强化下属趋利避害的心理，引发工作中畏首畏尾，一味规避困难的不良风气。这不能不引起领导者的高度重视。

确认“认错改错的态度”也十分重要，因为问责的根本目的无非有二：一是促使当事人知错、认错、改错，从此不犯二过；二是让其他人共同吸取教训，不重复他的错误。如果当事人认错、改错的态度不好，就无法达到问责的目的，对于这样的人理当从重处罚。

达成了“七个确认”之后，要依据“七个确认”，形成“三个结论，两套措施”。

三个结论：对问题的性质危害做出结论；对相关责任人应负的责任等级、应予的处罚等级做出结论；对应当吸取的经验教训做出结论。

两套措施：处理责任人的程序和方法；吸取教训、实施整改的方法。

五、申辩在先，问责在后

问责过程中，要给予当事人充分申辩的机会，让其申辩在先。对于利用申辩机会找各种借口推诿责任、混淆视听的现象要据实批评。

心理规律表明，凡事要做成功不容易，失败了想找个借口则信手拈来，十分容易。所以在面对问责时，人们很容易产生寻找一个借口为自己辩解的心理。正由于此，古今中外找借口推卸责任者比比皆是，有的借口让人听了忍俊不禁。

据古籍载，江苏如皋、泰兴两县紧邻，宋朝时当地闹蝗灾。泰兴县令为显政绩，向上报告说：“县界无蝗。”不料，蝗灾越闹越重。上级严词责问该县令，县令居然找借口申辩道：“本县无蝗，盖自如皋境来。”可笑的是，他还派公差拿着官府公文通知如皋县令钱勰，要求他“严捕蝗，无使侵邻境”。

钱勰收到公文，又好气又好笑，他在公文上写了一首小诗作为回答，让公差带回，诗曰：蝗虫本是天灾，并非县令不才。既自敝县飞去，务请贵县押来。诗句言语戏谑，公差忍不住泄与友人，一时广为传播，时人引为笑柄。

类似的笑话在二战中也曾经发生过。在二战中期的中非战场上，意大利军队500多人奉命防守一个野战机场，他们拥有坚固的混凝土永久防御工事，还有两门德国人支援的威力巨大的88炮和充足的弹药。进攻机场的英军只有400多人，缺乏重武器，英军指挥官对此次进攻估量得十分艰巨。但事实完全出乎英军意料，当他们进攻时，只经受了一点象征性的抵抗，意大利人就打出了白旗。事后，大惑不解的英军军官向投降的意大利军官询问原因，对方竟理直气壮地说：“我们没有撬棍，无法打开那些该死的弹药箱！”

事实很明白，由于趋利避害是人性使然，利用申辩机会为自己找借口推诿责任，避重就轻的现象是难免的。但不可因此不给人家申辩的机会。申辩是被问责者的权利，不允剥夺。作为领导者，在问责过程中既要给予当事人以充分的申辩权利、申辩机会，又要据实批驳各种推诿责任的借口。若是任由各种借口掩饰错误、抵御批评、混淆视听，问责就会被种种借口搅混、搅乱、搅黄。

六、教导在先，处罚在后

在实施问责处罚之前，领导要先找当事人诫勉谈话，教育引导其提高认识，促其自问、自省、自责，为实施问责处罚奠定思想基础，不可不教而诛！

问责处罚之后，还应及时为知错、认错、决心改错的“负荆者”释缚，给予改过立功的机会，教育引导他立功补过；对受处分、挨板子后产生负面情绪的人，更要加强教育引导，通过鼓励、慰抚等方式帮助他消除负面情绪，放下思想包袱，轻装前进，不可一罚了之！

七、始终把握三个注意

为使问责产生正向激励作用，避免负向效应。问责过程中还需始终把握好以下三个注意。

1. 注意慎度，使责罚相当，宽严适度

不可打着“问责必严”的旗号，对下一味“苛责重罚”。“问责≠苛责”，苛责重罚势必使下属丧失安全感、归属感，使团队失去凝聚力。也不可借口“情有可原”“团结为重”“下不为例”，对理当依规责罚的责任者无度宽容。宽容失度 = 姑息纵容，姑息纵容会引发“破窗效应”，导致责任虚化和整体执行力下降。这些问题皆须领导者高度关注，慎重把握。

2. 注意律己，勇于自纠问责不当的问题

由于种种原因，在问责处理过程中难免发生对下批评处罚失当的现象，一旦发现，领导者理应通过诚恳的道歉和自我批评，予以补救善后。

彭德怀是一个很有个性的元帅，一看到问题容易发火训人，有时也难免训错人。

1953 年 2 月 11 日，海军副司令罗舜初等人陪同彭德怀来到上海的门户、长江要冲崇明岛，检查战备。在岸炮阵地上，彭老总发现炮位和弹药库的距离太近，且无任何防护措施。只要有一发炮弹击中弹药库，一个连的人和火炮都难以生存。于是便对团长大发雷霆，说：“你这个团长是怎么当的？像你这样应当撤职，送军法处！”

罗舜初连忙附耳解释：“火炮阵地是按苏联专家设计的图纸建设的，并非团长之过。”彭老总马上停止训斥。吃饭时，他发现不见团长，问：“团长呢？”人们把团长找来，彭老总指着身边的位子说：“坐到这里来。”团长不敢坐，彭总拉他坐下，说：“上午我说错话了，不该说把你撤职，送军法处。现在，我向你道歉。”

毫无疑义，彭老总批评的问题是准确的，发火也是对部队极端负责的表现。问题是搞错了批评责罚的对象。可贵的是彭老总一旦明白错怪了人，便能当即向人道歉。

如果不当的问责处罚给人家在大范围内造成了不良影响，领导者不可为了顾全自己的面子，只是私底下道个歉就罢了，还应当在大范围内道歉，帮其收回影响。在这方面，王震将军堪称楷模。

1960 年 9 月，王震到新疆生产建设兵团视察工作，正赶上乌鲁木齐生产建设兵团召开誓师大会，下属单位争相表“决心”，王震听了，鼓掌称赞。这时“绿洲”团场场长杨晋光走上台，取出一面锦旗说：“首长、同志们，去年我们‘绿洲’团场的成绩水分很大，不应该得这面优胜锦旗，请党委收回。今年新增加的单产指标，我们团场没有办法，搞不上去……”为此，杨晋光不仅在师党委会上受到严厉批判，而且还受到撤职和党内严重警告处分。

事后，王震到“绿洲”团场实地调查，发现自己错怪了杨晋光，给其在全团造成了不良影响，于是决定向杨晋光做检讨，并且将自己的检讨稿下发给“绿洲”团场，要求他们连续广播 20 天。

王震不但知错就改，能放下架子勇于公开做自我批评，还因为自己有过错关过自己禁闭。

1949 年 9 月 10 日，王震率第一兵团第二军由西宁北进，到达张掖后，立刻想到保护相距不远的敦煌宝贵文物。他不顾疲劳，亲自带了一个团迅速赶到敦煌，下令：敦煌临时戒严 3 天，不准任何人出入！然后王震在莫高窟负责人常书鸿的陪同下参观视察。他们走进一个宽阔的窟洞，只见一群战士抬着一座雕塑走出来。常书鸿一见，脸色急得煞白，赶紧阻止：“同志们，别抬走！”然后转身对王震说：“王司令员，这些塑像是不能动的呀。”王震喝令：“放下，都放下，赶快把你们团长叫来！”

常书鸿心疼地望着抬来的塑像，见有的佛像衣袖上有块脱落，满眼热泪地望着王震说：“这样一倒腾最容易损坏，即使损坏一点，也难以恢复原貌，我们就是历史的罪人，罪恶滔天，千古罪人呀！”

王震安慰道：“请你放心，我们就是来保护国宝的，绝对不会损坏！”

这时，周团长跑来了。王震责问道：“是你让战士们抬这座雕像的？”团长立正回答：“报告司令员，我看它塑得精美，现在还不太安全，为确保它完好无损，我要把它藏起来。”

王震又问：“你知道那塑像是什么吗？”团长回答说：“就那么几座泥土堆成的人像，只是好看而已。将来我们练兵累了，看看它，准能开心解闷！”

顿时，王震怒火满腔，他快步兜着圈子，四下寻找什么……猛地抓起一根木棒子，嘴里喊着：“我叫你开心，我叫你解闷！”他喊着朝周团长叭叭打了几棍。吼道：“这是艺术品，是国宝，可你……”

周团长嗫嚅道：“司令员，我错了，我愿意接受处罚……”王震一挥手道：“你先写检查，再坐三天禁闭！”

周团长敬礼后，蔫蔫地离去，进了司令部后院一间黄土砌成的小屋里关禁闭。正当他反思错误时，突然木板门被轻轻推开，只见王震扛着行李进来了。他诧异地问道：“司令员，又有人犯错误了？”

王震说：“是的，又有人犯错误了，跟你一起坐禁闭来了。”

周团长追问：“是谁又犯了错误？”

王震边拉开被褥边说：“我。”

周团长一惊：“司令员，你怎么了？”

王震痛心地说：“你搬走国家珍宝，犯了错误，我关你禁闭是对的。可是我用棒子打了你，我也犯了错误，没有人关我禁闭，我要自己关自己禁闭。”

周团长急了：“司令员，哪有关您禁闭的？这……这怎么能行？”

王震诚恳地说：“你犯错误不对，该关禁闭；我体罚你，我也不对，也该关禁闭。你不必原谅我，我犯了错误，就是要坐禁闭。革命纪律，我也要自觉遵守。”

许多领导者都担心坚持刚性执法，处罚了犯错误的下级，下级会与自己结怨，向自己“打黑枪”。其实大可不必！数一数那些被人“打黑枪”的领导，哪一个不是对下苛责狠罚，滥施淫威，对自己只说一句“我也有责任”的人？如果你能像王震将军那样不仅对下依规处罚，又做好善后工作，更严于自律自罚，自然无人会向你“打黑枪”，反而会有许多人为你挡子弹，你何愁之有？

3. 注意沟通，认真协调好各方的思想和行动

整个问责过程既是调查研究，秉公处理的过程，亦是不断沟通上下，协调各方的过程。所以凡能产生积极的激励效应的问责，不仅要建立在调查研究，实事求是，公正公平的基础上，还要建立在与各方充分沟通协调，统一思想和步调的基础之上。主持问责的领导者，要是不能通过及时深入的信息沟通、思想沟通、感情沟通，帮助当事人知错、认错、改错，不能与相关领导及团队成员统一好思想与行动，问责是很难顺利推进并获得理想效果的。为此，掌握沟通协调的基本方法，提升沟通协调的实效，对于领导者而言便显得极为重要。

沟通协调不仅是问责过程所必需，也是平时各项工作中不可或缺的领导方法。为此，进一步研讨掌握“沟通协调法”便显得很有必要了。

第七章

沟通协调法

人们常说“人多力量大”，其实未必！有人做过一个实验：先用仪器测量好单个人的最大拉力，然后把试验者分成一人对一人、二人对二人、三人对三人、八人对八人四个组，进行拉绳实验。要求各组竭尽全力拉绳，对拉力用仪器进行测量和记录。

实验结果是：二人对二人组的拉力是二人单独拉力之和的95%；三人组的拉力是三人单独拉力之和的75%；八人组的拉力是八人单独拉力之和的49%。

不过，这是在无人统一指挥协调状况下的结果，若是有人统一喊口令指挥协调，拉力就会大幅度增强，越是人多的组增强得越明显。八人组假如指挥协调有力，其瞬间爆发的合力会远超单人拉力之和，这种1+1>2的合力，才能真正显出“人多力量大”来。

实验表明：人多并非自然力量大。没有及时有力的协调，就没有“人多力量大”，相反有可能人多力量消耗大，合力小。

执行力亦如此，并非人多自然力量大。执行，是团队中人、事、物、财、技、权，以及各部门、各层级等各种力量要素的联合协作行动。团队执行力，是团队各要素联合协作行动中产生的合力。在联合协作过程中，“人与人”“人与事”“人与物”“人与财” “人与技”“人与权”，即人与各种资源之间；“事与事”“事与物”“事与财”“事与技”“事与权”，即事与各种资源之间；部门与部门、上级与下级、员工与员工，即人与人之间……都难免发生这样那样的矛盾问题。层出不穷的矛盾问题，都集中表现为：思想认识上的矛盾、行动步调上的矛盾、力量配合上的矛盾、资源配置上的矛盾、计划衔接上的矛盾、利益攸关上的矛盾，但归根到底都是各要素之间相互协作上的矛盾。

矛盾问题任其发展，势必变成内耗，导致组织内部各要素之间关系紧张，相互掣肘甚至拆台，从而产生负能量，消耗团队的整体合力。

欲解决矛盾，消除内耗，促使执行人密切协作，领导者必须有针对性地“协调思想，以求上下同欲；协调行动，以求步调一致；协调力量，以求密切配合；协调资源，以求最佳配置；协调计划，以求适时制宜；协调利益，以求互利共赢”。协调越及时、越有力，矛盾消除得越快，产生的合力就越大。

协调的具体方法很多，归结起来，主要有“刚性协调”与“柔性协调”两类。“刚性协调”主要有计划协调、指令协调、人事协调（通过调配组织人事进行协调）、法规协调、奖惩协调等。“柔性协调”主要有信息协调、指导协调、服务协调、沟通协调等。

其中沟通协调最重要、最常用，因为事是人做的，物是人用的，财是人花的，权是人使的。人是万物之灵，是一切事物的中心，而人是有思想、有情感的，思想上、感情上的协调非沟通不可！

“沟通协调法”就是通过及时有效的人际沟通，协调好执行人的思想和行动。其根本目标是促进“人、物、财、技、权”等各种要素的合理配置和上下级之间、各部门各团队之间、所有执行人之间在行动上的有效协同，促使企业形成 1+1>2 的整体合力。

第一节
协调要以沟通为基础

在企业内部，不管你情愿不情愿、自觉不自觉，人际关系之间特别是上下级之间每时每刻都在进行着精神交流。特别是领导者每天要将 90% 的工作时间，不是用于开会讲话、拟写或修改准备下发的文件、批阅下面上报的材料，以此传达信息，表达自己的思想，就是用于打电话交流看法、听取下级请示汇报、组织研究问题、约人谈心谈话或谈判磋商等，不断地与人交流思想。一言以蔽之，领导者每天都要将 90% 的精力用于信息交流、思想交流，即精神交流。

精神交流的实质就是“沟通”。沟通，是领导者与上下左右之间达成共识，形成共同语言，实现上下同欲、步调一致的基本路径。管理中的矛盾问题，有 70% 以上是由于沟通障碍所引起的。

前面在讲到不要朝令夕改时，刘副总因子公司老总的调动问题，与董事长大吵一场。之所以发生这样的问题，除了董事长朝令夕改之外，更重要的是因为董事长事先不与刘副总沟通。假如董事长给出差在外的刘副总打个电话，说明一下情况，是断然不会如此的。

打个电话，与刘副总沟通一下，本是举手之劳。为何不做？根本原因有二：一是董事长以为“决定人事调动是我的权力”，这种权力至上的官气，贻误了上下之间的沟通；二是嫌沟通中刘副总会提出各种问题，还得一一解释，太麻烦，不如利用权力协调，想怎么干就怎么干来得痛快。一句话，是打心眼里嫌麻烦、不愿沟通所使然。

许多领导者正是由于受“官气”主导，在处理类似任务调整、人事调整、资源调整等重要事项时，为了图痛快、图省事而省略了必要的沟通。常常在上下意见不合或者下属思想准备不足的情况下，突然下达调整指令，由此引发下属思想上、行动上的强烈反弹和抵触。尤为严重的是，在已经感觉到下属的反弹和抵触时，有的领导者仍不愿意也不善于采取沟通协调的方法去疏导下属的心理，一味地强制命令，从而加剧了上下级之间的矛盾冲突。

无数教训告诫我们，企业内部上下之间、各条块之间、人际关系之间的许多矛盾问题之所以无休止地扯皮，大多都与领导者因为嫌麻烦而不愿沟通或沟通方法不当分不开。殊不知，正是由于嫌麻烦不沟通，却带来了更多更大的麻烦！

结论很显然：执行需要合力，合力源自协作，协作会有矛盾，矛盾必须化解，化解就得协调，协调必须沟通。

企业内部沟通的种类很多，因沟通的对象不同，有上行沟通、下行沟通、平行沟通；因沟通人数不同，有个体沟通、群体沟通；因沟通方式不同，有直接沟通、间接沟通，正式沟通、非正式沟通，等等。

- **上行沟通**，是指下级主动找上级沟通，主要沟通方式是请示报告。
- **下行沟通**，是指上级主动找下级沟通，沟通的主要方式是找下级谈话、开会或对下行文，等等。
- **平行沟通**，是指平行单位之间、同事之间的沟通，一般不拘方式，主要是平等交流、共同商谈。
- **群体沟通**，是指领导与许多人沟通，主要采取开会讲话、发布公告，或组织专题研讨等方式进行。
- **个体沟通**，是指与单个人之间的沟通，一般采取与个别人约谈、协商等方式。
- **直接沟通**，是指当事人之间面对面地直接交流沟通。
- **间接沟通**，是指采取委托第三方与人沟通，比如请他的好友或非组织头头与对方沟通，或者采取在一些人中放话，故意让人传话给对方的方式进行沟通。
- **正式沟通**，一般要事先向对方发出通知，并且通常都在会场、办公室等正规场合进行。
- **非正式沟通**，一般不发通知，不讲究场合，都是在对方无准备、无意识的状态下随机进行的。比如，利用散步、参加文娱晚会、员工运动会等各种文化体育活动，在谈笑中与人交流感情，沟通思想；趁参加公司组织外出郊游、集体旅游，在大自然的怀抱中敞开心扉，与人化解恩怨；趁与部属聚餐、一起喝茶、喝咖啡时，交流感情、交流思想、交换意见等。这种非正式的沟通运用好了，常常会有出乎意料的效果。

沟通因功能不同，有以交流各种信息为主的**信息沟通**，有以交流思想认识为主的**思想沟通**，有以融洽人际感情为主的**感情沟通**，有以研讨问题为主的**研究沟通**，有以协调行动步调为主的**协商沟通**，有以化解误会矛盾为主的**化解沟通**。领导者应当从实际需要出发，灵活运用各种沟通类型与沟通方式。

无论是何种内容、何种目的、何种方式的沟通，其基本要领都是，必须坚持以真诚为基础，以平等为前提，以感情为桥梁，以容异为关键，以语言为工具。

鉴于有关沟通的基本原则、基本方法早已众所周知，下面着重就如何在沟通中用好三种语言，怎样谋划沟通的流程与方法等人们不大熟知的角度切入，做一些具体方法的探索。

第二节
沟通要用好三种语言

沟通交流的内容无非是情报信息、思想信息、感情信息……一言以蔽之，都是信息。信息的载体是语言。语言，主要有三种形式：口头语言、文字语言、肢体语言。三种语言都是人际间相互沟通交流的工具。因而，领导者与人沟通必须运用好三种语言。

一、口语沟通

运用口头语言进行“口语沟通”，是使用频率最高的沟通方式。“口语沟通”要练好会说、会问、会听这三项基本功。

1. 要练好“会说”的基本功

说，是口语沟通的主要方式。说得怎样，会直接影响到沟通的效果。领导者在与人沟通时，起码要做到“七个会说”。

会说事，能在掌握实情的基础上，比较完整准确地表述事实状况、传达事实信息。

会说理，能用严密的逻辑诠释应当知晓的大道理——价值观，用事实和案例证明大道理，以理服人。

会说道，能用扼要的语言或形象的比喻揭示大道——客观规律，引导人们尊重规律、遵循规律。

会说法，能用正确规范的语言阐述法律、制度、道德的科学性，违反的危害性，恪守的必要性。

会说势，能用简明的语言剖析当前的态势、变化的形势、发展的趋势，引导人们顺势而为。

会说疑，能用恰当的语言点出其内心的误会和疑惑，并为其消除误会，解疑释惑。

会说利，能公正科学地讲清个人与国家、与社会、与企业、与团队、与他人的利益关系，以及利与害的辩证关系，给人们指出正确的取利之道，共利之责。

除了七个会说之外，在沟通中还要认真把握以下一些常识性的说话要领。

（1）用真诚平实的语言表明自己的心迹和诚意，给对方足以相信你的理由，用平等友善、礼貌文明的态度营造良好的“言语环境”。不可用假话、用模棱两可的语言糊弄人；不可端着架子，居高临下地打官腔、说套话，甚至用粗鲁的言语、粗暴的态度与人交流沟通。

（2）依据不同的沟通对象、沟通目的、沟通环境，选择最适宜的肢体语言。通过灵活运用或是和颜悦色或是严厉严肃等肢体动作，加上恰当的语气声调与之沟通。

（3）注意语言的思想性和清洁度，多传播具有正能量的价值观和道德理念，不可为了追求噱头、迎合潮流使用粗俗的语言，更不可散布低级趣味的东西和错误的观念。

（4）在讲话之前要形成清晰的逻辑思路，选择最能打动对方的语言，引导对方的注意力；用最简练的语言点出对方必然在乎的理由与其切身利益的关联性，激发他产生共鸣。不可无准备地信口开河，无逻辑地“开无轨电车”。

（5）尽可能让语言简明扼要，不要啰唆，不要画蛇添足。特别是化解矛盾的沟通，话更要简洁，不必多。因为不管你多会说话，当你说得太多时，终究会说出蠢话来。

（6）善于用适当幽默的语言化解下属的不满。

美国南北战争时，林肯有一回发令到前线，要求各司令官发到白宫来的报告，务求内容翔实，一无挂漏。麦克利兰将军不满总统的命令，马上发一个电报给白宫：“华盛顿林肯大总统钧鉴：倾俘获母牛六头，请示处理办法。麦克利兰。”

林肯接电后，没有生气，马上回电：“麦克利兰将军勋鉴：电悉。所陈俘获母牛六头，挤其牛乳可也。林肯。”

林肯面对属下的抱怨，没有居高临下地呵斥，而是报以幽默的回答。既维护了指令的严肃性，又化解了上下之间的矛盾。麦克利兰看完电文一定哈哈大笑，怨气尽消，然后乖乖地执行命令。反之，若是居高临下地批评，效果就很难说了。

（7）注意多用“咱们”，少用“你们”。当总是使用“你们”这个词的时候，听者会感觉你与他们是两家人。反之总用“咱们”这个词，会给人以“你我”本是一家人的感觉，这样可以缩短与沟通者的心理距离。

（8）尽量多用谦和的、商量的语气，尊重对方。尊重的俗话，就是“给面子”。鲁迅说过：“面子是中国人的精神纲领。”切不可视自己的面子如神祇，要人家供着，把部属的面子当鞋底，随便踩。殊不知，很多事情本身并不十分重要，重要的是你没有给人家留面子。假如你让人家颜面无存，尊严扫地，那他为了争面子，一定会与你死磕。

（9）本着求同存异的原则，多听取和吸纳对方的意见，与对方一起寻求最大公约数，力避“你说你的，我说我的”，造成“龙虎斗”的局面。

（10）多站在对方的角度想问题、讲问题，找到同理心。让对方明白不是迫其做只利人不利己的事情，而是让其做既利人也利己的事情，这样就比较容易使人接受你提出来的方法和建议。

（11）要有足够的耐心做说服人的工作。特别是当两人说不到一块去的时候，要抑制住不满心理和烦躁情绪，耐住性子。假若因此发脾气，甩脸色，双方就会陷入情绪的漩涡之中，谁也不服谁，最终使场面失控，不欢而散。

（12）要注意掂量将要出口的话语，特别是结论性、决定性的关键词更要慎重。因为这些关键词还没说出口，是属于你的，有如剑在你手，而话一出口，犹如“剑柄”的“话柄”就会落到别人手中，可能会使你陷入不应有的被动之中。

（13）要注意针对沟通对象的学识、性格等实际情况，灵活用语。多讲对方好懂、好记的语言，不可一味地“自说自话”，更不可故弄玄虚，卖弄学问，形成“鸡与鸭讲”的对话局面。

有个秀才去买柴，他对卖柴的说：“荷薪者过来！”卖柴的不懂“荷薪者”是啥，却懂得“过来”的意思，于是把柴担到秀才面前。

秀才问：“其价如何？” 卖柴的听不懂这句问话，只听懂一个“价”字，于是告诉秀才价钱。接着，秀才还价说：“外实而内虚，烟多而焰少，请损之。”

卖柴的实在听不懂他在说什么，以为是在戏耍他，一气之下，挑起柴担就走了。

笑话启示我们：

❖ 话，都是说给别人听的，不是说给自己听的。说给别人听的话，必须考虑对方是否愿意听，能否听得懂、听得清、听得进。你说的话文采再好，人家听不懂，不愿听，等于白费口舌。

❖ 上下级之间的工作沟通与买柴不一样，卖柴者听不懂可以一走了之，不会造成什么损失。可是下级听不清、听不懂上级的指令，执行的结果势必大家一起"喝洗脚水"。为此上下级之间进行工作沟通，特别是领导者口头下达工作任务，还应遵循"布置—复述—校正—再复述—再校正—确认"的规程，以确保下级不但听得懂，而且听得既准确又完整。

沟通中的说话要领与技巧还有很多，它需要在实践中去不停地探索总结。任何方法技巧唯有自己总结出来的，才能得于心应于手，在实践中应用自如。

2. 要练好"会问"的基本功

问，是口头沟通的重要方式。边说边问，既可及时了解与对方的沟通程度，及时弥补沟通不足，又可深入了解对方的内心想法，便于有针对性地做说服工作。

（1）决策沟通。要多问"决策方案利在何处，弊在哪里，你有没有修改意见，有没有新的方案""如果实施决策方案，需要哪些条件，还缺哪些条件，怎样创造条件，你有没有好的想法"等。

只要时间允许，领导者即便心中早有主见，也不要急于表态，应当尽可能多提问，引导决策参与者充分发挥自己的聪明才智，以便自己能多方集优，完善决策。

（2）布置沟通。要多问跟任务有关的细节问题，比如"你打算什么时间去做，怎么去做""任务执行过程中可能会有哪些矛盾问题，你打算如何解决"等。这样就相当于引导对方制订了行动计划，既可引起下属对任务的重视，免得转头就忘，又能促使下属很快进入情况，对如何执行做到胸中有数。

（3）检查沟通。要多问"已经做了哪些工作，存有什么错漏""采取了哪些方法，效果怎样""产生问题的原因和教训是什么，成功的经验有哪些"等。用提问引导对方明白自己工作中的不足与需要纠正的问题和办法。

（4）追责沟通。要多侧面、多层次地连续追问“为什么”，不要只在问题的表面现象上转圈。要着重问“有哪些主观原因，哪些客观原因”“是主观原因为主，还是客观原因为主”“你本人在其中做了哪些事情，起了什么作用”，引导其刨出问题的根子，让典守者弄清自己应负的责任。

（5）考查沟通。要多问一些似是而非的问题，考察其在价值判断和是非判断中显现出来的德性倾向；多问一些复杂疑难的问题，考察其分析判断复杂事物的能力；多问一些应对复杂局面的处事方略，考察其出谋划策、随机应变的能力；多问一些责任归属方面的问题，考察其析责问责能力和担当责任的勇气。

（6）批评沟通。要多采用“设问批评法”，引导其在回答你设问的过程中一一承认自己的错误，顺势进行批评。

（7）在统一思想的沟通中，要善于适时运用“回放复述—提问确认”的方式。“回放复述”就是你先把对方的“关键语言”“关键语意”回放复述一遍，然后“提问确认”，比如“我听到你刚才说……，这是否表明你同意……这个意见”“就我理解，你刚才说的意思是……”“这是否可理为解为，只要……，你也同意采取这个方案”“你说……这与我们的意见是不是已经一致了”，等等。

通过适时地“回放复述—提问确认”，可以抓住并固化对方闪烁而过的关键语言和语意，点破其“想说而没说明白，甚至是有意不说明白”的意思，使其无法对应该明确表态的关键问题含糊其词，以便将关键词固化下来，一锤定音，免得事后变卦。同时，通过“回放复述—提问确认”还能核定沟通结果，不致产生新的误会。

有位老人给儿子买房子，去现场办理分期付款手续。银行业务员说：“先生您是季付，还是月付？”老人一听火了，说：“我不是继父，也不是岳父，我是……父亲！”业务员将“父亲”误听为“付清”，未经“回放复述—提问确认”，就在申请表格中“一次付清”的栏目上打了钩。结果，将“分期付款”错办成“一次付清”。

案例启示我们：

- 沟通，可以消除误会，统一认识，也可能由于种种原因造成新的误会，导致沟通有误，协调难以到位！
- 沟通中的误会往往产生于一个自以为讲清了，一个自以为听懂了！因而，很有必要，在沟通中适时采取“回放复述—提问确认”的方式，不断核实沟通成效，以便及时消除沟通中的误会。

运用“回放复述—提问确认”须注意两点：一是回放复述要及时，以免一闪而过，失之交臂，无法还原；二是力求回放复述“他的原话”，起码是“他的原意”。如果随意改变和曲解他的原话、原意，就有可能将沟通引向新的矛盾冲突之中。

3. 要练好“会听”的基本功

沟通要注重双向交流，既要会讲会问，更要会听。常言道：会说的不如会听的。人有两耳两目一张嘴，就是要你多看多听少说话。领导者与下属沟通时，要经常闭住嘴巴，竖起耳朵，少说多听。少说多听，既能多掌握情况，还能拉近相互距离，产生信任。有了信任，就能降低沟通门槛，提升沟通效益。

可惜的是，不少领导者往往“听功”不佳，譬如：有的习惯于“我说你听，我讲你记”的单向沟通和“命令式”“通知式”的行政沟通，难以形成有效的双向沟通；有的喜欢一个人在会上滔滔不绝地做报告、“唱独角戏”，不大喜欢与部属平等地交流看法，研讨问题；有的交流思想、交换看法时，还没等人家把话说完，就急于表态做指示，下属只好把话咽回去，烂在肚子里；有的在听取下属工作汇报、请示问题时，边听边干其他事，心不在焉，或者在肢体动作上表现出各种不耐烦的举动；有的喜听“恭维声”“好消息”，听到“逆耳言”“吐槽声”就暴跳如雷……

由于领导者“听功”不佳，部属常常因此心生反感，从此向你关闭沟通的大门，这对工作所产生的无形的消极影响，以及企业为此所支付的隐性成本是难以估量的。为此，当领导的一定要练好“听功”！当下属找你做上行沟通时，要特别注意以下几点。

- ❖ 要热情接待，专心倾听，放下手中的事情，排除其他事情的干扰。
- ❖ 要看着对方说话，注意记录要点，不可“王顾左右而言他”。
- ❖ 要耐心地倾听，不要轻易打断对方说话，更不要忙于表态做结论。
- ❖ 要注重兼听不同意见，谨防被“选择性过滤”掌控听觉开关，只听合心意的、感兴趣的话。
- ❖ 要用理智管理和控制好情绪，不要听到批评的话、逆耳的话、吐槽的话就反感，就急于反驳。

❖ 要认真解读对方的真实语意，特别是“弦外之音”“潜台词”。

❖ 要善于启发引导对方讲出欲言又止的“后文”，全面精准地了解对方思想。

❖ 要适时做必要的“回放复述—提问确认”，将有关“共识”或“存疑”确认下来。

❖ 要边听边思考，力求尽快理清头绪，谋定应对之策。

口语沟通快速便捷，运用得最频繁。但是很容易发生两个问题：一是容易听错，导致“喝洗脚水”；二是沟通内容事后难以复核，并且时间一长容易记错、忘掉，也容易被别有用心的人篡改或在信息传递过程中产生变异。

因而，领导者除了要掌握“口语沟通”的基本功之外，还需掌握“文字沟通”的基本功。

二、文字沟通

文字语言一般比较严谨、稳定，并且可以帮助记忆，方便随时查考，能够很好地弥补口头语言的许多不足。尤其是在下行沟通中，领导者亲笔书写的信件，即便只是一张便条，也常常能让下属产生亲切感、庄重感，从而给交流沟通增大正能量。所以，不少成功的企业家都有一个共同的爱好：爱给自己的部属写信、写便条。据说，通用电气公司前总裁杰克·韦尔奇的办公桌上始终放着一沓纸条，他一直把给下属写小纸条当作管理航母企业的秘密武器。

但是，用文字语言沟通也有其局限性。首先，写文字太费脑子，在通信手段十分发达的今天，领导者都喜欢用手机口头沟通，不大喜欢文字沟通的方式。其次，文字语言的沟通受文字能力的制约太大，它要求沟通双方都必须具备相当的文字能力。发出文字信息的一方，如果文字能力欠缺，写出的东西就会错别字连篇，词不达意，容易让人阅后不知所以，摸不着头脑，甚至产生歧义。接受文字信息的一方，如果文字能力过低，看不懂，也很容易发生误会和笑话。

抗日战争时期，一些向往革命的女性知识青年从大城市来到延安，先后嫁给了工农干部。据说由于文化差异，在书信沟通时曾闹出了一些令人忍俊不禁的笑话。

有个女学生嫁给了一个当兵后才识字、学文化的团长。团长带兵在外，新婚不久的妻子让通讯员带去一封信。团长看完信后，一个劲地追问通讯员：“她送给我的东西在哪里？”

“只有这封信，没有别的东西。”通讯员不解地回答。

“她在信中明明写着送给我一个东西嘛，怎么会没有呢？”团长又问。

“信中说送什么来了？”通讯员问。

“这个字我不认识。反正有东西送给我，这个错不了！”

“我拿去请文化教员看一下。”为了洗清自己的冤屈，通讯员将信交给了文化教员。

文化教员一看，笑弯了腰，原来信上写的是“送你一个吻”！

这位新婚妻子想给丈夫表达一下自己的心情，却没想到丈夫还未学过“吻”字，自然不认其字，更不解其中的柔情蜜意了。

当然，这种笑话如今不会发生了。因为人们的文化水准已经普遍提高，并且随着网络通信的迅猛发展，纸质的文字沟通已经被线上的电子邮件、手机短信微信替代。但是，新问题也由此产生了。许多企业领导经常与下属实施线上沟通，这既给企业的上情下达、下情上达提供了更为快速便捷的途径，也给上下之间的沟通带来两个问题，一是由于一方或双方文字能力有限，或者粗心大意，写出的文字或是词不达意，不能完整准确地反映情况，表达思想；或是写了错别字、标错数据，因此贻误事情，引发误会。为此，公司对于线上沟通的内容、格式、质量要有明确的标准规范，并且要列为企业培训和考评的内容，以提高线上沟通的质量与效率。二是线上沟通，其内容一般只局限于工作，很少有谈心交心式的感情沟通。加之，有了线上便捷的沟通，领导者与下属面对面口头沟通、感情沟通的机会更少了。久而久之，上下之间就会越来越生分，心与心的距离会越来越远。

如今，随着视频技术的普及，上下之间在线上见面的机会多起来了，但是这种线上见面也不能完全代替真正的面对面的促膝谈心和沟通交流。为此，企业有必要制定上级领导要定期与下属见面沟通的相关制度。

三、体语沟通

“体语”就是“肢体语言”，又称“身体语言”。人们对于“口头语言”“文字语言”比较熟悉，而对“肢体语言”比较生疏。

肢体语言，是指通过人体各部位的动作表达出来的思想语言、感情语言。肢体语言很丰富，比如点头是“好”，摇头是“不”。点头与摇头这两种肢体动作，能向人明确表达是“肯定”还是“否定”的思想语言；见面时“点头”“微笑”“握手”“拥抱”等肢体动作，能向人表达“友好”的思想语言、感情语言；见面昂首天外，面若冰霜，则表达了对人“不友好”的思想语言。下属进了领导的办公室，领导者如果马上有起来让座倒茶的肢体动作，就向来人表达了热情欢迎的思想语言；反之，坐着不动，跷着二郎腿，爱理不理，甚至颐指气使的肢体动作，就会让人解读出他不尊重、不欢迎自己的语言，从而产生反感。

心理学家通过研究发现，在信息传达过程中，单纯的口头语言只发挥 7% 的作用，声调起 38% 的作用，而体态、表情等肢体语言却传递了 55% 的信息。对于这组数据的精准度，笔者不敢妄断，但有一点可以肯定，身体语言与口头语言相比更加真实，更为可靠可信。试想一下，当一位老总在大会上大讲要实行民主，会后拍着桌子对下大吼“你给我闭嘴”时，你还会相信他讲民主吗？当他一面标榜自己如何诚信，一面要求营销人员说假话时，你觉得他还有诚信吗？当你进入他的办公室，发现他跷着二郎腿高高在上时，他以前对你一再表达过的“我很尊重你”还可信吗？无疑，答案都是否定的！

可见，肢体语言在沟通中所产生的作用不可小觑！领导者与人沟通，既要注重面对面的交谈，还要注意采取恰当的身体语言。

为了让肢体语言在人际沟通中发挥正向的促进作用，早在夏朝之前，古人就对人际交往中的肢体动作开始做必要的规范，这种经过规范的肢体动作就是“礼仪”。

中华民族是礼仪之邦，历来要求人际交往、人际沟通既“讲理”又“讲礼”，不可只“讲理”“不讲礼”。

人际沟通特别是化解矛盾的沟通、研究问题的沟通，有两个不可或缺的前提条件：“理”与“礼”。许多沟通之所以失败，往往并非你不占理、不讲理，也并非对方听不懂、听不进你讲的道理，而是由于你在沟通中的肢体动作“失礼”，对人缺乏应有的礼貌，伤了人家自尊心、扫了人家面子的缘故。

教训告诫人们：

领导者一定要加强语言和礼仪方面的修养。因为面对面沟通的效果不仅取决于口头语言的“合理性”，还取决于肢体语言的“合礼性”。没有“合礼”的肢体语言，你道理说得再好，沟通的效果也好不了。

遗憾的是，权力、财力会使人滋长“官气”“土豪气”。“官气”和“土豪气”会使有些大权在握的领导者忘乎所以，于是对下举止傲慢，不顾礼仪，举动失礼，造成不良后果。不良情绪与“官气”“土豪气”还是孪生兄弟，沾染了“官气”“土豪气”的人，特别容易一言不合就情绪大变，怒气冲天。愤怒的“不良情绪”会导致人演出“想的是A，讲的是B，做的是C”的荒唐情景。于是，失言、失理、失礼便在所难免，沟通必定不欢而散。

为此，领导者的内心要经常敲响两个警钟：一是要经常敲响保持“空杯心”、平等心的警钟，坚持俯下身子，放下架子，平等待人，切勿带着“官气”“土豪气”与下属沟通；二是要经常敲响“管好自己情绪”的警钟，切勿因不良情绪失言、失礼。

总之，作为领导者必须明白，正如鱼和熊掌不可兼得一样，你不可能同时享受两种乐趣：一种是与人真诚沟通、愉快合作带来的乐趣；一种是张扬官威财威给你带来的乐趣。对于这两种不可兼得的乐趣，究竟选择哪一种，舍弃哪一种，完全是你的权利。但是无数教训给予你的建议是：一定要选择前者，切勿选择后者！选择了后者，固然可享受官威财威带给你的乐趣，但更会让你饱尝堵塞上下沟通、毁坏人际关系、削弱自己领导力和凝聚力的苦果，故而一定要三思而后行！

第三节
谋划沟通流程与方法

协调一个重大事项、重大矛盾问题的沟通，一定要按照“事前充分准备—事中随机应变—事终评估效益—事后持续沟通”的流程，有计划、有步骤地进行，不可打无准备、无计划之仗。

一、充分准备

在事前准备阶段，应当深入调研，认真梳理，弄清如下问题，即需要沟通协调的分歧点、矛盾点、误会点有哪些，造成分歧、矛盾、误会的主要原因是什么，究竟是由于性格差异、信息不畅、认识分歧、利益冲突、流言蜚语，还是由于阴差阳错，双方误会……在此基础上，有针对性地谋划好沟通应对的措施。通常的要求有以下几点。

❖ 属于性格差异所致，要做好宽容和引导的准备。

❖ 属于信息不畅所致，要做好掌握信息、通报信息的准备。

❖ 属于认识分歧所致，要做好摆事实、讲道理的准备。

❖ 属于流言蜚语所致，要做好掌握证据，澄清事实，引导舆论等准备。

❖ 属于利益冲突所致，要在准备好晓之以理、动之以情、规之以法的基础上，认真分析是否有妥协的可能。若有可能，要确定好妥协的范围和底线。事先确定好妥协的范围和底线十分重要！

❖ 属于误会隔阂所致，则要先弄清导致误会和隔阂的原因，创造好消除误会隔阂的感情条件、认识条件。切不可在原因尚未弄清、条件不足的情况下就匆匆忙忙地沟通，以免造成不应有的被动。

如果缺乏交流沟通的思想基础，为防止在沟通中碰钉子，丧失沟通的回旋余地，可以考虑先找个与对方比较亲近、双方信得过的人去吹吹风，递个话，打个基础，或者试探一下。觉得有把握了，再亲自出面交流沟通，效果会好得多。

二、随机应变

具体而言，须注意以下四点。

1. 要选择“共同点”作为沟通的起点

沟通交流的目的是为了解决双方的分歧点，但是沟通的起点则要尽量选择双方的“共同点”。“共同点”是双方产生共鸣的基础。

“共同点”存在于双方的相似性中。双方在价值信仰、思想感情、个人经历、性格爱好、习惯做法上，包括打球下棋、书法文艺等方面的共同点，皆可当作沟通时的起始点。只要找到了合适的共同点，以此为起点进行沟通，很容易由此产生共鸣，给沟通交流开出一个好头。

据金一南讲，在长征中，周恩来与博古有过一次对于中国革命具有重要意义的谈心沟通。博古担任中共中央临时总负责人期间，在指挥第五次反围剿和红军长征过程中，犯了许多严重错误，在遵义会议上挨了批评，难免有思想疙瘩。

遵义会议开过20天后的1935年2月5日，在云南威信地区一个叫“鸡鸣三省”的地方，中央常委讨论分工问题，正式决定由张闻天代替博古担任党中央书记，在党内负总责。为了做好博古的思想工作，顺利落实党中央最高权力的更替，周恩来于当天晚上找博古做了一次彻夜长谈。

当晚的谈心沟通中，“周恩来没有一句批评博古的话，周恩来同志告诉博古，你我都是吃过洋面包的，你是留俄的，我是留日留法的，我们这些吃过洋面包的人都有一个大缺点就是对中国的国情不是那么了解”。“周恩来说，自从我领导了南昌起义失败以后，我就知道中国革命靠我们这些人来领导不行，我们要找一个真正懂中国的人，这个人才有资格领导中国革命。周恩来告诉博古，老毛是这样的人，他懂中国。你我当不上领袖，老毛行，我们共同辅佐他，大家齐心协力把这个事情搞成”。

周恩来从“我们都吃过洋面包，都对中国国情不很了解”这个共同点切入，很快产生了共鸣，进而较好地达成了共识。第二天，博古就把中央的印章和中央文件全部交出，党中央终于在极其困难的条件下，顺利实现了最高领导权的更替。

2. 要努力管控好双方的分歧与矛盾

分歧和矛盾经过沟通，一般会有四种结果。最佳的结果是，彻底消除分歧和矛盾，达成思想上、行动上的高度一致。较好的结果是，消除了部分分歧和矛盾，但还留有一些没有解决的尾巴。较差的结果是，矛盾虽未解决，但得到了某些谅解和缓解，起码是制止了分歧的扩大和升级，为下一步双方的交流沟通打下了基础。最差的结果是，原先的分歧和矛盾没有缓解，更加激化，又增加了新的分歧和矛盾。所以，在沟通过程中管控好双方的分歧与矛盾十分重要。管控方法主要有以下几点。

（1）用大度宽容的心态，耐心说服的方法，对待对方不当的言辞、不当的举动及其过分的要求。

（2）在对方情绪激动时，要采取“冷却法”。比如，站起来替他倒茶水或者问他一些不相干的事情，岔开话题，转移其注意力，待其情绪平静下来后再言归正题。

（3）按照“求大同，存小异”的原则，寻求双方都能认可的“最大公约数”。就像中共处理西安事变时那样，以建立抗日统一战线为“最大公约数”，与各方谈判沟通。最终不但不杀双手沾满共产党人鲜血的蒋介石，之后还将红军改编为国民革命军第八集团军，列入国民党军队的序列之内。

（4）沟通前先定个“君子协定”，用协定管控矛盾。抗战期间，在延安召开的一次会上，有人对彭德怀组织“百团大战”提出批评。彭德怀很恼火，会后他找到毛泽东和周恩来，想交换一下意见。

一天晚上，在毛泽东居住的窑洞里，三个人坐在一起，毛泽东首先开门见山地说：“咱们定下君子协定：第一，把话讲透；第二，可以骂娘；第三，各自检讨，不准记仇，不得影响工作。”

按照三条“君子协定”，三个人推心置腹，坦诚相见，开展批评与自我批评，不仅消除了误会，还增进了友谊。

毛泽东提倡的三条“君子协定”，对于处理矛盾问题具有普适性，企业同样适用，但运用中要把握好其中的要旨。**“把话讲透”**，一是要求大家把心里话全部说出来，不要话到嘴边留半句；二是要把事实说清楚，将道理辩明白。**“可以骂娘”**，一是可以不讲究语言，不计较态度；二是允许发牢骚，宣泄情绪，将心里的委屈和怨气全部倒空。心理规律表明，人的思想情绪只要让它发泄出来，倒空了，心里舒坦了，也就容易接受别人意见了。**“各自检讨，不准记仇，不得影响工作”**，一是不要只批评人家的问题，要各自都找自己的问题开展自我批评；二是对事不对人，相互不记仇；三是不得影响工作，最终要有利于统一思想，增强团结，推进工作。

（5）按照相关原则设定好可以妥协的“底线”，按照“底线”适时做出必要的妥协。妥协就是让步让利。任何让步让利，都是令人感到郁闷憋屈的事情，不会是激动人心的快意事。理智上，尽管谁都知道做出适当的妥协，总比相互“顶牛”形成僵局好，可是一接触实际，却总会有不少人斤斤计较，不肯妥协，致使沟通陷入“顶牛”局面，骑虎难下。领导者必须明白：善于妥协其实不是一个简单的方法问题，而是一个必须突破人性障碍、开拓好心胸格局的问题。

3. 要尽可能照顾好对方的“面子”和“里子”

中国人有一句俗话：人活一张脸，树活一张皮。面子如此重要，人际沟通中自然要尽量给对方留面子，非特殊情况不要驳人家的面子。与“面子”相比较，“里子”更具有实际意义，自然更要予以关注。对此，领导者在协调过程中有必要注意以下几点。

- 对方做了丢面子的事，要在不违背原则的前提下，大度地帮他护面子或者借个面子给他。
- 倘若发觉自己的语言和行为有可能让对方丢面子，就要适当改变自己的语言和行为方式，想方设法为其保全面子。
- 一旦发现已让对方丢了面子，还要尽可能为他挽回面子。相反，要是自己错了，则不可死撑面子，硬争面子。
- 照顾对方“面子”和“里子”的基本原则是：出于公心，力求公平。

事实上，公平都只能是相对的，协调任何事情特别是利益问题，并非只要出于公心就能做到绝对公平、人人满意。正如农谚诗所言：做天难做四月天，蚕要温和麦要寒；行路望晴农望雨，采茶娘子望阴天。

那总有人“不满意”怎么办？大概只好这样做了。

- 将“无法绝对公平”的困难和苦衷诚恳地、实事求是地公开告诉大家，以求得到大家的谅解。这里需要强调的是：必须诚恳和实事求是，若是虚言欺人，一旦戳穿，势必威信扫地。
- 要努力引正大家的心态和风气。必须看到：许多在嘴上嚷嚷要求“公平”的不少人，其内心渴求的却是让自己“多受益”的“公平”——实质上的不公平。这种问题，只有通过深入细致的思想教育引导和开展经常性的批评与自我批评，才能逐步得到解决。
- 对无法实现的要求，要敢于说“不”，不能用“研究研究”“以后再说”这样的话糊弄人。不过，在说“不”时，要注意方法，尽可能别太生硬。如果在说“不”时，能同时采取补偿法，给予一点相应的补偿，则效果更佳。
- 补偿，既可以是同质补偿，也可以异质补偿。有时通过“堤内损失，堤外补”“物质损失，精神补；精神损失，物质补”，让对方“失之桑榆，收之东隅”，效果也很好。

19世纪英国发生过这样一件事情：一位野心勃勃的军官一再请求首相狄斯雷利加封他为男爵。狄斯雷利知道此人才能过人，战功卓著，却不够加封条件，无法满足他的要求。

为了平衡这位军官的心理，狄斯雷利想了一个妙招，他把军官单独请到办公室，对他说：“亲爱的朋友，很抱歉我不能给你男爵的封号，但我可以给你一件更好的东西。”

狄斯雷利放低声音说：“我会告诉所有人，我曾多次请你接受男爵的封号，但都被你拒绝了。”

狄斯雷利真的放出了这位军官拒绝男爵封号的消息，英国人都称赞这个军官淡泊名利，对他的礼遇和尊敬竟超过了任何一位男爵。

这位军官从此一直感谢狄斯雷利，后来成了他最忠诚的军事伙伴。

4. 要突破“零和”思维，寻找共赢的途径

“零和”是指赌博游戏的最终结局。赌博游戏，无论几个人玩，总有输家和赢家。赢家所赢的都是输家所输的，所以无论输赢是多少，正负相抵，最后游戏的总和都为零，故称之为“零和游戏”。

在社会生活中雷同“零和”的现象屡见不鲜。比如，发展了经济，破坏了环境；你气哼哼地批评处理了人，自己心里舒坦了，被批评处理者却因此满腹牢骚……

突破“零和”的唯一途径是：寻求共赢。

1952年我第44军与第45军在广东惠州合编，合编后的部队只能沿用一个番号。很显然，沿用谁家的番号是一场“单赢”的“零和”游戏。于是，两军为沿用谁的番号争执不下。下面调解不成，“官司”打到周恩来总理那里。

周总理是我党、我军最杰出的协调大师，最善于引导人突破“零和”，奔向共赢。他的协调方法是：既不沿用第45军的番号，也不沿用第44军的番号，而是从两军番号中各取一字，编为第54军。于是，两军都跳出了“零和”的圈子，找到了双方共赢的途径，皆大欢喜。

案例表明：

协调管控利益矛盾的关键，是突破“零和”，寻求共赢。突破“零和”，寻求共赢的关键，是突破单向思维的框框，多寻找一些能让各方都从中受益的方法和路径，最终使各方各有所得，都觉得自己是一个赢家。

三、评估效益

沟通协调到了事终阶段，一要认真评估确认所期待的“大同”是否已基本达成，所存“小异”是否合适，所做的“妥协”是否在不损害原则底线的范围内，若有重大问题和差错，要尽快设法弥补；二要对达成的共识和共同做出的决定予以确认，必要时要用表述准确的文字，以纪要、协定、合同计划等方式将其确认下来，以便依据执行。假如沟通不顺，就得认真评估继续沟通的价值与必要性。倘若确认继续沟通已无益于事，则要设法暂停，留待后续沟通中解决，免得陷入僵局。

四、持续沟通

矛盾问题无穷尽，沟通协调无句号！一个问题的沟通协调结束后，新的矛盾问题会接着产生，原先沟通中的“共同点”也有可能发生负向变化，从而要求领导者必须将新的沟通协调提上日程。更为重要的是，沟通需要“存异”，可是所存之“异”不会因为“存”起来就自动消失。在一定条件下，“小异”有可能会变成“大异”。为此，在“存异”之际，还得关注“异”动，持续做好“消异”“化异”的沟通协调工作。

第四节
适时实行“权变协调”

协调方法，以刚性协调为主还是以柔性协调为主？其实并无一定之规，不可机械地确定。原则上，在规章制度健全、执行制度已有自觉文化的企业，应少用刚性协调，多用柔性协调。反之，在令难行、禁难止的企业，则要适当增加刚性协调，同时注重柔性协调。对于具有高度自觉性的员工，要以柔性协调为主。反之，对于自觉性不高的人，则要增加刚性协调，注重柔性协调。

必须明白的是：柔性协调与刚性协调是相辅相成的，必须结合使用，刚柔并济，不可单一使用。在使用时，两者以何者为主，何者为辅，应视情势而定，坚持因时、因地、因人、因势的不同灵活运用，这种灵活协调的方法就是“权变协调”。

“权变协调”的要旨有二：一是坚持因时、因地、因人而异地灵活采取协调方法；二是在协调处理问题的过程中，针对不同阶段产生的不同情势、不同问题灵活采取不同的协调方法。

北平刚和平解放，在北平军管会负责治安工作的陶汉章，坐吉普车在市里检查治安状况，走到东城区一个电影院门口时撞上了“械斗”。

原来是被我军在战场上打伤的几十个傅作义的兵，他们按原来的老习惯，不买票硬要闯进电影院看电影。维护治安的解放军拦住他们，这群伤兵不管三七二十一，拿起大棒子、拐杖，一边喊一边打，一边向电影院里冲，把我们站岗的战士都给打伤了。还有一个穿便衣的人站在电影院门口，一边在那里指挥，一边阴阳怪气地说：“当兵的不买票，这是‘老规矩’，解放军战士‘多管闲事’……”

见此情景，陶立即下令发警报。不一会儿，军管会派了几百人到现场，还有便衣，大部分是步兵学校的学生。陶下令先把那个在旁边指挥的人抓起来，派 4 个人看住他；然后对伤兵进行教育后，让他们进去看电影，同时让人迅速向周恩来副主席报告情况。

处理完后，陶汉章回到军管会，马上就接到周副主席的电话，要陶到中南海见他。一见面，周副主席就说：“电影院的事我已经知道了，现在你要做一件事——明天你要请你逮捕的那个人吃饭。”看到陶不解的样子，周副主席继续说：“你不知道，他是傅作义部队的一个军长，不仅不能逮捕，我们还要做统一战线的工作呀。”陶汉章不大情愿，说：“北平的事太乱了，军管会也不好管，我管不了啦……”这时周副主席语重心长地说：“党要你怎么管，你就怎么管，不能只会打仗，现在还要学会搞城市统一战线工作……”之后又告诉陶汉章，那个军长的部队已经被我们改编了，我们华北军大还要派人去监管改编工作……

遵照周副主席的指示，第二天，陶汉章特意请那位军长在北京饭店吃饭。一见面就对那位军长说：“咱们是梁山好汉，不打不成交呀。”一句话大家都笑了。接着陶说：“今天请你吃饭，主要是为昨晚的事向你道歉，这件事我们周副主席都已经知道了，他很重视。”那位军长听后非常感动，之后他管辖的那个军改编工作做得很顺利。

在处理这一事件的过程中，周副主席运用了一系列高超的权变协调艺术。

首先，他对陶汉章实施指令协调，说：“电影院的事我知道了，现在你要做一件事——明天你要请你逮捕的那个人吃饭。”这个指令完全是依据“当时的态势、发展的趋势”提出来的。当时的态势是起义官兵尚未完成改编，更未经教育改造，自然不能以“三大纪律八项注意”要求之。加之潜伏特务正在制造谣言，惑乱军心，起义官兵中有不少人反侧不安，面对如此非常情势，只能采取先安抚和稳定好人心的措施。反之，一旦处置失当，敌特就会造谣生事，引发事变。

当看到陶汉章不理解的样子，周副主席马上就用信息进行沟通协调，说：“你不知道，他是傅作义的一个军长，你不仅不能逮捕他，还要做好统战工作。”在陶汉章还不情愿时，周副主席便开始采取“命令 + 教育”的协调方法，说：“党要你怎么管，你就怎么管，你不能只会打仗，现在还要学会搞城市统一战线工作……”一系列十分有效的权变协调，真诚沟通，终于让陶汉章心悦诚服。

案例启示我们：

❖ 处于非常时期，面对非常事件，更要善于采取非常之策灵活协调，使“原则性与灵活性保持高度统一”，方能建树非常之功。

❖ 协调过程是一个不确定因素很多的过程，协调的方式方法必须视情况的变化而变化，方能确保协调的有效性。

❖ 权力协调与非权力协调必须综合运用，多管齐下，相辅相成。单一的权力协调或单一的非权力协调，不仅很难奏效，弄不好还有可能引发不应有的负面效应。

最后还须指出：人际间的沟通协调，需要采取有效的方式方法，更需要以共同的价值观作为思想基础，共同的思想基础是形成同理心的关键所在。然而，共同的思想基础不是天生的，也不会从天上掉下来，它必须经过持续不懈的思想教育引导，方有可能逐渐奠定和夯实。为此，努力掌握教育引导法，提升思想教育能力，夯实企业思想基础，便成为企业领导者不可小觑的重要责任。

第八章

教育引导法

教育引导法，就是运用一系列行之有效的思想教育方法引正员工的思想意识、思想方法、思想情绪，使员工形成正确的信仰、积极的心态、优良的作风，自觉管理好自己的思想和行为。一句话，就是通过思想教育引导人心，实行“心本管理”。

通过思想教育去引导人心，实行“心本管理”，是确保一切社会组织包括企业凝心聚力，有效运行的必要条件。

第一节
人是核心，心是根本

存在于社会生态系统中的政府、军队、学校、企业等各种社会组织，尽管性质使命、组织结构、社会功能千差万别，而领导和管理的基本要素归根结底都是四个：事、物、人、心。

事：任何一个企业皆有其长远的事业目标。长远事业目标的实现完全取决于在平时做好做成无数大大小小的具体事情。故管理首先是管好事、做好事，否则定然一事无成。

物：做任何事情皆须必要的人力、物力、财力、权力作保障。故管事，必须管好人力、物力、财力、权力，使之产出大于投入，否则定然导致物竭财尽。

人：事是人做的，物力、财力、权力也都是人用的，人是中心。故无论管什么，必须先管好人，特别是管好人的思想和作风，使之确立正确的思想信念，养成合理用物，节俭用财，秉公用权，敬业做事的优良作风。如若相反，组织危矣！

心：人的“心态”主导人的行为，影响人的行为作风。“心态”是人在面对不同的人、事、物、权时，其内心所产生的或是积极或是消极的动机与态度。不同的动机与态度——不同的心态，会直接支配人采取或是积极或是消极的行为，从而产生完全不同的行为动作和行为结果。

在四个基本要素中，“人”是核心，“心”是根本。人的心态决定人的行为状态，人的行为状态决定行为结果，这是被无数事实已经反复证明并正在继续证明的普遍规律。

在著名的孟良崮战役中，粟裕大将要将国民党的五大主力之一——整编第七十四师围歼在孟良崮地区，彻底粉碎国民党对解放区的重点进攻。整编第七十四师师长张灵甫，则想把自己当作“诱饵”，拖住华野主力，招来各路援军，然后内外夹击，全歼华野主力，以求得决战的胜利。

张灵甫想得很好，可惜的是援军的心态与他大不相同。他们害怕解放军“围点打援”，自己在增援过程中吃大亏。加之张灵甫平时仗着自己是蒋的嫡系，又是国民党军五大主力之一，骄横跋扈，与大家结下了不少梁子，各路援军心里都恨不得让他吃个大亏，摔个大跤，好杀杀他的威风。怀着这样的心态，自然增援一开始便打起了“滑头仗”。

当时状况是这样的：位于七十四师东面的援军是桂系第七军，平时与蒋介石的嫡系矛盾很深。军长钟纪只派出了一个团去救援，后在上面的严督下，也只派出一个师的救援部队，起不了大作用。位于七十四师东南面的整编八十三师师长李天霞，他和张灵甫都毕业于黄埔军校，本来二人关系不错，但在争夺七十四师师长职位时，张灵甫胜出，从此二人形同水火。李天霞开始只派两个营，虚张声势地增援。直到与七十四师失去联系，李天霞才慌了，再组织大部队去救援，“黄花菜”已经凉了。唯有位于七十四师西面的整编二十五师，是个杂牌师，师长黄百韬想通过救援张灵甫引起蒋介石的重视，曾倾力相救，但是接到救援命令已经晚了（被包围的第三天），也无济于事。

由于援军心里各怀鬼胎，救援不力，结果是：七十四师全军覆没。

人的心态决定行为状态，行为状态决定行为结果，这个规律同样也在企业天天得到印证。

- 员工对入职的企业抱有融入、归属、在里面干一番事业的积极心态，就会专心致志，埋头苦干。若是抱着暂时栖身，随时跳槽的消极心态，做事就会三心二意，“做天和尚撞天钟”，甚至连钟也撞不响。
- 对履职做事抱有锻炼自己、证明自己、提升自己的心态，就会全身心地投入，力求成功，力求精致，力求创新。若是抱着“多干活多吃亏”的心态，做事就会斤斤计较，牢骚满腹，还会吊儿郎当，敷衍塞责，甚至有意拖延，给上级出难题；若是抱有“揩油”的心态，则会乘机以权谋私，干出一些损人利己、损公肥私的勾当。

❖ 对上级领导抱有敬其人品、信其能力、喜其作风的积极心态，就会听其指挥，服其管理，令行禁止。若是抱有鄙其自私、恨其粗暴、怨其不公的心态，对他的指挥就会采取消极抵制甚至积极对抗的行动。

❖ 对同事抱有尊重、友爱、共赢的积极心态，就会相互学习，主动协作，热情帮助。若是抱有嫉妒、排斥、自利的消极心态，就会暗中使绊，损人利己。

客观规律表明，尽管社会组织千差万别，其领导和管理的基本要素都是事、物、人、心，无论是党政军还是企业皆概莫能外。在四个基本要素中，“人”是核心，“心”是根本，在这一点上，无论是党政军还是企业都是共同的。这个共同点势必产生一个共同的需求，即必须在领导和管理工作中既注重事、注重物，更要注重人和人心，必须持续不懈地、有针对性地做好引导人心的思想教育工作。

思想教育所要解决的根本问题，主要是思想意识、思想方法、思想情绪这三个方面的问题。

思想意识问题，实质上就是世界观、人生观、价值观问题、信仰问题、良心问题。一个人的思想意识坏了，就会做出施奸弄诈、坑蒙拐骗、霸凌欺人、挑拨离间、构陷贤能等危害国家、企业、他人的坏事不以为恶；做出拍马溜须、买身钻营等丑事不以为耻；做出偷懒耍滑、敷衍公事、投机取巧等损人利己的错事不以为然……人便沦为丧失良心、丧失人格的害群之马。

思想方法问题，就是在观察、思考、处理问题的方法上出了问题。比如不是实事求是地全面辩证地看待和处理问题，而是单纯凭经验、凭教条、凭好恶主观片面地看待问题和处理问题，还自以为是，固执己见。结果，将事情看错了、看偏了、看浅了、看窄了，处理时虽有好心却办成坏事。

思想情绪问题，就是情商和性格修炼欠缺的问题，常常在一躁、一怒、一怕、一恨、一妒之下控制不住自己的心态和情绪，直至失去理智，发生原本心里知道是 A，却说的是 B，做的是 C 的荒唐事。最终发现造成了不应有的恶果，悔之晚矣！

思想意识、思想方法、思想情绪，天天都在直接影响着人的心态，支配着人的行为。思想教育的主要任务就是做好引正人的思想意识、思想方法、思想情绪的工作，努力实现以下目标。

- 正人所思——用正确的世界观、人生观、价值观和正确的思想方法哺育人内心的良知，端正人的思想意识、思想方法，理顺人的思想情绪。
- 导人所行——引导人做正确的事，少做错事，不做坏事，持续采取既符合法规制度，又有利于社会、企业和个人的行为，养成优良的行为习惯和作风。
- 励人所优——促使人认识和发挥好自己的优点，发扬和扩大自己的优势。
- 补人所缺——帮助人弥补在思想认识上、工作能力上和行事作风上的不足与缺陷。
- 疏人所壅——疏通壅堵在人头脑中的各种错误观念、各种误会和不良情绪，化解思想认识上、人际关系上的各种矛盾问题。
- 制人所违——警示和制止人去做有违法规制度、有违道德良心、有违团队整体利益的事情。

上述思想教育引导工作也就是"心本管理"工作。企业管理以其管理重心的不同，大致可分为以下三种类型。

一是"物本管理"型。始终把管理的重心放在物上，他们重事、重物、重财、重权，不尊重人，将人当作机器一样管理，这样的企业是留不住人才，干不成大事的。

二是"人本管理"型。他们强调以人为本，比较尊重人、理解人、关爱人，但忽略了对人的思想教育和引导，长期处于重人却不重思想的状态，这样的企业很容易养出一些管不得、管不了的骄兵悍将。

三是"心本管理"型。总结了前两种管理的教训，既重事、重物、重财、重人，更注重于做好人的思想工作，管好人心，不断优化和统一人的思想和行为。

加强思想教育，实现"心本管理"，这是"人本管理"的必然要求和自然延伸，也是不断优化和统一人的思想和行为，促成企业上下形成共同的价值信仰，优良的行为作风，一起为着共同的目标而奋斗，确保企业基业长青的关键所在。

可是，纵观时下一些大中型公司的管理现状，不难发现，他们对于事、物、财、权的管理都有一整套比较严密的制度和流程，对人力资源的管理也有"招聘—考绩—奖惩"等一系列制度流程，而对人的思想教育和"心本管理"却几乎是一片空白。正是由于长期只重视对事、物、财、权、人的管理，疏于对人的思想教育和引导，以至于无法凝聚人心，员工常常由“心散”导致“行散”，继而因“心散”“行散”导致企业管理失控，乱象迭出。

有人说，世界上有两件事情最难办：一是把别人的钱财装进自己口袋，二是把自己的思想装进别人的脑袋。诚然，要把正确的思想装进别人的脑袋，的确是最难办的事情，但最难办≠不能办，只要你认真学习掌握“教育引导法”，切实解决好“要不要教”“谁来教”“何时教”“教什么”“怎么教”的问题，最难办的事情也能办好。

第二节
要不要教

俗话说“人心齐，泰山移”。一个社会组织有没有力量，关键不在于“人数多不多”，而在于“人心齐不齐”！人多心齐，大家劲往一处使，能产生 1+1>2 的合力。人多心不齐，大家各行其是，有劲不往一处使，各种力量相互冲突，甚至相互拆台，会产生什么力量？必定是 1+1<2 的负能量！人心越不齐，负能量越大，对组织的破坏力也越大。

“人心齐”全靠“信仰一”，人们有了共同的信仰，人心自然就齐了。我党我军之所以能从小到大，从弱到强，从胜利走向胜利，靠的就是“信仰一，人心齐”。国民党及其国民党军之所以从“铁老虎”变成“纸老虎”，就是因为“缺信仰，人心散”。许多企业在其小微时期挺能抗风浪，可是当发展到中型规模时，人员多了，家业大了，只遇到一个浪头就被冲得散掉架子，迅速湮灭，一个最重要的主观原因就是“人心不齐，像一盘散沙”。

力量，产生于心齐！可是人心不会自然齐。要让人心齐，关键是通过教育引导凝聚人心！正由于此，注重教育引导成了中华民族的文化传统。古人早就指出“人之初，性本善。性相近，习相远。苟不教，性乃迁”。进而告诫“养不教，父之过。教不严，师之惰”。责成父母老师要担负起教育人的责任。讲到治国、治军，管理团队，更是十分强调教育引导的作用，指出“能令人必从之，教戒之法也”“凡制国治军，必教之以礼，励之以义，使有耻也”。所有这些思想，可用孟子的一句话做个概括：善政不如善教之得民也！

“善政不如善教”，是经过无数实践检验证明的颠扑不破的真理，它在我军得到了最充分的验证。就以抗美援朝战争而言，我中国人民志愿军用“小米加步枪”战胜了武装到牙齿的美军和他的仆从军，使得曾经牛气冲天的侵朝联合国军总司令麦克阿瑟在去世前一年，留下这样的忠告：“谁想跟中国陆军打仗，一定有病！”

我军是靠什么取胜的？毛主席总结说：志愿军“钢少气多”，美军“钢多气少”。这个“气”是什么？是由共同的革命信仰、献身精神凝聚起来的“人心正气”！这种“人心正气”不是天生的，是靠我党我军长期教育训练出来的。

用教育训练培育和凝聚人心正气，用正气战胜困难，赢得胜利，这本是一个众所周知的常识性真理，它不仅仅适用于我军，同样也适用于企业。可惜的是：如今被企业遗忘了！

当讲到要加强思想教育的时候，有人会说：“这是军队的事，我们是企业，不一样！”其实“善政不如善教”不只适用于军队，也同样适用于企业！无论是军队还是党政机关、科研机构还是企业（无论是国企还是民企），只要是由若干人员构成的社会组织，都需要思想教育，需要做思想工作，实行心本管理！

改革开放初期，“大锅饭”刚打破，而吃大锅饭的习惯依然存在。有个研究所取得了一项重大科研成果，上级决定重奖有功人员。决定一出，就像是盐粒掉进了沸腾的油锅——炸开了。科技管理处的干部说：“这个项目没有我们机关的支持和指导能成吗？”有的甚至说：“这个项目还是我好不容易从上面争取来的呢？现在评功授奖倒没有我的份了？”做装备工作的说：“成果是他们的，设备都是我们提供的，没有设备，哪来成果？”做后勤工作的说：“兵马未动，粮草先行，谁能饿着肚子搞出成果来，我就服他！”事情一嚷嚷开来，连开车的驾驶员、打扫卫生的清洁工也愤愤不平了，大家都认为自己是理当受奖的“有功之臣”。

人性的特点是：大凡出了问题，都唯恐避之不及，而在评功分利时，只要能沾上一丁点儿边，都敢说自己是“大功臣”，要是不给大奖，就会大呼“天道不公”，大骂领导者“为君不仁”。这种思维失衡的倾向若不及时引正，好事就会变成坏事。引正失衡思维的主要方法是什么？是教育引导！

为了引正失衡的思维，该所领导做了以下几件事。

首先，开了一个大会，就“尽责”与“立功”的区别做了思想引导。明确指出“立功”是指做了创造性的工作，取得了超常的业绩。在自己的本职岗位上完成了岗位职责所赋予的任务，叫作“尽责”，尽责是工作人员的本分。“尽责”≠“立功”，将“尽责”视为“立功”，以有功之臣自居，纯属无知，是可笑的。“尽责”应该受到表扬，“立功”才能给予奖赏。相关人员做了很多有效有益的工作，这说明你尽到了自己的责任，应该受到表扬。表现突出的到年终也可评功授奖，但不应与科研人员争奖。

接着，组织全所展开了“我于尽责差多少”的大讨论。要求各级领导在讨论中带头检讨自己工作中的不足，带动从上到下开展自我批评，从而将人们的注意力由“争功”引向“自省”，有效地抑制了争功情绪，进一步引导大家从思想上分清“尽责”与“立功”的区别，找准自己的定位。

然后，深入到项目组调查核实有功人员。根据项目组成员在项目攻关中所起的实际作用，实事求是地排出有功人员，并且找有怨言的人逐个谈心谈话，统一思想。在此基础上，给立功者授奖。授奖，不只光送个红包就罢了，而是专门举行隆重的颁奖仪式，给立功受奖人披红挂花，以鼓舞人心。

事终，修订完善业绩考评机制和奖励机制，从制度上解决问题。在完善奖惩标准和考评方法，建立科学的奖惩机制的同时，又通过专题教育、个别谈心沟通，及时消除评功授奖中的矛盾。这是确保奖励形成正能量，不至于产生负能量的重要举措，不可小觑。

由于做了正确及时的教育引导，一度失衡的思想倾向很快被引正过来，人心稳定了，科研秩序更好了，科研人员的劲头更足了。

案例给了我们两点深刻的启示：

- ❖ 在利益分配上，别以为只要领导者公正公平地坚持“以业绩为依据，一碗水端平”，就一定能“切分好蛋糕”。如果不从思想上引导大家分清“尽责”与“立功”的区别，不引导大家各自反省自己的不足，找准自己的定位，不从领导开始带头“查问题，找不足”，引正思想风气，一句话，如果不能及时做好正确的思想教育引导工作，最终都难以顺利跨越“思想失衡”这道沟坎！
- ❖ 思想失衡状况在企业大量存在，它不只表现于奖惩、利益分配上，在执行任务、执行制度的过程中也会大量显现。促使思想由失衡到平衡的基本方法，都是及时有效的思想教育和引导。

有位名叫余平的员工曾写过一篇《在联想集团罚站一分钟》的文章。

因为工作业务关系，我被公司派往联想集团做驻外代表。刚进公司时，一位部门经理接待，寒暄之后，郑重地说："你虽是公司之外的人，但既然来到本公司，就要按公司人员看待，因此也希望你遵守公司的一切规定。"在介绍了公司的规定之后，又专门提醒"联想成立以来，有开会迟到罚站的制度，希望你注意"。语气很严肃，但我没太在意，以为说说而已。

一天下午开会前，我临时接了一个老朋友的电话，聊得起劲，忘了开会时间。等想起来匆匆挂掉电话，推门进入会场，已经迟到三分钟。见会场后面有个座位，正打算轻手轻脚地进去入座，这时从主席台的麦克风里传来会议主持人严肃的声音："请留步，按规定你要罚站一分钟，就在原地站着吧！"此时，几乎会场里的眼光一下子全聚到了我身上。我尴尬至极地站在那里，身上直冒冷汗。在这难熬的一分钟里，内心充满怨恨。

会后，部门经理拍着我的肩膀说："小伙子，罚站的滋味不好受吧！"我不好意思地点了点头。部门经理接着说："你别太在意，以后注意就行了，其实我也被罚过站。""你是领导，也罚站啊？"我有点惊讶。"别说是我，就是公司老总……有一次电梯故障，他被关在电梯里，喊叫了很长时间才有人把他弄出电梯，导致开会迟到，他还自己罚站一分钟。这是联想的企业文化，人人如此。"

部门经理的一席话不但让我心中的怨恨烟消云散，并且从此养成了凡事严格遵守时间的好习惯。结束了在联想的工作之后，我还总忘不了这段经历，觉得那次罚站是职场中最宝贵的一课，受益匪浅。

案例启示我们：

- ❖ 当领导的别以为只要自己能铁面无私地执行制度就能摆平一切！铁面无私地严格执行制度固然十分重要，但若无及时有效的思想工作相配合，很难收到预期效果，有时还有可能适得其反。
- ❖ 余平之所以能很快消除怨恨，融入联想文化，并且觉得这是职场中最宝贵的一课，主要原因有二：一是因为部门经理采取"言教"的方式，及时做了思想工作；二是由于老总"身教"在先，让人心悦诚服。一句话，是思想上的教育引导起了作用！

❖ 老总不但要亲自做思想教育工作，更要将各级领导培训成像这位部门经理那样的思想工作骨干。唯其如此，才能将思想工作及时有效地做到每一个员工身上，起到及时引导思想和行为的作用。

历史与现实都一再证明：思想教育引导工作是企业管理中不可或缺、不可弱化的重要工作！可是，时下的许多企业领导并不以为然，甚至将思想教育引导工作贬为“洗脑筋”。“洗脑筋”是西方政客和一些所谓公知学者贬污我们思想工作的余涶。改革开放以来，企业管理几乎全盘“西化”了，我们不少企业领导的头脑也被西方的余涶洗了脑筋。

如今要加强企业的思想教育引导工作，首先要向企业领导大喝一声：“不要被西方的‘余涶’洗了脑筋！”

西方政客和他们的御用学者们之所以将我们的思想工作贬污为“洗脑筋”，主要出于“宗教+政治”的原因。

从宗教上讲，西方信奉基督教。基督教认为上帝是万物之主，也是人类之主，只有上帝才有权改变人。遵照教义，他们培训了许多牧师（给军队也配上牧师），让牧师以“主”的名义教育人、改造人。一般人要改变人的思想，马上会受到质疑，甚至惹上官司。

从政治上讲，以美国为首的西方势力，从我党我军发展壮大的历史事实，尤其是中国人民志愿军在抗美援朝战争中，以不怕牺牲、前赴后继的革命精神，用“小米加步枪”打败了“联合国军”特别是武装到了牙齿的美军的历史教训，使他们在思想上、行动上形成了两个定式。

❖ 在思想上，“不怕中国军队现代化，就怕中国军队毛泽东思想化”成了他们永远挥之不去的梦魇和刻骨铭心的思维定式。

❖ 在行动上，一边贬污我们的思想教育引导工作，一边采取种种手段搞乱我们的思想，成了他们永不改变的行为定式。

1945年，美国中央情报局局长艾伦·杜勒斯在国际关系委员会上发表演说时直言：“人的脑子，人的意识，是会变的。只要把脑子弄乱，我们就能不知不觉改变人们的价值观念，并迫使他们相信一种经过偷换的价值观念。”这种“把脑子弄乱”的策略，用“经过偷换的价值观”给人“洗脑筋”的方法，是西方政客和他们的御用学者们对我们实施思想侵蚀、思想控制的一贯战略。

长期以来，不少企业领导在学习西方先进管理经验的同时，也在“不知不觉”中被西方政客诋毁我们“思想工作”的余唾“洗了脑筋”，以至于如今一提起“思想教育引导工作”，他们便觉得不带劲，生怕被人讥讽为“洗脑筋”，致使思想教育引导工作竟成了许多企业“最需要加强却又最不受待见”的事情。

其实，即便是“洗脑筋”又有什么不对、不好？脸要天天洗，不洗就会灰尘满面。脑子也要经常洗，不洗也会积满错误的、肮脏的思想观念。错误的思想观念会支配人做错事，干坏事。官场上的“人渣”，不正是脑子里唯有金钱女色，才做出了贪污腐化的事情？市场经营上、企业职场上的“人渣”，不正是脑子里唯有金钱利润，才做出“坑蒙拐骗”“行贿索利”的事情，做出危害食品、环境安全的事情……若是能用正确的价值观给他们洗洗脑子，其中的有些人何至于会沦落到“人渣”地步，有些企业何至于因此而败亡？

很显然，“洗脑筋”没有什么不好！关键在于拿什么洗。拿脏水——拿“经过偷换的价值观”、诲淫诲盗的价值观念洗脑筋，当然不行！用正确的价值理念、优良的思想道德洗脑筋，洗掉头脑中错误的、肮脏的东西，净化人的灵魂，岂止是需要，而是非常非常必要，对于当今的企业而言更是非常非常急需的事情！

尤其值得注意的是，那些把思想教育工作攻击为“洗脑筋”的西方政客和公知们，从未将思想工作交给“上帝”，而是一直凭借庞大的宗教机构、政府机构，学校、媒体、影视、互联网等多种途径，不遗余力地宣扬他们所谓的“普世价值”，千方百计地在给我们“洗脑筋”。当然他们从不直言这是在给人洗脑筋，而是采取改头换面的方法，变个名称。例如，不讲改变人的思想，却大讲“改变人的心态和心智模式”；不讲做人的思想工作，却大讲“沟通”“激励”，大讲“人的需要”和“企业文化”。

然则，“心态”“心智模式”是什么？

心态，是人心理感受在态度和行为上的表现。人的心态不但受客观条件的影响，更受其思想信仰、思想方法、思想情绪的影响和制约。“心智模式”本身就是由不同的“思想信仰＋思想情感＋思想意识＋思想方法（思维模式）”所构成的人的心理模式。西方所讲的“改变人的心态和心智模式”，说到底就是要改变人的思想信仰、思想情感、思想意识和思想方法，其实质就是“洗脑筋”！

如何改变人的心态和心智模式呢？西方开出的“药方”是沟通与激励！

可是沟通，无非是人际关系之间信息、思想、感情方面的交流和相互影响。沟通过程本身就是一个地地道道的思想交流、思想影响的过程，也就是做思想工作的过程。激励，则是激发和调动人内在的积极心、创造性。激励人的基本要素是物质与精神；激励人的基本方法是表扬与批评，奖励与处罚，等等。这些方法，不正是我们做思想教育引导工作的基本方法吗？

至于人的需要，绝非只有本能的需要。人之所以区别于并且高于一般动物，是因为人更有精神信仰上的需要与追求。进行正确的思想教育，则是满足人精神需要的一个重要途径。

“企业文化”这个概念是从西方传过来的“舶来品”。西方主流经济学将企业文化概述为五要素：价值观、英雄人物、文化仪式、文化网络、企业环境。

他们说，在“五要素”中，“价值观”是核心和灵魂，它贯穿于其他各要素之中。然而价值观是什么？就是人们评价事物价值、决定事物取舍的思想观念。将“价值观”贯穿于其他各要素之中的基本途径与方法是什么？只能是思想教育！树立“英雄人物”干什么？还不是为了让大家学习英雄的思维模式、行为方式。说到底，就是要用英雄的思维模式、行为方式引领和改变大家的思想与行为！运用“文化网络”、组织“文化仪式”干什么？还不是为了教育、陶冶直至改变和统一人的思想与行为。

很显然，无论他们如何改头换面，变换名称，却万变不离其宗，建设企业文化的方法手段，也都是做思想工作，打思想基础的方法。

所有这一切，恰恰说明西方政客们在攻击我们的思想教育为“洗脑筋”的同时，自己却在各种名词概念的掩护下悄然做着给人“洗脑筋”的工作，只不过他们给我们“洗脑筋”的水常常故意混入许多不干净东西的脏水。如今我们有些人不敢提思想教育工作，就是被他们“洗了脑筋”的结果。

所以，我们学习西方管理，必须取其精华，去其糟粕，切勿被他们误导人的理念“洗了脑筋”！

综上所述，企业的思想教育引导工作绝不是“要不要教”的问题，而是迫切需要解决好“谁来教”“何时教”“教什么”“怎么教”的问题。归结为一句话，就是：如何加强教育引导的问题！

第三节
谁来教、何时教

企业的思想教育引导工作谁来做，即“谁来教”呢？自然只能靠自己！原则上，企业老总要当好“总教头”，各级领导要当好“主教练”，基层骨干要当好“小教员”。必要时，还可外请有真才实学的老师帮助做培训、搞教育、当顾问。其中，“老总当好总教头”是关键。

“总教头”的主要任务有五项。

一是根据企业建设发展的客观需求，适时提出并不断丰富和强化科学的核心价值观体系、发展战略、企业精神，一系列规范做人做事行为的规章制度、方法流程。

二是正确诠释宣贯企业的核心价值观和发展战略、做事流程等，及时为员工传道、授业、解惑。

三是培训提升各级干部、员工骨干做好教育引导工作的能力，努力将他们培养成：能准确宣贯企业的发展战略、核心价值观、规章制度、各项任务；能运用企业的核心价值观、发展战略正确解释解决各种实际问题；能与员工、与上下左右及时谈心沟通，适时帮助人、启发人、警示人；能处处以身作则，严于律己，用自己的模范行动影响人、感召人、带动人的“四能教练员”。

四是将做好员工思想教育引导工作列入各级领导干部骨干的业绩考评范围，建立思想教育引导工作业绩考评标准，在定期不定期地进行考评的基础上，严格实施奖惩。

五是抓好善于做思想教育工作的先进典型，树立榜样，组织比学赶帮。

那么，“何时教”呢？

原则上，企业应当每年专门拿出一点时间，有计划地组织一些基础性的专题教育，即“核心价值观体系 + 基本道德与职业道德 + 企业发展战略 + 必守的法规制度”等方面的教育。

在平时，要实施好经常性的随机教育。譬如，利用召开各种会议寓教于会；利用举办各种培训寓教于训；利用班组的事前动员、事后总结寓教于事；利用组织开展各类文体娱乐活动寓教于乐；利用组织集中整顿思想作风寓教于整改；利用开展批评表扬、奖励、处罚寓教于激励；利用个别谈心谈话、微信、短信交流，寓教于沟通；利用组织开展“一事一议”，对照正反典型，开展自省自检自纠的自我教育，寓教于自律……

总之，思想教育必须贯穿于日常一切工作之中，坚持经常性、及时性、针对性、实效性。

在解决了“要不要教”“谁来教”“何时教”之后，最重要的是解决好“教什么”“怎么教”的问题，下面着重讲这两个问题。

第四节
教什么

什么是“教育”？按照《现代汉语词典》的诠释，教育是“用道理说服人，使人照着去做”。既然如此，自然首先得解决好用什么道理去“说服人”的问题，也就是“教什么”的问题，即教育内容问题。

企业需要教育的内容很多，比如企业的发展目标，发展战略，规章制度，业务流程，生产、销售、服务技能等，还有领导干部需要掌握的经营之术、管理之法等，但贯穿其中的灵魂只有一个，那就是企业的核心价值观体系。

价值观以世界观、人生观为基础，是世界观、人生观的集中体现。它是人们内心判断是非、评定利弊、选择事物的心理标准，起着直接指导人思想行为的作用，是人们内心选择行为、支配行动的最直接的原动力。故而，也可以将其称为人们心中之主——“心主”！

一、价值观是人的“心主”

宋末元初有位著名教育家叫许衡，一次盛夏行路，口渴难耐。路边正好有一棵梨树，路人纷纷去摘梨吃，唯独许衡静坐在树下不动。

有人不解地问他：“何不摘个梨解渴？”许衡答曰：“不是自己的梨，岂能乱摘！”

那人笑其迂腐：“世道这么乱，梨树哪有主人！”

许衡正色道：“梨无主，吾心独无主乎？”意谓“梨虽没有主人，我的心难道也是无主的吗？”

许衡之所以不摘梨吃，不是他不饥不渴、不想吃，而是因为他内心有个“心主”。这个“心主”，就是一个坚定的道德信念和价值信仰——不是自己的梨，不能去摘。许衡正是在这个“心主”指导和支持下才克制住“饥渴”时的生理需求，守住了做人的底线，始终不被外在的诱惑所左右。

一个人要守住做人的底线，必须有一个“心主”。一支军队也需要有一个“心主”——由共同的价值信仰所铸成的团队精神。有了这样的“心主”，就能创造奇迹。

辽沈战役中攻打锦州时，正是当地苹果成熟的季节。经过浴血奋战，饥渴难耐的数十万将士，身在苹果树下，强忍饥渴，就是不拿不吃人民的一个苹果。

为什么能这样？

毛主席评价此事的一段话做了最好的解答：“锦州那个地方出苹果，辽西战役的时候，正是秋天，老百姓家里很多苹果，我们战士一个都不去拿。我看了那个消息很感动。在这个问题上，战士们自觉地认为：不吃是很高尚的，而吃了是很卑鄙的，因为这是人民的苹果。我们的纪律就建筑在这个自觉性上边。这是我们党的领导和教育的结果。人是要有一点精神的，无产阶级的革命精神就是由这里头出来的。”

毛主席的话给我们揭示了许多思想规律：

- 一个道德操守高尚的个人或团队，并不是没有七情六欲。他们之所以能控制住七情六欲，不让它跑出来做损人利己的事，是因为他们内心有个“心主”——正确而又坚定的道德信念、价值信仰。我军官兵之所以不拿不吃伸手可得的苹果，也是因为他们的内心都有一个“心主”，即一个坚定的价值信仰：“不吃是很高尚的，而吃了是很卑鄙的，因为这是人民的苹果。”
- “人是要有一点精神的”。由崇高的价值信仰所铸就的精神，一旦成为一个人或一个团队内心的“心主”，便能转化为人们“自律自制”不良行为的动力源。倘若价值信仰出了问题，精神就会退化，错误的行为必定如影随形。
- 我军官兵的革命精神——内心的“心主”，不是天生的，“这是我们党的领导和教育的结果”。持续有效的教育引导是培育和巩固“心主”的关键所在。

二、价值观可以通过思想教育进行培塑和固化

大量散漫落后的农民，大量身上沾满旧军队不良习气的国民党兵参加红军、解放军之后，为什么能迅速成长为有理想、有纪律、有文化、有战斗力的优秀的革命军人，有的还成长为指挥千军万马的将军？

这是因为人的“心主”具有可塑性，关键是拿什么去培塑他！红军、解放军是依靠强有力的思想政治工作灌输先进的革命思想和文化，依靠严格的纪律训练和血性的战斗实践锤炼战斗作风，从而将官兵培塑成为一个具有坚定革命信仰的合格的革命军人的！但即便是红军这样的革命军队，只要思想政治工作有所削弱，部队的思想作风状况也会发生不良变化。

抗日战争时期，红军改编为国民革命军第十八集团军——八路军。部队刚改编时，指战员们思想不通，发牢骚、讲怪话、闹情绪，大家都不愿穿国民党的军服，不愿戴国民党的青天白日徽。经过部队各级领导反复做工作，说服动员，大家才勉强穿上国民党发的军装，但还是有人把帽徽揪下来扔在地上。有许多人一边穿衣服一边流泪，场面十分动人。

可是，部队改编后，一开始由于受南京国民党政府的制约，八路军各部队取消了政治委员制度，师旅团只设一个政训处，部队的思想政治工作明显削弱，不久官兵的思想和作风便起了不良变化。时任八路军总政治部组织部部长的黄克诚到一一五师进行调研。在半个月的时间里，他跑遍了该师师部和两个团，以及后方医院，广泛地与各级官兵交谈，开座谈会。

通过调研，黄克诚深切地感到：随着思想政治工作的削弱，官兵的思想和作风正在发生不应有的变化。首先，有人开始欣赏国民党的军官服装和军衔，并以得到南京政府的军衔为荣耀。其次，部队中的政工人员受到冷遇，说话没人听，最吃得开的是副官，他上承各级首长，下联部队基层，一般的事情只要副官点个头就行了。同时，一些江湖义气又进入部队，有些基层干部对下不再叫“同志”，而是学习国民党军开口闭口地叫“弟兄们”。侵犯群众利益，新军阀主义的倾向也开始出现了。

这些问题严重影响了部队的价值信仰和战斗精神，如不纠正，任其泛滥，红色的人民武装就会改变颜色。

黄克诚回到总部后，立即向时任总政治部主任的任弼时做了详细汇报，并提出了

立即“恢复我军政治委员制度，恢复师团政治部、处，加强部队思想政治工作。开展反军阀主义斗争，以保持和发扬我军光荣传统和优良作风”的建议。

黄克诚的建议得到了任弼时同志的高度赞同，并要求黄克诚写出一份详细的调查报告。报告写好后，以总司令朱德、副总司令彭德怀、总政治部主任任弼时三个人的名义上报给中共中央和毛泽东。

中共中央和毛泽东收到报告后，迅速批复。同年（1937年）10月，中共中央和中央军委决定：八路军各师恢复政治委员制度和政治部。还要求在全军部队开展“反军阀主义的斗争”。同时，任命聂荣臻为第一一五师政治委员，关向应为一二〇师政治委员，张浩为一二九师政治委员。各所属政训处均改为政治部，部队的思想政治工作又得到了加强，从而既保证了党对八路军的绝对领导和我军优良的传统作风，又保持和增强了部队的战斗力。

事实充分证明：价值观是人的心主，是促使人形成动机与态度的思想源泉和精神动力，而价值观教育则是培塑价值信仰、养成优良行为文化、铸就高尚的道德精神的重要途径。一支军队、一个企业的价值信仰可以通过持续有效的思想教育培育出来并不断固化，也会随着思想工作的削弱而衰化。确立好科学的价值观体系，深入开展好核心价值观体系的教育，不只是军队领导，也是企业领导不可推卸的责任。

“价值观”这个命题很抽象，要实施好价值观教育，很有必要先抹去笼罩在价值观身上的神秘感，将听起来很抽象的命题还原出它指导人生、指导企业的活生生的逻辑过程。

三、价值观指导人生和企业的逻辑过程

一旦还原出价值观指导人生和企业的逻辑过程，我们不难发现：在现实生活中，价值观是多元的，多元的价值观正在决定着人们各不相同的价值判断、价值取向、行为取向、行为方式、行为习惯，最终决定着人们不同的人生结局，也决定着企业不同的发展结局。

据历史记载，刘邦攻破秦都咸阳时，众将抢掠金银财宝，独有萧何走进宰相府，将大量图籍资料搬回家。两者的行为何以大相径庭？其根本原因就是他们的价值观不同！

众将的价值观是“享乐至上”。受“享乐至上”价值观的指导和支配，势必得出“金银财宝能给人以享乐，最有价值”的价值判断，这种价值判断势必造成其贪图“金银财宝”的价值取向。这种价值取向决定其行为取向必然是“抢掠金银财宝，供自己享乐”，也决定其必然会将这一行为取向变成持续重复的行为方式。持续重复这个行为方式，就会使人养成贪图金钱享乐的行为习惯和作风。

萧何的价值观是“知识至上”。受“知识至上”价值观的指导和支配，势必得出“图藉资料中有丰富的知识，知识最有价值”的价值判断。这种价值判断势必造成他一心喜欢“图藉资料”的价值取向。这种价值取向决定他的行为取向必然是“搬取图藉资料，学习其中的丰富知识”，也决定他必然将这一行为取向变成持续重复的行为方式。持续重复这个行为方式，就会使人养成求知不懈的行为习惯和作风。

正是在不同价值观的指导下，最终养成不同的行为习惯和作风并造就不同的人生。萧何从图藉资料中学到了大量的知识，从此通晓天下的地理关隘，深知如何摆兵布阵，怎样治理国家，在帮助刘邦打天下、治理天下方面发挥了独到作用。刘邦得天下分封功臣时，便将萧何视为第一功臣，封为“酇侯”，食邑最多。

曹参、周勃等大将觉得很不公平，纷纷向刘邦提意见，说：“我们在战场上出生入死地打天下，为何得到的封赏却不如从来没有上过战场的萧何？”

刘邦没有正面回答，而是反问：“你们知道打猎吗？”众将说：“知道”。刘邦说：“打猎时，追逐猎物的是谁？是狗与鹰！向狗和鹰发出指令的是谁？是人！你们就是‘功狗’，而萧何则是‘功人’！”刘邦的一番话把众将狠狠地奚落了一番，把想闹腾一下的众将搞得灰头土脸。

这个历史故事深刻揭示了价值观指导人生的内在逻辑：

❖ “价值观”决定人对事物的“价值判断”；
❖ “价值判断”决定人对事物的“价值取向”；
❖ “价值取向”决定人做事时的“行为取向”，即采取何种行为方式；
❖ “行为取向”决定人持续重复同一种行为方式，使之形成行为习惯和作风；
❖ “行为习惯和作风”决定这个人的人生。

人们常说“选择了一种习惯，便选择了一种人生”。其实，选择一种习惯的内驱力是“价值观”，所以说到底，是“选择了一种价值观，便选择了一种人生”。一个人是如此，一个企业同样如此！

- ❖ 企业的核心价值观体系（指真正付诸践行的，而非只是挂在墙上，摆个样子的价值观）决定企业的价值取向；
- ❖ 企业的价值取向决定企业的价值判断；
- ❖ 企业的价值判断决定企业的发展战略、规章制度、经营管理原则等规范思想和行为的一系列准则；
- ❖ 企业规范思想和行为的一系列准则决定企业成员持续重复符合准则的行为方式；
- ❖ 企业成员持续重复符合准则的行为方式决定企业会养成符合准则要求的集体的习惯性行为作风；
- ❖ 企业集体的习惯性行为作风的优劣决定企业创造并取得“物质财富和精神财富”效率的高低；
- ❖ 企业创造并取得“物质财富和精神财富”效率的高低决定企业的兴衰成败，生死存亡。

总之，价值观对个人、对企业的行为直至命运始终起着指导和支配的作用。为此，在价值多元化的今天，企业领导必须坚持抓好两件事情。

一是正确处理好“多元与主流”的关系，始终坚持以“富强、民主、文明、和谐，自由、平等、公正、法治，爱国、敬业、诚信、友善”这 24 个字的核心价值观为基准，指导企业构建符合自己客观实际的价值观体系，构建自己的思想教育内容和教材体系。在此基础上加强思想教育，使正确的价值观体系成为企业的主流价值，成为全体员工的共同信仰。

二是要把批判抵制不健康的价值理念，坚守住精神高地，当成思想教育引导工作的一个重要任务。

四、价值观教育中必须把握的几个问题

根据价值观的上述特点，价值观教育中必须把握好以下一些问题。

1. 要完整准确地把握价值观体系，确保科学性

价值观有价值观点和价值体系之分，只有完整地把握价值观体系才能确保科学性，片面强调某一个价值观点，很容易误导人走向极端。匈牙利诗人裴多菲有一首非常著名的诗：“生命诚可贵，爱情价更高，若为自由故，两者皆可抛。”该诗采取比较的手法，突出自由的价值。“自由”无疑是非常可贵的，可是片面地、单一地追求自由，不讲法治，是行不通的！无政府的、不要法治的绝对自由，势必摧毁人际间的平等与公正。而丧失了平等与公正，还会有真正的自由吗？所以，为了自由，你可以抛弃爱情乃至于生命，但不可以抛弃法治。

由于价值观必须形成完整的体系，才能确保科学性，所以社会主义核心价值观体系将“自由”与“平等、公正、法治”紧密结合在一起，与“富强、民主、文明、和谐，爱国、敬业、诚信、友善”融合在一起，使“自由”成为整个科学价值观体系中的有机组成部分，与其他价值原则互联互动，共同发挥作用。

民主、宽容等价值原则亦如是。民主和宽容也要与法治相结合，才能保持在合理的度内，产生正能量。一旦脱离法治，无论是民主还是宽容，皆会走向无度与极端，产生负能量，十分有害。

事实启示我们：

讲价值观，要完整准确地讲，科学辩证地讲。倘若只是强调某一个价值观点，不顾其余，就会走向片面和极端。企业也要注重形成科学完整的核心价值观体系，切不可将一两个价值观点片面地强调到不适当的地步，走向片面和极端。

2. 要深刻理解价值原则的丰富内涵，切忌肤浅

每个价值原则的内涵都十分丰富，必须全面把握，深刻理解，不可失之于肤浅。人们在讲到“无为而治”的价值原则时，常常以“鸣琴而治”这个典故为佐证，大讲“懒领导就是好领导”，似乎“弹弹琴”“打打高尔夫”才是老板的正业，才是“无为而治”的正道。这种理解是十分肤浅的，很容易误导人！

“鸣琴而治”典出《吕氏春秋·察贤》。原文是：宓子贱治单父，弹鸣琴，身不下堂，而单父治。巫马期亦治单父，以星出，以星入，日夜不处，以身亲之，而单父亦治。巫马期问其故于宓子，宓子曰：“我之谓任人，子之谓任力；任力者固劳，任

人者固佚。”

宓子贱的回答，道出了“鸣琴而治”的一个不可或缺的前提——善于“任人”，而不只是在城头上“弹弹琴”。其实，何止是“任人”呢，倘若你任用了人才，却没有制定一系列公认的制度规范他们的行为，没有带领他们养成“领导在与不在一个样”的优良行为作风和文化，执行中会不出问题吗？下面在执行中不停地冒大泡，你还能安心淡定地在城头上弹琴吗？肯定不能！可见，宓子贱“鸣琴而治”的“无为”是建立在以下一些基础之上的。

- 建设一支得力的干部队伍，任用他们代替自己去执行落实，才不必事事亲力亲为。
- 建立一整套完善的规章制度，凡事皆有明确的行为规范和流程，才不必事事临时交代。
- 培育“领导在与不在一个样”的优良习惯和作风，才不必担心“自己不在，执行会变样”。

总之，你必须在做好一系列基础性工作之后，才有工夫到城头上去弹琴，实现“鸣琴而治”。倘若将“鸣琴而治”仅仅理解为“弹弹琴”就能大治天下，并且还牵强地以为“弹弹琴”“打打高尔夫”就是“无为而治”的精神实质，那就大谬而不然了！

可见“鸣琴而治”的无为之道具有十分丰富而深刻的价值内涵，脱离这些丰富的价值内涵，只学习“鸣琴无为”的表面现象，势必“用其形而失其神”，掉进形式主义的泥坑里爬不出来。

3. 要因地制宜，创造性地规范和控制好价值边界

每个价值原则皆有其适用范围，应用时必须因地制宜，创造性地控制好价值边界。就拿“以人为本”这个价值观为例，它从治国理政的维度上讲是完全契合的。作为国家和管理国家的政府，只要是在自己管辖范围内的人——不管是什么人，都要以他们为本，都要予以尊重、关爱。即便是懒汉无赖，因为懒惰而穷困，没有饭吃了，也要边教育、边救济，不能眼看着他饿死；即便是犯罪分子，也不能放弃，都要采取一切教育改造的手段，帮其重新做人。

然而企业则不同，对于教育不改的懒惰者，不可能用救济的方法将他们养起来，

必须坚决淘汰；对于故意违反法规制度的人也只能开除，不给饭碗，情节严重的应当将其送上法庭、送进监狱进行教育改造。企业如果笼统地讲“以人为本”，就会使自己处于尴尬境地。譬如在处罚偷懒耍滑的人，开除违法违规的人时，对方就会指责“你们违反了‘以人为本’原则”，搞得你哭笑不得。一些企业领导者感觉笼统地讲“以人为本”有弊端，于是嘴上大讲“以人为本”，行动上则该怎么做还怎么做，下面又会指责企业领导说一套，做一套，搞得你横竖不对劲，不知如何是好！

如何跳出尴尬的境地？华为公司的办法是不机械地套用“以人为本”，而是秉承“以人为本”的精神实质，提出了适合企业实际的核心价值观，即坚持以“奋斗者为本”“以贡献者为本”！于是企业贯彻“以人为本”有了清晰的价值边界，操作起来就很明白、很便利了，也不存在为难的问题了。

事实启示我们：

❖ 单一的价值观大多是相对真理——相对于特定时间、地点、条件而言的真理，因而皆有其适用范围。

❖ 忽略适用范围，机械地套用价值观，是很容易出偏差的。所以运用价值观必须坚持从企业的客观实际出发，因地制宜，创造性地规范好、控制好它的价值边界，才不会将自己置于尴尬的境地。

4. 要善于透过人的言行特别是无掩饰的言行考察人的价值信仰

价值信仰因其深藏于人的内心，看不见，摸不着，难免给人以不可捉摸，很玄乎的感觉。其实价值观并不玄乎，它常常会通过人的言行特别是无掩饰的言行直观地展现出来。

《资治通鉴·周纪》中有一则齐威王与魏惠王比国宝的故事。齐威王、魏惠王会田于效。惠王曰：“齐亦有宝乎？”威王曰：“无有。”惠王曰：“寡人国虽小，尚有径寸之珠，照车前后各十二乘者十枚。岂以齐国而无宝乎？”威王曰：“寡人之所以为宝者与王异。吾臣有檀子者，使守南城，则楚人不敢为寇，泗上十二诸侯皆来朝。吾臣有盼子者，使守高唐，则赵人不敢东渔于河。吾吏有黔夫者，使守徐州，则燕人祭北门，赵人祭西门，徙而从者七千余家。吾臣有种首者，使备盗贼，则道不拾遗。此四臣者，将照千里，岂特十二乘哉！”惠王有惭色。

通过比宝的言行，齐威王以人才为国宝的价值观与魏惠王以珍珠为国宝的价值观立显无遗，两人思想境界上的高下也昭然若揭，怪不得惠王有愧色。

无独有偶，《韩非子·喻老》中也讲了一则认宝的故事。宋之鄙人得璞玉献之子罕，子罕不受。鄙人曰：“此宝也，宜为君子器，不宜为细人用。”子罕曰：“尔以玉为宝，我以不受子玉为宝。”子罕这句掷地有声的话，也将鄙人以玉为宝、子罕以廉洁为宝这两种完全不同的价值观立显于世。

两则故事告诉我们：

价值信仰作为隐藏于人内心的思想意识，并不是玄乎得无可捉摸的东西，相反是一种实实在在的东西，它会通过人的日常言行非常直观地展现出来。价值信仰会通过人的言行反映出来的特点，给领导者了解员工的价值观提供了具体条件和抓手。企业领导者想了解下属的价值观，有针对性地做好价值观教育，那就多了解他们的具体言行，特别是在无人监督状态下无掩饰的言行，以此透视其内心的价值观。

不过，价值观既可外显，也能内敛。小偷不会公开说“我要偷你的东西”，贪官不会公开声称“我要贪污腐化”。各种卑劣的价值信念、思想动机因为令人不齿，总是深深地掩藏于内心，不会说与外人听。于是，人世间便出现许多“说一套，做一套”“人前一套，人后一套”，阳奉阴违的“两面人”。

因而，你轻信人公开的言论、公开的行为，很容易上当，还会给阳奉阴违的行径以可乘之机。所以考察评估一个人的思想意识和价值信仰，不仅要听其言，更要观其行，特别要注意观察其在无人监督状态下无掩饰的言行。因为无掩饰的言行，才是其价值观最真实的自然表露。

5. 要谨防错误庸俗的价值观传播开来，污染人心

价值观有在人际间传播的功能，对于错误庸俗的价值观念、思想言论不批评抵制，任其流行，就会像传染病一样在人际间传播开来，严重污染企业的职场和员工心灵，支配个人和企业做出错误的行为，这是十分可怕的！时下，有不少不健康的价值观正流行于企业职场，需要予以批判和抵制！下面列举三例。

“此处不留爷，自有留爷处”是时下比较流行的一种价值观念。如同“种豆得豆，种瓜得瓜”一样，心田里种下这种价值观，其必然的人生逻辑如下。

❖ “此处不留爷，自有留爷处”的价值观决定其产生“这里不要我，总有地方会

要我”的价值判断。

- “总有地方会要我”的价值判断决定其产生“这里不要我，就换个地方”的价值取向。
- “这里不要我，就换个地方”的价值取向决定其持续采取“做事满不在乎，毫无责任心”的行为方式并养成这种不良行为习惯和作风。
- “做事满不在乎，毫无责任心”的行为习惯和作风注定为所有企业所不容，从而决定其人生结局必定是“职场上的流浪汉”。

为此，必须通过思想上的教育引导，让员工明白：职场上需要有责任心、守规矩的人。只要你不改变“做事满不在乎，毫无责任心”的心态和行为方式，非但“此处不留你”，别处也不会留你！到处都不会留你！你最终会成为“职场上的流浪汉”！

“给多少钱，就干多少活”也流行于职场，它对员工会产生如下的不良误导：

- “给多少钱，就干多少活”的价值观决定其产生“多干活，多吃亏”的价值判断。
- “多干活，多吃亏”的价值判断决定其产生“能少干便少干，能不干就不干”的行为取向。
- “能少干便少干，能不干就不干”的行为取向决定其“做了一点事情就斤斤计较，牢骚满腹”的行为方式，进而养成这种不良的行为习惯和作风。
- 养成这种不良的行为习惯和作风决定其不可能做成大事，无法委以重任，从而决定他的人生结局永远是“职场上的侏儒”。

所以，必须通过思想上的教育引导让员工明白：“给多少钱，就干多少活”，听起来是等价交换，公平交易，似乎符合市场交易的规则，无可厚非，其实不然！现实的逻辑是：

- 创造“不值”的人没有现在，因为任谁也不会喜欢创造不值、浪费资源的人！
- 创造“等值”的人没有未来，因为这种人多的是，很快会有人来替代他！
- 创造“超值”的人才有前途，因为他能与企业一起成长，才能一起享受成功的喜悦。

道理很浅显：员工不创造超值，企业月月光、年年光，就不能再生产！无法再生产的企业不可能生存！“皮之不存，毛将焉附”，企业倒闭了，谁给你职位和薪酬?

有人会说：这个企业垮了，我换个企业！可是你见过世界上哪一个企业是不需要通过员工创造超值来发展再生产的？没有！一个也没有！所以，这种想法只是懒人的梦想！“自古华山一条路”，努力创造超值，企业才有发展的能力。企业发展了，薪酬奖金才能水涨船高。企业发展了，高级职位才会增加，员工才有上升的空间，才有前途！

结论很显然：一个人要有发展前途，就要创造超值！要创造超值，就必须奋斗，还要肯于奉献！人们的发展前途只能建立在“奋斗＋奉献”的基础之上！要做到“奋斗＋奉献”，则必须摒弃“给多少钱，就干多少活”的错误观念！

不过还有一句话也不能不说：企业要求员工创造超值天经地义，同样企业给予创造超值的员工以重用、重奖，让奋斗者、奉献者得益，也同样天经地义！两个天经地义必须得到统一，企业才能顺利发展。如果老板一边要求员工创造超值，一边收割全部超值，揣进自己腰包，不与员工共享，时间一长，那些能够创造超值的优秀员工，就会与你“拜拜”！“财散人聚，财聚人散”，这是企业老板不可无视的一个客观规律！

“老实人吃亏”在职场中流行较广，它对员工的误导作用也很大。

- ❖ “老实人吃亏”这个价值观决定人产生“说实话、办实事是傻子，投机取巧是聪明人”的价值判断。
- ❖ “说实话、办实事是傻子，投机取巧是聪明人”的价值判断决定人产生“不做傻子，要做聪明人”的价值取向。
- ❖ 这个价值取向决定人持续采取“见利忘义、欺上瞒下、营私舞弊、坑蒙拐骗”的行为方式，继而养成这种不良的行为习惯和作风。
- ❖ 这种不良的行为习惯和作风决定其人生结局必定成为人们唯恐避之不及的“臭虫”。

为此，企业领导必须自己明白并教育引导员工明白，投机取巧能得意于一时，但绝不可能得意于一世。投机取巧的行为像是一个“回旋镖”，它以损人开始，迟早都会飞回来伤害自己。唯有“说老实话，办老实事，做老实人”方能驶得万年船。

还有“马善被人骑，人善被人欺”“马无夜草不肥，人无横财不富”等流行观念，也同样在误导着人。持有“马善被人骑，人善被人欺”的价值观，势必横行霸道，欺凌他人，然则多行不义，最终难免搞得众叛亲离；持有“马无夜草不肥，人无横财不富”的价值观，势必天天想着捞横财。一有谋私的机会，就会营私舞弊，以权谋私，损人利己，最终难免跌进违法违纪的泥坑。

企业要是放任这些误人的价值观念在内部流行，必定秩序大乱，永无宁日。为此，坚持不懈地开展思想教育，在不断用正确的价值观哺育良知的同时，有力地批判抵制误人的价值观念，始终是企业领导者须臾不可推卸的重大责任。

6. 要坚持讲好大道理，用大道理管住小道理、批判歪道理

价值理念有大道理和小道理之分，正道理与歪道理之别。小道理是指只在一个特定的小圈子里适用的道理，歪道理是指要将人引向走歪门邪道的道理。进行价值观教育应当坚持讲好大道理，用大道理管住小道理，用大道理批判抵制歪道理！

大道理、正道理是反映普遍规律，符合普世道德的真理，都是一些众所周知的常识。譬如，诚信是为人之本，敬业是成功之梯，共赢是合作之基，“富强、民主、文明、和谐；自由、平等、公正、法治；爱国、敬业、诚信、友善”……这些正确的大道理几乎都是挂在领导嘴边上、挂在企业大墙上的核心价值观。

大概正由于此，每当讲大道理时，就会有人说“别和我讲大道理，大道理谁都懂！”似乎对其讲大道理是多此一举。

可问题是“懂不等于做”，谁都懂的大道理并非谁都照着去做了！更何况那些用“大道理谁都懂”来堵你嘴的人，大多是想越过大道理，只讲小道理甚至歪道理的人。对于这样的人讲大道理并非多此一举，恰恰相反，必须多用大道理给他敲敲警钟，督导其践行才行。

问题是有许多领导并未深刻意识到这一点，以至于他自己也常常是对大道理不感兴趣的一员，于是他们遇事张口便是“我不给你讲大道理，只要别给我添乱就行！谁给我添乱，别怪我不客气”。有的则一张嘴就是“干好了给你发奖金，做不好你就交罚款”…… 久而久之，企业内部便会逐渐形成嫌弃大道理的不良风气，那些整天挂在墙上的核心价值观便变成摆设。

结果，越是嫌弃冷落大道理，小道理就越发管不住，歪道理则越发肆虐，企业的思想舆论环境势必越加恶劣。所以大力营造用大道理管住小道理，旗帜鲜明地批驳歪

道理的思想舆论氛围，理直气壮地讲好大道理，引导人心向善向上，已然是如今教育引导工作中一件最要紧的事情。

所谓小道理，它的特点是在特定范围之内它言之成理，而一旦越出这个范围，站到更大的范围和高度，便露出了它的狭隘性。比如，经典管理学的价值主张是“股东利益最大化”。站在股东的立场上讲，谁投资谁受益，天经地义，可是一旦站到客户员工的角度来讲，就变成了只顾一方的小道理。

作为企业应当大讲“实现股东与客户员工共赢”这个大道理。这个大道理的内在逻辑很简单：没有客户就没有企业，而没有员工去创造优质产品，去热情服务，就没有客户！没有客户和员工，企业、股东和老板去哪里赚钱，依靠谁去赚钱？正是悟透了这个大道理，所以一些现代企业便提出“客户第一，员工第二，股东第三”的共赢原则。

然而，由于小道理在特定范围内的真理性，常常容易被人当作绝对真理无度地应用，从而与“共赢”的大道理发生尖锐的矛盾和冲突。为此，企业不仅是要讲好“共赢”这个大道理，更要用“共赢”这个大道理管住小道理，在实践中坚持践行好大道理。

在践行“共赢”这个大道理方面，著名的华为技术有限公司堪称典范。华为一贯尊重股东在企业发展中的重要贡献，认可资本所承担的风险，股东理应得到合理和长期的收益。但在股东和员工的价值权重方面，更倾向于认为：员工（包括企业家和管理者）是企业持续健康发展的根本动力，所以员工要先于和优于股东进行价值分配，股东则必须节制过度的贪婪和短期行为。他们不仅这么讲，更是这么做的。过往30年，华为员工的年平均收入之和（含工资奖金和福利）与股东收益之比为3:1左右。另外，在与客户的关系上，华为主张“深淘滩，低作堰”，绝不谋求暴利，而要谋求与上下游企业构建共兴共荣的产业链，大家一起强大，一起面向未来。正是由于践行了这个“共赢”的大道理，所以，华为提出的“以客户为中心，以奋斗者为本”的核心价值观才得以真正落地，变为现实。

反观有的企业，他们也学习华为，也大讲“以客户为中心，以奋斗者为本”，却在实践中不能践行“共赢”的大道理，结果喊的是“以客户为中心”的口号，做的是“以老板为中心”的事情，讲的是“以奋斗者为本”的道理，奉行的是“老板至上”“股东至上”的信条。价值观与管理实际是背离的，或者在实施过程中严重扭曲，其结果就将企业的核心价值观变得轻薄而无价值，这是企业领导必须予以高度重视的问题。

7. 要将抽象的价值观细化成行为细则，再付于践行

价值原则是经过抽象概括、反复提炼浓缩而成的思想原则，内涵极其丰富。它的特点是说起来很简明，践行操作起来却常常让人感到像“老虎吃天，不知从何处下口”。破解这个问题的基本方法是将价值原则分解细化成好懂、好记、好操作的行为细则。

原沈阳军区某部即将组织冬训拉练，上级要求“干部和党员在冬训拉练中要关心战友，做好表率”。部队领导认为，“关心战友，做好表率”是一个抽象原则的要求，它像一只大西瓜，不能拿来就啃，必须将它切成小块，一块一块地吃。于是他们依据冬训拉练的实际情况，将“关心战友，做好表率”认真地做了分解细化，分类梳理，使这个原则要求变成为既好懂好记，又好操作、好检查、好奖惩的十三条行为细则。

- ❖ 党员要站后半夜 1 点到 4 点的“冷岗”，站室外岗、迎风岗。
- ❖ 住帐篷时，要睡在最外面、最上面。
- ❖ 徒步行军时，应站在迎风面；摩托化行军时，应坐在车厢靠外的位置。
- ❖ 党员要轮流担任帐篷的“炉官”，每晚定时起床检查取暖煤油炉供热和安全情况。
- ❖ 训练中，党员要第一个熟练使用装备器械。
- ❖ 党员要主动担任早晚饭小值日。
- ❖ 每晚要组织战士烤鞋垫、袜子，保证战士在第二天训练时鞋是干的、脚是暖的。
- ❖ 干部不得开小灶。
- ❖ 行军时，文书通信员不得替连队主官携带物资。
- ❖ 干部不得单独使用取暖设备。
- ❖ 室外训练时，干部要和战士一起坐“冷板凳”，不准带坐垫。
- ❖ 干部和党员骨干要与身体素质差的官兵结对子，保证帮扶对象顺利完成冬训。
- ❖ 干部和党员骨干要携带针线包、打火机，为脚上有泡的战士挑泡。

政治部将上述十三条行为细则制成小卡片，让每个干部骨干随身携带，每天对照检查，同时公布于众，号召大家予以检查监督，从而使得上级要求的价值原则真正落到了实处。

企业进行价值观教育也同样，切不可只空喊价值原则，必须从实际出发，将一些价值原则分解细化为具体的行之有效的行为细则，才能落到实处。比如，大庆油田将“诚信原则”细化为“三老”：说老实话，办老实事，做老实人。现在有些企业又将“三老”细化为“相约守时、承诺守言、行为守则”，并且还就如何做到“行为守则”，提出了“四不”：不虚（不虚伪做作，当面背后都一样）、不假（不说假话、不做假象、不卖假货）、不欺（不欺暗室，无人看见也自觉保持操守底线）、不瞒（不瞒报问题，不掩饰错误，不推诿责任）。于是抽象的原则就变得好操作、好检查、好问责、好奖惩、好落地了。

华为在这方面更是走在前面，他们不仅提出“以客户为中心，以奋斗者为本”的核心价值观，并且将“以客户为中心”的价值理念细化为三个基本要点：

（1）为客户服务是华为存在的唯一理由，客户需求是华为发展的原动力。

（2）华为坚持以客户为中心，快速响应客户的需求，持续为客户创造长期价值，帮助客户获得成功。而不是通过为客户服务赚一笔钱，自己获得成功，成就自己。

（3）为客户提供有效服务，不追求华为的利益最大化。要站在客户立场上，比客户多想一步。还有，有钱要大家赚，把利润分给产业链或上下游的合作伙伴，共生共赢。

将“以奋斗者为本”的价值理念细化为八个基本要点。

（1）企业人力资源和干部管理的制度、政策都是以奋斗者来定位的，各项工作紧紧围绕、聚焦在奋斗者群体上。

（2）只有奋斗者才是企业的真正财富，华为公司的本质就是一个以奋斗者为本的文化体系。

（3）华为的奋斗观：为客户创造价值的任何微小活动，在劳动的准备过程中为充实提高自己而做的努力均叫奋斗，否则，再苦再累也不叫奋斗。

（4）员工奋斗的动力是为了他和他的家人过体面的生活。华为通过什么来号召员工奋斗呢？是让员工和他的家人过体面生活。

（5）奋斗者主观上为自己，客观上为国家，为人民。

（6）“以奋斗者为本”一定要有制度保障。以奋斗者为本的文化得以传承的基础是“不让雷锋吃亏”。

（7）“以奋斗者为本”在分配激励上要向奋斗者倾斜，提倡拉大差距，奖励无上限。

（8）干部提拔也要向奋斗者倾斜，突出贡献者超级提拔。

经过科学的分解细化，华为将“以客户为中心，以奋斗者为本”的价值原则成功地转化为一系列“好操作、好检查、好问责、好奖惩”的行为细则和操作规程，并狠抓践行落实，所以能有效地将价值原则转化成为企业员工的实际行动，并在行动过程中物化出丰硕的物质成果、精神成果。

案例启示我们：

❖ 价值理念、价值原则是对复杂事物做高度抽象概括基础上产生的思想结晶。经过高度的抽象概括，在宣教时比较好传、好学、好记了，可是在践行时却不好操作了。一味将价值理念、价值原则当作口号空喊，不将其分解细化为“好操作、好检查、好问责、好奖惩”的行为细则，认真抓好践行落实，这是官僚主义、形式主义不良作风的基本特征！官僚主义、形式主义不只是党政机关的痼疾，也是许多企业领导的通病，不可小觑！

❖ 价值理念、价值原则是行为依据，但由于其过于抽象，不但践行中不好操作，还会因为人们思想认识水平上的不同，产生各自不同的理解和领悟，甚至是错误的解读。不同的理解会导致践行过程中的矛盾和冲突，错误的解读则会将人们的践行导向歧途，与价值观背道而驰。因而坚持正确地理解，科学地细化，用经过科学细化的细则统一员工的思想和行为，这是贯彻好价值观体系的关键所在。

8. 要从基础教育入手，引导人循序渐进地朝着崇高目标攀登

经验告诉我们，对于一些信仰坚定的精英，可用崇高的目标、高尚的道德激励他们克己奉公，出生入死。但这样的精英毕竟是少数，大多数人都是内心存有利己欲的凡人。对于他们，如果在思想上要求一步登天，就会一哄而散，必须从做人做事的行为底线教起，引导他们朝着崇高的目标攀登，不可要求他们在思想上一步登天。

有两个故事很发人深省。一个叫“子路救溺”，说孔子的弟子子路，救起一名溺

水者，那人送他一头牛表示感谢，子路收下了。孔子高兴地说：鲁国人从此一定会勇于抢救落水者了。

另一个叫“子贡赎奴”，说的是鲁国有一条法律，鲁国人在国外沦为奴隶，如果有人能把他们赎出来，可以到国库报销赎金。有一次，孔子的弟子子贡在国外赎了一个鲁国人，回国后拒收国家的补偿金，显得很高尚。孔子知道后说：子贡做错了！向国家领取补偿金，不会损伤你的品行，但不领取补偿金，鲁国就没有人再去赎回自己遇难的同胞了。

子贡用自己的钱做好事，道德很高尚，可是孔夫子为何不将他树为道德典范，号召大家向他学习，反而批评他呢？原因是子贡所做的事情既需要自我奉献的精神，还需要具备相应的财力，是大多数普通人难以做到，甚至是无法企及的事情。若是要求大家都学习子贡，大多数人都会望而却步，从此“鲁国就无人再去赎回自己遇难的同胞了”。

教育引导人的规律告诉我们，对于大多数人的教育引导一定要从底线起步。正由于此，红军的教育就是从“打土豪，分田地”起步，然后再提高到“为人民扛枪、为人民打仗、为人民服务”的思想高度的。红军的“三大纪律，八项注意”，也是从要求“不拿群众一个红薯”“一切缴获要归公”“上门板、捆铺草”“说话和气”“买卖公平”“借东西要还”“损坏东西要赔”“洗澡避女人”等这些最简单、最起码的要求起步的。

把“不拿群众一个红薯”“上门板、捆铺草”“说话和气”……当作行为准则，是否标准太低？不会！因为做人做事，只有先达到这些“底线”要求，才有可能再攀登道德高峰。

企业教育人、引导人的逻辑起点也一样，你可以将无私奉献的“金牌员工”树为大家学习的榜样，但教育引导时还须以普通员工必守的行为准则为基点，从做人做事最起码的道德底线教起，让全体员工明白：你做人做事“可以以利己为取向，但不可以通过损人来利己；你可以不追求伟大，但不可以卑鄙；你可以不那么高尚，但不可以下作、下流……”进而引导大家从一言一行、一举一动做起，逐渐养成优良的行为习惯，一步步向思想道德高峰攀登，切不可一起步就要求员工在思想上一步登天。你要求人家一步登天，势必会让人觉得高不可攀，从而丧失信心，失去兴趣。

第五节
怎么教

做好思想教育引导工作，首先要把握好教育内容，解决好“教什么”的问题。然而要将好的教育内容灌输到员工的心里去，还必须深入探索思想教育引导工作的规律，把握好教育引导的方式方法，解决好“怎么教”的问题。

实施思想教育的方法很多，最主要的是：用好一个工具——“语言”这个思想载体；把握一个策略——多管齐下，综合治理；遵循一个规律——以需求为导向引导人。

一、用好一个工具——语言

“语言”是思想的载体，它既是沟通思想的工具，也是实施思想教育引导的工具。语言有三种：口头语言、文字语言、肢体语言。运用三种语言教育人，归结起来主要是“言教 + 身教”两种形式。

1. “言教”要练好两个基本功

“言教”主要有两种方式，一种是运用“口头语言”教育引导人。一般都是组织集中上课培训，召开各种会议在会上宣教引导，或者采取个别谈心谈话等方式进行。一种是运用“文字语言”影响人，引导人。一般都是通过纸质的文件、简报、通报、通告或是网络邮件、短信、微信等形式进行。

一句句充满正能量的口头语言，一张张满载正能量的文件、文稿，乃至领导写给部属的一张张小纸条，一条条短信、微信，常常能像一缕缕阳光温暖人心，能像一把把钥匙打开堵在人心头的锁，能像一团团烈火驱动人内心的激情。

“言教”是教育指导人们走对道路、干成事业的重要方式，作为企业领导者，必须练好“言教”的两个基本功。

首先，要练好不断用“嘴”和“笔”给企业出主意的基本功。具体而言，就是要善于根据企业发展的客观需要，做到“三个适时提出”。

- ❖ 适时提出科学的思想理论、思想方法，指导大家去做正确的事情，并且把事情做正确。
- ❖ 适时提出科学的战略、战术指导行动，带领大家破解困难，争取胜利。
- ❖ 适时提出组织建设、思想建设、作风建设等方面的任务，引导大家与企业内的官僚主义、形式主义、自由主义、本位主义等不良思想倾向和不良行为作风做斗争，并取得胜利。

毛主席曾对领导责任做过最精辟的概括，他说：“领导的责任，归结起来，主要是出主意、用干部两件事。”出主意，就是善于运用“嘴”和“笔”不断地出思想、出办法，教育指导人们走对路、干成事。具体而言就是“三个适时提出”。

毛主席是出主意的大师，正是因为有毛主席和他的同事们在中国革命不同历史阶段适时地给我党我军给人民群众出主意，才在危难时刻挽救了党和军队，挽救了中国革命；才引导党和人民军队从小到大，从弱到强，创建了新中国，使被欺压和奴役的中国和中国人民站了起来，屹立在世界的东方，并且由站起来发展到富起来，由富起来发展到强起来。

企业也同样需要有不断为企业出主意的领导者。华为创始人任正非就是这样的人，他被人称为“华为教父”，先后为华为提出了“以客户为中心”“以奋斗者为本”“不让雷锋吃亏”等一系列价值导向；提出了“应该让听得见炮声的人来决策”，要“让最有责任心、最明白的人最有权”的决策机制，用以反对官僚主义作风；提出了“人才不是华为的核心竞争力，对人才进行有效管理的能力，才是企业的核心竞争力”的论断和人才管理机制；提出了“以责任结果为导向，建立责任行为的考核机制和干部选拔管理与制衡机制”；提出了“胜则举杯相庆，败则拼死相救”的合力协同思想，反对“各人自扫门前雪，不管他人瓦上霜”的本位主义倾向；提出了“先僵化，再固化，后优化”的策略，反对任意改动既定战略、既定制度、既定方针的倾向；提出了“深淘滩，低作堰”的分配思想，处理好企业内外各方面的利益关系；提出了要保持危机和忧患意识，遏制企业发展中产生的自满怠惰情绪……正是这一系列好主意引领华为不断战胜危机，赢得胜利。

怪不得有人在总结任正非白手起家创办华为技术有限公司，把它打造成令美国政客望而生畏的世界顶尖的高科技企业的主要经验时说：“任正非对华为的管理，就是通过他的文章和讲话，这才是他管理 19 万人队伍的工具。”

经验告诉我们，一个成功的企业家，首先是一个成功的“思想家”“教育家”！练好不断用“嘴”和“笔”给企业出主意的基本功，这是带领企业获取成功的要诀之一。

其次，要练好宣贯思想理念、思想方法的基本功。具体地讲，是着重掌握以下五点要领。

一是要用大家听得懂的话，讲大家必须懂的理。

在虚荣心的驱使下，有的人总是喜欢玩弄一些让人听起来感觉高深莫测的名词概念，以显自己有学问，其实效果极差。

有一对男女见面相亲的故事，很发人深省。

女孩问男孩：“你是做什么的？”“做室内光线控制设备的。”男孩答道。

女孩听后一头雾水，说“能说得通俗一点吗？”“噢，就是卖窗帘的。”男孩说。

女孩这才听明白，觉得男孩在耍自己，生气地甩了一句“我不需要光线控制设备”，便拂袖而去。

案例启示我们：

❖ 真实是说理的生命，听懂是接受的前提。把“卖窗帘”说成是“做室内光线控制设备”，从理论上讲似乎没有大毛病。但是，若从沟通、从言教的要求上讲，则很不恰当！人家听后，都会拂袖而去。

❖ 言教，无非是讲道理给人听。讲道理干什么？无非是为了让人懂道理、用道理。如果你讲的道理人家听不懂，有反感，岂非白费力气？所以，“言教”必须用大家听得懂的话，讲大家必须懂的理，能让人听得懂、记得住、传得开、用得上。

大众最听得懂的话是常识，是大实话，所以“言教”要运用常识和大实话，深入浅出地讲大家必须懂且必须践行的道理。在这方面，我们老一辈无产阶级革命家都堪称大师。

贺龙曾经用一双鞋、一碗小米、一盆养着鱼的水作为教具，给大家上了一堂别开生面、令人难忘的“军民鱼水情”的党课。

据说，党课开讲之前，贺龙指着一双布鞋问大家“这是什么？”“布鞋！”大家答道。贺龙又问：“我们不穿鞋，能行军打仗吗？”大家异口同声地答道：“不能！”

接着，贺龙又指着一碗小米问：“这是什么？”大家回答“小米。”贺龙又问：“我们没有米吃，能活吗？”大家异口同声地答道：“不能！”

答声未落，贺龙又问：“布鞋谁做的？小米谁种的？是不是人民？”大家更加大声地回答道：“是的！”

说到这里，贺龙指向养着鱼的那盆水，问道：“那是不是说明我们八路军离不开人民，与人民的关系是鱼与水的关系？”“鱼儿能不能离开水呢？”他边问边将盆子里的水倒掉，只见里面的鱼蹦了几下就不动了。

这堂党课讲得极其生动，他将军民鱼水情，人民军队必须为人民服务的道理种进了党员的心田里。

毛主席更是语言大师，他用“你要知道梨子的滋味，你就得变革梨子，亲口吃一吃”，讲透了认识产生于实践的深刻哲理；用鸡蛋与石头，在同样温度下，一个能孵出小鸡，一个还是石头的比喻，讲透了外因与内因这个抽象的哲学命题，让人听后无不茅塞顿开。

反观有的领导，为了显示自己的学识，常常喜欢玩弄一些生涩的概念，抽象的原则，从理论到理论地绕着圈讲道理，把一个简单的道理讲得玄乎其玄，自以为展现了自己的学识与理论功底，其实造成了“鸡与鸭讲”的局面，费力不讨好。

二是要用科学的口号凝聚人、指引人。

口号，是价值观的凝练，是行动的指南，一句好口号胜过一打报告。对于广大民众，特别是广大农民，我们党的基本策略是将革命理念概括成为通俗实在的革命口号，用口号吸引人、鼓舞人、指引人。比如，提出“打土豪，分田地”的口号，唤起了工农千百万；提出“星星之火，可以燎原”的口号，让处于革命低潮时期的革命志士坚定了胜利的信念；提出“抗日民族统一战线”的口号，团结了一切可以团结的抗日力量；提出“全心全意为人民服务”的口号，为共产党人指明了奋斗宗旨和行动方向。

但是，口号不可乱提！一句不科学的口号，也会把人导向错误，贻祸无穷，这是有历史教训的。

独臂将军余秋里在担任石油部长时，为了快出石油，多出石油，提出一个“有条件要上，没有条件也要上”的口号。石油部副部长孙敬文提意见说：“这个口号有点夸大主观因素。”余秋里听后，觉得很有道理。

的确，任何事情都不可离开必要的前提条件，“没有条件也要上”是唯意志论的表现。不过，条件是可以在一定的物质基础上创造的。经过深思，他在口号中加进去“创造条件”四个字，改为“有条件要上，没有条件创造条件也要上”，这一改就科学了。大庆人就是在这个口号的鼓舞下，在极其困难的境况下创造出人间奇迹。从1958年2月到1965年1月余秋里同志担任石油部部长的7年间，不仅一举扭转了我国石油工业长期落后的面貌，而且为以后的原油产量上一亿吨，进入世界产油大国行列，奠定了坚实的基础。

后来，这句口号成了大庆人的口头禅，随着影视作品遍传全国，老少皆知，至今还常被人应用着。

三是要用生动的故事打动人心。

一些不容易讲清的大道理，一些很难解开的思想疙瘩，往往通过讲一个小故事便能让人心领神会，给人以拨云见日之感。

古人张瀚写过一本叫《松窗梦语》的书，书中记载了一则他初任御史拜谒上司王廷相的经过。他说王并没有给他讲什么大道理，只讲了一次他乘轿的经历：那次乘轿遇雨，抬轿的轿夫恰巧穿了一双新鞋，起初为了不弄脏新鞋，轿夫“择地而行”。后来一不小心一脚踩进泥水中，新鞋弄脏了，便“不复顾惜”，随意而行。然后，王廷相告诫道：“居身之道，亦犹是耳。倘一失足，将无所不至矣！”

确实，人性有个弱点：一旦“失足”，就容易“破罐子破摔”，故做人当慎初。张瀚听后感慨地说：“退而佩服公言，终身不敢忘。”

美国著名的思想家、政治家杰斐逊呕心沥血地起草了《独立宣言》。可是，议会审查后，决定让杰斐逊对草案进行修改，这使杰斐逊心烦意乱。

他的好友富兰克林为平衡其心理，给他讲了一则修改广告词的小故事，说：我有一个邻居是制造并销售帽子的商人。为了把生意做大，他设计了一个广告，广告上写着“制帽商约翰·汤普森，制造并收现钱，出售帽子”18个字的广告词，下面画了一顶大大的帽子。为了将广告设计得更好，他设宴招待亲朋好友，请求他们提修改意见。

有一位好友见他说得诚恳，便提意见道：“广告词中‘制造并’这三个字与前面‘制帽商’有同义反复之嫌，是个累赘，应当拿掉。”接着又有一位好友说：“‘制帽商’这三个字也是用不着的，人家只买你的帽子，谁还管你是不是制帽商”。于是，18个字的广告词一下子抹去了6个字。

没过一会，又有一位提出“‘收现钱’这三个字是废话，这里历来都没有赊账的习惯”！话音未落，又有人打趣道：“‘出售帽子’更是废话，你的帽子不都是出售卖钱的嘛，难道还白送吗？”

就这样，经过大家七嘴八舌的修改，原本总共18个字的广告词，只剩下“约翰·汤普森”5个字，下面就画一个大大的帽子。这个广告面世后，产生了很好的宣传作用。

讲完这则幽默的小故事，富兰克林说：“一个小小的广告尚且需要如此认真的修改，何况你正在起草的是一个极其重要的政治文献呢？”杰斐逊听后，顿时心情平静下来，全身心地投入到《独立宣言》的修改之中。

讲好故事，在企业同样能产生意想不到的思想引导作用。笔者在一本杂志里看过一则写得十分精彩的故事，现转录于下。

有个处于挫折和困难境地的企业老板请了一位职业经理人，期望他帮助企业转危为安，扭亏为盈，可是员工对他能否带领公司走出困境多有怀疑。经理上班第一天，老板为其召开全体员工大会，请他讲话。

这位经理没有先炫耀自己的学历资历，他上来的第一句话是：“我是一头驴！”下面听了哄堂大笑。

接着，经理便讲了一头驴的故事。他说：我们家乡有一头驴。一天，这头驴掉进枯井里。它在井里凄惨地叫了好几个小时，农民在井口也急得团团转，就是没有办法把它救出来。最后大家合议：驴已老了，救不上来了；这口井也该填起来，不要再害人了。于是大家决定填井，并抓起铁锹往井里填土。当土块落到驴身上时，驴很快明白发生了什么事，起初它在井里惶恐地大叫，不一会竟安静下来。大家往井里一看，原来驴找到了保护自己的办法——将每一锹土迅速抖落下来，然后用脚踩实。就这样没过多久，驴子竟把自己升高到井口，纵身一跳，脱离险境。

讲到这里，这位经理问大家："我现在说我就是那头驴，大家还觉得好笑吗？"

下面顿时肃静。片刻之后，掌声雷动。

掌声过后，经理接着说："其实生活也是如此，各种各样的困难和挫折，会如尘土一般落到我们头上。要想从这口苦难的枯井里逃出来，走向人生的成功与辉煌，办法只有一个，那就是：将它们统统都抖落在地上，重重地踩在脚下。因为，生活中我们遇到的每一个困难，每一次失败，其实都是人生历程中的一块垫脚石。我将会和大家一起去抖落身上的尘土，为公司的发展奉献我们的力量。所以我请大家相信我，也相信你们自己，我们都会成功的！"

话音一落，掌声经久不息。持久的掌声清楚地表明，大家已经开始信任和接受他这头"驴"了！

一个乘轿的故事，能让人牢记一辈子，成为其做人做事的座右铭；一个修改广告词的故事，能让正在烦恼的思想家心里豁然开朗；一个寓言故事，能演绎出一番深刻的哲理，打动人心，鼓舞人心，大大缩短与员工之间的信任距离，使员工对新任经理充满信心，足见故事魅力之非凡！

案例启示我们：

❖ 人人都会产生思想问题，都需要做思想工作，即便如杰斐逊这样的思想家、政治家也不例外。

❖ 人人都爱听故事。一个故事就是一座蕴藏着丰富哲理的宝库，讲好一个故事能引发人对许多哲理的深思，进而对人的心灵产生极大的感染力、影响力。作为企业领导者，理当是员工思想上的引导者，学会讲故事、析案例，恰恰是当好思想引导者所必备的基本功！

❖ 讲故事，析案例，需要注意三点。一是不仅要讲好寓言故事、历史故事、人家的故事，更要讲好自己亲力亲为过的故事，企业里发生过的故事。联想的部门经理在做余平思想工作时，讲了联想老总带头自罚的故事，所产生的效应无疑比讲几个历史故事、寓言故事要强得多。二是要善于整理和积累案例故事，特别是要积累自己的、自己企业的案例故事作为教育资源。三是要善于将故事揉进思想工作之中，通过讲好一则故事，引申出深刻的哲理。

为此，企业领导干部要有一双勤奋的脚，经常深入基层员工之中去搜寻故事；要有一双敏锐的眼睛、灵敏的耳朵，能在员工中发现故事、听到故事；要有一个善于思考加工的大脑，将故事中的闪光点发掘出来；要有一张善于讲故事的嘴，用精彩的故事和故事中的哲理打动人心。

四是要把“套餐式”的系统教育与“快餐式”的应急教育科学结合起来。

系统的“套餐式”的基础性教育是夯实员工思想基础所不可或缺的重要环节，但问题是“套餐式”的系统教育由于其耗时多，见效慢，常常不受人待见。许多企业顶多在新员工入职培训时有一点基础教育，平时最多针对现实问题实行缺什么就补什么，错什么就纠什么的“快餐式”应急教育、应急整训，系统的基础性教育基本上都被搁在一边。

殊不知，有针对性地组织“快餐式”的思想教育、思想整训固然十分必要，但若只是一味急功近利地做“快餐式”应急教育，久而久之就会“按下葫芦浮起瓢”。现实需要我们善于将“套餐式”系统教育与“快餐式”应急教育有机地结合起来，使之相得益彰。

有个案例很说明问题。

有位老总带助理一起坐高铁出差，做了一个试验。入座前他把一个不起眼的小包交给助理，助理满不在乎地将它甩在行李架上。这时，老总贴着他的耳边轻轻地说了一句话：“包里有金砖，你要小心！”

一听此言，助理的态度立马大变，他很快将小包取下来捂在自己的胸口。

对于同一个包，下属执行的心态和行动为何发生如此之大的变化？原因很简单：因为他开始不知道此包的价值，是老总告诉他“包里有金砖，你要小心”，让其知道了此包的重大价值，以及与重大价值联系在一起的重大责任，与重大责任联系在一起的严重后果，这才发生转变的。

表面上看，这似乎是老总的一句话点醒了梦中人！但其实真正起作用的却是“信息沟通 + 价值信仰”，并且“价值信仰”起了主导作用！要是助理内心没有“金砖特别贵重”的价值信仰，不知道自己与保护金砖相关的责任，与责任相关的严重后果，单凭一句“包里有金砖，你要小心”的话，能改变他的心态和行为吗？很显然，绝无可能！

实验揭示了许多思想规律：

- ❖ 无论多么重要的事情，在执行人尚未认识它的价值之前，服从与执行都是被动的，自然执行效果也是很难保证的。要让执行人理智地、自觉负责地执行，领导者必须通过及时的信息沟通和思想引导，使他们对所执行的事情做到“三个了然于胸”：一是对所做事情的价值了然于胸；二是对与事情价值相联系的责任了然于胸；三是对与责任相联系的后果了然于胸。
- ❖ 做思想教育引导工作，不一定都要长篇大论地讲大道理，有时针对执行中的问题，及时递上一句正能量的话，比如告诉一个信息，解释一个疑惑，校正一种认知，便能一言点破“窗户纸”，收到惊醒“梦中人”的效果。
- ❖ 要“一言点破窗户纸，惊醒梦中人”，则必须先具备一个前提，那就是“梦中人”事先就有许多垫底的认知。若无“金砖价值很大”“我对保护金砖负有主要责任”“丢失金砖将会受到可怕的惩罚”等相关认知作为“垫底”，老总的一句话想收到一语惊人的效果，也绝无可能！

这些垫底的认知从哪里来？全靠平时所受教育的积累，是一种厚积而薄发的效应。结论很显然，“一言”在当下，功夫在平时！平时不做好经常性、基础性的思想教育引导工作，大家都缺乏垫底的认知，思想基础不牢，关键时刻你就是口吐莲花也是没有用的！由此可见，“套餐式”的基础性教育十分重要，它虽不能收到立竿见影的效果，却能起到夯实垫底认知，打牢思想基础的作用，绝不可小视。

实行基础性“套餐式”教育要编写好教材。企业编写教材要把握好“共需”与“特需”两个方面。

“共需”的内容，主要是指全社会必须共同遵守的法令法律、社会道德和企业所有成员必须共同遵守的企业发展战略、企业核心价值观体系、企业规章制度、各种专业业务流程，等等。

“特需”的内容，主要指企业内不同专业岗位所特需的职业道德与行为规范，如生产、销售、财务等各类岗位所特需的职业道德与行为准则，不同人员如新员工、老员工、班组长以及基层、中层、高层领导所特需的职业道德与行为标准。尤其是从班组长到各级领导干部必须掌握、必须具备的领导管理知识和领导管理方面的基本功。

企业编写教材的基本方法有三：利用现成的、学习人家的、写好自己的。

首先，要利用现成的，比如现成的法律法令、规章制度，现成的好人好事、英模典型，现成的历史故事、寓言典故，等等。

其次，要学习人家的，特别是先进企业的先进经验、教育方法，必要时还可以聘请专家来企业系统授课或帮助编写教材。

同时，要编写自己的，要将自己企业的各种经验教训、各种英模典型的事迹和需要发扬的企业精神编入教材。

企业里每天都在发生故事，老总要责成有关部门建好企业自己的案例库，及时将企业发生的重大事件、重大事故、典型英模、反面人物和事件，一一整理成为案例，记录收纳进企业案例库，使企业案例成为教育引导中的重要内容。

五是要把好话语出口关，不可无原则地信口开河。

教育引导人的根本目的，就是把一颗颗健康的精神种子种入被教育者的心田里，虽然它不见得在解决某个问题上能发生立竿见影的作用，却能在人心里生根发芽，逐渐长成参天大树，成为支撑其人生的信念。我们经常遇到一些老人说，“我至今还记着谁谁当年的一句话，这句话影响了我一辈子”，或者说“激励了我一辈子、警示了我一辈子”。同样的道理，一句无心的错话，尤其是领导者的错话，也可能会种进人家的心田里，长成一丛丛是非荆棘，造成让你处理不完的是非问题。

因而，领导者讲话不可太随意，应当注意把好话语出口关，切实做到不是正能量的话不讲，空喊口号的话不讲，始终坚持用真理说服人，用真情感染人，用真实打动人。换句话说，平时讲话，都要与企业的核心价值观对对号，掂掂分量，防止在价值理念上出错。至于一些重要的专题思想教育，要根据企业的价值观和职业道德需求，编写好教案，有准备、有计划、有步骤地组织教育，切勿无原则地信口开河。

2.“身教”要严格三个基本要求

身教，就是用以身作则的模范行动教育人、影响人、带动人。领导者言教的分量，会随着职位的升高而增加；身教的标准，不会因为职位的升高而降低。一个合格的领导者，必须是既会言教，又会身教的优秀的教练员。实行身教要严格以下三个基本要求。

（1）要求领导者特别是老总要养成事事处处以身作则，身教在先的作风和人格。

战争年代，我军党员干部之所以具有很高的威信和领导力，就是由于他们能够始终如一地保持“冲锋在前，退却在后；吃苦在前，享受在后”这“两前两后”的优良传统；始终如一地保持“军井未汲，决不言渴；军食未熟，决不言饥；军火未燃，决不言寒；军幕未施，决不言困”；始终如一地保持在行军中主动负荷最大量，缺粮时主动把食物送给部属，少药时主动将救命药让给别人等牺牲奉献精神。这些光荣传统和牺牲精神就是我军各级党员干部实行身教的基本方式，也是我军取得胜利的基本保证。

企业领导者特别是老板也一样，必须养成事事处处以身作则，身教在先的作风和人格。反之，把以身作则变成“以声作则”，光说不练，将以身作则变成“以身作秀”，一秀而过，秀完就现出原形，不但身教不成，反倒会沦为令人不齿的“两面人”，落个“画虎不成反类其犬”。

（2）要求领导者特别是老总善于有效督导干部骨干养成“以身作则，身教在先”的作风和人格，促使企业形成强势的身教气场环境。

为此，要将身教细化为一系列具体的可操作的行为细则，用细则严格考评、奖惩各级干部，督导他们“级级当表率，个个做模范”。

（3）要求领导者特别是老总用好“借机身教”和“创机身教”这两个重要方式，努力提升身教的影响力。

首先，要善于“借机身教”。在平时处处以身作则的同时，针对存在问题，抓住机会“借机身教”，以增强教育引导的辐射面、影响力，这是老一辈革命家的重要领导特色。

共和国成立之初，陈毅担任上海市市长兼华东军政大学校长。华东军政大学设在南京，当时南京解放不久，国民党军队的飞机又经常飞临南京上空轰炸，经常处于战争状态。为此，军政大学规定男学员必须理光头，女学员剪短发，以便于受伤时的救治。可是这个规定遭到男学员的普遍反对，有人说：“我们是来学习的，不是来当和尚的！”

为了推动这一规定的执行落实，陈毅去参加军大开学典礼前，要去理个光头。秘书劝阻说：“‘军大’规定男学员剃光头，与您有什么关系呀？”

陈毅正色道：“怎么没关系，关系大着哩！这叫‘立法容易执法难’，我是校长，是军大的带头人，带头人不带头，怎能要求别人啊？”

夫人张茜一开始也不理解，说：“你经常接待国内外知名人士，不考虑个人容貌，还要考虑国家形象呀！”陈毅又给夫人讲了“带头人要带头”的道理，然后说：“届时，我戴上军帽就是啦。”张茜听后，极为赞许，还幽默地说了一句：“好，头头就应当从头做起！”

1949 年 10 月下旬，陈毅戴着军帽出席军大开学典礼并做了重要讲话。他对学员们说：“千里之行，始于足下。我们一切都要从头学起，从头做起！”当讲到“从头做起”时，他突然摘下军帽，露出一个锃亮的光头。接着，幽默地说：“我跟同学们一样，从‘头’做起。”

台下为之一惊，接着掌声雷动。陈老总从“头”做起的实际行动，就是一道无声的命令。之后，军大男师生全都高高兴兴地理成清一色的光头，再无怨言。

抗日战争后期，我八路军、新四军已经发展至大兵团规模。党中央毛主席要求部队利用作战间歇组织好部队的军政训练。可由于部队长期游击作战，使一些干部养成了游击习气，对部队的正规训练不大重视，有时借故不上操场。时任新四军三师副师长的张爱萍将军，始终以身作则，带头按时上操场参训。

一天，部队会操，由于师政委黄克诚找他谈话，迟到四分钟。会操结束时，张爱萍向全体官兵宣布：“副师长张爱萍同志迟到四分钟，罚站十分钟！各单位自行带回。”部队一听，愣了一下，接着报以一阵热烈的掌声。

张爱萍真的原地罚站十分钟，这十分钟给了各级领导干部以极大的震撼和教育，从此干部到操更勤了。

其实，陈毅是上海市市长，军政大学校长只是兼职，完全可以不剃光头；张爱萍因为上级找他谈话而“误操”，完全情有可原，不必处罚。但是，陈毅坚持率先“从头做起”，张爱萍坚持从严处罚自己，这就是“借机身教”，其影响力之大是无法估量的。

事实告诉我们：一次表率胜过百次表态！在关键时刻借机身教，其作用力是其他教育方式所无可替代的。

其次，要善于“创机身教”。为了破解一个“老大难”问题，倘若无机可借，必要时，就得动脑筋想办法实行“创机身教”——设计创造一个“自罚”的机会，对下实施身教。

被人称为“文盲宰相”的陈永贵，刚担任大寨大队党支部书记，就面对“社员放猪、放鸡到农田”屡禁不止的“老大难”问题。为了破解“老大难”，陈永贵没有单纯说教，而是谋划了一个出人意料的策略——“放猪自罚，示教于人”。

头一天晚上，他召开社员大会，会上宣布“从今天开始，如有将猪、鸡放到大队生产地里的，罚玉米一斗”。第二天一起床，他就催促老伴“快去把俺家的猪放出去！”老伴一听，大惑不解，站着不动。陈永贵见此，大声说：“还不快去！”

见老伴已经把猪放出，陈永贵便找到大队支委成员，说：“去地里看看，有没有违规的！”

支委们在地里检查，发现只有一头猪正在地里拱来拱去。仔细一看，竟是陈永贵家的，于是当作没有看见。陈永贵看到是自己家的猪，勃然大怒，一面要大家帮他把猪赶回家，一面到大队部扛来一只大斗，在自己家里挖了满满一斗的玉米，当作罚金交到大队部。

这一招够厉害，他一斗玉米的自罚，就是向全体支委成员和所有大寨人公开宣示一则明白无误的信息：新规定是一条通了电的高压线，谁要违犯，必定受罚，我陈永贵就是范例。于是制度权威便立即确立起来。从此，谁也不敢再将自家的猪、鸡往公家的大田里放了，一个“老大难”问题也就此破解冰释。

陈永贵“放猪自罚”，是在无机可借的情况下，给自己主动创造身教的机会，完全是陈永贵为确保规定执行落实而特意谋划的计策，属于领导谋略。实行这一招，必须具备两个先决条件：既要有谋略，又要有奉献精神。老实说，一般人很难同时兼备上述两种素质，而陈永贵却兼备了，所以陈永贵他成功了。

案例启示我们：

- ❖ 遇到有些规定不能落实的“老大难”问题，许多领导会立即想到一句成语“杀鸡儆猴”，于是便抓个反面典型，依律严惩，震慑大家。“杀鸡儆猴”的方法自古皆然，无可厚非，但“罚己警人”的“身教”是无声的命令，更远胜于“杀鸡儆猴”！
- ❖ 使人心畏不如使人心愧，使人屈服不如使人心服。管理需要权力和法治，但不可单凭权力和法治。作为“右手握权杖，左手握法制”的领导者，不可坐在权位上，握着手中的权杖一味指使人干这干那，更不可凡事皆利用手中的“法制”一味地“杀鸡儆猴”。权力与法治只能使人心畏和屈服，领导者的模范表率行为才能让人心愧和信服。服人心者方能得人心、得人力、得天下！这是必须牢记的众所周知的常识。

领导就是榜样，榜样不仅需要处处以身作则，必要时还得创机自罚，示教于人。能做到愿于并善于“创机自罚，示教于人”，这才是最高的领导境界。

二、把握一个策略——多管齐下，因情施教

除了“言教+身教”之外，还有许多行之有效的教育引导人的方式方法，比如“情景促悟法”“典型示范法”“思想整顿法”“活动熏陶法”“心理疏导法”等，都是教育工具箱里常用的教育法。

机制治理的经验告诉我们：思想教育引导必须把握一个策略，即要善于将教育工具箱里的教育法灵活地整合在一起，多管齐下，因情施教。

1. 要善于运用“情景促悟法”，让人在特意创设的情景中体验省悟

经常碰到这样的状况：有的人你给他讲了许多道理，他也听懂了，就是记不住。这时如果你创设一种专门的情景，让其置身其中去亲身体验，促其从中领悟道理，常常能产生让人“一悟难忘”的良效。

有的家长为了防止不听话的孩子任意触碰滚烫的茶杯，打翻后烫伤人，会先设置一个“烫手事件”：故意叫孩子拿手指去触碰滚烫的茶杯，狠狠烫他一下，让他见到茶杯望而生畏，畏而远之，然后再给他讲不可触摸茶杯的道理。这时，孩子就会听得进，记得住，很管用。

据说，有个黑手党头子为了教育儿子牢记“不要相信任何人，只能相信自己”的黑帮教条，故意设置了如下情景，他把儿子放在一个高高的墙头上，对他说：“儿子，跳下来，我会接住你！”儿子不敢跳。他一再赌咒发誓，让儿子放心地往下跳。儿子被说动了，真的往下跳时，他却闪身躲开，让儿子摔了一大跤。然后，他对儿子说：“不要相信任何人，连你老子都不要相信！”这次教育让他的儿子牢记了一辈子。

这种有意设置“烫手事件”“跳墙事件”，让其置身于情景之中，促其领悟特定道理的教育方法就是“情境促悟法”。

“情景促悟法”在企业中也大有用武之地。

有个发展中的企业，总经理为了加强经营管理，制定了一些规章制度。大家一时不习惯制度约束，牢骚满腹。为了让大家领悟制定和执行制度的重要性，总经理利用

一个节日活动，把大家叫到一块黑板面前，要求大家用粉笔每人画一个圆，比赛谁画得最圆，画得最圆的有奖。

大家纷纷上前画圆，有的画成了猪腰子，有的画得像一只被狗咬过的馅饼，竟无一人能画圆。

大家都画过之后，总经理说："我来试试！"他拿出事先准备好的木制圆规，在黑板上很轻松地画出了一个无人可比的圆。然后问道："为什么我画得最圆？"

这时，大家已经有点领悟今天活动的意义了，没有作声。见大家没回答，总经理自问自答道："因为我手中有圆规！这就叫作'没有规矩，不成方圆'。""圆规好比制度，没有圆规画不好圆。没有制度，企业做事也难以圆满，更不可能成功！"

通过一个画圆的游戏，总经理将"没有规矩，不成方圆"的理念演化成一个客观实在的游戏情景，并成功地将大家置身于这个能令人兴高采烈的游戏情景之中践行体验，促使大家自省自悟。最后只用寥寥几句即景讲话，画龙点睛，令人心悦诚服。从此抱怨制度的牢骚听不到了，企业的运行更加正规有效。

还有一个故事也很能说明"情景促悟法"的作用。说是有 A 与 B 两人同时进入一个公司工作。一年后，A 被提升为业务主管，B 原地踏步。为此，B 非常不满，经常在背后大发牢骚。

为了教育 B，总经理把他叫到办公室，说："给你半个小时，出去看看土豆下来了没有？"过了半个小时，B 气喘吁吁地回来说："土豆刚下来。我找了一大圈，只看到一份卖土豆的！"总经理问："土豆多少钱一斤？"B 愣住了，心想："你只问土豆下来了没有，没问这个啊！"不得已，只好说："那我再去问问！"

总经理说："不用去问了，你把 A 叫来。"总经理对 A 做了同样的吩咐："给你半小时，上街去看看土豆下来了没有。"不到半小时，A 气喘吁吁地回来，汇报说："真不错，还真找到了一摊卖土豆的。"

"那多少钱一斤？"经理问。

"土豆质量不一样，价格也不一样。最好的卖 2.5 元一斤，差的 1.5 元一斤，中档的 2 元一斤。"小 A 不但对答如流，还接着说："我已与他谈好，如果我们批量购买，他给我们打八折。"

亲眼看到小 A 的表现，亲耳听到小 A 的回答，小 B 不禁自惭形秽，从此再也不敢发牢骚了。

案例告诉我们：

有许多道理，你讲多了，听的人反而疲了、烦了。这时如果能创设一种相应的情景，将教育对象置身其中，促使他自己去体会和领悟其中的道理，就会事半功倍，根本不需要花费多少口舌，便能促其将应当领悟的道理铭记一辈子。

需要指出的是，创设情景需要谋略，必须谋定而后动，不可过于随意。

2. 要善于运用“典型示范法”，激励人奋发向上

各种各样的英模典型，包括反面典型，可以将企业的价值观十分具体地、形象化地展示给大家。为此，抓好各种典型，运用活生生的、大家“看得见，摸得着，好对标，好学习，好警戒”的正反面典型，向大家展示形象化、人格化的价值观，这对于教育和引导人分清是非、荣辱、美丑界限，形成奋发向上的风气，具有十分有效的作用。因而“典型示范法”一直是那些有作为领导的掌中妙招。

著名的独臂将军余秋里，是一个非常善于抓典型、运用典型经验创新工作的人。正由于此，他领导下的工作总是别开生面，有些已永远载入军史和国家历史中。

1943 年 11 月，在陕甘宁边区开展的大练兵运动中，余秋里提倡能者为师，选拔战士中的射击能手、投弹能手、刺杀能手担任教员，以他们为榜样，广泛开展了“官教兵、兵教兵、兵教官、互教互学”的群众性练兵活动，极大地提高了部队训练质量和官兵的军事素质，受到中央军委表扬。毛主席也赞扬说，这一练兵方法“是突破历史的新创造”，从此载入军史。

解放战争期间，大批国民党军士兵被解放军俘虏后，补充到解放军各部队，称为“解放战士”。有的连队一度“解放战士”占了一大半，甚至占 90% 多。于是如何带领他们融入解放军这个大家庭、大学校、大熔炉，便成了各解放军部队基层建设的新课题。三五八旅七一四团二营为了教育“解放战士”，深入开展国共两军对比教育，团里及时推广这一方法，收到明显效果。时任三五八旅旅长的余秋里闻之，立即拍板：以他们为榜样，全旅冬季整训，以诉苦和三查（诉旧社会的苦、诉旧军队的苦，查阶级、查思想、查斗志）为主要内容。他亲自带领巡回诉苦团到各团去诉苦，取得了极佳的效果，得到了西北野战军表扬，并向各部队推广经验。

1948 年 1 月，毛泽东于米脂县杨家沟召见余秋里，了解“诉苦三查”情况。余秋

里来到毛泽东的窑洞里，滔滔不绝地汇报了3个小时。毛主席连连称赞道："很好！很好！我们从中央苏区起，就想找到一个教育俘虏兵的好形式，这次'诉苦''三查'的办法把这个问题解决了。"接着，毛主席还在《评西北大捷兼论解放军的新式整军运动》一文中，高度赞扬"诉苦三查"运动，并将其定名为"新式整军运动"，于1947年的冬季部队整训中，在全军推广。这一成功的典型经验又载入我军的军史。

1958年初，毛泽东点将余秋里任石油工业部部长。余秋里上任不久，就到玉门油矿调研。玉门石油管理局的负责人给他介绍了贝乌五队队长王进喜钻井队苦干、实干加巧干，创造了月钻5口井、进尺5009.74米的好成绩。余秋里特地到贝乌五队见了王进喜，说："你这个名字好，进喜，进喜，叫咱石油部也进点喜嘛！"

1960年3月25日，王进喜带着他的队友们来到大庆参加大会战。钻机设备运到了，可没有吊车和拖拉机。王进喜就领着全队30多人吃睡在井场，靠人拉肩扛，苦战七天七夜，把所有的设备化整为零搬到井场，并安装起来。房东大娘见王进喜几天没回去睡觉，就到井场去看，只见他脱掉棉衣在井台上，带着全队喊着号子在拼命干。房东大娘说："活了大半辈子，没有见过这么拼命干活的人。你们王队长真是个铁人！"

余秋里得知后说："好！这是一个好典型。""老乡说得好，王队长是铁人，我们就叫他王铁人！打仗需要有人打冲锋，搞建设也需要有人打冲锋，王铁人就是冲在最前面的英雄！大会战的第一个英雄就树他！"于是在大庆油田第一次技术座谈会上，余秋里正式提出，要学习"铁人"王进喜，人人做"铁人"。在接着召开的大庆石油大会战万人誓师大会上，他带头高呼"学习王进喜，人人做铁人"的口号。从此，"铁人"的名号和事迹传遍油田，后来享誉全国。

此后，余秋里又对"铁人精神"做了理性概括，指出"铁人精神"就是：为国分忧、为民争气的爱国主义精神；宁肯少活二十年，拼命也要拿下大油田的忘我的拼搏精神；有条件要上，没有条件创造条件也要上的艰苦奋斗精神；不计名利、埋头苦干的"老黄牛"精神。

铁人的出现，学习铁人精神的蓬勃开展，有力地推动了石油大会战。

在宣传"铁人"和"铁人精神"的同时，余秋里还进一步抓了石油战线的"五面红旗"，即王进喜、马德仁、段兴枝、薛国邦、朱洪昌这五位石油战线上的先进代表。

为了进一步用先进典型激励人、引领人，余秋里决定要像当年解放区表彰英雄模范那样表彰先进代表。于是他组织召开极其隆重的表彰大会，会上让“五虎上将”披红挂彩，骑着高头大马，在他们身后，各有一名旗手，高擎着写着他们姓氏的帅字旗，并且分别由各探区的党委书记等主要领导给他们牵马。前呼后拥，缓缓地经过主席台，绕场一周。

事后余秋里说：“我就是要让他们比打马游街的新科状元还光荣，要把最大的荣誉给他们。人人都羡慕他们，才去学他们，赶他们，比他们，这就是我的想法嘞！”这段话深刻地表达了他抓典型的方法和意义！

在树立“王铁人”和“五面红旗”为榜样之后，又树了“百面红旗”，大庆油田很快形成了“英雄铁人打头阵，马段薛朱紧相跟，比学赶帮争上游，铁人头上出钢人”的争学先进、争当先进的高潮。就这样，余秋里带领大庆石油工人仅用 3 年时间就拿下大油田，一举甩掉了我国石油工业落后的帽子。这个业绩已载入国史。

毛主席高兴地称赞余秋里是“帅才”！

余秋里抓典型、树榜样十分注重“调研发现—总结经验—隆重推广—关注扶持”这四个环节。

（1）经常深入基层，在基层及时发现那些创造了突出业绩的先进分子、先进团队。发现先进分子、先进团队，就立即评估其“是否在全局具有样板意义”。

（2）一经抓住具有样板意义的先进分子和团队，就认真总结他们的经验，揭示蕴含在他们行为之中的精神。

（3）在总结出值得推广的经验和精神之后，就以最隆重、最有荣誉的形式将其树为先进典型，大力推广，组织全员开展学典型、赶先进的竞赛活动，充分激励大家见贤思齐的热情。

（4）在活动过程中始终重视三个关注：一是关注全局性学习竞赛活动的实际成效，防止空转。二是关注先进典型的发展变化状况，适时适量地加强帮助指导，促其保持先进。三是关注先进典型的处境状况，及时为其排忧解难，特别是排除被嫉妒、被排斥的困境，防止使他们成为“先烂的出头椽子”。

这些抓典型、树榜样的经验方法，很值得企业借鉴！

3. 要善于运用“思想整顿法”，适时整改不良思想作风

带有倾向性的思想作风问题是很难破解的问题。破解方法不力，势必隔靴搔痒，

涛声依旧；破解方法过烈，有可能引发不应有的矛盾冲突，搞得领导者下不了台。经验告诉我们，破解带有倾向性的思想作风问题，最有效的方法是抓住一个契机，适时组织有针对性的思想作风整顿。余秋里也是这方面真正的专家。陈道阔写的《余秋里与石油大会战》一书对此有十分生动的描述。

余秋里刚到石油工业部上任时44岁，石油部机关的人并不看好这位行伍出身的年轻部长。他第一次参加与石油部机关干部职工的见面会，只见会场里有看小说的、织毛衣的、嗑瓜子的、与邻座交头接耳的、距离远了打手势的……一派散漫之状。机关工作人员在背后对余秋里冷嘲热讽，说他是“胆小鬼”“糊涂蛋”，迟早要给石油工业部戴一顶“只拿钱，不下蛋”的帽子。

余秋里见到这种状况，看似平静如水，整天找人谈话，了解情况，其实内心焦急如焚。他一直在思考一个问题：如何打破这种氛围和局面，推动石油生产？思考再三，他得出一个结论：问题出在石油部机关的不良作风上，必须用从严治军的方法整顿石油部的思想作风，才能将石油部带出困境。但是组织思想整顿需要找到一个合适的契机作为突破口，不然大家思想准备不足，效果难以保证。为此他继续不停地调查情况，为整顿机关作风默默地做准备。

直到有一天，他拿到了一封从外交部退回来的信件，觉得整顿石油部思想作风的契机来到了。

于是，余秋里又召开机关干部职工大会。他早早地坐在主席台上，台下陆陆续续前来参会的人，脸上多少都带着一丝不耐烦。大会开始了，余秋里的讲话口气与上一次一样，笑眯眯地，不紧不慢地说：“同志们，今天和大家真正地见一个面！只怕大家会说，你就是余秋里嘛，我们早就认识你了！”

“我说，不！同志，李聚奎同志和大家在一起工作了两三年，你们真正认识他吗？哪个同志能表这个态？嗯？”

听到这一问，会场平静下来了，看小说的、织毛衣的也停下来了，大家都盯向主席台上的那张笑脸。

“不敢表态吧？”见无人表态，余秋里便像讲故事一样，开始介绍李聚奎的光荣经历。

余秋里讲了两个小时，讲得口干舌燥。可是干部职工们并不买账，没有兴趣认真听，照样看小说、织毛衣、嗑瓜子。于是，余秋里宣布休息十五分钟。

十五分钟后，当干部职工再次回到会场时，发现会场气氛有些异样，往台上一看，只见原本一脸笑嘻嘻的部长，突然换了一个样子，他面色铁青，阴沉地望着台下。

在所有人还没反应过来的时候，他一记铁拳重重地锤在桌面上，“嘭”的一声，震得会场嗡嗡作响。没有人知道发生了什么，一个个不敢喘大气。就在这时，又是一记重拳落在桌面上。

两记重拳之后，余秋里看着台下，厉声道：“我为什么给你们讲那么多李聚奎同志的故事？都是被你们逼的！你们之中，有人瞧不起李聚奎，更瞧不起我余秋里，说我们干革命的，不懂石油！”

“是啊，我们是不懂石油，可李聚奎同志懂的东西，你们懂吗？！”

“你们一个个都很骄傲，骄傲得飞上了天，但你们为什么还是只发现了那么一点点少得可怜的石油？”

余秋里说到这里，目光扫过台下。台下一片寂静，人们都被余秋里的气势震住了。

过了片刻，余秋里喝了口水，继续说：“今天本想讲讲石油生产问题，不多讲了！只讲两条：一条是天然油与人造油两条腿走路的问题，我们必须坚持以天然油为主，人造油为辅的方针；第二条是在勘探布局上，一定要从实际出发，毫不犹豫地向四川、东北、华北、苏北转移，选一个地方，坚决打开局面。”

这两条是他这段时间经过反复向专家请教学习，自己深入思考之后得出的今后石油工业发展的战略方针，讲得非常内行，非常正确。但是正确的战略方针需要通过思想作风优良的领导机关去贯彻执行。

所以，余秋里没有展开讲战略方针，而是大声地说：“今天，我主要讲机关作风问题！”

说着他从桌上拿起一个封信来，信封上印有“石油工业部”几个大字。他打开信封，拿出信纸朝台下晃了晃，“你们看看，这封信上写的什么？”

有人伸长了脖子一看，只见上面有“外郊部”三个字样。原来这封信是石油工业部教育司写给外交部的信，竟把“外交部”写成了“外郊部”，被退了回来。

所有人都议论纷纷，觉得这的确是给石油工业部丢丑了。

就在这时，余秋里又猛地一拍桌子，吼道：“你们知不知道！这封信不是哪个做饭打杂的写的，而是出自咱们石油部教育司的手笔！我都为你们感到羞耻！”

继而，他厉声问：“教育司司长在哪里，给我站起来！”余秋里高亢的嗓音在会场内外回响。

这时有人小声地说“司长有事没来”，余秋里怒吼道：“那叫你们副司长站起来！”

副司长是一位老红军，名叫顾德勤，他哆哆嗦嗦地站了起来。余秋里用严厉的目光紧盯着他，责问道：“顾德勤，你们这样马马虎虎的工作和作风，像话吗？能建设好石油工业部，能开出石油吗？”

顾德勤不敢说话，像个小学生一样站在那里，不敢动弹，余秋里足足训了他和教育司二十分钟。

大会结束以后，余秋里重新被人们认识，形象发生了根本性变化。石油部机关开始严厉整顿官僚衙门作风。整顿中，余秋里对机关提出了一系列改正思想作风的要求，其中一条是机关干部要走出办公室，面向生产、面向油田、面向群众，做到“下去一把抓，中心带其他；各记一本账，回来再分家”。从此，这些要求便逐渐变成石油工业部新的优良作风。

整顿之后，余秋里始终保持着强势的领导作风，发现问题，不管涉及谁都毫不客气地批评纠正。有一次，余秋里得知解放军军械部急需四百吨擦枪油，三个月没有到位，便在大会上厉声责问：“解放军军械部急需四百吨擦枪油，为什么三个月没有回音？”见无人应答，便点名副部长徐今强，说：“徐今强同志，你分管炼油厂工作，你说！”徐今强规规矩矩地起立回答。

又有一次，他听说石油学院院长张俊，特批某人每礼拜到哈尔滨洗一次澡，搞特殊化。便在一次大会上点名道：“张俊同志，请站起来。”

余秋里问：“听说你特批某人每礼拜到哈尔滨洗一次澡？”答：“是。”

话音未落，余秋里就开始数落道：“你身上有没有虱子？我身上有没有虱子？在座的同志身上有没有虱子？都有，都去洗行吗！”

接着，余秋里又进一步与领导和机关干部“约法三章”：第一，坚持发扬党的艰苦奋斗的优良传统，保持艰苦朴素的生活作风，永不特殊化；第二，坚决克服官僚主义，不能做官当老爷；第三，坚持“三老四严”的作风，谦虚谨慎，兢兢业业，永不骄傲，永不说假话。

他提出“约法三章”，自己率先执行。

有一天，余秋里刚走进会战指挥部自己的办公室兼卧室，一眼看到里面出现一张三人沙发。他的眼睛瞪圆了，叫来行政负责人严厉责问：“这沙发是怎么回事？”

负责人的冷汗都冒出来了：“这个……考虑到领导平时工作辛苦，也没个舒服的地方好坐，我们就摆个沙发让您可以休息一下……”

余秋里没等说完，就打断了他，狠狠训斥说：“会战将士在冰天雪地里干活都不嫌辛苦，我一个部长还要坐什么沙发？早就对你说了，会战的同志们住什么我就住什么！你，把房间里的沙发马上拿走！”

行政处的同志连忙把沙发分给了正在筹建的会战医院。

接着，余秋里又向所有参加会战的领导和机关发布一个新的“约法三章”：第一，不准买卧车；第二，指挥机关不准有沙发、地毯之类的高档商品；第三，不准为领导干部建单独的宿舍。

直到1978年，邓小平第三次视察大庆，发现这个资金雄厚、富甲天下的石油城，竟然从局厂领导到工人群众，还都清一色地住着干打垒的住宅。从办公楼到招待所，没有一张沙发、一寸地毯。

案例表明：

针对已经形成不良作风的倾向性问题，必须组织有针对性的思想作风整顿。组织思想作风整顿的基本方法主要有五点。

- 要深入调查研究，认准问题，充分准备，不可操之过急。
- 要善于抓住一个有利契机，抓小推大，并且要善于营造强大声势，乘势而为。
- 要将思想教育、制度建设、领导带头等若干配套工作紧密结合，形成机制，多管齐下，不可企图“一整制胜”。
- 在整顿之后要持续保持严细作风，见到问题一抓到底，全面巩固整顿成果，不可一曝十寒，只有“五分钟热度”。
- 领导者自己要处处率先垂范，要求下面做到的自己率先做到做好。

4. 要善于运用“活动熏陶法”，陶冶人的情操

心理学家研究表明，人接受知识和思想主要是靠视觉、听觉和身心感觉。从企业的实际情况出发，采取“活动熏陶法”，通过组织开展种种行之有效的活动，营造持久强势的健康向上的文化氛围，使人在活动中直接体验、体悟，对于深刻领悟价值理念，陶冶人的情操具有重大促进作用。

企业可采取的活动方式很多，比如：根据重大主题教育的需要，组织开展好集中培训、讲座、报告会以及各种宣讲辅导活动；根据工作任务和员工思想实际，随时随地组织开展一事一议、谈心交心、现场鼓动等教育引导活动；适应员工的兴趣爱好，广泛开展读书演讲、文艺演唱、文体比赛等形式多样的群众性文体娱乐活动；运用互联网开展网上学习交流、思想互动、嘉宾访谈和格言征集等活动；举行升旗、授奖、表彰等各种仪式活动，重大节日、纪念日庆典活动；建好用好企业荣誉室、展览馆，拍摄好英模典型、反面典型的录像视频，开展好企业发展史、企业精神的宣贯活动……

在这里，需要对“礼仪”与“仪式”活动做一点专门介绍。

“礼仪”，是将某些生活情景经过规范和固化而成的规范化、程式化的特定的活动方式。企业“礼仪”是规范企业成员在对内对外人际交往中的礼节礼貌。比如，进领导的办公室要先敲门，遇生人要介绍和被介绍，人际间的称呼与被称呼，握手与挥手，平时的站姿坐姿，交谈中的礼貌用语和禁忌用语，说话的语音和肢体动作，衣着服饰与仪容，互换名片的动作，节日问候等等，内容繁多，这些都属于交际礼仪，也是人际间应有的礼节礼貌。

企业是一个从事经济活动的主体，其内部人员之间、与外部群体或个体之间都有大量的人际交往。交际礼仪是体现人员素质、企业管理水平的重要窗口。提高企业成员的礼仪水平，对内直接关系到内部人际关系的文明和谐程度，有利于促进人际间的友谊与团结，对外能直接影响外人对该企业的认知，并博得他们对该企业的好感甚至敬重。

“礼仪”是需要教育培训的。搞好企业的礼仪培训，教育引导员工尊重人际礼仪，是企业思想教育引导工作的一个重要内容。

“仪式”，是按照特定程式营造出一种特殊的气场氛围，借以传递特定价值和精神的文化形式。不同的仪式活动，能将各种抽象的价值理念转化为人们既能看得见，又能参与其中直接感受体悟的程式化情景，它给人以强烈的感观刺激、身心刺激，使参与者和旁观者产生隆重感、庄严感、荣誉感、自豪感、归属感、责任感、幸福感等各种不同感受，从而加深对相关价值理念的领悟与理解。

“仪式”所特有的情景感染力，使得许多“仪式活动”成了传统的活动方式。只要稍作留意，就会发现在我们的生活中到处都有仪式存在并在发挥着重要作用。比如：婚庆仪式，能使新婚夫妻感受到爱情的价值与享受爱情的幸福，增强相互之间的归属感，对家庭的责任感；家庭成员的生日纪念仪式，能使人感受到家庭的温馨、亲情的价值，增强对家庭的归属感、责任感；学生的毕业典礼，能使学生感受到学习的收获、勤奋的价值，产生成长感、成就感，激发进取心。

我军的仪式形式更为多样，组织更严密，程序更规范，氛围更庄严。尤其是升国旗仪式、阅兵仪式最为家喻户晓，也最受群众称赞，它彰显着国威、军威，已经成为我们国家军队的一张“独特名片”。

军队仪式活动，十分注重创造具有极强的统一性、整齐性、规范性、程序性的特定情景与氛围，使官兵通过仪式活动和活动中的行为动作、语言口号，以及直线加方块的严整阵形，在心里产生军队必须整齐划一、规范统一，军人必须服从命令、令行禁止等强烈的心理暗示和积极的心理影响、心理压力，进而将极强的统一整齐性、组织纪律性转化为“集体记忆”，催生出执行纪律、服从命令的高度自觉性。

除了条令规定的仪式之外，各部队根据自己的实际，还有一些特定的仪式活动。特别是一些英雄模范人物生前所在单位，都有各具特色的仪式活动。像黄继光生前所在连队，60 多年来，新兵入连的头等大事就是在黄继光像前举行入连暨授枪仪式，仪式中每名新战士都要高呼：“我是第 ×××× 位英雄传人……”以表达自己已加入这个英雄的连队，增强荣誉感与责任感。老兵退伍时要在黄继光像前举行告别仪式，表示要永远继承和发扬英雄精神。执行重大任务前要在黄继光像前举行宣誓仪式，表达自己要像英雄那样为完成任务“危险敢上，重担敢挑，奋不顾身”的决心。每天晚上例行点名，每次都要点到黄继光，这时全连官兵都会用最有力的吼声答“到”！以表达英雄之魂永存。这已经成为这支部队的传统，从而使黄继光的精神深植于官兵心中，代代相传。雷锋班、雷锋连等英雄部队也都用类似的仪式传承着英雄精神。

企业也可借鉴军队的经验，充分运用仪式活动进行企业价值观教育。企业的仪式活动也有“共需”与“特需”两个方面。

共需的仪式活动，主要是按照《中华人民共和国国旗法》《中华人民共和国国歌法》的规定组织开展好“升国旗”“唱国歌”仪式，同时组织好像国庆节、五一节、三八妇女节等全国性节日的庆典活动和春节团拜等传统节庆活动。

特需的仪式活动，主要是从企业的特殊需要出发，组织开展好工作型、庆典型、褒奖型、纪念型、生活型等五类仪式活动。

- **工作型仪式活动**，主要有新员工加盟仪式；老员工退休辞别仪式；技术、生产、销售合作签约仪式；重大项目签字仪式；新厂房、新车间开工奠基仪式、胜利落成仪式；出境出国执行重大任务的欢送仪式、凯旋仪式；执行重大风险任务前的誓师仪式……
- **庆典型仪式活动**，主要有公司或子公司成立庆典，公司成功开发出重要技术或产品庆典，公司重要活动目标达成庆典，新车间、新生产线投产成功庆典，重大项目完成庆典……
- **褒奖型仪式活动**，主要是给有功人员举行隆重的授奖颁奖仪式，对英模人物的表彰仪式……
- **纪念型仪式活动**，主要是纪念企业曾经获得的重大成功、重大奖项；纪念对企业发展做出杰出贡献的重要人物；纪念企业发展历史上的重大事件，包括曾经发生过的重大事故……
- **生活型仪式活动**，主要是春节团拜仪式、员工集体婚礼仪式、生日仪式……

企业组织仪式活动须注意以下几点：一是保证仪式活动的内容健康向上，不可混入庸俗迷信的东西。二是对企业主要仪式活动的细节、程序、行为规则进行严格规范。仪式一经创立，要保持稳定性和连续性，不可随意改变。三是在组织仪式活动时，要精确策划仪式的活动主题，精心选择仪式的活动场地，精心布置具有冲击力的视觉场景、背景音乐，精心设计具有象征力的行为方式，力争营造良好的仪式氛围，使员工从中受到充分的感染和教育。四是有些仪式活动，像有些庆典和褒奖仪式，可以有机结合在一起进行。

5. 要善于运用“心理疏导法”，及时发现和治疗心理疾病

“心理疏导法”要求领导者明白：思想教育不是万能的，它不但要与严格的纪律管理相结合，遇到精神不健康、心理有疾病的人，还得与及时科学的心理咨询、心理测评、心理治疗相结合才行。

世界卫生组织（WHO）提出：人的健康并不仅仅只是身体健康，还应包括心理健康以及社会交往方面的健康。

心理健康又称精神健康。心理健康指标主要是“三个良好”。

（1）有良好的自知自控能力，能正确地认识自我、调控自我，使自己保持稳定的情绪，坚定的意志，坦荡的胸怀，豁达乐观的心态。

（2）有良好的人际关系，能够以对等、相容、互惠、信用、公正等原则与人沟通交往，待人处事能坚持严于律己，宽以待人；热情友好，不卑不亢；以诚相见，谨遵诺言；助人为乐，与人为善。

（3）有良好的处世能力，能比较客观地分析理解各种事物，做人不以物喜，不以己悲；处事不偏执，不嫉妒，不苛求，不走极端，对原则问题能严肃对待，平静公正地处理，对鸡毛蒜皮的小事不斤斤计较；能依据客观实际主动调整自我，适应复杂的社会环境。

据此，有人将心理健康概括为“三个正确”：正确认识自我，正确认识环境，正确及时地适应环境。心理不健康的人遇事则相反，在他的内心会产生各种异常心理过程、异常人格特征，进而导致异常的行为方式，没有能力按照上述“三个良好，三个正确”的方式行事，很可能会做出各种出格的事情，造成破坏性结果。对于心理不健康的人，既要做思想工作，又要做心理疏导。有心理疾病的人，则要找心理医生就医，对症治疗，单靠思想工作是无济于事的。

可是长期以来，人们对心理健康、心理疾病问题有误解，一直将心理问题、心理疾病与精神分裂画等号，使有心理问题、心理疾病的人遭到不应有的歧视，以至于有的员工得了严重的抑郁症，有自杀倾向、破坏倾向，自己不以为有病，领导者也将他只当作一般的性格问题、思想问题对待，不去找心理医生做心理咨询、心理治疗，直至发生自杀、行凶、破坏等严重事故，还惊呼“真没想到！”

据心理学家统计，时下社会上精神不大健康，患有不同程度心理疾病的人占15%～20%。为此，我军在加强思想工作的同时，已经开始采取以下措施：一是对应征青年实施心理测试，以免将患有心理疾病的人征召入伍；二是在部队各级医务部门设置心理医生，专门从事心理测试、心理咨询，及时发现一些有轻度心理问题的人，治疗一些患有轻度心理疾病的人；三是将患有严重心理疾病的人及时送专科精神医院治疗，以免酿成重大事故和问题。

企业特别是有条件的大型企业很有必要借鉴军队的经验，做好对员工的心理测试、心理咨询、心理治疗，切实把思想教育与法纪管理、心理治疗紧密结合起来。

最后，还需要指出以下几点。

（1）机制治理的规则告诉我们，做好思想教育工作十分重要，但也不可能单靠思想工作“一招制胜”地解决一切问题。经常性的思想教育必须与经常性的科学管理、心理疏导相结合，形成一个科学的教育管理机制，这样才能事半功倍。

（2）人的思想转化是一个潜移默化的过程，不能指望上一两堂课，谈一两次心，便一蹴而就，立竿见影。应当不急不躁，持之以恒。

（3）一个人的思想受到客观外界的影响，会发生相应的变化，因而要大力营造优良和强势的思想气场氛围，促使员工思想始终朝着健康的方向发展，不会朝着污化的方向下滑。（关于营造气场氛围，后文有专门介绍）

（4）做思想工作刚开始缺乏经验，可能会走些弯路，但只要有决心、肯学习、重践行、会总结，一定能越做越好，尝到甜头。

三、遵循一个规律——以需求为导向

人的一切行为目的，都是为了满足自己的某种需要。现实生活中的人有着多样式、多层次的需要，并且“需要”还会随着主观和客观条件的变化而变化。所以，抓住“需要”这个源头，坚持以“需求”为导向，引导好人的思想与行为，便成为做好思想教育引导工作的一个重要路径。

既然要抓住“需要”这个源头，那就必须首先认知，“需要”作为心理现象具有以下特性：人的需要具有多元性；在多元需要中必定会有一个中心需要；各人的中心需要具有差异性；需要具有延续性和扩展性；需要具有可调控性；有些需要具有隐秘性。坚持“以需求为导向引导人”，就得根据上述特性，因需制宜地做工作。

1. 依据人的需要具有多元性的特点，做好统筹平衡工作

人的需要是一个由性质功能各异又相互联系作用的多元的需求所构成的复杂的心理结构。多元复杂的心理需求从性质上区分，归结起来主要有物质需要、精神需要这两大类。为此，企业既要通过薪酬福利、奖金奖物、股权提成和努力改善员工工作生活条件等多种物质形式满足员工物质需要，还要通过尊重、信任、授权、关爱和努力为员工营造公平、安全、民主的环境，适时给予欣赏、表扬、荣誉，经常组织各种文体娱乐活动等方式，满足员工的精神需要。在员工取得重大业绩时，领导者不可想当

然地以为给他发足奖金，满足其物质需要就够了，还必须统筹安排及时有力的表彰，必要时组织隆重的授奖仪式，为其披红挂花，给予应得的荣誉。当员工遭受不公平的待遇，名誉受到损害时，领导者则要挺身而出，为其伸张正义，维护名誉。唯有如此，才能充分激励人心、凝聚人心，充分调动员工的积极性和创造性。

人的需要不仅具有多元复杂的特点，并且还具有多元需要之间能够相互弥补的特点。这个特点告诉领导者，当一个人的物质需要得不到满足时，及时找他谈心安抚，给他一些精神上的慰藉和补偿，特别是当受到扣发奖金等处罚时，在思想上进行及时有效的教育引导，可帮助他保持好心理上的平衡。同样，当员工的精神需要得不到满足时，在物质上给些相应的弥补，也能让人觉得“失之东隅，收之桑榆”，在心理上好受一些。

不过，相互弥补的方法只能在的确无条件满足某种需要时才可采取。有条件满足不予满足，想用别的东西顶过去，甚至想用虚言糊弄过去，这是难有好结果的。

2008 年金融危机时，有个企业资金周转不开，老板便提出“企业有困难，大家来承担”的口号，采取暂停免费午餐，降低奖金、补助等举措节减开支，降低成本，要求大家咬紧牙关，共渡难关，并且承诺一旦形势好转，被暂停和降低的福利会马上恢复。

对于老板的决定，员工一致拥护。在大家共同的努力下，企业渡过了难关，两年后有了大发展。可是，恢复免费午餐的承诺却如同泥牛入海——无消息。于是有人向老板呼吁恢复供应免费午餐，老板的回答是：“公司形势好转后已经加大了奖金额度，恢复供应免费午餐以后再说。”

听到这样的答复，员工明白了，原来老板的说辞都是糊弄人的。大家还明白，老板想食言，谁也挡不住，唯一对抗的办法是：既然你糊弄我，那么我也糊弄你。从此员工做工作再也不像过去那样出力了，对老板的要求阳奉阴违的多起来了，一些有能力的人才纷纷跳槽走了……结果金融危机熬过去了，严重的信任危机出现了，公司的人心散了！

教训告诫我们：

❖ 奖金发给了个别人，免费午餐关系到所有人，前者只适应个人需求，后者则涉及团体需求。个人与团体这两种需求可以相得益彰，却不能相互代替，必须统筹兼顾，使个人需要与团体需要得到双满足。可是，老板却自以为增加了奖金额度便可替代免费午餐，这完全是一厢情愿。

❖ 以增加奖金额度代替免费午餐的说辞，实质上是对员工的糊弄，这种糊弄是以老板失信为代价的。这一失信对员工造成了双重亏欠——不但是物质上的亏欠，更有精神上的亏欠！势必挫伤员工的心，使员工产生“跟着这种说话不算数的老板缺乏安全感”的心理，涣散企业的凝聚力，这个代价实在太大！

❖ 金融危机是一时的，信任危机是持续的，除非老板幡然省悟，以实际行动重新立信，重新取得员工的信任，否则信任危机永远过不去，还会愈演愈烈，企业就会在危机中衰败直至倒塌！在现实生活中，没有倒在金融危机中，却倒在信任危机中的企业其实很多。可悲的是企业倒了，老板还不一定明白自己是倒在信任危机中的，这是多么可怕的事情！

类似采取上述不当替代的方式，在企业管理中还有许多表现。譬如，有不少企业实行高薪吸引人才的政策，人才进入企业后，老板总以为我给了你这么丰厚的物质待遇，你就不应该再计较别的，应当一切都听我摆布。因而平时对他们缺乏关爱尊重，态度粗暴；有的只关心监督各级权力运行的需要，却不关心下属领导者名誉安全的需要，结果搞得内部矛盾重重，人才跳槽。

某钢铁集团高薪聘请一名富有管理经验的职业经理人担任炼铁厂厂长。炼铁厂长期以来问题成堆，新厂长上任后，立即实行大刀阔斧的整治，一下子开除了五人，处罚了九人。工厂运行正常了，可是集团总裁的手机里却出现了大量告状信。告状的内容很一致，都说新厂长上任后每天的焦炭消耗量剧增，不到一个月时间，炼铁厂多耗焦炭 2000 吨。告状者认为，这 2000 吨焦炭已被新厂长卖掉，钱已落入了他的腰包。

总裁明知这不大可能，但为了保持对新厂长的监督压力，他只是不加评论地将信息转给厂长。厂长收到诬告信十分恼火，立即组织人对每日焦炭消耗量、焦炭库存量进行清查，拿到足以澄清诬告的证据后去找总裁。可是总裁既没有对诬告表示愤慨，也没有到炼铁厂为厂长证明清白，更没有批判诬告行为，彻查诬告人，只是一笑了之。

厂长觉得总裁根本不信任自己，更不在乎自己的名誉安全！一气之下，回到办公室，在信纸里写上“这个地方没法干”几个大字，便不辞而别。总裁知道后却说“这个厂长气量太小”。

很显然，厂长之所以不辞而别，绝非因为薪酬待遇低，也不是由于他气量小！完全是总裁不尊重、不维护厂长名誉，明知厂长遭人诬告也不为他说一句公道话，使厂长在精神上受到了很大伤害的缘故！

案例告诉我们：

高薪可以聘进人才，但不一定能留住人才！要留住人才，必须既注重人才的“物质待遇”，又注重人才的“精神待遇”，使人才的“物质需要”与“精神需要”得到双满足。特别是高层次人才，他们不愁找不到合适的职位与优渥的物质待遇，所以比一般人更关注尊重、信任、民主、荣誉等方面的精神待遇。一旦精神待遇得不到应有的满足，他就会不辞而别，即便不走，也只能留住他这个人留不住他的心。从此他能为履职发挥一般技能，不会充分发挥其创造性的潜能。

原因很简单，从市场规则上讲，老板出的薪酬再高，也只能购买到人才的技能和运用技能所付出的劳动与劳动成果，绝没有也绝不可能购买到人才的人格尊严。如果你能购买到一个人的人格尊严，那这个人一定是奴才，绝非真正的人才。“士可杀不可辱”，人格尊严、名誉安全、民主权利等都是人才最重视的“精神需求”，它绝不会让任何人去任意地消费它，包括老板。

不少企业老板常常提出这样的疑问：我给的薪酬福利都高于同行业，为什么人才还老是跳槽到别的公司？这个问题的答案就在他的提问之中！他的提问只讲了薪酬待遇，却缺了“精神待遇”。人才流失的一个重要原因，就是老板满以为高薪就能摆平一切，因而不关心人才的精神需求，不尊重人才的人格尊严、名誉安全、民主权利。必须指出，高薪能满足人的物质需求，并不能替代人的精神需求；高薪能购买到人才的劳动能力，绝不可能购买到人才的人格尊严。

为此，我们有必要建议企业老板，当公司留不住人才时，你既要认真检查物质待遇状况尤其是薪酬制度方面的问题，更要认真检查自己给予人才的“精神待遇”是否足够。特别是要检查一下自己对他们是不是足够尊重，有没有给予充分的民主权利，能不能关心与维护他们的名誉安全等，然后有针对性地采取改进措施。除此之外，别无选择！

人的需求规律表明，人的需要是多元的、复杂的，多元需求之间可以适当互补，但不可以相互替代。规律要求领导者必须统筹兼顾好物质与精神、个体与团体等各种需要之间的综合平衡，以此促使员工保持心理上的平衡与执行中的动力。

2. 依据多元需要中必定有一个中心需要的特点，牵好“牛鼻子”

人的需要是多元的，但在多元需要中，必定有一个起主导作用的中心需要。起主导作用的中心需要是激发人们产生主导性动机、支配人们行为的主要力量源泉。为此，领导者应着重了解下属的中心需要，一旦掌握了“中心需要”，就牵住了“牛鼻子”，就能因势利导，做好激励、沟通、引导等工作。

（1）人的中心需要具有层次性。

西方心理学家马斯洛将人的需要区分为五个层次。最基础层次的需要是“生理需要”，即人对食物、水、空气、性和休息的需要等。向上一个层次的需要是“安全需要”，即对生命健康安全、个人财产安全、个人名誉安全、工作职位安全、工作生活环境安全的需要。再向上一个层次的需要是“归属和爱的需要”，即对友情、爱情的需求，对归属于某一群体并在群体中享有地位的需要。再上一层是“尊重需要”，即希望得到荣誉和他人尊重的需要，得到受人尊重的权力地位的需要。最高层次的需要是“自我实现需要”，即对最大限度发挥自己的潜能，实现自己理想的需要；对不断完善自己，提升自己的需要。

上述五个层次的需要，可分为三个档次，其中“生理需要”与“安全需要”属于初级档次；“归属需要”与“尊重需要”属于中级档次；“自我实现需要”属于最高层次、最高档次的需要。

“五个层次”“三个档次”的需要，其实就是人在不同境遇下产生的不同层次的中心需要。人的“中心需要”会因各人所处的地位、境遇的不同而不同。比如，尽管任何人都有多种物质的、精神的需要，但饥饿中的人，最急需的中心需要是吃饱肚子以满足生理需要，其他需要相比之下则等而次之。

（2）人的中心需要的发展过程，通常都呈现为一个由低层次向高层次发展的渐进过程。

一般情况下，层次越低的需要出现得越早；高层次的需要一般是在较低层次的需要得到满足之后才会出现并逐渐成为中心需要。

正由于此，员工刚入职时，大多以追求工资待遇，职业的稳定性、安全性为中心需要。如果他发现工资待遇低于同行业，企业发展状况不良，缺乏职业的稳定性、安全性，就不会安心于这个企业。所以，解决好员工工资待遇、企业发展等基础性问题，这是所有企业领导的根本任务。

在初级档次的需要得到基本满足以后，希望得到领导的信任，得到同事的友爱和尊重，甚至想成为团队中最为得宠的一员的需要便上升为中心需要。这时，领导和同事如能尊重他、关心他、信任他，给他一个“家”的感觉，以满足他归属和爱的需要，就能调动他的积极性。假若总是对他训斥，总是将他当成工作的机器，根本不关心他的疾苦和困难，或者总是不公平地对待他，让他觉得自己是领导的“圈外人”，团队的“异类”，就会产生反感情绪和叛逆心理。因而，营造相互尊重的和谐的人际关系是企业领导不可忽略的重要任务。

在中级档次的需要，即归属和爱的需要得到基本满足之后，追求事业、追求自我实现的需要就会成为他的中心需要。这时，如能帮他搞好职业规划，并为他追求事业提供发展的平台和机会，让他看到自己的发展很有前途，他就会安心。若是看不到发展的前景，就会对这个企业丧失信心，另谋出路，或者就开始马马虎虎地混日子，甚至开始浑水摸鱼，谋取私利。为此，给员工做好职业发展规划，为人才搭建发展的平台，当好人才的支点，这是企业领导的重要职责。

人们中心需要的发展特点，要求企业领导者在密切关注薪酬福利和安全需求的同时，切实做好以下两点：一是放下官架子，多给下属以尊重和关爱，并大力倡导人际间相互尊重、主动协作的优良文化，以增强员工的归属感；二是在发展企业的同时，从制度上多设置几条员工进取发展的晋升通道，减少晋升过程中的“天花板效应”，然后帮助人才做好实现自我的职业规划，以激发其内心的进取心和责任心。

一个大中型企业，从制度上多设置几条员工进取发展的晋升通道，减少“天花板效应”十分重要。我军官兵个人发展，过去只有一条行政晋升通道，于是形成严重的“天花板效应”，许多专业技术干部很难长期保留，人才流失严重。后来经过改制，在保持行政晋升通道的基础上，又增加了三条晋升通道：“专业技术军官”晋升通道，“文职干部”晋升通道，“军士”晋升通道。并且每一条晋升通道都设置了很多级晋升阶梯，于是人才发展便有了多向选择，发展中的“天花板效应”大大缓解。

企业也可仿效，多设计几种晋升通道，并且在每条晋升通道上多设置几级阶梯，以防止人才没有升几级就碰到“天花板”，这对于留住人才具有重要意义。

3. 依据各人的中心需要具有差异性的特点，做好有针对性的引导工作

必须指出：人的中心需求，并不完全像马斯洛所描述的那样，全都呈机械上升之势。事实上，持有不同价值观的人，即便处于完全相同的客观条件下，他们对中心需求的质和量都会表现出明显的差异甚至完全相反。

我国古代有则“不食嗟来之食”的典故。说当年齐国大饥荒，有个叫黔敖的人，煮了一大锅粥，摆在大路边上，救济挨饿的人。有一个已经饿得快走不动路的人，跌跌撞撞地从大路那头过来。黔敖就对他大声吆喝说：“嗟！来食！”“嗟”是一种侮辱性的呼唤。

那个人一听，瞪着眼睛对黔敖说：“予惟不食嗟来之食以至于斯也！”意思是我就是因为不吃你那种带有侮辱性的“嗟来之食”才饿成这个样子的！黔敖觉得自己的态度不好，赶忙道歉。可是那个人坚持不吃，直至饿死。

别以为“不食嗟来之食”只是一则寓言，它在现实生活中也真实地存在。我国著名散文家朱自清教授，晚年身患严重胃病，每月薪水仅够买 3 袋面粉，全家 12 口人吃都不够，更无钱治病。当时，国民党勾结美国发动内战，美国又执行扶助日本的政策。一天，吴晗请朱自清在“抗议美国扶日政策并拒绝领美援面粉”的宣言书上签字，他毅然签了名并说：“宁可贫病而死，也不接受这种侮辱性的施舍。”

1948 年 8 月 12 日，朱自清贫困交加，在北京逝世。临终前，他嘱咐夫人：“我是在拒绝美援面粉的文件上签过名的，我们家以后不买国民党配给的美国面粉。”朱自清一身重病，宁可饿死也不领美国的“救济粮”，他就是现实中“不食嗟来之食”的典范。还有像江姐那样众多的革命先烈，宁可牺牲生命也永不叛党；像黄继光那样众多的革命英雄，为了胜利，为了减少战友的伤亡，宁可用自己的胸膛去堵敌人的枪眼。他们都是用坚定的革命信仰主导自己“需要”的人，根本无法用马斯洛的“需要层次论”做出解释。

此外，人的习惯性行为作风、个人性格、思想情绪也都会影响其对行为动机的选择。特别是居于人内心的价值信念有正有误，各人的“需要”和“动机”经过其内心价值观的评估和筛选，难免既有符合客观现实的需要和动机，也有非现实的需要和动机；既有符合情理的理性需要和动机，也有不合情理的非理性的需要和动机；既有符合法纪、道德的需要和动机，也有不合法纪、道德的需要和动机，等等。

为此，领导者对于马斯洛的“五层次理论”只能借鉴，不可机械照搬！必须深入调查了解各个具体人的实际需求，从客观实际出发，针对差异性特点，坚持采取“一把钥匙开一把锁”的方法，因人而异地做好教育引导工作。

4. 依据人的需要具有延展性的特点，着意防范需求失控

人们对于物质和精神的需要具有延展性，即延续性和扩展性。需要的延续性决定了人的需要不可能给予一次满足便能一劳永逸，就像吃饱了早饭，还得继续吃午饭一样，必须不断地予以满足。有的老板给了员工一次重奖之后，不再顾及他需要的延续性，以为一次重奖应当管很长时间，以至于后面该奖的不能及时奖励，常常会挫伤员工的积极性。

需要的扩展性决定了人的需要不仅是延续的，并且其需求的量与质也是不断扩展的。比如：一个员工在受到多次口头表扬之后，会产生想得到物质奖励的期望；在多次受奖之后，会产生想升迁职务，得到重用的期望。就奖金而言，第一次得到 1000 元奖金很满足，很高兴，而得过两次之后，就嫌少了，就想有更高量级的奖金。

俗话说：人心苦不足，得陇又望蜀。得陇望蜀的需求心理，自然而然地造成了激励效应的递减。若不予以“适时 + 恰当”地调控引导，就有可能使人的需求脱离实际，滑入不合理、不恰当、非理性需求的陷阱，导致不良的后果。

人的需要具有延展性，而企业满足需要的能力是有限的。当有限的能力难以满足员工延展着的需求时，当领导的应当从两个方面加以努力：一方面要创造条件，力争最大限度地满足下属的需求；另一方面则要依据人的需求动机可变化、可调控的规律，因势利导地搞好“适时 + 恰当”的调控引导。

5. 依据人的需要具有可调控性的特点，做好因需利导的工作

人的需要是一个受主客观条件制约的心理结构，只要改变一些主客观制约条件，人的需求心理也会随之发生相应的变化。

有个姓崔的年轻人，在挪威找到一份仓库保管员的工作。上班第一天，工厂老板巡视时见到小崔，就问他：“如有歹徒来仓库抢劫，你怎么办？”小崔毫不犹豫地说：“我会奋不顾身地保护公司财产！”

他满以为会得到老板的赞赏，谁知老板却摇了摇头，说：“你要记住，遇到歹徒

抢劫，你不得有任何反抗行为，你的职责是：按照歹徒说的去做，并记下他们的特征，等歹徒抢劫完走后迅速向警方报案。”这让小崔大惑不解。事后，从同事那里得知原委：如果有员工在和歹徒搏斗中受伤，按照挪威法律，老板要养他一辈子；如果仓库真的被抢劫，公司买了保险，会获得赔偿。

案例启示我们：

❖ “道德信念”能引导人的心理和行为。小崔回答“遇到歹徒抢劫，就奋不顾身地保护公司财产”，是因为他从小受到中华民族优良道德文化的熏陶，确立了“与坏人坏事做斗争光荣”的信念。

❖ “制度和利益”能引导人的心理和行为。老板害怕员工与歹徒搏斗，要求小崔不得有任何反抗行为，这是因为挪威法律规定“如果有员工在和歹徒搏斗中受伤，老板要养他一辈子”，并且“如果仓库真的被抢劫，公司买了保险，会获得赔偿”，员工与歹徒搏斗，对老板是不利的。

❖ 条件是因，行为是果。不同的原因会产生不同的结果！“道德信念”“制度”“利益”等都能成为影响人思想和行为的外因条件。你要员工产生何种行为，你就设法给他设定相应的条件进行引导和调控。比如你想让他见义勇为，就不断进行这方面的思想教育，让他确立起“与坏人坏事做斗争光荣”的信念；如果设定挪威那样的法规以及保险条件，就会产生像老板所要求的行为。

“信息刺激”也能起到调节人内心需求的作用。有个企业为了激励员工，连续几年都以年增 50% 的幅度提高奖金量。到了第四个年头，继续以同样的幅度提高奖金额度，公司力不从心了。可是，大家对奖金的期望值却在升高，因为每年增加 50% 的奖金已经成为人们的心理惯性。

于是，当大家都在兴高采烈地议论今年的奖金时，公司的老总为难了！继续按原标准提高奖金额度吧，已经力不从心了，不按原标准提升奖金幅度吧，势必挫伤员工的积极性，发出去的奖金就会如同打了水漂，起不到激励作用！万般无奈之下，老总决定采取“危机信息刺激法”对下属的需求心理进行调适。

他与核心领导商量之后，让他们在茶余饭后等非正式渠道向下传出一个口风：“由于市场竞争激烈，今年公司经营遇到困难，预测明年形势会更加严峻。所以，公司高层正在研究是否裁员的问题。”

这个消息一传出，人们的心理马上被“公司裁员会不会裁到自己”这个焦点问题占据，奖金问题便退居其次。正当大家都在关注裁员问题时，又有消息传来，说：“公司决心留下所有员工，与大家共渡难关，但是，发奖金有困难了！”这时大家的心里一阵高兴，觉得能安定地就业，总比失业强！过了一段时间又传出消息，说：“公司领导设法筹到了一笔资金，奖金还是要发的。”这时人们的心里便涌出了一阵欣喜。最后，当发奖金时，大家发现到手的奖金仍与去年持平，便大喜过望。

诚然，案例中的老板有玩弄权术之嫌，其做法也许并不足取，但老板的“危机信息刺激法”的确有效地调控了员工的需求心理。这个事实充分证明了一个规律：人的需要是受各种主客观条件制约的，只要适时采取“信息引导”“目标引导”“规则引导”“奖惩引导”“思想引导”“利益引导”等种种恰当的调控措施，就有可能调整人的内心需求和行为。

需要特别注意的是：人的一切行为目的，都是为了满足自己的某种需要。在内心需求的驱使下，人们会产生或是正确的理性的或是非理性的多种思想动机。各种各样的思想动机经过价值观的评估筛选，最终被选定的那个动机便直接支配人的行动，于是便形成了如下逻辑链路：人的内心需要产生思想动机→价值观筛选思想动机→被选定的思想动机支配行动→行动产生结果→结果有可能使需要得到满足，也可能未满足，还可能反而遭到损失→无论是满足、未满足乃至遭到损失，都必定会产生出新的需要与动机，然后展开新一轮的逻辑过程。这就是人一切活动的逻辑链路，也是具有必然性、重复性的客观规律。

通过这一逻辑链路，不难发现：支配人行为的动机是由人的“内心需要 + 价值判断”决定的，价值观对判断筛选思想动机起着决定性作用。所以企业领导必须对员工持续进行正确的价值观教育，引导他们提升分辨正确与错误、理性与非理性、合规与违规的能力，在此基础上建立起正确合理的需求动机结构。同时，还要通过公平公正的奖惩激励，激发和调控人的需求动机结构朝积极向上的方向发展变化；通过建设以制度规范行为导向的企业文化环境，培育集体优良的习惯性行为作风和文化，在此基础上固化正确合理的需求动机结构。

6. 依据人的需求心理具有隐秘性的特点，注重由表及里地抓住需求本质

人的需要属于人的心理活动。它们有的会直接见之于言行，有的则隐藏于心底，

有的会通过间接的、曲折的、隐晦的，甚至声东击西的行为方式表达出来。例如，一个内心急于晋升职级的人，有可能在表面上若无其事，而内心却十分纠结；有的还会采取向上级流露想离职的意思，借以试探上级，推动上级提拔自己。

这就要求领导者绝不可被现象所迷惑，见风就是雨，必须善于对下属的行为表象进行由表及里、由此及彼、去伪存真的深入分析，及时洞察其“不在酒”而“在乎山水之间”的“醉翁之意”，抓住问题本质，做好因势利导工作。

做好思想教育引导工作的实质就是播种信念，正确而统一的信念是促使企业形成科学的价值共识、科学的发展战略和规章制度的关键所在。但是，价值共识、发展战略、规章制度还仍然只是思想性质的东西，要将这些思想性质的东西真正转化成为一系列的物质成果，中间还必须经过企业上下扎实有效地践行。企业上下能不能扎实有效地践行，在很大程度上又取决于他们有没有养成优良的集体行为习惯、行为作风。

为此，作为企业领导，你不能仅仅只满足于播种了信念，制定了战略和制度，还必须在这个基础上，抓好优良的集体作风的培塑和养成。有鉴于此，非常有必要像研究思想教育一样，进一步深入研讨企业如何培塑优良作风的问题。

第九章

作风培塑法

人人都梦想成功，而成功取决于行动。只有梦想，没有行动，成功永远只能发生在梦中！世上任何成功的事业都是用实际行动干出来的。所以古人告诫曰：“道虽迩，不行不至；事虽小，不为不成。”

然则，有行动就必定能成功吗？实践的回答是：不一定！

事成于行，也毁于行。行动的输赢成败取决于各种主客观条件，而单就行动者的主观而言，很大一部分是取决于行动者行为作风的优劣。人的行为作风源于行为习惯，据心理学家实验统计，人每天只有不到7%的行为属于非习惯性的，高达93%以上的行为皆源于习惯性的行为方式。

行为作风，是由稳定的习惯性行为方式所养成的行为风格，它具有支配人不由自主地持续重复同一思维方式、行为方式的功能，因而培塑优良的习惯性的集体作风是企业取得成功的基础性条件。掌握作风培塑法，努力培塑好员工优良的集体行为作风，夯实企业的作风基础是领导者不可须臾有所忽略的领导责任。

作风培塑法，就是以培塑员工优良的集体作风，增强企业执行力和创造力为根本目标，遵循作风养成规律，从抓好“择需定规，严规固行，首脑先优”等重要环节入手，综合运用“思想教育＋制度规范＋环境陶冶”的治理机制，多管齐下地夯实企业作风基础的方法。

第一节
什么是“作风”

作风，作为由稳定的习惯性行为方式所养成的行为风格，具有以下几个显明的本质特征。

一、作风类似于本能，却不同于本能

作风具有支使人下意识地重复同一行为方式的特征，这个特征类似于本能却又不同于本能。本能是先天的，与生俱来的，而作风是后天经过不间断无差异地持续不懈地重复践行同一种思维方式、行为方式而养成的习惯性行为风格，它是由重复成习惯，习惯成自然，自然成作风的。

二、作风根源于习惯，又不等同于习惯

作风是人们在日常工作、生活中养成的习惯性的行为风格，所以它根源于习惯，但是又并不等同于习惯。习惯，通常是指单一的惯性行为。作风，则不只是对单一的惯性行为，更是对同类惯性行为的概括。例如“诚信作风”，就是对诸如“说老实话，办老实事，做老实人”和“令出必行，令行一致”等同类惯性行为的概括，“官僚主义作风”则是对许多习惯性官僚行为的概括。

1963年5月29日，在党中央、国务院直属机关负责干部会议上，周恩来总理列举了官僚主义的20种行为方式：脱离领导、脱离群众的官僚主义；强迫命令式的官僚主义；无头脑的、迷失方向的、事务主义的官僚主义；老爷式的官僚主义；不老实的官僚主义；不负责任的官僚主义；做官混饭吃的官僚主义；颟顸无能的官僚主义；糊涂无用的官僚主义；懒汉式的官僚主义；机关式的官僚主义；文牍主义和形式主义的官僚主义；特殊化的官僚主义；摆官架子的官僚主义；自私自利的官僚主义；争名夺利的官僚主义；闹不团结的官僚主义；宗派性的官僚主义；蜕化变质的官僚主义；走上非常危除道路的官僚主义。

对于每一种官僚主义，还列举了许多常见的表现形态，如在讲到“强迫命令的官僚主义”时，他列举了“狂妄自大，骄傲自满；主观片面，粗枝大叶；不抓业务，空谈政治；不听人言，蛮横专断；不顾实际，胡乱指挥”等表现形态。在讲到“老爷式官僚主义”时，列举了“官气熏天，不可向迩；唯我独尊，使人望而生畏；颐指气使，不以平等待人；作风粗暴，动辄破口骂人”等表现形态。

周恩来总理将散落于日常领导工作中的20种官僚主义行为方式科学概括为“官僚主义作风”，从而为人们认清这些行为方式的本质，克服官僚主义作风，培塑优良领导作风指明了目标和方向。

三、作风是无形的力量

南方坊间流传着一则笑话，说有一个叫阿毛的孩子到剃头店当学徒。学徒三年，基本上是给师母当勤杂工，师傅很少教手艺，只交给他一只冬瓜，一把剃刀，要求他一边在冬瓜上练习用剃刀刮毛，一边听师母使唤。每当师母叫“阿毛”，他便马上将剃刀在冬瓜上一插，起身去帮师母做杂事。快满师时，师傅让他在客人头上实习，忽听师母“阿毛”一声叫，他也不由自主地将剃刀向客人头上插去。

很显然，学徒的内心特别想把顾客侍候好，绝无丝毫伤害顾客的意念。让他伤害人的是一种无形而强势的力量，即长期以来养成的习惯性行为作风。正是习惯性的行为作风产生出强大的惯性力量支使阿毛下意识地重复在冬瓜上插刀子的动作，从而酿成大祸。

一个人是如此，一个企业也同样如此。只要员工集体养成了下意识地、持续地按照企业统一规范的行为方式做事的优良作风，员工遇事不用领导监督管理，也能按照企业规范化的行为方式自觉执行、自动协调、自我管理，企业也便自然而然地进入“无为而治”的最佳境界，其成功自不待言。反之，员工养成了不良的集体作风，企业领导无论怎么管理也很难管好，其失败也自不待言。

无数正反事实一再告诫我们，“成功”也许只需要按照正确的行为方式做几个恰当的行为动作而已。然而，决定人采取何种行为方式、行为动作，则常常取决于做事人养成的作风。作风的优劣决定着做事的成败！

四、作风具有强大的制约作用

经验告诉我们，在正常条件下做事，人们一般不会有什么大问题。倘若在恶劣的环境条件下做事，当事人选取何种行为方式和动作，就更依赖于“价值信念＋行为作风”。如果不信，可先从一个假设进入，展开分析探讨。

假如你参加了辽沈战役，你的连队占领了沈阳西车站，车站上有一列满装军用物资的列车停在轨道上。为了防止敌人破坏，连长命令你留下来守卫。连队因接受新的紧急任务离开了，于是你一个人在无人换岗、无人管理、无人监督的条件下，要顶着严寒和刺骨的北风，连续三天三夜没吃没喝地执行守卫列车的任务。

请问：你会如何执行？

❖ 你是牢骚满腹，怨言载道，还是无怨无悔地巡逻执勤？
❖ 在连续执勤、无人换岗、无人监管的情况下，你会找个避风的地方躺倒休息，还是始终坚持执勤不休息？
❖ 当刺骨的寒风冻得你浑身直打哆嗦，加之没有吃的，饥饿、困倦、寒冷搅在一起，让你两腿发软的时候，发现一节车厢里装有饼干，你是马上伸手拿饼干充饥，还是想到这是公共财物，不能个人私自取用，就忍着饥饿守护着这些饼干？
❖ 在你正饿得心里发慌、两腿发软时，发现远处车站有卖吃的，而自己口袋里正好有点钱，你是离开执勤岗位去买吃的，还是觉得不能擅离岗位，继续执勤？

毋庸讳言，一般人肯定会牢骚满腹、会找个避风的地方躺下休息、会伸手拿饼干充饥、会离开岗位去买点吃的，可是某部八连战士张庆山却不这样。

辽沈战役期间，某部八连占领了沈阳西车站，车站上有一列满装军用物资的列车停在轨道上。为了防止敌人破坏，连长命令战士张庆山留下来守卫。连队因临时接受一项紧急押送俘虏的任务离开了。

一天过去了，没有人换岗。冬日的北风呼呼地刮着，冻得张庆山浑身直打哆嗦。但他始终夜以继日地坚守岗位，巡回在列车旁。

又一天过去了，饥饿、困倦、寒冷搅在一起，使他两腿发软，但他仍咬紧牙关坚持着。在一节车厢前，他发现里面装有饼干，便伸手拿了一包。刚把饼干送到嘴边，忽然觉得这样做违反纪律，马上将饼干放了回去。他摸摸口袋里的几个钱，想到车站买点吃的，刚走几步，想到自己的职责，忍着饥饿又返了回来。

就这样，困了他用雪洗把脸，饿了紧紧裤腰带，渴了吃把积雪，始终坚强地支撑着，一刻不停地巡查守卫。第三天检查组的同志来了，他走近一步缓慢地敬了一个军礼，张了张嘴想说什么，身体一晃昏倒在地。

张庆山如此尽心尽责地自觉警卫执勤，靠的是什么？靠的就是在革命军队里长期养成的“价值信念＋行为作风”，特别是“令行禁止的好作风”“忠于职守的好作风”“无私奉献的好作风”。我们的军队正因为有了如此优良的好作风，才会在执勤时有无数个张庆山，在战场上有无数个邱少云、黄继光……也正是因为有无数个张庆山、邱少云、黄继光，我军才能突破无数个不可能，创造出令人惊异的战绩。

结论很显然，一支攻无不克、战无不胜的军队，一支屡创奇迹的军队，必定是一支具有优良作风的军队。作风优良，是一支军队、一个组织赖以生存发展不可或缺的基础性条件。

五、作风是企业基础构成中不可或缺的重要基石

作风的力量是巨大的，无论是一个人、一个组织，一旦养成好习惯、好作风，会终身受益；要是养成并沉溺于坏习惯、坏作风之中，就会不知不觉地把自己毁掉！正由于此，党政军对于作风建设，特别是领导作风、集体作风的建设历来十分重视，始终将其当作基础性工作来抓！可是，绝大多数企业则大相径庭，他们不讲作风，无视作风，似乎作风与己无关。

何以如此？原因很简单，因为企业管理多年来几乎已经全盘西方化了，而在西方管理词典中是没有“作风”这个概念的。因此对于作风，长期以来只有党政军始终重视有加，在企业则早已被无视、被摒弃了。

然而，客观规律是不以人的意志为转移的！西方管理学中所没有的作风，恰恰是构成企业领导力、执行力不可或缺的要素，更是企业基础构成中不可或缺的一块重要基石。企业可以无视和摒弃作风，而作风却绝不会因为你的无视和摒弃停止发挥作用，更不会因为你的无视和摒弃而消失。事实上，企业中许多“老大难”的领导力、执行力问题，从根子上讲，恰恰正是由于“领导作风”“集体作风”不良所造成。

因而，企业绝不可因西方管理学不讲作风，就僵化地以为作风与企业无关！从而否定作风在领导力、执行力构成中的动力地位，否定作风在企业基础构成中的基石地位。

第二节
别以为作风与企业无关

化解认知问题最有效的东西不是语言，而是令人信服的事实。下面让我们一起回顾一个企业的领导作风、集体作风决定企业命运的真实故事——武汉柴油机厂的故事。

武汉柴油机厂，是曾经制造出中国第一台手扶拖拉机的工厂。可是由于工厂领导中官僚主义、好人主义等劣质领导作风盛行，工厂长期管理不善，员工的许多劣质行为方式得不到应有的制止和纠正，久而久之便逐渐变成了工厂上下的行为风气——集体所共有的习惯性的不良行为作风。

首先是“自由散漫，不守劳动纪律”的行为方式成了上下习惯性行为作风。员工上班随便迟到早退，上班时看报纸，东游西逛，闲聊天，打毛线，干私活，出工不出力。一些50来岁的干部，以退居二线为由，每天不上班，照样拿工资。

其次是“低标准混日子”的行为方式成了上下习惯性行为作风。生产的气缸平均杂质竟然高达5600毫克，与发达国家只有50毫克以下的质量标准差之千里，可是上下都满不在乎，习以为常。

第三是“浪费公物不心疼”的行为方式成了上下习惯性行为作风。铸造车间1个月的缸体、盖头等多种铸件的废品损失，竟高达17万元以上，1年损失约200万元。工厂到处都是废钢铁，俯拾皆是，弃之不用，却又高价从外面购进。

第四是“只讲关系不讲原则”的行为方式成了上下习惯性行为作风。工厂的检验科，成了闲懒人员的避风港、关系户的疗养所和老弱病残的收容站。个别检验员甚至连卡尺都不会用，千分表的读数也搞不清楚，致使零件和产品优劣不分。许多质量严重不合格的柴油机纷纷出厂，既损害了用户利益，又严重损害了产品信誉。

……

总之，种种不良的行为方式成了武柴上下习惯性的集体作风。在这一系列习惯性不良作风的作用下，工厂的产品质量每况愈下，武柴的市场占有份额越缩越小，亏损缺口越来越大，员工的信心和积极性更加低下。员工的信心和积极性的低下又反过来进一步加剧不良作风和生产管理的混乱，使得工厂的经营管理形成螺旋式加速下滑之势。到了 1984 年，工厂完全失去了往日的荣光，产量与质量均居全国同行业之末，工厂一年亏损 500 万元。

为了改变该厂面貌，1984 年 9 月，武汉市政府请来 65 岁的德国退休发动机制造和铁芯技术专家威尔纳·格里希担任顾问。

初到工厂一个多月，格里希经过调查研究，写了 10 万字的咨询意见，提出了 100 多条建议，多次与厂领导座谈，苦口婆心地提出改进意见。然而，一个月过去了，情况没有丝毫改变。这让格里希心急如焚，他对市政府工作人员吕志清说："我不是来消磨时间的，我从心里是想帮助你们的。如果我是厂长，柴油机的质量、产量都会得到提高。"

吕志清向时任武汉市市长的吴官正汇报"没有给予他权力，工厂的面貌就无法改变"。吴官正沉思片刻，做出了一个大胆的决定，说："那就让他有职有权，聘任他为厂长，这件事我马上与市委书记通气。"

很快，武汉市决定正式聘任格里希为柴油机厂厂长。"洋厂长"走马上任后，马上大刀阔斧地开始整顿不良作风。

首先，整顿的是"官僚主义""好人主义"的领导作风。格里希要求从厂长到各科室和车间管理人员用 90% 的时间深入车间到第一线解决问题，用 10% 的时间处理日常事务，不能整天坐在办公室。他自己每天上班，先在办公室里处理 10 分钟公务，然后就背上一个工具包，装着游标卡尺、吸铁石、白手套，穿行于车间，用标尺检测零件精度，用吸铁石检查机器里是否有铁屑，用白手套擦摸检查机器是否清洁，不断检验产品质量与工作的精细度。

在车间，格里希发现一批缸体的连接孔加工有问题，下令返工。但养成了习惯于做老好人，质检马虎凑合，习惯于我行我素，令不行禁不止等不良作风的检验科长，没有认真执行指令，致使250多件不合格的缸体在总装上线。格里希跟踪发现后，当即命令全部拆机返修，并把检验科长叫来，说：“张先生，从现在起你被撤职了！”

他对经过考核任命的检验科副科长说：“好好干！希望从今天起经常在车间里看到你，而不是在办公室里看到你！”

被撤职的张科长脸上挂不住，托病在家休息。格里希得知此事，通知他第二天到卫生所检查身体，如果是真病了，认真给予治疗；如果是装病不上班，则马上开除。于是，张科长第二天就走上了检验员的岗位。

后来，有一次他俩在车间里碰到了，格里希客气而友好地递给他一支香烟，说：“我和你没有什么仇怨。以后你干得好，还可以当科长！”

其次，严肃整顿“涣散的工作作风”，严格劳动纪律。格里希强调职工要遵守国家规定的8小时工作制，上班时要干满干足，不允许拿“报到工资”。所谓拿“报到工资”，就是“上班不干活，出工不出力，混8个小时”的代名词。他规定职工在工作时间不得看报纸，不能东游西逛、闲聊天，更不能打毛线，干私活。

格里希从工资表上得知全厂有61名月薪90元以上的职工（当时月薪90元已是高工资），他逐一检查他们的工作情况。当发现其中有些50来岁的老干部、老职工退到二线后，每天不上班工资照拿时，马上下令说：“从现在起，不上班不拿钱。”第二天退到二线的人也按时上班了，办公室里“上班一杯茶、一支烟，一张报纸翻一天”的现象，在格里希的整治下荡然无存，人们都在自己的岗位上紧张地忙碌着，争分夺秒地工作。

他还要求厂长每天应第一个到厂，车间主任应第一个到车间。自上任第二天起，他连续几天不顾身患感冒，清晨5时冒着蒙蒙细雨从下榻的胜利饭店驱车到厂，站在厂大门口迎候工人上班。他规定对迟到者按分钟数处以罚款，并张贴“罚款通令”公布于众，令出即行。于是以往迟到早退、懒洋洋的情景消失了。

第三，整顿“低标准混日子”的工作作风。他上任后开的第一个会议，市政府有关部门的官员也列席参加。格里希没有任何客套就单刀直入，直奔主题地说：“如果说品质是产品的生命，那么，清洁度就是气缸的品质及寿命的关键。”

说着，格里希当着有关官员的面，从放置在会议桌上的气缸里抓出一大把铁砂，脸色铁青地说：“这个气缸是我在开会前到生产车间随机抽检的样品。请大家看看，我都从它里面抓出来了些什么？”

“在我们德国，气缸杂质不能高于50毫克，而贵厂生产的气缸平均杂质竟然在

5600毫克左右。我认为这不是工艺技术方面的问题，而是生产者和管理者的责任心问题，是工作极不认真的结果。”格里希的一番话，把坐在会议室里的有关管理人员说得是坐立不安，尴尬至极。

格里希天天背着工具包逐个车间巡查，严把质量关。到他离任时，柴油机气缸杂质从5600毫克下降到100毫克以内，居国内领先水平；废品率由30%～40%降到10%以下；产品向东南亚7个国家出口，创汇超过百万美元。

第四，整顿“浪费公物不心疼”的作风。格里希统计核算了铸造车间1个月的缸体、盖头等多种铸件的废品损失，竟高达17万元，1年损失约200万元。他把这触目惊心的数字告诉全厂职工，并说：“这种情况若不纠正，就是资本再雄厚，再有实力和庞大的企业也要关门倒闭的！”

对于工厂到处都是废钢铁，俯拾皆是，弃之不用，却又高价从外面购进的现象，他说：“看到这种现象，我简直气得要发疯！”于是下令先把全厂近千吨废钢铁集中起来回用。按最低价150元/吨计算，仅此一项就节省15万元。

接着，他决定成立厂合理化建议办公室，设立奖励基金。铸造车间两名工人率先提出合理化建议，格里希表扬了这两人并发了奖金。

第五，整顿“讲关系不讲原则”的作风。格里希一再强调“检验科是工厂的眼睛”“它的力量强弱，人员素质高低，直接影响产品的质量”。为此他对全厂的质检人员进行了理论与实际操作考核，关系再硬，背景再强，考核不合格不准上岗。于是将安置“关系户”的质检科来了个“大换血”，一些连卡尺都不会用的质检员下岗了，质检科变成高效的管理中枢。与此同时，他还对玩忽职守、造成批量报废的两名检验员做出“予以停岗，每天只发生活费”的处理。这在全厂引起很大的震动，工人们说“格厂长的钱不是随便拿得到的”。

经过一系列作风整顿，企业效率效益显著提高。1985年1月，武柴的铸件废品率从百分之三十几降到百分之十几，柴油机机油消耗低了一半，另外几项重要的性能指标有了明显改善，工厂的技术和质量管理迅速改观。

1986年11月1日，这位洋厂长两年任职期满。两年时间，他让武柴年产柴油机由1.83万台增加到6万台；柴油机寿命由1000至1500小时增加到6000到8000小时；铸件废品率降到5%，产品出口到东南亚7个国家，工厂从年亏损500万元达到年盈利600万元……

2003年，格里希在德国逝世。两年后，武汉市制作两尊格里希铜像，一尊坐落在武汉汉正街都市工业区，另一尊赠给了德国杜伊斯堡市——格里希的家乡。

为表彰他的突出贡献，格里希先后获得我国政府颁发的“友谊奖”、武汉市“黄鹤友谊奖”、德国政府的“十字勋章”，并被授予武汉市“荣誉市民”。2018年12月18日，党中央、国务院授予他“中国改革友谊奖章”。

令人十分遗憾的是，格里希于1986年11月离任后，他苦心经营起来的质量检测体系很快名存实亡。1988年4月，洛阳拖拉机厂订购一批柴油机。当武柴将精心挑选的10多台样品送上检验台时，全部被检验为不合格。1990年上半年，东南亚国家向武柴订购一批产品。质检部门认为产品质量不行，不能出口。厂领导却说：“合同时间快到了，即使是豆腐渣也给我弄出去。”结果，东南亚地区再也不要武柴产品了。1993年，武柴开始出现亏损，到1998年完全破产，职工下岗，资产重组。

活生生的事实给了我们许多深刻的教训和启示。

（1）作风问题绝非与企业无关，而是直接关系到企业兴衰成败和最终命运的大事，其重要性无论怎么估量都不过分。

格里希一到武柴，武柴便起死回生，生机勃勃。格里希一走，武柴又开始走下坡路，最终破产。这说明什么？有人会说，这说明人才决定一切！也有人会说，这说明领导决定一切！其实说到底，是人才的特别是领导者的作风决定一切！是因为格里希带来了好作风。格里希一走，那些坏作风又回来了。武柴是“兴于作风，败于作风”！

（2）优良的集体作风能产生“乘数效应”，不良的集体作风则产生“除数效应”。

一个人，只有当他养成了优良的习惯性行为作风并且习以为常时，这个人才有走向成功的行动力。当他养成了不良的习惯性行为作风并且习以为常的时候，这个人必将走向失败甚至堕落。一个组织的集体作风产生的影响力更大。一旦这个组织集体养成令行禁止、遵规守纪的作风；养成办事迅捷、日结日清的作风；养成顾全大局、主动协作的作风；养成凡事高标准、严要求、精益求精的作风……这些集体优良的作风就会产生巨大的“乘数效应”，企业就能够形成强大的凝聚力、生产力、创造力，就有了走向成功的行动力！反之，养成了劣质的集体作风，大家做人做事总是习惯性地采取一些不良的行为方式、行为动作，就会产生“除数效应”，搞得一地鸡毛，譬如：

- ❖ 养成“低标准混日子”的工作作风，上下都不把质量关，生产出大量低质量、不合格的产品糊弄客户，势必造成客户流失，产品无人问津，最后连日子也混不下去。
- ❖ 养成“只讲关系不讲原则的作风”，于是用人只用关系户，处理问题也不问责关系户，势必造成“劣币驱逐良币”，人才越来越少，问题越来越多。
- ❖ 养成“拖拉懒散的作风”，做事不能雷厉风行，日事日毕，就会错过最佳的“窗口期”，把“黄花菜”拖凉。
- ❖ 养成“不负责任的作风”，做事情皆马虎从事，敷衍塞责，见问题明哲保身，熟视无睹，就会将一件并不复杂的事情做得漏洞百出，将一个小问题累积成大问题。
- ❖ 养成“散漫任性的作风”，大家我行我素，不听指挥，违反制度，领导和机关办公人员上班浏览社交、购物、游戏等与工作无关的网页，不专心做事，造成的工作损失和负面影响就难以估量。
- ❖ 养成“爱占便宜的作风”，人人都寻机以权谋私，损人利己，损公肥私，企业就会变成一只不积财的漏斗。
- ❖ 养成“各顾自我，自私自利的作风”，人人“只要人家协助，不肯帮助别人”，团队不但无法形成合力，还会引发许多不应有的矛盾和冲突。
- ❖ 养成“办事无序的作风”，做事势必杂乱无章，顾此失彼，颠三倒四，缺乏效率。
- ❖ 养成“撒谎造假的作风”，遇事报喜不报忧，不说老实话，不办老实事，一味为自己的错误编造借口，将责任推给别人，势必造成团队内部不应有的混乱。
- ❖ 养成“不讲礼仪的作风”，大家举止无礼，言辞粗鄙，经常暴粗口，就会引发不应有的人际矛盾。

……

总之，习惯成自然，自然成作风。如果企业成员养成了上述低劣的习惯性的集体行为作风，并且习以为常时，你无论怎样严格地层层监督管理，也是管不住人、管不好事的。并且人越多越难管理，越会成事不足，败事有余，这就是“除数效应”。

（3）优良作风与劣质作风总是共存于企业之中，两者相互对立，此消彼长。

无数事实一再告诫我们，无论多么成功、多么著名的企业，只要严格要求，认真查找，总会发现一些程度不同的不良言行、不良作风。即便是华为这样的成功企业也不例外。华为轮值 CEO 徐直军在演讲“谈管理者惰怠的行为”时讲道：成功之后的企业，除了路径依赖之外，还有很重要的一点就是傲慢、自满和惰怠。华为将“惰怠”定义为“一种最广泛、最有害的腐败”。为警示大家，他列举了 18 种惰怠行为作风的具体表现，即 1. 安于现状，不思进取。2. 明哲保身，怕得罪人。3. 唯上，以领导为核心。4. 推卸责任，遇到问题不找自己的原因，只找周边的原因。5. 发现问题不打根源，头痛医头脚痛医脚。6. 只顾部门局部利益，没有整体利益。7. 不敢淘汰惰怠员工，不拉开差距，搞“平均主义”。8. 经常抱怨流程有问题，从来不推动流程改进。9. 不敢接受新挑战，不愿离开舒适区。10. 不敢为被冤枉的员工说话。11. 只做二传手，不做过滤器。12. 热衷于讨论存在的问题，从不去解决问题。13. 只顾指标不顾目标。14. 把成绩透支在本任期，把问题留给下一任。15. 只报喜不报忧，不敢暴露问题。16. 不开放进取，不主动学习，业务能力下降。17. 不敢决策，不担责任，把责任推给公司。18. 只对过程负责，不对结果负责。

种种不良言行很像传染病菌，若不及时批判纠正，就会传染开来，逐渐主导员工的言行，进而养成为劣质的集体作风。这种劣质作风一旦盛行，成为企业的风气，企业就会被其吞噬，武柴就是这样被吞噬掉的！

教训警示我们：企业培塑优良作风的过程，其实就是一个持续破除不良作风的过程。唯有坚持破字当头，优良作风才能塑得好、立得住、固得久。

为此，企业领导者必须经常思考和调研如下问题：本企业已有哪些优良作风，还需要培塑哪些应有而未有的优良作风？本企业需要批判和纠正哪些不良作风，需要抵制哪些有可能入侵的不良作风？在此基础上做好“强化既有的优良作风，培塑应有而未有的优良作风，纠正沾染的不良作风，抵制可能入侵的不良作风”这四件大事。一旦发现不良言行，就要当作不良作风的苗头抓住不放，及时制止。必要时要组织开展有针对性的作风整顿，通过严肃认真的批评与自我批评，严肃认真的问责处理，严肃认真的思想作风整顿予以解决。

组织开展思想作风整顿，批判与抵制各种不良言行，必定要问责一些事，得罪一些人。但是不这么做，不良言行就会传染开来，逐渐漫延和固化成为领导的、集体的习惯性不良作风，进而无情地吞噬企业。为此，作为领导者别无选择，无论遇到多大困难，都要始终坚持讲原则不讲情面，坚持把批判抵制不良作风的工作一抓到底，永不懈怠。

（4）集体的行为作风能形成强大的气场环境，这种气场环境对于人的思想和行为具有十分重大的影响力。

优质的集体作风所形成的文化气场环境像一座“大熔炉”，丢进一堆废铁，也能炼出一炉好钢，一些带有不良行为习惯的新成员一进去，就能在强势气场环境的影响和陶冶下化劣变优。解放战争期间，我军就是依靠深入细致的思想政治工作与优良的铁一般的行为作风所构成的强势的气场环境，将大量蒋军官兵熔炼成为优秀的解放军战士的。相反，劣质的集体作风所形成的文化气场环境则像一只“大染缸”，一块白布掉进去，很快便会染成黑色，原本具有优良行为习惯的人一进去，也会养出坏习惯，惯出坏毛病。

正由于此，古人十分重视集体行为风气，认为管理“必先正风俗，风俗既正，中人以下，皆自勉以为善；风俗一败，中人以上，皆自弃以为恶”。企业管理也必须先正风气——先培塑好集体优良的行为作风和文化，“风气既正，中人以下，皆自勉以为善”，企业兴盛就不在话下。若是“风气一败，中人以上，皆自弃以为恶”，此时企业离垮台之日就不远了。

员工的集体作风，决定该集体的行为风气和文化，它既是企业文化构成中一个不可或缺的要素，也是企业基础构成中一块不可或缺的基石。企业领导理当从建设企业文化，夯实企业基础的高度，深刻理解培塑企业集体优良作风的意义。

（5）一个组织的集体作风就是该组织的行为品牌，它既是外人观察该组织的重要窗口，也是外人评估该组织的重要标准。

共产党人长期以来养成了生活俭朴、无私奉献等优良作风，这些优良作风被世人所熟知，于是便成了共产党人的行为品牌和国民党鉴别共产党人的一个重要标志。

著名历史学家范文澜，1934 年尚未入党，却被当作共产党的嫌疑人抓进监狱。有人找陈立夫保释说“范不是共产党”。陈问：“你们怎么知道范文澜不是共产党？”保释人答曰：“范文澜生活俭朴，平时连人力车都不坐，常步行上班，不吸烟、不酗酒，并把薪金捐赠给学校图书馆买书……”

陈立夫听了顿时拍案：“这不正好证明他是共产党吗？只有共产党才有这样的傻子！”

作风，是一个人、一个组织、一个企业的行为品牌。企业培塑好优良的集体行为作风、行为文化，不仅对内能全面提升员工素质，形成做人做事的好风气，增强企业的凝聚力、生产力、创造力，对外则能赢得各界赞誉，形成好口碑、好形象、好品牌，增强企业的市场竞争力和拓展力。

品牌战略，是许多企业的发展战略。可是不少企业只重视产品品牌，却忽略了企业的作风品牌。殊不知，正如武柴那样，没有良好的作风品牌，是无法创造出优质的品牌产品的，即便一时有了品牌产品，也会被不良作风毁坏。所以，企业的品牌战略理应将作风品牌列在首位。

（6）集体作风看似无形，却无处不在；看似抽象，却可视可感；看似平常，却事关组织的成败。

1949 年 1 月，在淮海大战中被俘的国民党将领黄维，仗打败了，心犹不服。可是当他见到穿着和战士一样粗糙的黄布军衣，正和战士在一口锅里吃饭的刘伯承、邓小平时，终于低下了头，说：“我们输在作风上了！”

一个人、一个企业的作风都毕显于他们生活工作的日常言行之中，生活工作中各种重复展现的言行就是作风的外显形态。所以，作风不只是一个抽象的概念，一种虚无缥缈的东西，它完全是可视可感的、实实在在的，能够在日常生活工作中看得见、摸得着的活生生的东西。

一支军队的作风怎样，你只要“出门看队列，进门看内务；操场看训练，战场看搏杀”，就能知道个八九不离十。特别是在无人监督的情况下，更能看出一个人、一支军队的思想行为作风。大家都看过《士兵突击》这部电视剧，七连撤编了，战士许三多一个人在营区留守，仍然每天按时起床，出操走正步；仍然饭前唱歌，饭后训练作业；仍然将军被叠得四四方方，有棱有角。这种无须监督便能自行管理、自觉执行的好作风，与张庆山的作风同出一炉，同宗相传。我军就是依靠这种自觉的实实在在的优良作风打胜仗的。

既然作风不只是虚的，更是实的，自然培塑企业优良作风既要务虚，更要务实，切不可一味空谈。企业领导应当走出办公室，深入到实际中去认真调研员工日常的言行状况，然后从他们的日常言行透视作风问题，像华为那样将不良作风列出清单，进而及时地、有针对性地加以整治，切实将培塑优良作风的工作做扎实，做落地。

（7）优良作风养成艰难，蜕化易；不良作风养成容易，根治难。

人性的特点是“从善如登，从恶如崩”，好不容易培养起来的优良作风，很容易受到不良作风的侵蚀而蜕化，已经整治掉的不良作风也很容易卷土重来。为此，抓优良作风的培塑和养成既不可能速成，也不可能一劳永逸，很像“推斜坡球”不可歇劲，一松劲就会滚下来，而滚下来容易，推上去难。所以“推球”的领导者必须经常警示自己：培塑集体优良作风“积之在持久，失之在俄顷”，培塑优良作风的工作是一个无限持续的过程，它永远在路上，只有进行时，没有完成时。在这个无限持续的过程中，你既不可因为有了一点成绩就故步自封，也不可因为成绩不显著就懈怠放弃，更不可因为遭遇挫折就灰心丧气，必须始终鼓足干劲持续不懈地推好“斜坡球”。否则一松劲，已经推上去的“球”，就会马上滚下来。

（8）领导特别是首脑领导作风的优劣，直接关系到集体作风的优劣和企业的兴衰。

威尔纳·格里希优良的领导作风使武柴面貌焕然一新，欣欣向荣，格里希一走，换了作风不良的厂长，武柴便走向没落。案例充分说明，领导特别是首脑领导作风的优劣，直接关系到集体作风的优劣和企业的兴衰。首脑领导的作风对于企业的作风建设、企业的发展命运起着决定性的作用，建设和优化企业集体作风的关键，在于首先优化好领导特别是首脑领导的作风。关于这一点，后文有专门交代，这里不再展开。

案例和经验教训警示企业领导：

领导作风、集体作风的优劣关乎企业的兴衰命运，绝非与企业无关！持续不懈地培塑优良的领导作风、集体作风，坚决整治不良作风，这是加强企业领导管理的重要路径。

第三节
企业如何培塑优良的集体作风

作风根源于习惯。因而企业培塑优良的集体作风也必须遵循习惯的养成规律，着重抓好“择需定规，严规固行，首脑先优”这三个环节。

一、择需定规

企业无论大小，皆由若干人员组织而成。所有组织成员必须按照统一的行为规范做人做事才能步调一致，形成“1+1>2”的合力。也唯有形成合力，企业才能形成凝聚力、行动力、生产力、创造力。

可是，每一个组织成员都各有其自己的个性与喜恶，皆有各自习惯性的行为方式，加之外部还有许多不良行为风气的影响与干扰，这就使得众人的行为具有极大的不确定性和不一致性。要让全体组织成员步调一致，形成合力，最基本的对策是坚持“择需定规”，用规则的确定性克服思想行为上的不确定性和不一致性。

所谓“择需定规”，就是择取一系列有利于企业正常运行、高效运行的行为方式和行为规程，将其制定为全体员工必须共同践行的统一的标准化的行为规则，用于统一思想和步调。就是像格里希那样，一上任就明确规定“不允许拿报到工资”，规定“每天厂长应第一个到厂，车间主任应第一个到车间”“从厂长到各科室和车间管理人员，要用 90% 的时间深入车间到第一线解决问题，用 10% 的时间处理日常事务，不能整天坐在办公室”……然后坚持事事督导，天天督导，不断用规则的确定性克服员工在思想上、行为上的不确定性和不一致性，促使员工集体无差异地持续按照统一规定的行为方式、行为规则和规程不懈地重复践行。

作风养成规律告诉我们，员工按照企业统一规定的标准化的行为方式、行为规则和规程无差异地持续重复践行，就能逐渐养成企业所需要的集体习惯和作风。员工一旦养成企业所需要的集体习惯和作风，凡事就能按照企业规定的行为方式、行为规则和规程自觉践行、自动协调、自我管理，于是层层监督管理便成为多余，领导者梦寐以求的“无为而治”便成为现实，企业内众多的个体就能自然而然地形成“1+1>2”的合力。自然执行过程中的许多问题就不会发生，发生了也很容易纠正，企业形成卓有成效的凝聚力、行动力、生产力、创造力也就不在话下。

事实正好印证了心理学家的一句名言：“最初是我们造成习惯，后来是习惯造就我们。”事实也印证了一个客观规律：培塑优良的集体作风总要先起步于“择需定规”，使企业成员做人做事有规可依、有范可习。“择需定规”要把握以下几点。

1. 要坚持以“发展目标”和“破解问题”为导向

首先要以满足企业创造客户、创造品牌、创造价值等客观需求，实现企业发展战略目标为导向，择取一系列有利于满足发展需求，实现战略目标的行为方式、行为规则和规程，将其制定成为统一的标准化的规章制度。同时针对企业在思想建设、作风建设、组织建设、业务建设上的实际问题，择取有利于破解问题的行为方式、行为规则和规程，将其制定成为统一的标准化的规章制度，用以规范员工的思想和行为。在实际操作中，两个导向既要有所侧重，又要有机结合，形成机制。

作为规范我军全体官兵行为方式的“三大纪律八项注意”，就是以建设一支全心全意为人民服务的无产阶级革命军队的战略目标和破解当时的实际问题为导向逐渐建立和完善起来的。

1927 年秋收起义后，毛泽东率领工农红军向井冈山进发。那时正是当地红薯收获季节，有的战士肚子饿了就顺手挖老乡的红薯吃，有的行动散漫、不听指挥，有的打土豪没收的东西不交公，私用私分。毛泽东针对这些问题在江西茨坪荆竹山“雷打石”前向部队讲话，郑重宣布“三大纪律”：第一，行动听指挥；第二，不拿老百姓一个红薯；第三，打土豪要归公。

1928年1月，工农革命军占领遂川县城，有的人把商人、小贩的货物没收了，甚至把药店里称药的戥秤也拿走了。有的部队撤离时，借了门板不主动归还原主。睡过的稻草不捆起来，打扫干净，给老百姓添了麻烦。针对这些问题，毛泽东于1月25日在遂川李家坪，又向部队宣布了“六项注意”：上门板；捆铺草；说话和气；买卖公平；借东西要还；损坏东西要赔。

“不拿老百姓一个红薯”“上门板”“捆铺草”看起来十分具体、十分细小，却反映了文明之师的本质，对于融洽军民关系具有十分重大的作用，得到了老百姓的称赞和拥护。

“三大纪律六项注意”颁布后，通俗易记的语言、具体细致的规定很快走进战士们的心里。不少战士把它记在随身携带的笔记本上、写在包袱布上，或者抄写在墙上，无论走到哪里都把它作为检查行动的标准，奠定了红军统一纪律的基础，也赢得了群众的真心信赖。

1929年1月，针对发现的实际问题，在“六项注意”中又增加了两项：洗澡要避女人；不搜俘虏的腰包。于是便形成了最初的“三大纪律八项注意”，并成为我军的第一军规。

1947年10月10日，由于解放战争对人民军队的政治纪律、军事纪律、群众纪律提出了更高要求，毛泽东起草了《中国人民解放军总部关于重新颁布三大纪律八项注意的训令》，将“三大纪律”统一规范为：一、一切行动听指挥；二、不拿群众一针一线；三、一切缴获要归公。把“八项注意”统一规范为：一、说话和气；二、买卖公平；三、借东西要还；四、损坏东西要赔；五、不打人骂人；六、不损坏庄稼；七、不调戏妇女；八、不虐待俘虏。

自此，“三大纪律八项注意”就以命令的形式固定下来，成为全军的统一纪律，它对统一全军的思想和行动，加强部队的思想作风建设，始终发挥着重大作用。

企业也要以“发展需要”和“存在问题”为导向，择取行之有效的优良的行为方式、行为规则和规程，用制度、纪律的形式加以统一规范，执而行之。格里希管理武柴就是采取了这个方法。著名企业家张瑞敏担任濒临倒闭的青岛电冰箱厂厂长时，也是这么做的。张瑞敏到任后先抓两件事。一是到附近村子借钱给工人发工资；二是针对劳动纪律涣散的问题，择需制定13条行为规范：1. 不迟到、不早退、不旷工。2. 不准代他人划出勤卡。3. 工作时间不准打扑克、下棋、织毛衣、干私活等。4. 工作时间不准串岗。5. 工作时间不准喝酒。6. 工作时间不准睡觉。7. 工作时间不准赌博。8 不准损坏工厂的设备。9. 不偷工厂里的财物。10. 不准在车间里大小便。11. 不准破坏厂里的公物。12. 不准用棉纱柴油烤火。13. 不准带小孩和外人进入工厂。

规定贴出后的第二天，有人大摇大摆地扛走了一箱原料。张瑞敏当即依照规定给这位员工以很重的处分。这件事对工人们触动很大，大家觉得不按工厂规定行事不行了，从此行为上都检点起来。渐渐地，车间里随地大小便的人没有了，上班下棋、干私活的人没有了，工厂迅速进入正规运行状态。

听到用户反映冰箱质量有问题，他清查检测了库存所有的 400 多台冰箱，将 76 台不合格冰箱拉出来，问大家怎么办？当有人提出便宜点卖给工人时，张瑞敏说："我要是允许把这 76 台冰箱卖了，就等于允许你们明天再生产 760 台、7600 台这样的不合格冰箱。"然后宣布把这些不合格的冰箱全部砸掉，张瑞敏带头砸了第一台，同时宣布："这起质量事故，是我的责任，这次我的工资全部扣掉。今后再出现质量问题就是你们的责任，谁出质量问题就扣谁的工资。"这"一砸一扣"，彻底砸碎了阻碍质量管理的思想瓶颈，扣掉了低标准生产的不良行为作风，开拓了高质量生产电冰箱的道路，从而传奇般地把一个资不抵债、濒临倒闭的集体小厂发展为年营业额逾千亿元的全球化公司。

这个故事都已成为人们耳熟能详的经典，它充分证明：培塑优良的集体作风总是起步于"择需定规"，"择需定规"应当将"两个导向"紧密结合，有所侧重。一般而言，问题较多的企业，领导者要多侧重于以破解问题为导向，善于发现问题、抓住问题，特别是要抓住那些看似很小，其实关系重大的问题，择需制定行为规范，力求用规范化的、优良的行为习惯和作风更换不良的行为习惯和作风。运行正常的现代企业，领导者要多侧重于以企业发展的战略目标为导向，适应企业发展的客观规律和目标需求，着眼未来，统筹兼顾，提前择需制定相应的行为规范。

2. 要既抓特需规范，更抓共需规范

一个企业的组织都由各种不同职级岗位、不同工种岗位所构成。从董事长、总裁到班组长的各个不同职级岗位，从机关到一线的各个不同工种岗位，皆有其不同的使命任务。

一个企业的日常运作都是由一系列必须反复去做的日常工作所构成。不同职级的

领导需要不停地做决策、抓执行、搞管理。在做决策、抓执行、搞管理的过程中，需要不停地召开各种会议，组织实施各种检查、考评、问责、奖惩等。从机关到一线的不同工种岗位需要反复做好生产、质检、营销、服务等各种业务工作。所有不同职级岗位、不同工种岗位上需要反复去做的日常工作要做好做成，对于行为方式、行为动作各有其特殊需求。企业应当择取最行之有效的优良的行为方式、行为动作和程序，用规章制度的形式对各种特需行为做出“特需规范”，这无疑是提升企业生产力的客观需求。

然而，只抓“特需规范”显然不够！企业在抓“特需行为规范”的同时，更要抓好“共需的行为规范”，培塑好全员所共需的优良作风。比如“以客户为中心的作风”“自我批评的作风”“令行禁止的作风”“雷厉风行的作风”“精益求精的作风”“信守规则的作风”“主动协作的作风”“顾全大局的作风”“力求共赢的作风”“勇于创新的作风”“说老实话、办老实事、做老实人的作风”……唯有培塑好全员共需的优良作风，培塑特需优良作风才能顺理成章，遇到问题也才能迎刃而解。

不仅如此，在制定“特需”与“共需”行为规范的同时，还必须规范好、配置好相应的考评机制、奖惩机制，并在严格考评之后实施好奖惩，方能促使全员长时期、不间断、无差异地持续践行规范化行为方式、行为动作，进而将规范化的行为方式、行为动作培塑成为集体的行为习惯和作风。

事实上，企业抓行为规范畸轻畸重的倾向是十分普遍的。许多企业对于各种不同职位、工种岗位所“特需的行为方式、操作流程”，特别是生产、营销、质检、财务等业务操作流程规范得很明确具体，员工一入职就对他们的一举一动进行培训，并且也很注重对“特需行为规范”执行状况的考评与奖惩。然而对于“共需的行为方式”则大相径庭，虽然也定了不少规范，但往往存在如下问题：一是规范十分原则和笼统，不便操作；二是只在新员工培训时一般性地讲一下就过去了，没人固执严守；三是没有具体的可操作的考评机制、奖惩机制配套抓落地。因而虽然讲在嘴上，挂在墙上，却常常挂的是“空挡”。

怎样规范好“共需的行为方式”及相关的考评奖惩机制，使之好操作、好督查、好奖惩，这始终是企业领导必须用心解决的大问题。

3. 要既抓行为规范，更抓精神规范

行为规范，主要呈现为一系列规范行为方式、行为规程的规章制度。精神规范，主要呈现为一系列价值理念和道德原则，比如企业的宗旨使命、发展战略、经营原则、企业精神、核心价值观体系等。行为规范是精神规范的生动体现，精神规范是行为规范的思想指南。抓好精神规范的践行落地，对于培塑优良的集体作风极其重要。

可是从实际情况看，许多企业领导大多比较重视抓各种行为规范、操作流程的落地，而对于诸如责任、奉献、诚信、共赢等思想道德规范，尽管也都挂在嘴边，写在墙上，却既没有将它们科学地细化为便于实际操作的行为方式和行为动作，也没有建立考评奖惩落实精神规范的刚性措施。于是，精神规范便成了一个可行可不行的“软指标”和不落地的空话。精神规范不落地，会直接影响一系列行为规范的落地。对此，有则笑话揭示得很透彻。

说有九个人共同约定，星期天每人带一瓶酒到公园里去踏青，到时候九瓶酒兑在一起喝。

约定后，甲根本不想履行买酒的责任，满脑子想的是：“我带上一瓶水，兑在八瓶酒里，又不会被人觉察，何必带酒？”于是便带上一瓶清水参加踏青。

哪里知道，自私之心人皆有之，其他八人也与甲想到一块去了，谁都不肯履约买酒，一心只想喝别人的酒。

结果，踏青那一天，人人都带了一瓶清水。当他们高高兴兴地将九瓶水混在一起，开始畅饮时，不禁哑然失笑，原来喝到嘴里的全是凉水，品不出一点酒味来。

笑话，都是对社会现实的隐喻。它启示我们：尽管大家已经共同约定一起“带酒”的行为规则，但若无人将诚信、责任等一系列最基本的精神规范和做人道德践行落地，所有约定公认的行为规则都只是一句空话，最终的结果势必是“一起喝凉水”，甚至喝西北风！

一个集体，当大家都不能用“诚信”和“责任”规范自己的言行，都不负责任地“撒谎”时，这个集体不仅要“喝西北风”，还有可能一起喝尿。

作家梁实秋讲过一则故事。有一间酒肆，隔壁住着好几位酒徒。酒徒一起偷酒喝，偷酒的方法是凿壁成穴，以管入酒缸而吸饮之。几位酒徒轮流吸饮，每天夜晚习以为常。酒肆老板初而惊讶酒浆损失之巨，继而暗叹酒徒偷饮技术之精，终乃思得报复

之道。

老板不动声色，入晚于置缸之处改置小便桶，内中便溺洋溢，不可向迩。夜深人静，酒徒又来吮饮，争先恐后，欲解馋吻。甲尽力一吸，饱尝异味，挤眉咧嘴，汩汩自喉而下。刚要声张，旋思我若声张，别人必不来上当，我独自吃亏，岂不太冤枉乎？有亏大家吃！于是，甲连呼“好酒，好酒”而退。

乙继之，发觉是尿，同样不肯独自上当，亦连呼“好酒！好酒！”而退。丙丁戊己，循序而饮，全体酒徒均得分润。事毕环立，相视而笑。

常言道“盗亦有道”。可是这些偷酒之徒不仅丧失了做人的起码道德，甚至还丧失了“为盗之道”，根本不对其他酒徒负责。非要“有亏大家吃”，那么导致集体“喝尿”这样荒唐可笑的结局是无法避免的。

笑话启示我们，一个团队、一个企业，如果不大力培塑做人做事的起码道德精神，特别是“说老实话，办老实事，做老实人”的优良德行，企业便无法形成“有技共学、有利共享、有亏共鉴”的优良风气，相反会助长“有利争抢独享，吃亏推与共担”的恶劣德行，公司规定的“以老带新，传授技艺”“团结互助，力求共赢”等一系列行为规范势必成为一句空话，最终势必造成大家一起“喝尿”的下场！

这些教训充分印证了心理学家的一个结论：播种一种信念，收获一种行动；播种一种行动，收获一种习惯；播种一种习惯，收获一种性格；播种一种性格，收获一种命运。

在这个结论中，“播种一种信念”处于领先地位。信念是什么？是人们所坚信和敬仰的——精神规范。企业的精神规范呈现为一系列抽象的价值原则和基本道德，是企业的意识形态。一系列精神规范、价值原则必须播种到员工的心田里，变成员工集体的信仰和践行行动，才能真正发挥其改变人的命运和客观世界的作用。这是实践告诉我们的真谛。

领导者要将企业的精神规范播种到员工心田里，变成员工集体的信仰和行动，必须特别注意以下两点。

一要将精神规范转化和细化为好操作、好检查、好奖惩的具体的行为规范。毛主席就是通过先后制定“三大纪律六项注意”“三大纪律八项注意”，做出“不拿老百姓一个红薯”“说话和气”“买卖公平”“上门板”“捆铺草”“洗澡避女人”等一系列很具体、很容易操作的行为规范，带领红军将士践行“为人民服务”的精神规范，确立起“全心全意为人民服务”的革命信念的。大庆油田也是通过设立“三老四严”“四个一样”等具体的行为规范，带领员工集体践行责任、诚信、奉献等精神规范的。（注：“三老”，指做人要“当老实人，说老实话，办老实事”。“四严”，指做事要有“严格的要求，严密的组织，严肃的态度，严明的纪律”。“四个一样”，指要做到“黑天和白天一个样；坏天气和好天气一个样；领导不在场和领导在场一个样；没有人检查和有人检查一个样”。）华为则是通过构建完全从客户端需求出发的“拉事流程”和从战略业务分析出发的“推事流程”，分析把握客户需求，满足客户需求，以及通过按照流程合理配置人员、严格绩效管理等一系列具体举措，带领企业集体践行“以客户为中心”这个精神规范。

二要通过“抓典型，树榜样，立模范”，将精神规范既标准化、制式化，又形象化、人格化。

“模范”由“模型”与“范式”两个密不可分的要件构成。人们要制造制式化的器物和食品，例如制作月饼，必须先制定一个制式化的统一模型，简称为“模”。制“模”，必须对构成模型的质量、形状、式样及其三维尺寸等相关要素做出标准化的统一规范。这些标准化的统一规范，简称为“范”。所以通俗地解读“模范”，“模”就是标准化、制式化的模型；“范”就是标准化、制式化的三维尺寸。无“模”不成型，无“范”不成“模”。“模”与“范”密不可分。抓好“模范”是制造制式化器物和食品的关键。

培塑优良的集体道德风尚和行为作风，也必须“抓典型，树榜样，立模范”，使一系列抽象的精神规范通过“模范”不仅标准化、制式化，而且形象化、人格化，变成人们看得见、摸得着，好学习、好模仿的活生生的具体形象。让那些认为精神规范“高不可攀”的人，见到模范充满践行的信心，让那些“不知道怎样践行”的人，见到模范知道如何践行。

“抓典型，树榜样，立模范”主要有两种方法：首先是领导者自己要当模范、做表率，用以身作则的模范行动将员工必须恪守的思想道德、精神规范具象化，带动大家跟着学、跟着做。其次是领导者要深入到实际工作中去，深入到员工中去发现各种先进人物、先进团队、先进事例，通过实地发现，认真培育，科学总结，将他们树为典型，定为榜样，立为模范。

有道是，榜样的力量是无穷的。“抓典型，树榜样，立模范”无疑是培塑优良集体作风的重要方法。但是，也必须指出“榜样的力量是无穷的”这句话要成立，也是有前提的。这个前提是员工真正把“模范”当作自己心中的榜样，并且掀起自觉“学模范，追榜样”的热潮。唯其如此，“榜样”才会产生无穷的力量。倘若领导随意指定几个“模范”作为榜样，员工对他们不信服、不关心、不学习，这样的“模范”和“榜样”不仅不能产生正能量，还有可能产生负能量。

“榜样”能否产生力量，产生什么样的力量，取决于领导者“抓典型，树榜样，立模范”的工作能否做到位！要把工作做到位，首先认识要到位。所谓“认识到位”，就是要克服三种思想倾向。

一是要克服将“抓典型，树榜样，立模范”的工作看得过于轻而易举的思想倾向。不要以为只要自己随意指定几个“模范”，将他们树为榜样，就会自然而然地产生力量。

二是要克服将“抓典型，树榜样，立模范”看得过于难以玉成的思想倾向，不要觉得企业天天在平凡地运行，没有发生过什么惊天动地的事情，产生不了“高大上的英雄模范人物”，即便有心“抓典型，树榜样，立模范”，也难有典型可抓，榜样可树，模范可立。

三是要克服总觉得时下的员工都很现实，即便有了“模范和榜样”也不会学习，树了也不管用的思想倾向。

其实，这些思想倾向都是片面的！作为领导者一定要牢记以下三个真谛。

首先，要牢记“典型源于实践，模范出于平凡”。雷锋是一个轰动全国，至今仍具有强大影响力的典型，可他所做的事情都是一些看似很平凡的小事，而在平凡小事中却闪耀着革命的精神和道德的光辉。正是由于抓住了小事中闪光的东西，认真加以总结推广，并经毛主席题词“向雷锋同志学习”，雷锋才成了全国人民心中的楷模。

经验表明：只要你是一个不脱离实际、不脱离群众的有心人，就一定能在实践中发现许多值得当作典型去抓的先进个人、先进团队、先进事例；只要你善于小中见大，就能够从看似平凡的人与事中抓住一些闪光的东西进行科学总结，就能从中提炼出一系列有意义的经验和精神，进而树立起足以服众的榜样和模范。

其次，要牢记尽管人心似乎变得越来越现实了，但是“向善向上”永远是人心所向，众望所归。只要你所树的榜样、所立的模范真的出自实践，真有令人信服的事迹；只要你引导得当，组织得力，善于带领大家开展有效的对标学习和良性竞赛，“学榜样，当模范”一定能成为企业的风气和文化。

此外，还要牢记“榜样”力量的大小取决于领导者“抓典型，树榜样，立模范”的工作是否做到位。要将工作做到位，除了“认识要到位”，在实际工作中还需做到“三个善于”：一要善于在平凡的事情中发现不平凡的事迹，并且善于从不平凡的事迹中提炼出闪光的经验、可贵的精神；二要善于采取扎实有效的措施和隆重的形式宣传推广“榜样的事迹、模范的经验、可贵的精神”，使模范成为员工心目中十分钦慕的偶像和追赶的目标，在全公司促成对标学先进、赶先进的热潮；三要善于经常帮助和维护典型模范，使他们保持应有的先进性和感人的魅力。

二、严规固行

规范如渠，行为似水，渠道引向哪里，水就流向哪里。制定好一系列相互配套的行为规范和精神规范是培塑行为作风的前提条件。然而，以为有了标准化的行为规范，培塑优良的集体作风便能自然而然地水到渠成，那就未免想得过于简单了！正如古人所言：“徒善不足以为政，徒法不能以自行。”有了标准化的行为规范、精神规范，还须持续坚持不走样的严规固行。

严规固行，就是通过采取一系列“刚性 + 柔性”的教育管理措施，推动员工严格按照企业统一的标准化的行为规范、精神规范做无差异不间断地持续不懈地重复践行，进而将一系列统一的标准化的行为规范、精神规范固化为集体信仰和习惯性的行为习惯、行为作风。没有持续的不走样的“严规固行”，教育管理不力，培塑优良的集体行为作风就会挂在空挡上空转，甚至转不起来。这绝非危言耸听，而是由习惯养成的内在逻辑所决定。

作风的内核是习惯。习惯的养成过程既是一个行为改变过程，更是一个心理改变过程。行为和心理的改变必须是持续的，不可能一蹴而就。心理学家经过长期实验后认为：

- ❖ 养成一个初步的行为习惯，要经过 21 天以上无差异不间断地重复践行同一种行为方式和动作。
- ❖ 养成一个比较稳定的行为习惯，要经过 85 天以上无差异不间断地重复践行同一种行为方式和动作。所以军队新兵训练通常都安排 3 个月时间。

❖ 养成一个比较牢固的行为习惯和作风，必须对同一种行为方式和行为动作进行无差异不间断地持续不懈地重复践行，使之对这一行为方式和行为动作形成“肌肉记忆”。

心理学实验证明，习惯的核心在于“惯”，养成的关键在于“行”——践行，并且这个践行不能是马马虎虎地敷衍应付式的践行，必须严格按照统一的行为规范、精神规范实行“无差异不间断地持续不懈地重复践行”，其间必须满足四个基本条件：

❖ 必须无差异地重复践行，不能有任何思想上、行为上的变异，更不允许有违反范式标准的现象。
❖ 必须不间断地重复践行，不能一曝十寒，断断续续。
❖ 必须持续不懈地重复践行，直至养成“肌肉记忆”，绝不能只有“五分钟热度”就见异思迁。
❖ 必须在践行过程中与各种有悖于践行的思想观念、有碍于践行的行为作风作坚决的斗争，并且赢得斗争的胜利。

问题是世间最容易的事是坚持重复，最难的事也是坚持重复，更难的事是坚持“无差异不间断地持续不懈地重复”。

古希腊大哲学家苏格拉底要求学生“每天甩手300下”，问：“大家能做到吗？”学生们都笑了，这么简单的事，有什么做不到的？可是，一年后，只有古希腊另一位大哲学家柏拉图一人坚持。笔者到某公司讲课也遇到过类似的事情，有位集团公司的老总问我锻炼身体的方法，我说：“我的方法很简单，就是每天晚上边看电视边原地慢跑一两个小时。”他听后觉得这个方法的确简单易行，表示一定要学着干！可是第二年我去讲课，问他“坚持下来没有”，他说：“坚持不到一星期。”何以如此呢？根本原因在于重复容易让人感到乏味，乏味让人产生厌倦心理。厌倦心理外显于行动就是“重复厌倦症”，它的行为特征是懒于“无差异不间断地持续不懈地重复践行”，只要有条件、有机会便放弃重复，自行其是。

产生“重复厌倦症”乃是人之常情！因为习惯的养成过程不只是一个持续而艰难的行为改变过程，更是一个持续而艰苦的心理改变过程。改变心理和行为的过程，实质上是一个自我革命的过程，大多数人都会感觉不舒服，有的人甚至会感觉很痛苦。

不舒服、很痛苦的感受难免催生出厌倦心理和反感心理，从而引发“重复厌倦症”，此种状况在培塑优良习惯的初始阶段尤以为甚。

总之，任何行为方式只有养成行为习惯，才能由习惯成自然，由自然成作风。人们养成行为习惯的唯一路径是坚持“无差异不间断地持续不懈地重复践行”同一种行为方式。同样，企业培塑员工优良的集体行为习惯和作风的唯一路径，是坚持“无差异不间断地持续不懈地重复践行”统一的标准化的行为规则和规程。其间若不能防治“重复厌倦症”，践行必定难以重复，越规必然难以避免，优良作风的养成必将半途而废。

防治“重复厌倦症”的有效方法是“严规固行”。员工优良的集体行为作风的养成是一个艰巨的持续过程，在这个过程中“严规固行”一刻也不可松懈。

实行“严规固行”的主要方法有三：坚持“先僵化、后优化、再固化”的方针；坚持刚柔并济、多管齐下的机制治理；营造优良而又强势的气场环境。

1. 坚持“先僵化、后优化、再固化”的方针

这是华为在推行一系列引进的先进管理体系和管理规则时所采取的方针，这个方针对于培塑作风也具有现实意义。“先僵化”，是因为一项行为规范或操作流程刚开始执行，总会有许多人不习惯、不愿意，于是便提出种种修改意见甚至反对意见，也会有人议论纷纷，讲各种牢骚怪话，抵制执行。这时，当领导的必须毫不动摇地挺住，先让制度规定“僵化”，不允许改动一丝一毫，不允许让人选制度，而要按制度选人，让服从制度的人留下，反对制度的人离开。

经过僵化之后，再根据发展变化了的客观实际，与时俱进地加以修订，使制度得以优化，这就是“后优化”。之所以“优化”要放在“僵化”之后，是由于行为规范即便有所不适，一开始就修订就会动摇人们对制度做无差异地重复践行的信念。

经过“先僵化，后优化”，最后“再固化”。“固化”的关键是固执严守规范化的行为方式和动作，坚持谁违反就依律处罚谁，确保企业全员无差异地持续不懈地严规固行，绝不让践行规则的过程有一丝一毫的走样、一事一时的中断。唯其如此，企业优良的集体习惯和作风才能形成和固化下来。

“僵化式学习，优化式创新，固化式养成”，这是华为管理进步的“三步曲”，也是企业培塑优良作风的“三步曲”。

2. 坚持刚柔并济、多管齐下的机制治理

一个统一的标准化的行为规范、精神规范要养成行为作风，当事人通常要经历从“不大适应—被动践行—逐渐习惯—养成作风”这样的心路历程。一开始，有的人对统一的规范化的行为方式不适应，行为动作老是出错，老是被人批评纠错，难免心生怨气，对重复践行产生厌倦心理，此时缺乏有效的教育引导和严格的监管督导，违反一点规范无所谓的侥幸心理便自然滋生，若再加上外部不良环境的影响，很容易引发行为上的逆反。为此，必须采取一系列“刚性+柔性”的教育管理措施，实施刚柔并济、多管齐下的机制治理，促使人们打消内心的厌倦心理、侥幸心理、逆反心理，克服行为上的“重复厌倦症”。唯其如此，才能将“无差异不间断地持续地重复践行”行为进行到底，并在长时期持续不懈地重复践行中形成“肌肉记忆”，使践行规范化行为方式的动作“由被动到主动，由主动到习惯，由习惯成自然，由自然成作风”，这是客观规律对培塑优良行为作风的起码要求。

细加分析，联想集团培塑“按时到会”的优良作风就是这么做的。他们首先做出“开会不准迟到”的行为规范，然后在实施过程中多管齐下地采取一系列行之有效的举措。

- ❖ 完善执行细则——规定“迟到者原地罚站一分钟”。
- ❖ 持续宣传贯彻——各级领导都有一张“婆婆嘴”，员工入职就宣贯，见到问题再宣贯。
- ❖ 领导身教在先——老总因电梯故障迟到，自罚一分钟。
- ❖ 固执严守规范——无论是谁，迟到者都按规定罚站一分钟。据说第一个挨罚的是老总的老领导，罚站决定宣布后，老总身上直冒冷汗，但还是硬着头皮执行处罚规定，没有搞“下不为例”。
- ❖ 善于思想疏导——见到员工被罚站，经理马上靠上去做化解工作，使得受到罚站的员工不因罚站而怨恨，反而很快融入企业文化。

上述多管齐下的举措里面，既有柔性的措施，也有刚性的措施，它们归结起来无非是两个方面：“柔性的思想引导+刚性的行为督导”。这两个方面的举措一个也不能缺位，但凡有一个缺位，执行就难以落地，不能圆满，“按时到会”的优良作风就

无法养成。

3. 营造优良而又强势的气场环境

环境氛围，特别是强势的气场环境，会对人产生强烈的暗示和约束。培塑优良的行为习惯和作风，需要众多条件的配合，而营造多种优良的气场环境，则是一个不可小觑的重要条件。

企业的气场环境，主要有“物性气场环境”和“行为气场环境”两种，通常被人称为“硬环境”和“软环境”。“物性气场环境”，主要是通过写在墙上的大标语、路边的宣传灯箱、电子屏幕、展览馆等各种物质形态展现与辐射的精神气场。“行为气场环境”，主要是通过实施及时严肃的奖惩激励，开展经常性的持续地各种竞赛和批评与自我批评，以及组织有针对性的思想作风整顿等行为措施所形成的优良并且强势的行为风气环境。两种气场环境都很重要，但是营造好“行为气场环境”更为重要。

客观规律表明，气场环境是影响人思想行为的外因条件，外因是通过内因起作用的。从内因条件上讲，人人都具有一种内在的本能——“自适应”的本能。当某种行为方式和动作在一个组织内形成了强势的行为风气——强势的“行为气场环境”，人们一进入这个环境，就会下意识地启动“自适应”本能，即便不习惯、不喜欢也会不由自主地尽量去适应这个环境。

譬如，一个正在高声嚷嚷的人，一进入庄严肃穆的会场，就会受到“物性气场环境+行为气场环境”的影响立即安静下来，不敢大声说话了。一个有“随手扔垃圾、随口吐痰”不良习惯的人，一旦置身于金碧辉煌、一尘不染、人人讲卫生的“物性气场环境+行为气场环境”之中，就会自动抑制自己的坏习惯，不敢随地吐痰、随手扔垃圾了。这就是外在“气场环境”通过人们内在“自适应”本能对人的思想行为产生影响、感化、塑造、约束、纠错效应的最现实和最生动的表现！

总之，处于强势气场环境之中，是龙你会盘着，是虎你会蹲着。最初被动的“自适应”动作，在强势气场环境的持续影响下，会使人逐渐由被动适应转化为主动适应，由主动适应转化为自觉适应，由自觉适应固化为习惯性的下意识适应的行为作风。

种种强势的“物性气场环境+行为气场环境”对人思想行为、思想作风的影响力和塑造力，在军队表现得尤为显著！

一个平时散漫惯了的社会青年，当了兵，一入军营，就会马上见到“听党指挥，能打胜仗，作风优良”的大幅标语，见到“被子叠成豆腐块，漱口杯摆成一条线”的整洁无比的内务，见到队列走路整齐划一的动作和步伐，见到哨位上持枪站岗的军人个个动作规范、身姿挺拔的形象……总之，当见到一切都整齐划一、人人都严守纪律、个个都听从命令的高度规范化的“物性气场环境 + 行为气场环境”，其视觉和感觉就会受到强烈的冲击和震撼，其“自适应”本能就会迅即启动，于是便自动收敛散漫行为，努力去学习叠被子，放杯子，练步伐，还会因为一时达不到规范化的标准而焦虑。这就是优良的“视觉感觉气场”所产生的影响作用。

之后，新兵就会置身于无时不有、无时不在的思想教育和思想工作的“行为气场环境”之中；无时不有、无时不在的“好人好事人人夸，不良行为人人抓”的“行为气场环境”之中；无时不有、无时不在的批评与自我批评的“行为气场环境”之中，从而促使新兵产生“不彻底改掉散漫的行为习惯不行了”的想法，于是开始一点一滴地主动纠正散漫行为。这就是优良的“思想舆论气场环境”所产生的感染作用！

当因为不习惯、不适应军营的紧张生活产生抵触情绪，或由于“叠被子”“走正步”“训练打靶”总是达不到规范要求灰心丧气时，班长和老同志会一边找你谈心，劝你不要焦急，一边手把手地教你叠被子，教你练正步，教你操作各种兵器和战术动作，还会经常夸奖你每一个微小的进步，这又会使新兵沉浸于“友情气场”之中，激励起克服困难的信心和决心。这就是优良的“友情气场环境”所产生的凝聚作用！

当你觉得自己练得差不多了，想歇一歇的时候，则又会被部队持续开展着的轰轰烈烈的“争先创优”活动和争夺各种“流动红旗”造成的“竞赛气场环境”所带动，不敢有一点松懈怠惰。还会被部队经常举行的各种仪式，比如授枪授衔仪式、立功受奖仪式，黄继光、董存瑞等英雄连队的各种特殊仪式所激励；被部队每天宣传身边的各种先进典型的模范事迹所感染，从而产生强烈的荣誉感、责任感，以及不甘落后，努力进取的决心。这就是优良的“竞争气场环境”“仪式气场环境”“榜样气场环境”所产生的催进作用！

当你做错了事还不以为然的时候，又会被经常性的“一事一议”、每晚班务会上的批评与自我批评以及“有功必奖，有责必问，有过必罚”的气场环境所影响，促使人不断对自己的问题做自检、自省、自纠，从而确保践行规范化行为方式、行为动作的无差异和持续性。这就是优良的“自检自纠气场环境”所产生的纠错作用！

正如古人所言，“蓬生麻中，不扶自直；白沙在泥，不染自黑”“橘生淮南则为橘，橘生淮北则为枳”，“物性气场环境＋行为气场环境”对人的思想和行为会产生不可估量的影响力、感化力、约束力、塑造力、纠错力！与军队一样，企业也要通过优化美化企业环境，书写反映企业价值观的警句，制作宣传明星员工的灯箱，办好展览馆等，营造好“物性气场环境”。更要通过多种有效方式，全方位地营造优良并且强势的“行为气场环境”，努力通过优良的“视觉气场环境”“舆论气场环境”“友情气场环境”“仪式气场环境”“竞争气场环境”“榜样气场环境”“自检自纠气场王法境”“奖功罚过气场环境”……培塑优良的集体作风。

营造“行为气场环境”要注意把握以下四个要领。

一要严格把握行为气场的质量，确保气场纯洁优良。企业组织各种活动营造气场环境，要注重活动的思想性，坚决批判抵制各种不良思想、不良气质，切不可将不健康的东西混入其中，更不可将迷信活动引入企业，扰乱企业的气场环境。

二要注重把握气场势能，确保气场持续强势。营造强势气场环境的方法很多，最常用的方法有二：一是组织有针对性的思想作风整顿；二是组织开展各种竞赛活动。然而，整顿只能在一定的时间内进行，不可能长时期持续；各种竞赛竞争时间一长也容易产生“疲倦症”。

要持续保持强势气场，还必须同时组织开展经常性的严肃认真的“一事一议”和经常性的严肃认真的批评与自我批评的活动，大力营造自检、自省、自纠的气场环境；必须通过组织开展经常性的思想教育、经常性的检查考评和实时奖惩，营造“有功必奖、有责必问、有过必罚”的气场环境。

经验告诉我们，经常性的“自检自纠”是实行自我教育的最好方法，经常性的“教育＋考评＋奖惩”是最有力的“指挥棒”。

“气可鼓，而不可泄”，优良的气场环境不仅要强势更需要持续。“一万小时定律”告诉人们，许多事情都不可能立竿见影。滴水之所以能穿石，不是由于水滴大，而是因为滴水久。同样道理，强势的气场环境也必须持续持久，才能对人的思想和行为产生有效的感染力、约束力、陶冶力、塑造力。为此，营造优良的气场环境，一定要抑制企图“毕其功于一役”的急躁心理，克服形式主义的倾向，特别注重在组织开展好经常性活动上下功夫，切实将各种经常性活动抓扎实、抓落地。

三要把握气场的覆盖面，确保气场覆盖到企业的全境、全员、全时空。为此，各级领导者都要经常关注和审视本团队气场环境的优劣状况、强弱状况、覆盖状况，及时发现问题，解决问题。在处理方法上要特别注意坚持从小处入手，抓点滴养成。任正非就曾抓住有人反映华为员工出差住宾馆时，用宾馆毛巾擦皮鞋的事例，在内部报纸《华为人》上开展“丑陋的华为人”的大讨论，发动员工举一反三，开展批评，营造了督导员工修正不良行为，养成良好道德修养的气场环境。同时，要采取“抓上带下”的方法，发现下面的问题，就追查上面的责任，推动上下联动地解决问题；采取“抓细促周”的方法，随时做好固强补弱的工作；采取“克懒治懈”的方法，促使全员保持积极的心态与行为。

四要培养一批行为作风优良的思想骨干，随时随地做好维护优良行为气场的工作。纯洁优良的气场需要大家一起营造和共同维护。《三国演义》有则故事很说明问题，猛将许褚嫌许攸恃功傲慢，酒后愤而杀之。曹操将其贬为马夫，并罚其禁酒。许褚找谋士荀彧，请求他代向曹操求情，准予喝酒，却想不到竟被荀彧一顿训斥：“丞相弃你是假，爱你是真，就是要磨炼你的野性子，把你培养成三军主将……”一番话说得许褚热泪盈眶，终于安心喂马，自觉禁酒，磨炼野性。经过喂马磨炼，许褚很少再逞匹夫之勇，打仗也多了计谋，立下许多战功。

曹操贬许褚喂马，真是一举两得：一是营造了执法必严的气场环境；二是磨炼了许褚的野性子。但是必须指出，曹操贬许褚喂马，之所以能收到极佳的效果，还亏得有荀彧的协助。若是公司里没有荀彧，都是一些乘机挑拨许褚与曹操关系的人，都有意无意地灌输同情许褚，怨恨曹操的言语和情绪，就会造成不良的气场环境，其结果必定完全相反。

为此，努力培养一批能够帮助企业营造和维护优良气场环境的“荀彧”，建设一支强有力的思想骨干队伍，教会他们掌握做好思想工作的基本功，便成为企业领导的一项不可忽略的重要任务。

三、首脑先优

1. 优化企业集体作风的重中之重是首先优化领导特别是首脑领导的作风

武柴由衰到兴的根本原因，就是格里希以其优良的领导作风带动并改变了武柴一系列不良的集体作风。武柴重走下坡路直至破产的根本原因，则是由于格里希离任之后，官僚主义、好人主义等不良领导作风故态复萌，导致企业集体的不良作风卷土重来。这充分证明了一个客观真谛：风成于上，习化于下。企业的成败取决于该企业集体作风的优劣，而企业集体作风的优劣又取决于该企业领导作风的优劣，特别是首脑人物领导作风的优劣。首脑人物的领导作风对企业的影响带有全局性、根本性。为此领导者特别是居于首脑地位的老板要首先优化好自己的生活作风、工作作风、思想作风，这是客观规律告诉我们的真谛。

对于一般员工而言，生活作风有点问题，影响所及只是他的家庭和个人形象，对集体、对整个企业的影响不会太大。然而对于居于首脑地位的老板而言，则不然！企业老板若在生活上养成嗜赌好色的作风，不仅会败家，还会毁业，将企业毁于一旦！这种败家毁业的案例屡见不鲜，以此为主题的电视剧也不胜枚举。企业老板若在生活上养成贪图享乐，追求奢华的作风，则会脱离群众，使员工丧失信心，企业丧失生机。

1965 年 5 月，东芝电气公司领导奢侈成风，经理室及部门领导办公室都备有专用浴室和厨房，还雇用专职厨师，企业业绩惨淡，危机四伏。68 岁的土光敏夫被请出山，出任东芝公司的总经理。到任第一天，他就拒绝经理食堂的菜肴款待，说："不是有员工食堂吗？从那里拿饭就可以了。"并决定拆除各级管理者的专用厨房设备，把经理的专职秘书调走，经理秘书由公用秘书兼任。

就这一个实实在在的举措，震动了公司里的每一个员工，大家议论纷纷，说现在跟以前的"东芝"不一样啦！于是工作热情空前高涨，东芝也很快走出危机。

领导者特别是老板的工作作风，对企业的影响更为直接。比如：

- 养成了"简单粗暴"的作风，见到下属犯错误，即便有帮他纠错的好心，也会自然而然地采取训斥怒骂等简单粗暴的行为方式，结果是好心办成坏事。
- 养成了"独断专行"的作风，即便一心想做好决策，亦会在决策过程中自然而然地采取"一言堂"的行为方式，听不进忠言直告，将自己的错误意见进行到底，造成不应有的损失。
- 养成了"事必躬亲"的作风，就会自然而然地沉溺在事务之中不能自拔，整天忙中出错。
- 养成了"做老好人"的作风，就会对各种不良言行，违规现象麻木不仁，企业的规章制度就会形同虚设，于是怪事迭出，秩序混乱。

……

不仅如此，“上有所好，下必甚焉”。首脑养成不良作风，下面就会产生或是上行下效或是瞒上作弊的作风，毁坏企业风气。比如：

- 首脑有“好说空话，追求形式”的作风，下面“爱做表面文章，大而化之”的作风就会乘势盛行。
- 首脑有“粗枝大叶，不求精细”的作风，下面“凑凑合合，敷衍了事”的作风必将如影随形。
- 首脑有“不守信用，不肯担当”的作风，下面“欺上瞒下，不负责任”的作风定会与之因应。
- 首脑有“因循守旧，不思进取”的作风，下面“不思创新，不敢创新，得过且过”的作风必油然而生。
- 首脑有“华而不实，奢侈享乐”的作风，下面“大手大脚，浪费点没啥”的作风就会漫延开来。
- 首脑有“高高在上，脱离实际”的官僚主义作风，下面就会有人乘机徇私舞弊，让你替他背黑锅。

《聊斋志异》中有一则“梦狼”的故事，说的是邹平县令李匡九为官清廉，有一富人被诬告，一个门房当差的吓唬他说：“李县令要你二百两银子，你赶紧去办吧，不然的话，你这官司就输定了。”富人害怕，答应出半数。门役连连摆手，坚执不可。富人苦苦哀求，门役说：“我肯定会给你尽力，只怕县令不肯。这样吧，你跟我来，等庭审时，我从旁给你说情，你看他答应不答应，就知道这并不是我的意思。”

不一会儿，开庭审理这个案子。门役明知县令在戒烟，却故意凑到他跟前，轻声问道：“吃烟吗？”李摇头。门役随即下来，举着两个指头，对富人说：“你看到了吗？我刚才给他说这个数，他摇头不许。”富人就信了他的话，答应如数给门役送二百两银子。这时门役又来到堂上。他知道李嗜茶，又凑上去问：“喝茶吗？”李点了点头。门役借故烹茶，走下来对富人说：“事办妥了！他刚才点头，你看到了吧！”随后案子审结，富人无罪获免，门役坐收二百两银子不算，还向富人另要酬金。而李县令自始至终都被蒙在鼓里。

故事启示我们：

领导者养成高高在上不问实际的官僚主义作风，势必闭目塞听，造成“灯下黑”。“灯下黑”是身边人借以做坏事的主要资源，无论你多清廉、多自重，下面也会借着“灯下黑”徇私舞弊，把你抹得比黑还黑。所以蒲松龄在结尾时说：“官自以为廉，而骂其贪者载道焉，此又纵狼而不自知者矣。世上如此类者更多，可为居官者备一鉴也。”

2. 首脑的思想作风问题危害尤烈

领导者特别是首脑者的不良生活作风、工作作风的表现和危害还有很多很多，难以尽述。但是无论是何种不良生活作风、工作作风，都无不根源于不良的思想作风，不良思想作风的表现隐秘，危害尤烈。

生活作风、工作作风会直接外显于他的生活工作实际，一般都是有形的能够看得见的，还比较容易检点整治，而思想作风——习惯性的思想意识、思想方法、思想情绪的作用过程主要是在人的头脑中完成的，这个过程是内隐的、看不见的，所以尽管它无时无刻不在对生活作风、工作作风起着指导和决定的作用，却由于其作用过程的隐秘性，常常不大引人注意，不被人重视。因而一旦沾染恶劣的思想作风，要克服也难。

朝鲜战争爆发前夕，有一个名叫德林的咨询公司集中大量的资金和人力研究一个课题：美国出兵朝鲜，中国的态度将会如何?

战争爆发前 8 天，德林公司拿出了研究成果，结论是 7 个字：中国将出兵朝鲜。研究成果还附有 380 页资料，详尽地分析了中国的国情民心，充分论证了中国不会坐视朝鲜危机而不救，并断定一旦中国出兵，美国将会不光彩地被迫退出这场战争。

德林公司愿以 500 万美元的价格将成果卖给美国对华政策研究室，500 万美元的要价在当时相当于一架先进战斗机的价钱。然而，美国的决策者们却视之为无稽之谈，不予理睬。直到美军从朝鲜战场上铩羽而归，才有人想到德林公司研究成果的重大价值。

有记者就此事要麦克阿瑟谈谈看法，麦的回答是：“我国最大的失策是舍得几百亿美元和数万美国军人的生命，却吝啬一架战斗机的价钱。”

真是既荒唐又可笑！麦克阿瑟将朝鲜战争的失策归咎于一个完全风马牛不相及的原因——“吝啬”。这说明他从未真正反省过朝鲜战争失败的教训！

事实上，美国政客和美军决策者们之所以将德林公司的研究结果视为无稽之谈，不屑一顾，最根本的原因在于：包括麦克阿瑟在内的美国的决策者们因为自恃有强大的国力军力，滋长了一种极其恶劣的思想作风——狂妄自大的霸权主义思想作风。正是狂妄自大的霸权主义思想作风，驱使他们总是以实现霸权的狂妄意志剪裁客观事实，否定客观结论；也正是这种狂妄自大的霸权主义思想作风，使得他们不可能科学总结失败的教训，改弦易辙，以至于在朝鲜战争之后又有越南战争的惨败，之后在阿富汗打了20年的仗，又灰溜溜地从阿富汗撤兵；也正是由于不能反省和纠正狂妄自大的霸权主义思想作风，致使他们一直穷兵黩武，自二战以来几乎年年都在打仗，把伊拉克、利比亚、叙利亚等国家打成一片废墟，将整个世界搅得不得安宁，天怒人怨，把美国搞得信誉丧尽，每况愈下。

历史事实揭示了两个带有规律性的问题。

- ❖ 问渠哪得清如许，为有源头活水来。思想作风是源头，如果思想上习惯性地输出清水活水，那么工作、生活作风也会是清的活的，反之输出的是污水，那么生活作风、工作作风也必定被污染。因而切不可孤立地看待工作作风、生活作风上的问题，应当善于透过生活作风、工作作风深挖思想作风问题，坚持从解决思想作风入手破解生活作风、工作作风上的问题。
- ❖ 对于不良思想作风的负面效应，必须经过自检自省方能明察，经过自律自纠方能破解。不肯自检自省自律自纠的人不仅不可能明察，即便其内心有所察觉，嘴上也不会承认，行动上更不会改变。因而，强化对不良思想作风负面效应的认识，注重通过自检自省自律自纠优化好自己的思想作风，这是所有领导者进行作风修养的重大课题和永恒课题。

上述规律不仅通行于一个国家、一支军队，同样也通行于所有企业和企业的领导者。因而企业领导者特别是企业首脑切不可将自己的生活作风特别是思想作风问题看成只是自己个人的问题，而应当将其与企业的生死存亡联系在一起，切实提升自我修炼优良作风的自觉性。

3. 自我修炼是实现首脑先优的关键

优化企业集体作风的关键是首脑先优，然则首脑先优的关键是什么？是首脑坚持自我修炼！原因很简单，居于企业首脑地位的老板（董事长、总经理）发现下面领导的作风问题，可以通过对所涉领导实行问责或抓住倾向性领导作风问题及时组织严肃认真的作风整顿去解决。可是老板自身作风有问题，谁来抓整改？老板在企业居于首脑地位，是企业的“一把手”，握有至高无上的权力，可以大事小事“一把抓”，决策拍板“一言堂”，财务花钱“一支笔”，选人用人“一句话”，奖励处罚“一点头”……他的作风问题只有董事会能有所约束，但想真正解决也难。因为不少企业的董事会特别是独资企业的董事会其实形同虚设，都是老板的“一言堂”，老板的作风问题不但提不到会上，即便提到会上，也会被老板一句话否掉。那怎么办？自然只能靠自我修炼！

有句谚语说得好：**天助自助者！老天只帮助那些自省自律，自修不息的人。**然则什么是企业的“天”？答案很明白：就外部环境而言，市场机遇是企业的天，客户信任是企业的天，国家的法律法令是企业的天！就企业内部而言，员工同心是企业的天，人才效命是企业的天。企业老板修好自身，养成了优良的工作作风、生活作风、思想作风，才有可能顺天行事，得到“天助”。反之，不能自省自律自修，就会在私欲和不良作风的支配下做出违背市场规律、违背法律法令、违背客户利益、违背员工利益的事情，做出有损人才尊严、有碍人才发展的事情，这就叫“逆天行事”。“逆天”的结果必遭“天谴”，遭到“天谴”的人和企业，岂能善终？

所以，任何想赢得“天助”的企业老板，必须先努力“自助”！所谓“自助”，就是通过持续不懈地自检自省自纠自律，修炼好自身作风。自我修炼的主要路径是：择善行＋纠过错＋去误因＋固信仰。

（1）“择善行”是修身的起点。

“择善行”就是要择取有益于社会、集体或他人的行为，不做有损于社会、集体或他人利益的事情，这是做人做事必守的基本德操，也是修身的起点。

然而，善行有真有假，亦有正有偏。从每个人的主观上讲，本人在做的是真善行还是假善行，这是他的私德，其内心是清楚的。可是对于善行的“正”与“偏”却不易把握，尤其是对“形偏实正”“形正实偏”两种情况不易鉴别。所以，“择善行”

难在持正防偏，也重在持正防偏。

春秋战国时，宓子贱初任单父宰，正值麦熟，齐攻鲁，取道单父。单父百姓向宓子贱请求赶快把城里的人放出去抢收小麦，谁收割归谁所有。宓子贱始终未应允，后来齐国的军队把麦子抢走了。鲁国司徒季孙氏听说后很生气，派人质问宓子贱。宓子贱曰：“那些麦子今年没有收割，明年还可以种。可如果让不耕耘的人也可以收获麦子，人们就会养成不劳而获的侥幸心理，盼望有敌寇入侵，这不仅败坏社会风气，还会给国家安全埋下隐患。”季孙氏听后长叹道：“宓子贱才能比我高，又有远虑，所以能避免近忧，我自知不及他。”

宓子贱宁可让敌人收割城外的麦子，也不让自己的老百姓去抢收，却有利于制止人们不劳而获的侥幸心理，消除不良风气，这叫“形偏实正”。做“形偏实正”的事情，很容易因为其“形偏”而招致种种非议，因而“择善行”的前提是：唯善固持，不因非议而动摇。

所谓“形正实偏”，就是形式上是“善行”，本意也是想行善，实际上却对人们的思想和行为产生了不应有的偏差导向，堵塞了行善之路。比如孔子的弟子子贡花钱赎奴，拒绝到国库报销赎金，本意是花自己的钱为国家、为他人做好事，可是鲁国富者寡而贫者多，子贡的行为别人学不了，所以他形式上是在行善，却在实际上产生了让别人无力行善、不敢行善的偏差导向，这就是“形正实偏”，所以反被孔子批评。

“形正实偏”的事情需要理性的慧眼，一般人察觉不了，反而常常“视偏为正”，做得心安理得。这种“视偏为正”的现象在企业管理中屡见不鲜，这需要首脑领导注意鉴别，认真防治。

某公司规定所有车辆一律由公司办公室统管，可各部门习惯性地抓住原用车辆不放，实际上是“统而不从”；办公室主任为维持一团和气，睁一眼，闭一眼，实际上是“统而不管”。办公室通知在用车辆参加年检，供应部长充耳不闻，导致两辆车年检逾期，被交警扣车。按《道路交通安全法》规定，取车必须补检，驾驶员还要罚款200元、扣3分。两个驾驶员都说，是张部长硬要他天天出车，不让参检造成的，不肯认罚取车。这时张部长才着急起来，不得已找办公室李主任商量。

李主任感到左右为难：由公司交罚款吧，老板知道后肯定要骂自己假公济私；让张部长交罚款吧，会得罪张部长。于是灵机一动便选了个“孩子哭了抱给娘”的办法，说：“此事我无能为力，听说孙副总与交管领导在部队是老战友，请孙副总出面也许有回旋的余地。”张部长听后，立马拖着李主任一起去求孙副总。

孙副总听完他俩的诉求，觉得有关系不用白不用，于是准备给交管所领导打电话。正当他静坐凝想怎么打电话的时候，碰巧总裁进了他的办公室，问他在想什么。孙副总便讲了要打电话的事，总裁一听，当即制止说：“你以为是在解决问题，实际上是在抱薪救火，后果很坏！”

接着，总裁连数三个不良后果：第一，你找人求情，不仅违反了政府的交管规定，也违反了公司诚信守法的价值原则。第二，你找人求情，是在为张部长违反规定，李主任不履行管理职责，打开方便之门。第三，你找人求情，就是在用行动告诉大家，出了问题只要找个关系就可以“抹抹平”！那么以后还会有谁会再讲原则、讲规章制度呢？出了问题都不讲规则，都找个关系“抹抹平”，那规章制度岂不成为一纸空文？你我一直挂在嘴边的“奖惩严明，赏罚公正”岂不成为一句空话？久而久之企业还能正常运行吗？事实上，公司的许多规定不能落到实处，出了问题找领导求情的人络绎不绝，干扰正常处理，这不正是我们长期以来只讲关系，不讲规则，执法不严造成的吗？

总裁的一番谈话，像一桶凉水浇在孙副总的头上，他立即清醒过来，检讨说：“我只想到如何摆平这件事，没像总裁想得这么深！可事情如何处理呢？”

总裁说：“我想以此事为例，在全公司组织一次思想作风整顿，专门整肃讲关系不讲原则的不良风气。”“此次整顿需要你孙副总、李主任、张部长三个人带个头。这个头不好带，因为需要你们带头检查、带头接受处罚。”

孙副总表示一定带好头，并且会协助老总做好李主任、张部长的思想工作。在相互沟通，统一认识的基础上，他们分别做了以下两件事：第一，公司发出批评李主任、张部长二人的通告，责成他们在干部大会上作深刻检查，还决定给予李主任、张部长扣除一个月奖金，同时由张部长承担缴付400元罚款的处罚；第二，整顿一开始，孙副总带头做自我批评，开了一个好头，接着组织各级领导班子和基层各班组纷纷自觉对照案例做自查自纠，深入开展思想作风、行为作风整顿。

总裁抓住契机，在统一思想、统一步调的基础上，采取“抓小推大、抓上带下”的策略，组织开展有效的思想作风整顿，取得了好比“只做了一个微创手术，却切除了一个毒瘤子”的效果，企业出现了讲原则、讲规矩的新风，凝聚力、执行力明显提升。

案例启示我们：

- “择善行而从”，系治国治军治企之通理。择善行，重在持正防偏，也难在持正防偏。领导者一旦视偏为正，很容易给企业的思想作风造成不良影响。可是在日常领导工作中，做了“形正实偏”的事情，还自以为是做了一件善事好事而窃窃自喜，却对于其必将产生的偏差导向、负面作用浑然不觉，这种现象不胜枚举，这不能不引起领导者的高度重视。
- 领导者处理一个问题、一件事情，对于部属都是一种行为导向。部属犯了错误，出了问题，你帮他“找个关系抹抹平”“找个借口糊弄过去”，这绝非宽容大度，也绝非关爱部属，纯属是非不分、赏罚不明。它只讨好了个别人，却会误导人产生“讲关系胜于讲规则”的思想，助长“不讲规则讲关系，不找制度找借口”的不良作风，使法规制度丧失应有的权威，使企业陷入法规难行，潜规则横行的无规则、无秩序的混乱局面，过莫大焉、害莫大焉！
- 在“不讲原则讲关系”已成习惯性作风的情况下，处理类似问题，不先做好统一思想、统一步调的工作就轻举妄动，很容易招致非议，反而会怪领导对下太薄情，于是造成不应有的副作用。为此，既要像总裁那样善于抓住契机，乘势而为地破解不良风气，更要像总裁那样与孙副总等三个领导充分沟通，形成共识，再有计划、有步骤地组织思想作风整顿。

“择善行”是中华民族的传统道德。撰写《资治通鉴》的司马光，总结了先后 16 朝 1362 年历史的经验教训，给当政者提出了要“择善人而交，择善书而读，择善言而听，择善行而从”的建言。这“四择”中的前“三择”都是为最后“择善行而从”打基础的。

然则何谓“善行”？对于一个领导者而言，待人以尊重人、关爱人、宽容人为善行；做人做事以守住法纪底线、道德底线、良心底线为善行，以担道义、持公正、行正义为善行；处理利益以求与客户、员工、合伙人共享，与社会、与环境共赢为善行……

必须指出，“善行”很多，而其中最重要的一个善行是“纠错改过”！

（2）“纠过错”是一生的功课。

法国文学家雨果说过：“尽可能少犯错误，这是人的准则；不犯错误，那是天使的梦想。”我们的祖先也早就告诫大家：“人谁无过？过而能改，善莫大焉。”无论是凡夫俗子，还是古圣先贤，都会犯错误。犯了错误并不可怕，关键在于能从错误中获得宝贵的经验和教训，不断改过纠错，完善自我，超越自我。故而“人不贵于无过，而贵于改过”。

人们常说“失败是成功之母”，其实失败并不会自然而然地成为“成功之母”。要从失败的此岸走向成功的彼岸，其间必须经过“纠错改过”这座桥梁。不能纠正导致失败的过错，只会在失败的泥沼中越陷越深。人的一生要做许多事情，也会犯许多错误，“纠错改过”是通向成功的桥梁，更是人一生的功课。

欲“纠错改过”，必须先“知错悔过”。明代学者宋熏的《古今药石》中，载有宋朝宰相寇准的《六悔铭》：一是“官行私曲，失时悔”，意谓不要当官时以私利结党贪贿，滥用职权，一旦东窗事发，再后悔；二是“富不俭用，贫时悔”，意谓不要富贵时穷奢及欲，不知节俭，待陷入贫困，日子难过了再后悔；三是“艺不少学，过时悔”，意谓不要在年轻力壮时不多学点知识技艺，待到过了学习机会时再后悔；四是“见事不学，用时悔”，意谓不要遇事只做不学，不长知识，不积经验，待要用到知识经验时再后悔；五是“醉发狂言，醒时悔”，意谓不要喝醉酒口吐狂言，伤了他人的心，待酒醒之后，遭人报复时再后悔；六是“安不将息，病时悔”，意谓不要平时不知道有劳有逸，劳逸结合，待病魔缠身时再后悔。

寇准，19 岁便考中进士，后又不断升迁，直到宰相，是历史上著名的贤人名臣。可是检点一生，他除了“官行私曲”没有做过，其他五个方面的过失大致都犯过。司马光就曾批评他生活“豪华奢靡，冠盖全国”，可是到他 62 岁客死雷州时，竟连回家安葬的钱都没有，难怪他会将“富不俭用，贫时悔”列入其中。“醉发狂言，醒时悔”，可能与处理和丁谓的关系有关。

有一次，时任宰相寇准与大臣们一起喝酒吃饭，其胡子上沾上了汤汁。担任参知政事（副宰相）的丁谓觉得不雅观，就起身帮寇准擦掉胡子上的汤汁。这时，寇准当众直言道：“参知政事这一职位是朝廷很重要的一个职位，你身为国家大臣，难道是帮上司捋胡子的吗？”一席话让丁谓颜面扫地，顿时羞愧无比，“溜须”也被后人当作“拍马屁”的代名词。寇准斥责丁谓溜须拍马，被传为佳话，成为历史典故。可是他在大庭广众下让人下不了台，似乎有点失度。正好又碰上丁谓是一个颇有才能，却又极爱面子、心胸狭隘的小人，他起初拜寇准为师，又受寇准推荐得以一路高升，一直对寇准很是恭敬，这一次被搞得颜面扫地，便怀恨在心，后来一再采取卑劣的手段报复寇准，使寇准客死雷州。

《六悔铭》就是寇准在晚景凄凉之时写下的。它告诉我们，即便像寇准这样的贤人名臣尚且有“六悔”，何况他人乎？作为事业有成的企业老板必定有其过人之处，但是过人者也会有过错，尤其是一旦事业有成，很容易产生高人一等的心态，于是高高在上的官僚主义、经验主义、形式主义等不良作风就会应运而生，若不知错改过，是很可能从此走下坡路的。

有人也许会说：“过去的就让它过去，有什么可后悔的！”是的，做错了事情后悔似可不必，但是认真地忏悔反省，总结教训，以确保自己不犯“二过”，又警示他人别重演自己的过错，却是不可或缺的，更是十分必要的。须知：后悔是重新回到了过去，而忏悔反省，总结教训则是为了纠错改过，以确保在挺进未来时“不犯二过”，这是在向以往的过错告别。寇准的《六悔铭》就是他对人生过失的忏悔与总结，更是对后人的警示，岂可与一般的后悔等量齐观？

不过，话又说回来，“忏悔反省、总结教训、纠错改过”固然重要，但还是被动治理之举，“去误防过”才是主动之举。这不难理解，“纠错”是犯错之后的“亡羊补牢”，毕竟羊已亡了！“防过”则是尚未亡羊就先补牢，无疑远胜一筹。然则，“防过纠过”都有一个不可或缺的前提条件，即必须先“去误因”——去除误导头脑的不良因素。

（3）“去误因”是保持头脑清醒的关键。

为何“防过纠过”必先“去除误因”？因为“防过纠过”必须保持清醒的头脑，而保持清醒头脑的关键在于去除头脑中的误导因素！有许多成功人士总以为成功主要靠自己的聪明才智，所以十分注重研究谋略，殊不知一个清醒的脑袋远比聪明的脑袋更重要。

可以毫不夸张地说：一个企业老板无时无刻不被来自外界和内心的各种误导与诱惑因素所包围。

首先，从客观外界来讲，大量的利益诱惑，会误导你利令智昏，做出见利忘义的事情；灯红酒绿，纸醉金迷的诱惑，会误导你玩物丧志，欲海沉沦；人家制售假冒伪劣产品、搞血汗工厂一时发了财，别人偷税漏税、贿财贿色捞到好处，会误导你产生仿效的欲望，从此也不愿安分守己；周围有许多人围着你阿谀奉承，会误导你飘飘然，在心理上自我放大，自我膨胀，以至于自命不凡，昂首天外，视下属为“阿斗”，对下颐指气使，强迫命令，恶化上下关系；谣言、谗言和别有用心的“小报告”，会误导你搞不清是非对错，以至于认非为是，引发内讧；不全面、不准确的信息，会误导你做出错误的决策，一步踏进陷阱……

除了上述情况之外，身边一些最亲近最信任的人，他们出于好心，也会在你耳边叨叨地给你出主意，其中不免常有类似于《韩非子》——“卫人嫁女”里讲的父母亲，他们出于保护女儿的好心，劝告其嫁过去后“必私积聚”，即一定要偷偷地多积藏一些私房钱。为什么呢？因为“为人妇而出，常也；其成居，幸也”，即嫁给人家做老婆，被休掉是很常见的事情，而能够白头到老倒是幸运和难得的事情。

女儿听信父母亲的“好心劝告”，平时就特别注意悄悄地藏私房钱。见此，丈夫和公婆都认为她有异心，便将她休掉，遣返娘家。这时，其父母还自以为有先见之明，却想不到正是他们的“先见之明”“好心劝告”误导了女儿，让其付出了牺牲婚姻和一生幸福的代价。

自以为有“先见之明”的人，经常会出于好心给亲朋好友们出些“馊主意”，这种现象大量存在。被劝说的人出于对亲友的高度信任，也常常会不加鉴别就信以为真、信以为是，于是在不经意中滑入泥沼，这种现象也大量存在。所以，韩非子评论道：“今人臣之处官者，皆是类也。”

其实，“是类”者何止是“处官”者！企业里大权在握的领导特别是老板也同样类似，其亲友们会出于好心，在企业经营管理上给他出些自以为是的“馊主意”，在处理上下关系问题上会给他打些“小报告”，进一些“好心劝告”。而老板则出于高度信任，对于他们的“馊主意”和“好心劝告”常常不加鉴别地信以为真、信以为是，于是照着他们的“小报告”定是非，依着他们的“馊主意”和“好心劝告”做傻事。

源自客观外界的大量误导因素，有的可能是无意的，有的可能是有意的，有的可能是恶意的，有的可能是好心的，但无论其性质如何，只要你接受了其中任何一种误导，都会促使你在头脑中产生不良动机，进而由不良动机变成有害的行为，最终造成不良后果。

外因是通过内因起作用的！与来自客观外界的误导相比，源自主观内心的误导尤为可怕，特别是错误的世界观、人生观、价值观；孤立的、片面的、极端化的思想方法；偏执、急躁、粗疏、懒惰等性格上的毛病；浮躁、猜疑、嫉妒等病态心理；强烈冲动的不良情绪；官僚主义、经验主义、形式主义等各种不良习惯和作风，都会误导人在思想上和行动上做出错误的选择，导致严重的后果。

在内因误导中，最经常、最根本的当属各种各样的迷信。时下，不少企业老板之所以做出反常出格的事情，大多与他们迷信自己聪明、迷信金钱权力、迷信神灵保佑，缺乏科学正确的信仰分不开，因而“固信”，即牢固确立科学正确的信仰，这是打牢修身根基的关键所在。

（4）“固信仰，破迷信”是保障行无妄动的前提。

心无妄思，方能保证行无妄动。欲使心无妄思，必须牢固确立科学正确的信仰，破除头脑里的各种迷信。迷信是产生妄思的根源之一，切不可让自己迷失于迷信之中。

首先，不可迷信自己聪明的脑袋。迷信自己聪明的脑袋，会使你将创业有成的一切功劳都归于自己，以为都是凭自己的聪明才智挣来的，于是就不再感恩客户、感恩员工、感恩国家社会，相反可能在贪欲的支使下拿自己的聪明算计客户和员工，算计挣脱国家政策的约束。迷信自己聪明的脑袋，还会使你以为人家都是能让自己任意算计的“阿斗”，于是不惜花重金做不实的商品广告迷惑消费者，不惜采取“口惠而实不至”的策略哄着员工和合伙人，不惜用阳奉阴违的手段突破法规底线……

可是“千算万算，人算不如天算”。什么是企业的天？客户是天、员工是天、法规是天……一个企业领导者，如果仗着有个聪明的脑袋，一味为私利算计客户、算计员工、算计合伙人、算计突破政策法规的底线，就是在逆天而行。逆天的结果必定丧失消费者的眷顾、员工的忠诚、合伙人的支持、法律的保护，这样的企业不破产是不可能的。逆天者必遭天谴，遭天谴者必败亡，这是客观规律告诉我们的真谛。所以，聪明不可恃，天意不可逆，恃则必孤，逆则必危！

为此，作为企业老板应当牢固确立起如下信念：做人不成功，做事成功是暂时的；做人成功，做事不成功也是暂时的。最终的成功，必定属于真正的聪明人，而真正的聪明人必定是“宁可制欲，不肯逆天”的人，是把做人成功始终置于首位的人，绝非是善于算计人的人。

其次，不可迷信金钱权力。俗话说：一分钱难倒英雄汉，有钱有权好办事！然而必须明白：金钱和权力都只是做事的杠杆，它必须以法纪和道德良心为支点，才能发挥出正能量，撬开通向成功、通向企业发展的大门。一旦找错了支点，用错了地方，就会发挥出负能量，这时打开的必定是陷阱之门、地狱之门。所以人们常说：人不可能将金钱权力带进坟墓，金钱权力却能将人和企业带进坟墓。

为此，作为企业老板应当牢固确立如下信念：唯有坚定不移地站在法纪和道德良心这个基点上做人做事的人，方能用好金钱、权力这类杠杆。金钱和权力可以做个好仆人，但绝不可让其当主人。你让金钱和权力当主人，你就被贬为金钱权力的奴隶，从而在不知不觉中被金钱、权力拖进陷阱和地狱。

最后，不可迷信神佛保佑。不少老板事业成功了，企业做大了，总以为一靠自己有本事，二靠神佛保佑自己有好运。于是到处烧香拜佛，为烧一炷头香，向神灵讨个好运，不惜一掷千金，却不愿为消费者省一分钱，为员工添一分利，不肯拔一毛以利天下。这种本末倒置的必然结果是，佛脚没有抱住，却得罪了客户、员工、法规，惹得天怒人怨！为此，作为企业老板应当牢固确立如下信念：求神求佛不如求己！拜神拜佛不如拜客户、拜员工、拜法规！

总而言之，迷信使人迷糊。作为企业老总必须破除迷信，牢固确立正确的信念，保持清醒的头脑，才能修好自身的道德良心、领导作风、领导艺术，才能以应有的道德良心、优质的领导作风、高超的领导艺术带领企业全员培塑好集体优良的行为作风。也唯有培塑好集体优良的作风，企业才有良好的行为文化和不断进取发展的正能量。

企业集体的行为作风，实质就是企业的行为文化。企业的行为文化是企业创造物质财富、精神财富过程中的直接动力，也是推动企业文化落地的中心环节。因而研究作风培塑法，需要进一步深入研究企业文化，特别是企业文化落地法。

第十章

文化落地法

“三流企业靠人工管理，二流企业靠制度管理，一流企业靠文化管理”，这是时下企业界的流行语，这段流行语表达了对“文化管理”的赞美。

什么叫“文化管理”？“文化管理”就是用优良的思想文化、制度文化、环境文化，培塑员工养成自觉执行、自动协调、自我管理的优良的集体行为作风和文化，进而用优良的集体行为作风和文化代替管理者的监督管理。这是现代企业最先进、最有效的管理方式，也是使管理进入“无为而治”境界的关键所在，的确值得赞美！

然而实行“文化管理”不是一个简单的方法，而是一个十分艰苦复杂的大工程，它必须通过努力建设企业文化，确保文化落地才能实现。可是令人遗憾的是，自从企业文化这一概念问世之后，中外理论界和企业界有关它的基本含义、作用意义的著述甚多，大家都耳熟能详，可惜对于企业文化的落地问题却语焉不详。

思想理论上的混沌难免导致践行中的迷茫和迷失。许多公司老总尽管都把“文化要落地”挂在嘴边，却对于“企业文化应当落在哪块地里”“如何抓好文化落地”等问题内心不甚了了，以至于虽然很重视抓企业文化建设，而文化的落地效果总是不能尽如人意。

文化落地法，就是要求企业领导者在弄清企业文化应当落在哪块“地”里，实现文化落地必须具备哪些要素条件，这些要素条件之间内在的逻辑关系和矛盾状况怎样的基础上，确立起“以创造丰硕的文化成果为终极目标，以培塑优良的集体行为文化为中心任务，以推动企业文化五要素全面落地为永恒使命”的总体思路，找到推动文化落地的正确路径。

第一节
企业文化应当落在哪块“地”里

企业文化应当落在哪块“地”里？这个问题是建设企业文化的首要问题。不解决好这个问题，企业文化建设就会迷失方向。

欲解密企业文化应当落在哪块“地”里，必须揭开“建设企业文化的终极目标是什么，实现终极目标的首要条件是什么”这两个问题的谜底。只要坚持以终极目标为导向，对文化落地问题做一番由果溯因的分析，不难发现问题的谜底是以下两个。

（1）企业文化必须最终落在创造“文化成果”，即创造物质财富和精神财富这块“地”里。

企业一切行为的终极目标是什么？说到底，都是为了创造物质财富和精神财富，即创造“文化成果”。文化落地的终极目标也不例外，也必须最终落在创造“文化成果”，即创造物质财富和精神财富这块“地”里。其所以如此，可以从理论与实践这两个方面找到答案。

从理论上讲，广义的“文化”是指“人类社会历史实践过程中所创造的物质财富和精神财富的总和”（摘自《辞海》对“文化”的诠释），物质财富和精神财富的总和就是“文化成果”。

从实践上讲，“文化成果”是企业文化的终极结晶，也是企业赖以生存和发展的根本！一个企业创造“文化成果”的能力，即创造“物质财富＋精神财富”的能力，决定着该企业的生命力。所以创造丰硕的“文化成果”始终是建设企业文化的终极目标，企业文化自然必须落在创造“文化成果”这块“地”里。

（2）企业文化必须首先落在培塑员工优良的集体行为作风和行为文化这块“地”里。

实现终极目标的首要条件是什么？是培塑好员工优良的集体行为作风和文化。原因很简单，因为企业的物质财富和精神财富——文化成果，无一不是经过员工的集体劳动创造出来的，员工集体行为作风和文化的优劣，决定企业创造“文化成果”的多寡与成败（对此，前一章已有阐述），因此企业文化必须首先落在培塑员工优良的集体行为作风和行为文化这块“地”里。这是实现终极目标的首要条件，自然也是企业文化落地的首要目标。

揭开上述两个谜底，可以清晰地看到，文化落地说到底是要实现两个目标双落地，“终极目标”是创造丰硕的物质成果和精神成果——丰硕的文化成果；“首要目标”是培养员工优良的集体信念和行为文化。实现“首要目标”是实现“终极目标”的前提。是否实现了两个目标双落地，既是衡量文化落地的根本标准，也是检验考评建设企业文化绩效的根本标准。

说到这里，有人会质疑：企业文化主要由思想文化、制度文化、环境文化、行为文化、文化成果五个要素构成，两个目标的概念，是不是有点低估其他要素的重要性？

必须澄清：构成企业文化的五个要素，个个都十分重要，缺一不可，弱一不可。之所以将“行为文化”与“文化成果”两个要素列为“首要目标”和“终极目标”，这是“五要素”的内在逻辑关系使然。

“五要素”内在的逻辑关系告诉我们，员工优良的集体行为作风和行为文化是创造企业文化成果的直接动力，而思想文化、制度文化、环境文化是间接动力，因为这三者必须形成机制，共同作用于并且落地于培塑员工优良的集体作风，使员工养成优良的集体行为作风和文化，才有可能产生创造“文化成果”的能量和动力。否则，价值观只是一句空话，规章制度只是一纸空文，苦心营造的环境只是一种无效的形式。

“文化”二字的内在逻辑也告诉我们：“文”就是思想和智慧，即企业的价值观体系、发展战略、规章制度等一系列精神要素；“化”就是“以文化人，以人化物”，它具体展现为“两个转化，一个物化”的过程，即必须先做好“以文化人”的工作，切实把企业的价值观体系、发展战略、规章制度等精神要素转化为员工的集体信念，进而转化为员工优良的集体行为作风和行为文化，实现培塑好员工优良的集体行为作风和行为文化这个“首要目标”。在此基础上才能实现“以人化物”，即才能通过有共同信念和优良行为文化的员工协作劳动，将精神物化为“物质财富＋精神财富——文化成果”，实现“终极目标”。归结起来，“化”就是推动“两个转化，一个物化”，实现两个目标双落地。

总之，文化落地的过程，应当是不断推动“以文化人”，实现“两个转化”（将企业精神转化为员工的集体信仰、转化为优良的集体行为作风和文化），在此基础上推进“以人化物”，实现“一个物化”（物化为丰硕的文化成果）的过程。简言之，应当是“先以文化人”实现首要目标，“再以人化物”实现终极目标的过程。因而，抓企业文化落地，切勿“重文轻化”“有文无化”，必须始终坚持以“文”为导向，以“化”为目标，不断推动“两个转化，一个物化”，达成“文”与“化”的合一，实现“首要目标”和“终极目标”双落地。

综合上述分析，不难得出如下结论，企业文化是由“文化成果、行为文化、制度文化、环境文化、思想文化”等五个基本要素共同构成的一个复杂的有机体。其中：

❖ 文化成果，主要由企业创造的“物质财富＋精神财富”构成，它是企业文化的结晶。创造丰硕的“文化成果”是企业一切行为的终极目标，也是企业文化落地的终极目标。

❖ 行为文化，主要由企业员工集体的习惯性的“职业行为＋道德行为”铸就，它外显为员工集体的行为作风和文化，是企业创造“文化成果”的直接动力。培塑优良的集体作风和文化是文化落地的首要目标，也是确保企业文化落地的中心任务。

❖ 制度文化，主要由企业的“规章制度＋职业道德”——“刚性行为规范＋柔性行为规范”构成，它是培塑员工优良的集体作风和文化的统一标准和主要模式。

❖ 环境文化，主要由企业的“物性气场环境＋行动气场环境”构成，它们对于培塑员工优良的集体作风和文化起着感染、陶冶、催化、固化等重要作用。

❖ 思想文化，主要由企业的“核心价值观体系＋企业精神”构成，它是由企业价值观体系、经营哲学、发展战略、企业精神等构成的企业意识形态的总和，贯穿和渗透于企业的制度文化、环境文化、行为文化、文化成果之中，起着灵魂和统帅的作用。诚然如此，就创造企业“文化成果”而言，它亦须通过指导员工的践行行动来实现，所以也是创造企业文化成果的间接动力。

综合上述逻辑分析，抓企业文化落地的总体思路可以归结为以下三句话。

以创造丰硕的文化成果为终极目标；

以培塑优良的集体行为文化为中心任务；

以推动企业文化“五要素”全面落地为永恒使命。

第二节
理顺文化落地过程中的若干矛盾关系

按照上述三句话的总体思路抓文化落地，既是一个庞大的系统工程，更是一个十分艰巨复杂的践行过程。在这个过程中，必定会遇到“落地条件与落地目标、自为文化与自在文化、特需文化与共需文化、刚性强制与柔性引导、显性绩效与隐性绩效、学习借鉴与落地生效、落地流程与重要环节”等一系列矛盾问题，能否及时正确地处理好这些矛盾问题，直接关系到文化落地的成效。

纵观企业文化落地状况，不难发现：之所以有些企业文化不落地，皆与领导者对矛盾着的双方“只知其一，不知其二”，或在实际工作中“只顾一头，不顾其余”“木匠斧子一边砍”等大量片面倾向密切相关。为此，深入探讨企业文化建设过程中的一系列矛盾问题，统筹兼顾和照应好矛盾双方，克服片面性便成为抓好文化落地的关键所在。

一、落地条件与落地目标

抓好思想文化、制度文化、环境文化建设，是企业实现两个目标双落地过程中不可或缺的“落地条件”。可是，在现实工作中，许多企业却常常本末倒置地把这些“落地条件”当作“落地目标”。比如，他们费心费力地提炼了企业的核心价值观，将它写在企业的大墙上，天天挂在嘴边上，就以为价值观和思想文化落地了，却没有扎扎实实地抓好先将价值观转化为员工共同的价值信念和优良的集体行为作风和文化，进而转化为积极创造“物质财富+精神财富”的有效行动，最终物化为丰硕的“物质财富+精神财富”的工作，即没有抓好价值观的“两个转化，一个物化”工作。结果对实现“首要目标”和“终极目标”这两个目标双落地并未产生应有的实效，于是把核心价值观变成了一句不能产生实际价值的空洞的口号。

一位培训公司老总给笔者讲过一个真实的故事。有一天，他到一个模具制造公司参观，问起公司企业文化落地状况，老总兴致勃勃地说：“我们有符合本公司产业特点的核心价值观，这个核心价值观叫‘和德诚模’，文化已经差不多落地了。”接着他逐一阐释道：“和，就是以和为贵；德，就是讲究职业道德；诚，就是诚信生产和诚信经营；模，就是模具品牌。”讲得津津有味。

接着，他下去问员工，发现员工都将“和德诚模”背得滚瓜烂熟，但问到其中的内涵是什么，如何践行这个核心价值观时，则答曰：“这要去问老总。”甚至问到该公司的人力资源部长，他也张口结舌，不甚了了，比一般员工好不了多少。

实际状况很显然，“和德诚模”的核心价值观，还仅仅只是人们挂在嘴边上的价值观，压根儿没有实现应有的转化和物化，老总就以为“差不多落地了”。其实，他们在企业文化落地的征程中还只是刚刚起步，距离实现“两个目标”双落地还相差不啻十万八千里。

事实充分表明，以为用科学的语言文字提炼了一个核心价值观，将它写在墙上，挂在嘴边，这个价值观就落地了，这种想法完全是天真的幻想。因为客观逻辑早已告诉我们，价值观必须经过“两个转化，一个物化”，实现了两个目标双落地才算真正落地。也只有到了这个时候，这个价值观才是真正有价值的价值观，而不是一句空洞的形式主义的口号！

不过，这并不否定科学提炼核心价值观的重要性。用精准精辟的文字语言概括提炼足以反映企业特色、企业使命和行事准则的核心价值观体系，无疑是建设企业文化过程中一个不可或缺的环节，十分重要。因为核心价值观原本是无形的意识形态，它存在于人的头脑中，旁人是看不见、摸不着的。要将无形的价值理念和精神原则变成有形的、可阅读、可理解、可传播、可传承的东西，必须先将其从人脑中提取出来，提炼成文字语言，文字语言是思想元素的载体。

但问题是，已经提炼为语言文字的核心价值观不会自然而然地实现“两个转化、一个物化”，仅仅只为转化和物化提供了一个必要条件。要让价值观有效地实现转化和物化，还必须采取“机制治理法”，扎扎实实地做好以下一系列工作：将抽象的价值观细化为具体的可操作践行的行为细则，然后经过对价值观与行为细则持续不懈地教育宣贯和对学习践行状况的考评奖惩；经过树立各种践行价值观的英雄模范，组织开展广泛持续的学习竞赛活动；经过对有违价值观和行为规则的倾向组织及时有效的思想作风整顿；经过大力营造强化践行价值观的“物性气场环境＋行为气场环境”，催化优良集体行为作风的培塑，等等，促使这个价值观内化为广大员工的信念和行动指南，外化为员工优良的集体行为作风和文化，进而使其转化为积极创造“物质财富＋精神财富”的有效行动，最终物化为丰硕的“文化成果”。唯其如此，才有资格说“价值观落地”了。

反之，如果领导者提炼的价值观员工不知道，或者知道了，会背诵了，却不理解、不认同；认同了，不践行，这种价值观和企业精神提炼得再好、再精辟，也只是一句无价值的空话！

无独有偶，有些公司领导费心费力地制作了装潢精美的文化手册，制定了比较完善的规章制度，树立了一批典型模范和明星员工，组织开展了一些仪式活动和文体活动……就满以为“文化落地”了。其实他们制定的文化手册并未起到指导公司企业文化建设的作用，却成了只供人们观赏的“花瓶”；他们的规章制度不能全面严格地执行落地，常常有规不循，执规不严，违规不究；他们的典型模范和明星员工，没有成为员工心目中的英雄和学习榜样，大家不服气、不认同，甚至嫉妒打击；他们组织的仪式活动、文体活动，员工只是被动地应付式地参加，没有受到任何教育和陶冶……总之，他们所做的这些工作常常不同程度地流于形式，对于推动“两个转化，一个物化”，实现“两个目标”双落地成效甚少。

为此，企业领导必须清醒地认识以下三点。

（1）核心价值观和规章制度的落地不是产生于制定和颁布执行时，而是产生于企业上下无差异不间断地持续践行，在践行中转化成员工集体的信仰和优良作风，进而物化为文化成果的时候，即在推进了“两个转化，一个物化”，实现了“两个目标”双落地的时候。一切建设企业文化的工作和活动也一样，只有当它们真正起到固化信仰，优化作风，凝心聚力的作用，有效推进“两个转化，一个物化”，实现了“两个目标”双落地的时候，才算真正落地。是否有效推进“两个转化，一个物化”，实现了“两个目标”双落地，这是衡量文化是否落地的唯一标准。

（2）走远路没有明确的目标和路标，走着走着很容易迷失方向，误入歧途。建设企业文化是一个与企业生命相始终的漫长征程。走在这个漫长征程中的企业领导者，忘记文化落地的“两个目标”和衡量文化落地的唯一标准，也很容易迷失于各种矛盾之中，从而把“工作形式”当作“工作成果”，将“工作环节”当作“工作终点”，将企业文化的“落地条件”当作“落地目标”，不由自主地滑入空费力气的形式主义，使“文化落地”变成一句空洞的口号。

（3）建设企业文化不全是务虚的工作，“文化落地”更不是一句空洞的口号，企业文化要落地必须既务虚又务实。始终坚持以实现“两个目标”为导向，以衡量文化落地的唯一标准为尺度，切实将“务虚与务实”有机地兼顾和统一起来，把“形式与内容”“环节与终点”“条件与目标”紧密结合起来，扎扎实实地推动“两个转化，一个物化”，这才是企业领导者抓文化落地的不二选择。

二、自为文化与自在文化

时下，作为企业领导鲜有不讲企业文化的。可是恕我直言，那些整天把“企业文化”挂在嘴边，将“文化要落地”当作口头禅的企业领导当中，内心并未真正重视企业文化的人不在少数。其中不少人只是迫于大家都在讲“一流企业抓文化”，倘若不随着大流讲“企业文化”，会显得自己没有文化品位，企业也会让人觉得不上档次。反正多讲几句“企业文化”又不花本钱，却能换来自己“重文化、有文化”的良好形象，才将企业文化当作“口头禅”的。因而，尽管他们整天在讲企业文化，事实上都有口无心，轮到需要他为建设企业文化费心出力的时候，常常避而远之，这是之所以企业文化讲得很热闹，却一直不能真正落地的一个根本原因。

之所以讲企业文化“有口无心”，一个重要原因是其内心总是有一个“心结”：过去，我没有抓企业文化建设，企业“无文化可言”，也发展得不错，何必费心费力地抓企业文化建设？

在一次企业管理咨询会上，有一位老总就说：“2012 年以前，我没抓过企业文化建设，企业‘无文化可言’。那时，企业是以我为核心的，我只要振臂一呼，便上下响应。2012 年底以后，公司引进了阿米巴经营管理方式，明确了 KPI 目标，各部门都成了‘独立经营的核算体’。从此，大家都只顾各自的‘一亩三分地’，不愿意相互协作，也不大听我招呼了。”然后他提问：“怎样才能让下面令行禁止，团结协作？”

这位老总无意中暴露了他对企业文化的一个误解：没有抓过企业文化建设，企业便无文化可言。果真如他所言吗？答案是：此言差矣！

事实上，某种行为方式、行为动作一旦成为企业员工的集体行为作风，这种集体行为作风的实质就是企业的行为文化。企业行为文化，就其产生方式和存在形态而言，有“自在的”和“自为的”两种。

该公司在实行阿米巴管理方式之前，有老总“振臂一呼，上下响应”的行为作风，这种行为作风的实质就是行为文化。公司既然有行为文化，就不能说无文化可言！只不过，这种行为文化是一种自发产生、自然存在、自生自灭的“自在文化”。

后来，随着公司实行阿米巴管理方式，又自然而然地产生了一种新的集体行为作风和文化，即“不听招呼、不愿协作”的行为作风和文化。这种新的行为文化，是随着实施阿米巴管理方式自然而然地自发产生并自然存在的，其本质也是“自在文化”。

现在老总想要“令行禁止、团结协作”的行为作风，这种行为作风不会自然而然地产生，它需要经过专门倡导、专门培塑方能产生，并且还必须在抵制和克服了“不听招呼，不愿协作”作风文化的基础上才能形成。这种经过有意识的专门倡导、专门培塑，并且在抵制和克服了不良作风基础上产生与形成的员工集体的行为作风，在本质上也是企业的行为文化，但由于它是企业领导者有意识地培育而成的，故叫作“自为文化”，即“自为的”行为文化。

“自在的”行为文化与“自为的”行为文化都是行为文化，其区别只在于：前者是在不经意中自然而然地产生并存在着的文化，后者则是有意识、有计划地主动倡导和培塑的文化。所谓抓企业文化建设，说到底，就是有意识、有计划地主动创建优良的“自为文化”。

结论很显然：“企业文化”这个概念作为一个“舶来品”，它于20世纪80年代初才产生于美国，但是作为“自在”形态的企业文化却早已存在于古今中外的一切企业之中。“自在文化”会在不经意的经营管理过程中自然而然地产生，并且会随着经营管理方式、规章制度的变化而变化。所以当企业领导在抓企业经营管理时，其实已经在顺带着抓企业文化了，只不过是无意识地在抓，业已形成的企业文化也是“自在文化”而非“自为文化”而已。

一个企业只要已经运行了一段时间，肯定不乏“自在文化”，不会“无文化可言”。问题是：企业的“自在文化”有优有劣，能否扬优去劣直接关系到企业的兴衰存亡，这是一个毋庸置疑的客观规律。这个规律决定了企业创建和优化“自为文化”——“建设企业文化”的极端重要性！

作为企业老总，切不可以为“过去，我没有抓企业文化建设，企业‘无文化可言’也发展得不错”，因而觉得抓不抓企业文化建设无关紧要，于是放弃抓好创建“自为文化”的重要责任。相反，企业老总必须以满足企业生存发展的客观需求为目标，经常分析本公司集体行为作风——行为文化的现状，切实厘清本公司有哪些“自在的”优良的行为作风和文化需要优化和固化？有哪些公司还没有又很需要的优良的行为作风和文化需要培塑？有哪些不良的行为作风和文化需要克服与消除？有哪些可能入侵的不良的思想和作风需要抵制和防范？在此基础上，形成建设企业文化的目标，找到建设企业文化的切入点，继而主动地有目标、有计划地抓好优良的“自为文化”的培育，唯其如此，才能真正把企业做优、做大、做强、做久！

三、特需文化与共需文化

企业的“特需文化”也称为特色文化，它是根据企业的行业特色、产业产品特色、经营管理特色而产生和建设的文化，是企业个性的张扬，是该企业区别于其他企业的重要特点，也是企业的名片、企业的品牌。建设企业文化自然应当从企业的个性特点出发，建设好企业的特需文化。

然而，“特需文化”不能脱离“共需文化”而存在。“共需文化”，是企业文化共同的基础和源泉。文化落地的一个基本要求，是将“特需文化”与“共需文化”有机地兼顾和统一起来，促使“共需文化”与“特色文化”双落地。

“共需文化”有两种：“宏观共需文化”与“微观共需文化”。

宏观共需文化，是全社会都必须共同遵守的文化。宏观共需文化应以社会主义核心价值观、中华民族传统价值观和国家的法律法令等为主要内容。诚然，作为一个企业集团，理应具有自己的特色文化，但这种特色文化必须与宏观共需文化精神相一致，绝不容许与宏观共需文化相抵触。因而企业文化建设、文化落地首先要把培育宏观共需文化，引导企业上下共遵共守全社会共需的道德文化、法律文化作为必修课，不修好这一课，特色文化就没有生存和生长的基础。

微观共需文化，是公司全员都必须共同遵守的文化。一个大型集团公司，尤其是多元经营的大型集团公司，下面的子公司分散在全国各地，有的还分布在海外，经营着或是相同或是不同的行业和专业。集团公司在抓企业文化建设时，必须处理好集团公司与子公司之间、机关与基层之间“共需与特需”“主体与多元”的关系，一方面建好集团公司的主体文化，作为所有子公司的共需文化，比如：提出必须共同遵循的核心价值观体系、公司的发展战略、公司统一的规章制度、公司统一的标识、公司统一的服装、公司统一的仪式活动等，同时又要容许子公司和各部门结合自己的实际建设自己的特色文化。

四、刚性强制与柔性引导

优良的行为作风和文化，以无须监督的自觉的行动为主要特征。然而就其培塑过程而言，这种以自觉为特征的行为作风和文化，往往是从刚性强制开始的。就像中华民族的“筷子文化”，我们一日三餐都自觉自愿地在用筷子吃饭。可你是一出生就喜欢用筷子的吗？非也！每一个幼儿刚开始自主吃饭时都喜欢用匙子或用手抓。当父母要求其用筷子时，常常会很不高兴，这时父母会教育其必须学会用筷子的道理，当其坚持拒不用筷时，就会在语言和行动上采取一些惩罚性的措施。正是在父母的“柔性引导与刚性强制”下，促使其不间断地无差异地持续使用筷子，才会逐渐养成用筷子吃饭的习惯，融入“筷子文化”，以至于到后来每天吃饭不用筷子就不习惯、感到很不方便了。

同样，实施适时适度的刚性强制，也是促使人无差异不间断地持续不懈地重复践行制度规范，进而养成优良的集体行为作风和文化所不可或缺的重要条件。

有道是“灯芯小火炖不烂难熟的猪头，汽车发动机的马力无法带动飞机一飞冲天”。欲扭转人们长期习以为常、感觉舒适的习惯性的不良作风，有时候还需要采取霹雳手段，以“转圆石于千仞之山”“决积水于千仞之堤”的刚性势能加以整治方能见效。

有一则众所周知的历史故事——司马穰苴治军的故事，几乎是对上述理念与方法的最佳诠释。

春秋战国时，晋伐齐阿、甄两地，燕侵齐河上地区，齐军在交战中落败，齐景公心急如焚。著名谋臣晏婴乃向齐景公推荐田穰苴（田穰苴是陈国陈完之子，陈国灭亡后逃到齐国，改为田氏，本名田穰苴，后来因被齐王授予大司马官职而世称司马穰苴）。晏婴对景公说：田穰苴虽然不是田氏的嫡系后裔，“然其人文能附众，武能威敌，愿君试之。”景公召穰苴，与语兵事，大为赞赏，遂拜他为上将军，命其率兵抵挡燕晋虎狼之师。

司马穰苴谋略胆识过人，他深知齐军之所以缺乏战斗力，一个重要原因是将骄兵散，军纪松弛。要率军抗击强敌，必须先从严依法治军，对违纪现象执法不贷，促使军队养成令行禁止的优良作风。为此，他谋划了一整套整治的办法。

首先，他对齐景公说：臣身份卑微，君擢拔于闾伍（闾、伍均为古代民户编次单位，“闾伍”是平民的意思），授予上将军重任，位在大夫之上，士卒未附，百姓不信，人微言轻，希望派“君之宠臣，国之所尊”为监军辅助臣。齐景公觉得在理，便任命自己最宠爱的庄贾为监军。

司马穰苴知道庄贾向来骄纵，就与他郑重约定：明日正午在军营门口集合。

第二日，司马穰苴率先来到军营门口，立起了计时的木表和漏壶，等待庄贾。可是到了正午，庄贾未到，司马穰苴便打倒木表，击碎漏壶，进入军营，巡视营地，宣示整饬军纪。日暮时分，庄贾姗姗来迟，还醉醺醺地炫耀是亲朋为其送行，所以耽搁。

司马穰苴义正词严地斥责道，作为将领理当“受命之日则忘其家，临军约束则忘其亲，援枹鼓之急则忘其身。今敌国深侵，邦内骚动，士卒暴露于境，君寝不安席，食不甘味，百姓之命皆悬于君，何谓相送乎！”说完，按照军法命令将庄贾斩首。有人马上去报告齐景公，可是待请来齐景公的特赦令，庄贾的人头已经落地，其首级正在三军示众。

齐景公的使者一到，司马穰苴不但以“将在军，君令有所不受”作为回复，并且指出使者在军中驾车飞奔，亦违反军法，按律当斩，这一下可把使者吓瘫了。这时，司马穰苴宣示道：你是君王使者，可以免斩，但军法必须执行！于是斩杀了驾车的仆人和离仆人最近的马，并且也在三军示众。

司马穰苴的一系列霹雳手段震撼了三军将士的心。上下由此皆知司马穰苴执法不阿、执法不贷，于是“军令如山”的规则便深深地刻入将士们的心间，齐军迅速成为一支纪律严明、令行禁止的军队。

但是，一味刚性强制也会让人产生逆反心理。因而，刚性的制度强制必须与领导者率先垂范，尊重爱护士兵，持续深入地做好思想工作紧密结合，即必须将刚性强制与柔性引导紧密结合，两者缺一不可，弱一不可！

司马穰苴就是这么做的，他在刚性强制的同时，对于部队安营扎寨、掘井立灶、饮水吃饭、探问疾病、安排医药都亲自过问，还把物资粮食和君上给自己的赏赐全部拿出来款待士兵，自己和士兵一样平分粮食，又把体弱有病的统计出来列入编外，重新整训军队。通过刚柔并济地整军治军，齐军士气大振，病弱的士兵也都要求一同奔赴战场，争先恐后地要求参战。

晋国军队听到这个消息，马上撤军。燕国军队因渡河向北撤退时分散松懈，司马穰苴率军趁势追击，大获全胜，所有沦陷的领土很快收复。

一个名不见经传的无名之辈，一朝执掌上将军大权，即能驾驭一支纪律涣散、丧失斗志的军队打胜仗，靠的是什么？

很显然，一靠"受命之日则忘其家，临军约束则忘其亲，援枹鼓之急则忘其身"的正能量；二靠对君王的宠臣、使者都不留情面，坚持执法不阿、执法不贷的无私忘我的精神；三靠针对军纪松弛的问题，善于在谋足势能的基础上采取足够强势的霹雳手段，依法从严治军；四靠将一系列爱兵举措与霹雳手段紧密结合在一起，形成合力，刚柔并济，从而取得了既震撼人心，又凝聚人心的极佳效果，使齐军在很短的时间内即彻底改变了无视军纪的散漫心态和作风，迅速提升了整体战斗力。

治企与治军大道同源，原则相通。

企业家张瑞敏带领濒临倒闭的青岛日用电器厂走出困境，迅速发展成为世界一流企业的海尔集团，他的治企之法亦与司马穰苴带兵治军有异曲同工之处。尤其是张瑞敏采取的"立制＋大锤＋自罚"等方略，实质上就是"刚性强制＋柔性引导"的方略，它对于抵制不良作风、培塑优良作风和文化具有极佳的效果，已经成为企业管理的经典案例。

五、显性绩效与隐性绩效

建设企业文化，促使文化落地，需要采取多种多样的形式与方法，包括要制作文化手册，组织思想教育、思想整顿，开展各类活动，等等。但是，任何形式与方法都必须讲究绩效!

衡量建设企业文化绩效的根本标准，是看有没有推动“两个转化，一个物化”，进而实现首要目标和终极目标双落地。倘若不能落地在改变员工不良行为习惯，培塑员工集体的优良的行为作风和文化上，不能落地在物化为丰硕的“物质财富 + 精神财富”上，那所做的一切就沦为形式主义。形式主义的结果，不仅劳民伤财，并且还会让人对建设企业文化的作用产生不应有的怀疑，从而动摇一些人对建设企业文化的决心和信心。

然而，问题在于衡量文化落地的绩效，实际操作起来比讲几条理论原则难多了，因为建设企业文化的绩效大多是隐性的，而非显性的，它具有以下两个特点。

一是企业文化直接产生的绩效主要是精神绩效。精神绩效，主要体现于员工精神面貌、工作心态与行为作风的正向变化。企业的营销、生产、服务等物质绩效会随着员工精神面貌、工作心态与行为作风的正向变化而水涨船高地得到提升。然而得到提升的物质绩效却往往被营销、生产、服务等相关部门和相关人员直接领走。尔后留给人们的却是一种不应有的印象：似乎物质绩效的提升与企业文化建设工作关系不大。这并不是人家贪天之功，而是因为企业文化绩效主要是通过“精神变物质”的过程实现的，换句话说是通过改变人的思想和精神面貌、工作心态、行为作风推动员工去创造生产、营销、服务等工作业绩的，它对于物质绩效的作用不是直接的、显性的，而是间接的、隐性的。

在偏重物质，忽略精神的今天，人们常常只关注显性的、物质的绩效，看不到隐性的“精神变物质”的作用，于是将物质绩效全部归功于直接的生产、营销和各种业务工作上，从而造成“企业文化不产生物质绩效”的错觉，进而怀疑建设企业文化的必要性。为此，企业领导要经常有意识地宣传“精神变物质”的作用，让大家看到由文化催生的隐性绩效，以坚定大家建设企业文化的决心和信心。

二是文化工作的绩效不会当即显现，而是按照“80 / 20 定律”逐渐展现的。“80 / 20 定律”告诉人们：要做成任何一件大事，开头所付出的 80% 的时间和努力大多都作用于打基础、扎根子上，这些绩效多数是隐性的，看不大见，能见得到的绩效往往不足 20%。就好比是种竹子，头几年你是看不到地面上的竹子有明显成长的，因为那时它主要是在地下长根系。只有经过 80% 时间的努力，地下的根系扎深扎牢了，后面 20% 的时间才会见到地面上的竹子迅速长高。

建设企业文化的绩效也同样会呈现“80 / 20”的效应，你不可奢望做了一点建设企业文化的工作就能立竿见影，不可花了 80% 时间的努力就想马上得到 80% 的成果。如果因为前期 80% 时间的努力没有见到 80% 的显著效果，就放弃后面 20% 时间的努力，那么，你必定会因为功亏一篑而前功尽弃！

所以，我们必须充分认清“显性绩效”与“隐性绩效”的关系，切不可因为做了一段时间的工作，看不到显性绩效，就怀疑建设企业文化的重要性和必要性。

六、学习借鉴与落地生效

企业文化是可以相互学习借鉴的，也是可以模仿的。博采众长，兼容并蓄地学习他人文化成果，吸取他人的文化经验，是培育企业文化的重要途径。然而，学习他人文化的根本目的是“落地生效”，而不是为了争个面子，图个好看。

“学习借鉴”必须把握以下两点：一要择善而学，坚持“取其精华，去其糟粕”；二要适需而用，因时制宜、因势制宜地学用。倘若一个小企业死搬硬套现代化大型企业的管理制度和管理文化，出洋相是不可避免的！

网上有一则“白博士的锦囊妙计为什么不灵了”的故事。白博士是某跨国咨询机构的首席咨询师，国内一位小企业的 CEO 向他咨询如何管理企业，白博士依据管理学理念和现代企业成功的管理经验，告诉他应当做好 9 件事。

- ❖ 需要用 1 年时间建立集成的信息管理系统，以提升管理的可视化。
- ❖ 为此，公司需要首先梳理岗位体系，明确 130 个岗位职责及胜任能力需求。
- ❖ 为梳理岗位体系及实施信息系统，需要优化 200 个三级流程。
- ❖ 在梳理流程之前，需要首先确定管理模式和组织架构。
- ❖ 为了确保组织架构的平稳过渡以及与业务的协同，需要优化运营模式。
- ❖ 运营模式必须支撑商业模式，所以公司须先期进行商业模式的研究。
- ❖ 商业模式的基础在于企业使命远景及战略定位，对此也需要事先予以研究。
- ❖ 战略升级的根本在于干部队伍建设，所以，公司需要同时进行领导力建设。
- ❖ 领导力最终将转化为执行力，所以必须与文化的提炼和推广相结合。

结果，该 CEO 听完后对白博士说：“我看还有第 10 件事，我这个 CEO 看来是干不下去了，我把企业送给你算了！”

为何产生如此尴尬的局面？

从理论上讲，白博士并没有错。但从实践上讲，白博士的建议没有从中小企业的实际出发思考管理问题。企业一般会沿着初创、成长、成熟、衰退四个阶段的轨迹发展，不同发展阶段对管理的需求各不相同。一般而言，企业越小，容许采取非规范的临机管理的许可度越大。企业越发展，规模越大，对规范化、机制化管理的要求越高。这时，形成成熟的机制和体制，靠科学的管理系统进行管理才成为必须。

所以，企业管理和企业文化建设都必须适应企业发展的现状，采取适度管理的原则，并非越先进、越规范、越系统越好。让一个处于成长期的小企业一下子实施如此复杂的管理体系，相当于把大人的鞋子给婴儿去穿，既缺乏必要性、紧迫性，更缺乏可行性、有效性，不仅不能取得良好的效费比，还会让企业陷入为管理而管理的状态，使管理成为企业不能承受之重。

教训告诫我们，文化能否“落地生效”是检验企业管理、检验文化落地的唯一标准！企业选择何种管理、何种文化，主要不是看何种管理理论和管理方法更先进、更规范系统，而是看何种管理方法更适用、成本更低、效益更好。

由此不难得出如下结论：企业管理、文化建设不求高大上，要务求用得上；不求好听好看，要务求好操作、好落地、好生效，一旦离开落地生效便失去任何意义。

七、环节落地与流程落地

实现文化落地是一个很艰巨复杂的系统工程。从流程维度上讲，“文化落地”必须是也只能是建设企业文化的全流程落地，不能只是一两个流程环节的落地。可是由于其中一些重要工作环节，像概括提炼“核心价值观体系”、制定《公司文化手册》、构建规章制度等重要环节，皆具有各自的独立性，很容易使人误以为这些工作环节完成之时，便是文化落地之日。

毫无疑问，做好各个重要环节的工作是确保文化落地的重要条件，但若以为某个重要环节的工作做得卓有成效，文化就落地了，那便大错而特错。从流程维度上讲，文化落地之时，只能是建设企业文化工作全流程、全要素落地之日。流程逻辑要求我们：在完成某个重要环节的工作之后，还必须一鼓作气立即转入到下一个重要工作环节，使之转化为新的成果，直到实现终极目标。如若不然，文化落地还会悬在半空。

所以，一定要正确处理和兼顾好“环节落地”与“流程落地”的关系，切勿沾沾自喜于一环之功、一事之得。理当始终致力于一个环节又一个环节的转化，直至全流程的落地和成功。经验告诉我们，其间需要特别注意抓好四个很重要的转化环节。

1. 抓好厘清文化现状的工作，将文化需求转化为行动规划

抓文化建设和落地，首先得明确建设与落地的具体需求和任务。要明确建设与落地的具体需求和任务，首先要以企业的发展需求和存在问题为导向，深入调研厘清公司经营管理现状与需求的差距、员工集体行为作风现状与需求的差距，然后一一厘清并确认以下状况。

- ❖ 本公司的核心价值观体系、经营管理理念、发展战略、规章制度完善程度如何，有哪些需要进一步补充、完善或修正的，怎样补充完善和修正。
- ❖ 本公司已有哪些优良的行为作风和文化，如何优化和固化；欠缺哪些优良的行为作风和文化，怎样补充和培育；存在哪些劣质行为作风，如何去除和清理；面临哪些不良行为作风的侵蚀，怎么抵制。
- ❖ 本公司已树立了哪些典型模范，还欠缺哪些方面的榜样和模范，已有的榜样模范的主要经验提炼得是否精准，有没有成为员工心中的偶像和学习的榜样，怎样将他们的经验上升为企业精神，欠缺的榜样和模范如何培养总结。
- ❖ 本公司发展过程中有哪些值得纪念的事和人，这些事和人给了我们哪些重要的启示，如何学习传承。
- ❖ 本公司需要坚持和完善哪些有益的活动，用了哪些行之有效的营造优良气场环境的科学方法，有哪些欠缺，还需要从哪些方面入手营造公司内部优良的“物性气场环境＋行为气场环境”。

在厘清和确认上述现状的基础上，将各项具体需求列为公司文化建设和文化落地的任务选项。然后，形成公司文化发展战略和任务体系、实施办法，制定好《公司文化手册》。

《公司文化手册》是公司建设企业文化的实施规划和行动纲领，主要有“完整版”“分卷版”两种形式。无论是哪种版本，其内容皆须力求“精准＋精练”，既要

吸纳现代企业的先进文化，又要适应企业发展的客观需求；既要有做人做事的理性原则、企业精神，又要有统一的规范化的可操作的行为细则、操作规程；既要有客观浓缩的历史，又要有现实努力的方向。不可贪大求洋，脱离实际，以至于失去自我，失去实用功能，变成不能指导实践、产生实效的形式。

为此《公司文化手册》应当产生于对企业经营管理状况、员工思想作风状况客观深入的调研；产生于领导、专家、员工智慧的集成；产生于对文字准确性的严格锤炼。如果领导者坐在办公室苦思冥想，闭门造车，或者请来咨询公司的人做一场妙笔生花的文字游戏，或者拿来人家公司的文化手册抄袭一遍。这种既脱离实际又脱离群众的文化手册，必定无法得到群众的理解、支持和热情践行，企业文化建设势必冷冷清清，难成大势。正如毛主席所指出的那样，“凡是需要群众参加的工作，如果没有群众的自觉和自愿，就会流于徒有形式而失败”。

《公司文化手册》完成制作后，切不可束之高阁，当作只向人展示的“花瓶”。公司各级领导要深入宣贯，充分运用，使之真正成为企业经营管理、文化建设的行动纲领和行动规划，成为引导员工健康成长、激励人成功发展的培训教材和行动指南。

离开上述前提，将《企业文化手册》当作企业文化落地的标志，无异于是穿着“皇帝的新衣”自娱自乐。令人十分遗憾的是，自以为“穿着新衣”，其实“光着身子”的“皇帝”实在太多了，对此不能不予以警示！

2. 抓好建章立制工作，将行动规划转化为行为规则

任何行动规划，要是不能转化为员工的共识和统一的规范化的行动，只能永远停留在纸上。《公司文化手册》要从纸上走出来，进入实践产生实效，必须扎扎实实地做好两个方面的工作：一要做好行动规划的深入宣贯和思想教育引导工作，使员工形成共识，提高践行规划的自觉性（关于思想教育引导工作，第八章已阐述，不再赘述）；二要抓好建章立制，将行动规划转化为行动细则，用以统一规范员工的践行行动。

按照“择需定规”的原则抓好建章立制，以完善配套的行为规则为标准统一规范员工行为，这是建设企业文化的重要环节。

企业建章立制必须坚持以需求为牵引，以问题为导向，按照“不缺不繁，满足需求；重在配套，形成机制”的原则和“急需先立，力求完善；有立有废，与时俱进”

的方针，切实搞好“立、改、废、行”。所谓“立”，就是从客观需要出发，建立规章制度、行为细则、操作规程；“改”，就是修改既有制度中不完善、不合理的地方；“废”，就是与时俱进地废除不适应客观现实的制度；“行”，就是坚持有规必行，违规必究，纠违必严。

实行“立、改、废、行”要着重把握好“六个原则”。

（1）以“公心”为基础。必须明白，即便是独资的民营企业，公司的规章制度也是姓“公”不姓“私”的，制定和执行规章制度皆须出于“公心”。若是以为“企业是我的私产，制定和执行规章制度是我的私事”，于是将企业的规章制度当成“我想怎么捏就怎么捏的面团”，随意地一言以成规，一言以废规，并且还常言、常忘、常变。这样的公司是永远无法进入法治轨道的，也是永远做不大、做不好、做不长的。

（2）以“合法”为前提。做到所定规章制度一要内容合法，不可有违反国家政策法律、社会道德的内容；二要程序合法，不可违背法定的制度制定程序；三要主体合法，由有权代表企业的最高领导和领导层主持制定规章制度，不准越权制定、更改、废止规章制度。

（3）以“完善”为基准。一个完善的规章制度体系起码要实现两个配套：一是完善的“刚性规范”要与完善的“柔性规范”相配套。规章制度不可能规范人的所有行为，许多不能用制度来规范的行为，还需要用社会道德、职业道德去规范，用舆论和道德的力量去约束。制度规范是“刚性规范”；道德规范是“柔性规范”。一个完善的规章制度体系理应既有完善的制度规范，又有完善的道德规范，并且实现两者的有机配套。二是完善的实体性制度要与完善的程序性规程相配套，使执行人不但明确哪些事必须做，哪些事不能做，并且明确好做事的具体操作办法、操作规程、操作细则，以及对执行状况的考评机制、奖惩机制。

（4）以“四好”为目标。所定的规章制度皆要以客观需求为导向，以好操作、好检查、好问责、好奖惩为目标。为此，在制定过程中必须谨记“四个不可”：不可将抽象的价值原则套用为制度规定，必须将抽象的价值原则细化为具体的可操作的行为细则；不可嫌“土”求“洋”，盲目地照搬照抄现代企业的规章制度；不可重“罚”轻“奖”，尽是一些处罚条款，缺乏奖励条款；不可都是一些口头规定，凡规章制度皆要形成文字，并由主管部门统一归档管理。

（5）以“持稳”为前提。坚持“小过无更，小疑无审”，不可有点小毛病便推倒重来，有点不同意见就复审复议。坚持“先立新规，后破旧制”。新制度还未研究确定，颁布实施，老的规章制度必须执行无误。

（6）以“执行”为根本。规章制度必须付诸执行，并且这种执行必须是无差异的持续不懈地执行，才能对培育优良行为习惯、行为作风、行为文化产生正能量。如果只把规章制度写在纸上，贴在墙上，讲在嘴上，不付诸执行，或者在执行中不能恪守规范，常常因人而异、因事而异地任意改变规范标准，或者执行只有“五分钟热度”，一曝十寒，那么这个规章制度制定得再好、再科学也是无用的！

建设制度文化的关键是抓好“立制＋宣贯＋执行”这三个环节，它要求各级领导特别是最高领导不仅要做到立制精细、宣贯耐心，更要做到执行硬气。

与此同时，公司建章立制还应遵循一般流程，坚持“事前，弄清需求，明确目标；事中，拟好预案，组织论证；事终，形成决定，颁布实施；事后，跟踪调研，适时修订”。

3. 抓好以文化人的工作，将行为规则转化为集体的信仰和行为文化

写在纸上、讲在嘴上的价值观和规章制度，必须都落实在员工的思想上和行动上，真正转化为集体的信仰和行为文化，才能实现它们应有的价值意义。实现转化的关键是持续有效地抓好文化人的工作，实操的重点是抓好以下“四化”。

（1）**深化教育宣贯**。通过持续有力的宣传教育，耐心细致的思想工作，有力有效的榜样引导、仪式感染、网络影响等方式，让企业的核心价值观和规章制度在员工中入脑入心。

（2）强化持续督导。通过严格考评、严格奖惩，及时激励（“物质＋精神”的激励；“考评＋奖惩”的激励；“榜样＋竞赛”的激励）等多种方式的持续督导，促使员工养成与不良习惯做斗争的行为习惯，养成按规章制度做事的行为作风和文化。

（3）优化气场环境。通过营造优良的内外环境，特别是多方式、全方位地营造优良并且强势的“视觉气场环境”“舆论气场环境”“友情气场环境”“仪式气场环境”“榜样气场环境”“竞争气场环境”……以强势的气场环境的影响力、陶冶力、催化力，强化对员工思想行为的感化力、塑造力、纠错力，促进企业优良的集体作风和文化的养成与固化。

（4）升华企业精神。精神，一般是由创造物质成果的行为作风和文化升华而成，

它通常凝结于一些具有代表性的先进个人、团队、事件身上，就像以个人为代表的“雷锋精神”“铁人精神”，以集体为代表的“大庆精神”，以事件为代表的“长征精神”等。

精神需要有人去发现和发掘。它们在未被人发现发掘之前，始终以自在方式默默地存在着，像一个尚未发现的大陆，埋在土中的珍珠，很少有人知道它内涵的精神及其价值，其影响力自然比较有限。一经发现并且用精辟精准的语言将蕴含其中的“精神”发掘提炼出来，又采取有效措施进行大力推广，这些精神才会大放异彩，迅速传播开来，赢得大众敬仰，引发群起仿效，也才能升华为企业精神，使其更容易传播和推广开来，更能够长久地传承下去，对人们的精神世界产生难以估量的影响力。

在企业，欲使一种优良的行为作风成为众所周知、众所敬仰、众所效仿的行为模式，就得密切关注那些在创造物质成果过程中涌现出来的表现突出的个人、团队和重要事件，善于用精辟精准的语言从中发掘提炼出可贵的精神实质、精神价值，使之确立为企业精神的组成部分，予以大力弘扬，使之升华为大众敬仰、群起仿效的企业精神。

4. 抓好文化传承工作，将企业文化转化为优良传统

将企业文化转化为优良传统代代相传，是保持企业个性特点和保持企业生命力的重要条件。文化传承理应是在“优化”基础上的“传承”。

“优化”要把握两个要点：一是优化内容。企业文化内容必须在践行中优化，在优化中创新，在创新中发展。但在实践中需要注意的是，创新和丰富文化内容必须建立在优化和固化企业优良文化基因的基础之上，绝不允许对企业优良的文化基因有任何损害和改变。二是优化形式。形式是为内容和实效服务的，创新文化形式的根本目的是促使工作形式更加灵活多样，能更好地为内容和效果服务，即能更好地为实现“两个转化，一个物化”服务，绝不可只求形式不讲实效，陷入形式主义。

“传承”要做好两项工作：一要“传”好。要将被实践一再证明行之有效的核心价值观体系、企业精神、规章制度、气场环境持之以恒地传递赓续下去，各级领导要通过积极主动的传帮带当好传递赓续的带头人。二要“承”好。要坚持以文化共识作为选取员工特别是企业各级领导的重要标准，形成继承企业文化的接班人梯队，这是承接好企业文化的根本性条件。

传承企业文化，是对优良行为文化、企业精神的集体坚持，集体坚持的关键在顶层领导、首脑领导。无数经验教训告诉我们，为了更好地在继承中创新，在发展中传承，企业顶层领导、首脑领导必须努力做好以下工作。

❖ 用精准精辟的语言总结提炼企业文化的精髓，形成好记、好传、好用的文化格言，努力促成人人讲格言、用格言、践行格言的局面。

❖ 将一系列典型人物、团队、事件树立为企业文化的形象代表，并且建立企业案例库，推动企业形成人人讲文化故事和企业精神的风气。

❖ 根据培育优良行为文化的需要，不断完善和优化好企业的规章制度，并且持续地严格督导规章制度的全面落实。

❖ 把行之有效的各种仪式和活动固化下来，形成文化礼仪，经常组织仪式和各种活动，并深刻讲解仪式和活动的意义。

❖ 以文化共识作为选取企业各级领导的重要标准，在组织上大力培养能够认同和继承优良传统文化的接班人。尤其要培养好企业老总的接班人，以确保企业的优良文化在组织和人事上能够顺利接续，薪火相传，不至于因为人事变更而发生中断、变异。这一点，对于企业优良文化的传承具有根本性，十分重要！

最后必须反复强调的是，建设企业文化过程中的所有工作，都是为了确保实现“首要目标”和“终极目标”的双落地。是否实现了“两个目标”双落地，是检验文化落地的唯一标准。始终坚持以“两个目标”双落地为标准，持续推动“两个转化，一个物化”，这是抓文化落地不可须臾忘记的要诀。

结 束 语

领导管理方法，就像是天上的星星、世间的美玉，不计其数。笔者抛出“十个方略”这块“砖”，就是想为企业打造执行力引出更多更美的“玉”，从而有效防治“企业熵增”，特别是“执行熵增”。

说到“熵增”，这个“熵”，是指衡量事物总混乱程度（无序性）的物理量。“熵增”，就是事物总混乱度的增大。

德国人克劳修斯在研究热力的过程中发现“熵增”规律并提出了“熵增定律”，即“一个孤立封闭的系统，如果没有外力做功，其总混乱度——‘熵’必定会不可逆地增大，于是从有序走向无序”。

“熵增定律”不只存在于热力界、物理界，其实无处不在、无时不在。农田不耕种会杂草丛生，食物放久了会腐烂变质，房间不收拾会越来越凌乱，车子不保养会渐渐变坏，人不学习会变得平庸，情绪不掌控会越来越糟糕，思想品德不修养会逐渐丧失理智甚至人性，心里的贪欲不管控会驱使人走向堕落……所有这一切无不都是“总混乱度”不断增大的必然结果，即“熵增”的必然结果。正由于“熵增定律”无处不在，爱因斯坦将“熵增定律”称为所有科学定律中的“第一定律”。

任何社会组织包括任何企业和企业中的任何领导者都受“熵增定律”的支配。黄炎培在延安与毛泽东的“窑洞对”中说：“我生六十多年，耳闻的不说，所亲眼见到的，真所谓‘其兴也勃焉，其亡也忽焉’，一人，一家，一团体，一地方，乃至一国，不少单位都没有能跳出这周期率的支配力。大凡初时聚精会神，没有一事不用心，没有一人不卖力，也许那时艰难困苦，只有从万死中觅取一生。既而环境渐渐好转了，精神也就渐渐放下了。有的因为历时长久，自然地惰性发作，由少数演为多数，到风气养成，虽有大力，无法扭转，并且无法补救。也有因为区域一步步扩大了，它的扩大，有的出于自然发展，有的为功业欲所驱使，强求发展，到干部人才渐见竭蹶、艰于应付的时候，环境倒越加复杂起来了，控制力不免趋于薄弱了。一部历史，‘政怠宦成’的也有，‘人亡政息’的也有，‘求荣取辱’的也有。总之没有能跳出这个周期率。”他希望中共能够找出一条新路，跳出周期率的支配。

黄炎培讲的“周期率”，其实就是“熵增定律”在社会组织发展变化中的生动反映。“熵增定律”要求企业领导者必须既关注组织熵增、事业熵增、执行熵增……更关注自身熵增、领导熵增，并认真探寻防治熵增的道与术。

“熵增定律”表明，事物发生熵增，由有序走向无序有两个前提，即“一个孤立封闭的系统 + 如果没有外力做功”，防治熵增的根本举措自然也是两个：“开放系统 + 外力做功”。

首先，要“开放系统”，从外部吸收能量，增强防治熵增的力量。一个国家、一个政党、一支军队、一个企业和企业领导者都必须秉持开放的姿态，虚心学习古今中外的科学知识、先进的领导管理经验和方略，虚心学习做人做事的基本道德和原则，以不断增强防治人生熵增、组织熵增、领导熵增、执行熵增等能力。

其次，要有“外力做功”，即采取各种行之有效的方法从外部用力对事物施加影响，这是防治组织熵增、执行熵增，使组织始终保持强盛的执行力，确保有序有效运行所不可或缺的条件。“窑洞对”中，毛泽东在回答如何跳出周期率时说：“我们已经找到新路，我们能跳出这个周期率。这条新路，就是民主。”的确，只有让人民来监督政府，政府才不敢松懈。只有人人起来负责，才不会人亡政息。民主是防治政府熵增最有效的“外力”。

企业防治组织熵增、执行熵增，需要很多外力，“十个方略”只是外力“沧海”中的一粟，并且所有“外力”包括“十个方略”都是术，不是道。道，是反映客观规律的思想原则；术，是循道谋胜的方法策略。

所以，企业领导者必须清醒地认知：执行熵增的破解之道，是用领导力打造执行力！领导力打造执行力的必由之路是“做好决策、抓好执行、打好基础、修好自身”，其中以开放的姿态坚持不懈地修好自身是抓好四项要务的基础，也是防治领导熵增、执行熵增的关键。倘若一味地谋术用术，不修自身，术必离道，其结果必如庄子所言，

“以道驭术，术必成；离道之术，术必衰”。

有道是，道若魂，术若体。有道无术，道成无体游魂；有术无道，术成无魂之体。企业领导者只有在努力修好自身，不断提升自己的领导品格、领导作风、领导艺术的同时努力循道谋术，才能促成道术合一，魂体相附，也才能有效地防治领导熵增和执行熵增，带领员工卓有成效地创造价值，服务社会，发展企业，由此实现自我、超越自我！